Objektorientierung in 7 Tagen

Lehrbücher der Informatik

Herausgegeben von
Prof. Dr.-Ing. habil. Helmut Balzert

Helmut Balzert
Lehrbuch der Software-Technik (2. Auflage)
Software-Entwicklung

Helmut Balzert
Lehrbuch der Software-Technik
Software-Management
Software-Qualitätssicherung
Unternehmensmodellierung

Heide Balzert
Lehrbuch der Objektmodellierung
Analyse und Entwurf

Helmut Balzert
Lehrbuch Grundlagen der Informatik
Konzepte und Notationen in UML, Java und C++
Algorithmik und Software-Technik

Zu diesen Bänden sind jeweils CD-ROMs mit den Inhalten der
Bücher als PowerPoint-Präsentationen zum Einsatz in Vorlesungen,
Schulungen und Seminaren erhältlich.
Weitere Informationen finden Sie unter
http://www.spektrum-verlag.com

Heide Balzert

Objektorientierung in 7 Tagen

Von der Idee zur fertigen Web-Anwendung

mit 2 CD-ROMs

Spektrum Akademischer Verlag   Heidelberg · Berlin

Autorin:
Prof. Dr. Heide Balzert
Fachhochschule Dortmund
Fachbereich Informatik
e-mail: balzert@fh-dortmund.de
http://www.inf.fh-dortmund.de/balzert

Die Deutsche Bibliothek – CIP-Einheitsaufnahme

Balzert, Heide:
Objektorientierung in 7 Tagen : vom UML-Modell zur fertigen
Web-Anwendung / Heide Balzert. – Heidelberg ; Berlin :
Spektrum, Akad. Verl. 2000
 (Lehrbücher der Informatik)
 ISBN 3-8274-0599-8

Titelbild: Gerd Struwe: Serie »burning my sunny garden« (2000)

Diesem Buch sind zwei CD-ROMs mit Informationen, Demonstrationen,
Animationen, begrenzten Vollversionen und Vollversionen von Software-
Produkten beigefügt. Der Verlag und die Autorin haben alle Sorgfalt walten
lassen, um vollständige und akkurate Informationen in diesem Buch und
den beiliegenden CD-ROMs zu publizieren.
Der Verlag übernimmt weder Garantie noch die juristische Verantwortung
oder irgendeine Haftung für die Nutzung dieser Informationen, für deren
Wirtschaftlichkeit oder fehlerfreie Funktion für einen bestimmten Zweck.
Ferner kann der Verlag für Schäden, die auf einer Fehlfunktion von Program-
men oder ähnliches zurückzuführen sind, nicht haftbar gemacht werden.
Auch nicht für die Verletzung von Patent- und anderen Rechten Dritter, die
daraus resultieren. Eine telefonische oder schriftliche Beratung durch den
Verlag über den Einsatz der Programme ist nicht möglich.
Der Verlag übernimmt keine Gewähr dafür, dass die beschriebenen Verfah-
ren, Programme usw. frei von Schutzrechten Dritter sind. Die Wiedergabe
von Gebrauchsnamen, Handelsnamen, Warenbezeichnungen usw. in diesem
Buch berechtigt auch ohne besondere Kennzeichnung nicht zu der Annahme, dass solche Namen im Sinne der Warenzeichen- und Markenschutz-
Gesetzgebung als frei zu betrachten wären und daher von jedermann
benutzt werden dürften.

Lektorat: Dr. Andreas Rüdinger/Bianca Alton
Herstellung: Katrin Frohberg
Gesamtgestaltung: Gorbach Büro für Gestaltung und Realisierung,
Buchendorf
Satz: Hagedorn Kommunikation, Viernheim
Druck und Verarbeitung: Franz Spiegel Buch GmbH, Ulm

Vorwort

Dieses Buch ist für alle geschrieben, die einen einfachen und ergeb-nisorientierten Einstieg in die Objektorientierung suchen und wenig Zeit haben. Vorkenntnisse in der Objektorientierung und Program-mierkenntnisse sind *nicht* erforderlich.

Es wendet sich insbesondere an
- Mitarbeiter von Fachabteilungen,
- Systemanalytiker,
- Manager,
- Wirtschaftinformatiker,
- Studenten, die sich ohne C++/Java/Smalltalk-Kenntnisse in die Objektorientierung einarbeiten wollen,
- Klassische Entwickler, die einen praxisnahen und schnellen Zugang zur Objektorientierung suchen.

Objektorientierung ist heute Stand der Technik in der Softwareent-wicklung. Die Modellierungstechniken, Werkzeuge und Program-miersprachen sind ausgereift. Die Frage, die sich ein Unternehmen stellt, lautet also nicht mehr, *ob* Objektorientierung eingeführt wird, sondern *wann* und *wie*.
    In diesem Buch lernen Sie alle grundlegenden Konzepte der Objektorientierung vom Klassenbegriff bis zur Abbildung auf rela-tionale Datenbanken kennen.

Warum Objektorientie-rung?

    Wann haben Sie zum letzten Mal ein ganzes Buch komplett durch-gelesen? Wenn auch Sie zu denjenigen gehören, die immer viel zu wenig Zeit für die Weiterbildung haben, dann wissen Sie ein knappes Buch, das sich auf das Wichtigste konzentriert, sicher zu schätzen.
    In diesem Buch lernen und verstehen Sie in nur 7 Tagen die Grundlagen der Objektorientierung anhand eines durchgängigen Beispiels.

Warum 7 Tage?

    Die UML *(Unified Modeling Language)* hat seit den ersten Ver-öffentlichungen vor wenigen Jahren einen einzigartigen Siegeszug unter den Modellierungstechniken angetreten. Oft wird sie schon als Synonym für Objektorientierung verwendet. Sie gilt heute als die Standard-Notation, um ein objektorientiertes Softwaresystem zu modellieren.
    In diesem Buch lernen Sie die 20 Prozent der UML anzuwenden, die Sie in 80 Prozent aller Fälle benötigen.

Warum UML?

    Web-Anwendungen schießen derzeit wie die berühmten Pilze aus dem Boden. Leider wird hier oft ebenso »gebastelt«, wie in den

Warum Web-Anwendungen?

Anfangszeiten der klassischen Softwareentwicklung – das Ergebnis ist dann auch entsprechend! Das Erstellen schöner Websites ist bei weitem der einfachste Teil. Für die Anbindung an Datenbanken und die effiziente Weiterentwicklung und Pflege dieser Anwendungen bedarf es solider Kenntnisse in der Softwaretechnik. Da Java die »Internetsprache« schlechthin ist, eignet sich die Objektorientierung besonders gut für diese Art von Anwendungen.

In diesem Buch erhalten Sie einen fundierten Überblick über aktuelle Web-Techniken und erstellen Ihren eigenen *Online Shop*.

Warum dieses Buch?   Objektorientierung kann man, wie alle Software-Entwicklungstechniken, aus Büchern lernen. Nachdem ich nun mehr als 15 Jahre Softwaretechnik und davon inzwischen 10 Jahre Objektorientierung an Hochschulen und in der Praxis unterrichte, steht für mich fest: Um Softwaretechnik – insbesondere Objektorientierung – wirklich zu verstehen, reicht es nicht, Bücher darüber zu lesen, sondern man muss sie praktizieren.

Vom Problem ...   Dazu sind normalerweise Kenntnisse in objektorientierten Sprachen notwendig und es ist ein langer, mühevoller Weg von den ersten Ideen zum lauffähigen Programm. Wer sich gar nur mit der fachlichen Seite beschäftigt und für die Details der technischen Umsetzung keine Zeit hat, der produziert viele Seiten Papier und sonst nichts. Moderne Werkzeuge verwalten diese Papiermenge übersichtlich im Computer und sorgen dafür, dass die Dokumente weitestgehend konsistent sind. Um sich das fertige Softwaresystem vorzustellen, bedarf es einiger Erfahrung – die ein Einsteiger in die Objektorientierung jedoch nicht hat.

...zur Lösung   Seit mehreren Jahren verwende ich systematisch Prototypen für die Benutzungsoberfläche, um die entwickelten UML-Modelle zu visualisieren – ein Weg, der sich sehr bewährt hat. Im letzten Sommer begann ich damit, ein neues Werkzeug einzusetzen, das aus UML-Modellen lauffähige Pilotsysteme erstellt. Das sind Anwendungen mit Datenbank und kompletter Benutzungsoberfläche, aber ohne spezifische Funktionen. Im Gegensatz zu einfachen Prototypen können diese Pilotsysteme später durch eigene Programmierung weiterentwickelt werden. Außerdem besitzt das Werkzeug eine interne Wissensbank über die optimale Gestaltung der Benutzungsoberfläche, damit sich der Entwickler des UML-Modells um diese Details nicht kümmern muss.

Nicht nur lernen, sondern verstehen   Diese Pilotsysteme besitzen eine ganze Reihe von Vorteilen. Zum einen machen sie die abstrakten Konzepte der Objektorientierung begreifbar. Sie erleichtern den Schritt vom Lernen zum Verstehen. Viele Einsteiger haben mehr Spaß, weil Sie von Erfolgserlebnis zu Erfolgserlebnis gehen. Außerdem wird das Lernen effektiver, weil Sie nicht nur lesen, sondern selbst etwas tun.

Der Benutzer kann mit dem Pilotsystem zunächst »herumspielen« und herausfinden, was die neu zu entwickelnde Anwendung können soll. Gegenüber einer umgangsprachlichen Beschreibung in Form von Pflichtenheften und einer grafischen Darstellung erlauben Pilotsysteme präzise Diskussionen über die neue Anwendung. Ein Bild sagt mehr als 1000 Worte – doch ein Pilotsystem sagt mehr als 1000 Bilder.

Ich habe dieses Buch nach dem Prinzip *learning by doing* konzipiert. Sie sollen nicht nur objektorientierte Konzepte und Notationen lernen, sondern Ihr neu erworbenes Wissen immer gleich praktizieren. Autofahren haben Sie ja auch nicht auf dem Beifahrer-Sitz gelernt. Schritt für Schritt entwickeln Sie eine kleine, aber feine Auftragsbearbeitung, die zum Schluss in Ihrem eigenen *Online Shop* gipfelt.

learning by doing

Sie lernen nicht nur die Objektorientierung und die UML kennen, sondern auch den Umgang mit den beiden folgenden Werkzeugen: *Rose* der Firma *Rational* für die problemlose Modellierung mit UML und Janus der Firma oTRIs, das aus *Rose*-Modellen ablauffähige Pilotsysteme generiert.

Learning by doing bedeutet
- optimieren Sie den Spaß am Lernen,
- maximieren Sie Ihren Lernerfolg,
- lernen Sie schneller – merken Sie sich mehr.

Sie lernen den Stoff, indem Sie beim Beispiel beginnen und dann über die Praxis zur Theorie gehen. Sie festigen den Stoff durch weitere Praxis mit Anleitung. Durch selbständiges Modellieren können Sie abschließend feststellen, ob Sie den Stoff auch beherrschen. Alle Lösungen befinden sich selbstverständlich im Buch.

Der Lehrstoff ist auf sieben Einheiten (Tage) verteilt. Nach jedem Tag haben Sie nicht nur neues Wissen erworben, sondern Sie haben auch ein ablauffähiges Pilotsystem erstellt.

Inhalt

1 Klassen – die Objektfabriken
2 Assoziationen – was Klassen verbindet
3 Vererbung – Wiederverwendung ist Trumpf
4 *Use Cases* – die Benutzer-Funktionalität
5 Architekturen – der Blick hinter die Kulissen
6 *Servlets* – der Schritt zur Web-Anwendung
7 Prozessmodelle – Softwareentwicklung mit Methode

Am ersten Tag lernen Sie Objekte, Klassen und Attribute kennen. Attribute werden so vollständig spezifiziert, dass aus dem objektorientierten Modell gleich ein Pilotsystem generiert werden kann.

1. Tag

Am zweiten Tag ergänzen Sie die Klassen um Assoziationen. Mit Ihrem generierten Pilotsystem können Sie Datenobjekte erfassen und miteinander verbinden.

2. Tag

Ein wichtiger Aspekt in der Objektorientierung ist die Wiederverwendung. Sie wird durch Vererbung und auch durch Bildung prob-

3. Tag

lemadäquater Attributtypen erreicht. Auf dieses Thema gehe ich am dritten Tag ein.

4. Tag   Jedes Softwaresystem ist letztendlich ein Mittel zum Zweck, denn es soll dem Benutzer die Arbeit erleichtern. Nicht möglichst viele Funktionen sind das Ziel, sondern die optimale Unterstützung der Arbeitsabläufe. Die Modellierung der Funktionalität in der Objektorientierung ist Gegenstand des vierten Tages.

5. Tag   Nach den ersten vier Tagen ist die Beispielanwendung aus fachlicher Sicht komplett erstellt. Auch wenn Sie »nur« für die Analyse bzw. das fachliche Konzept zuständig sind, sollten Sie wissen, wie es in Entwurf und Implementierung weitergeht. Der Stand der Technik bei der objektorientierten Realisierung ist Thema des fünften Tages.

6. Tag   Die Objektorientierung eignet sich besonders gut für Web-Anwendungen, weil das Internet eng mit der objektorientierten Sprache Java verzahnt ist. Außerdem sind Web-Anwendungen immer Neu-Entwicklungen, was die Einführung der Objektorientierung erleichtert. Der sechste Tag ist daher diesem Thema gewidmet.

7. Tag   Qualität kann nicht in eine Anwendung hineingetestet, sondern nur hineinentwickelt werden. Um Qualitätssoftware zu entwickeln, ist es wichtig, dass der Entwicklungsprozess dem Stand der Technik entspricht. Der siebte Tag zeigt am Beispiel des *Unified Process*, wie objektorientierte Entwicklung in der Praxis aussehen sollte.

Anhänge   Anhang 1 enthält alle Lösungen der Aufgaben. Zum schnellen Nachschlagen sind die Notationselemente und die wichtigsten Hinweise zur Benutzung der Werkzeuge Janus und *Rose* im Anhang 2 in kompakter Form zusammengestellt. Das Gesamtglossar im Anhang 3 erleichtert ein schnelles Nachschlagen aller wichtigen Begriffe unabhängig von einer Zuordnung zu den sieben Tagen.

Auf den beigefügten CD-ROMs befinden sich:
- eine begrenzte Vollversion von *Rational Rose,*
- eine begrenzte Vollversion von oTRIs Janus,
- eine Autorenversion des benötigten C++-Compilers,
- die mit *Rose* erstellten UML-Modelle für alle Praxisteile,
- die mit *Rose* erstellten UML-Modelle für alle Lösungen (auch für einzelne Lösungsschritte),
- HTML-Dateien aller Praxisteile mit Bildschirmabzügen von UML-Modellen *(Rose)* und Pilotsystemen (Janus),
- HTML-Dateien aller Lösungen mit Bildschirmabzügen von UML-Modellen *(Rose)* und Pilotsystemen (Janus),
- eine Vollversion des Java2 Software Development Kit (Java2 SDK),
- eine Vollversion des Java Server Web Development Kit (JSWDK),
- Beispiele zu den vorgestellten Web-Techniken,
- *Servlets* für den *Online-Shop,*
- eine Vollversion des *Rational Unified Process.*

Zur Installation der Werkzeuge beachten Sie bitte das Kapitel »Zur Vorbereitung« im Anschluss an dieses Vorwort.

Installation

Mit diesem Buch erhalten Sie also das *4-in-1-package*:
1 Einführung in die Objektorientierung – natürlich mit neuester UML.
2 Einführung in *Rose* – zur Visualisierung von UML-Modellen.
3 Einführung in Janus – um funktionsfähige Pilotsysteme zu erstellen.
4 Einführung in aktuelle Web-Techniken – um einen *Online Shop* zu erstellen.

In der Informatik existiert – wie in vielen anderen Bereichen – ein deutsch-englisches Begriffs-Wirrwarr. Oft gibt es für neue Begriffe noch keine allgemein übliche Übersetzung. Einige englische Begriffe sind inzwischen so gut wie »eingebürgert«, weil sie von allen benutzt werden.

englisch vs. deutsche Begriffe

Ich verfahre in meinen Büchern wie folgt: Wenn es gebräuchliche deutsche Begriffe gibt, die das ausdrücken, was im englischen Original gesagt wird, dann sehe ich kein Problem darin, diese auch zu verwenden. Bei mir wird Software also immer noch »entworfen« und nicht *»designt«*; aus dem Internet wird »heruntergeladen« und nicht *»gedownloaded«,* oder heißt es *»downgeloaded«*?

Teilweise hat sich auch die Verwendung englischer Begriffe etabliert, z.B. der Begriff *Use Case.* In diesen Fällen verwende ich die englischen Originale. Bei neuen Techniken wie dem *Unified Process* gibt es noch keine etablierten deutschen Begriffe. Ich lehne mich daher – sofern möglich – an die deutsche Terminologie anderer Prozessmodelle an.

Bei der Einführung der Werkzeuge *Rose* und Janus, deren Benutzungsoberflächen komplett in Englisch gehalten sind, verwende ich immer die Originalbegriffe, damit Sie sich schneller zurechtfinden.

Englische Begriffe kennzeichne ich durch kursive Schrift.

Wie arbeiten Sie mit diesem Buch?

Arbeiten Sie alle schwarz geschriebenen Abschnitte gründlich durch, denn sie enthalten das theoretische Fundament, auf dem die Praxis aufbaut. Alle blau geschriebenen Abschnitte befassen sich mit vertiefenden Übungen. In ihnen wird die Praxis im Umgang mit *Rose* und Janus vermittelt. Um maximal zu profitieren, sollten Sie sich die Zeit nehmen, die einzelnen Schritte am Computer nachzuarbeiten. Sie werden die Objektorientierung dann nicht nur lernen, sondern Sie werden die Objektorientierung verstehen, praktizieren und verinnerlichen.

Zwei Lesestufen
schwarz –
theoretisches
Fundament
blau –
praktische
Vertiefung

Wenn Sie keine Möglichkeit oder keine Zeit haben, mit den hier angegebenen Werkzeugen zu arbeiten, können Sie trotzdem von diesem Buch profitieren. Lesen Sie die blauen Praxisteile durch und betrachten Sie die vorgefertigten Ergebnisse. Auf den CD-ROMs finden Sie HTML-Dateien, die für jeden Praxisteil Bildschirmabzüge des mit *Rose* erstellten UML-Modells und des mit Janus generierten Pilotsystems enthalten.

Werkzeuge Von den beiden Werkzeugen *Rose* und Janus vermittle ich nur soviel Wissen, dass Sie Ihre Praxisteile ausführen können. Das Ziel dieses Buchs ist schließlich nicht eine Einführung in diese Werkzeuge, sondern eine Einführung in die Objektorientierung. Die Werkzeuge sind Mittel zum Zweck, um Ihnen das Lernen interessant zu gestalten. Die »wichtigsten Handgriffe« für das Arbeiten mit den beiden Werkzeugen werden im Buch in übersichtlicher Form aufgeführt.

Marginalien schwarz, blau Damit Sie sich wichtige Begriffe schneller einprägen, habe ich sie in der Marginalienspalte noch mal in Kurzform »definiert«. Diese Definitionen sind immer in blauer Schrift. Schwarze Marginalientexte werden in der üblichen Form verwendet.

Unter der Lupe Für den Leser, der in die Tiefe eindringen möchte, werden ab und zu noch Informationen angeboten, die mit dem Piktogramm »Unter der Lupe« gekennzeichnet sind.

Zusammenhänge Im Anschluss an das Glossar werden am Ende jeden Kapitels die Zusammenhänge in aller Kürze aufgeführt.

Aufgabe Am Ende eines jeden Tages finden Sie eine Aufgabe, um Ihren Lernerfolg zu überprüfen. Eine Musterlösung ist sowohl im Anhang als auch auf den CD-ROMs enthalten.

Begriffe, Glossar **halbfett, blau** Für dieses Lehrbuch habe ich sorgfältig überlegt, welche Begriffe eingeführt und definiert werden. Mein Ziel ist es, einerseits die Anzahl der Begriffe möglichst gering zu halten und andererseits alle wichtigen Begriffe einzuführen. Blau markierte Begriffe sind am Ende einer Lehreinheit in einem Glossar alphabetisch angeordnet und definiert. In Anhang 3 befindet sich zusätzlich ein alphabetisch sortiertes Gesamtverzeichnis. Halbfett gesetzte Begriffe sind zwar hervorgehoben, aber nicht im Glossar definiert.

Sofern es für einen Sachverhalt unterschiedliche Bezeichnungen gibt, lehne ich mich an den am meisten verwendeten Standard an. Um einen Übergang in die meist englischsprachige weiterführende Literatur zu erleichtern, führe ich englische Originalbegriffe zusätzlich auf.

Synthese von Inhalt und Form Ich habe viel Wert darauf gelegt, dieses Buch auch äußerlich ansprechend zu gestalten. Für die UML haben wir daher eine neue Darstellung mit 3-D-Effekten entwickelt. Ich bin zwar ein überzeugter Anwender von Case-Werkzeugen, doch die meisten Diagramme, die mit diesen Werkzeugen erstellt werden – die Case-Anbieter mögen mir verzeihen – besitzen den »Charme einer technischen Zeichnung«.

Für jeden Tag hat Frau Diplom-Grafikdesignerin Corinna Lucke ein Leitbild entworfen, um Sie »spielerisch« auf den Stoff einzustimmen. Objektorientierung muss also keineswegs abstrakt sein. Ich möchte Frau Lucke hiermit ganz herzlich für ihre Geduld und ihr Engagement danken, die abstrakten Konzepte der Objektorientierung so ansprechend zu visualisieren.

Neue Wege erfordern es, die gewohnten Bahnen zu verlassen. Um sich auf neue Ideen einzustimmen, beginne ich jeden Tag – auf der Rückseite des jeweiligen Tagesbildes – mit einer kleinen Denksportaufgabe, mit der Sie sich im »Querdenken« üben können. Die Lösung finden Sie immer am Ende des jeweiligen Tages.

Das Bild auf dem Buchtitel ist ein Bildschirmfoto aus der Serie »*burning my sunny garden*« des Künstlers Gerd Struwe. Er setzt den Computer ein, um seine künstlerischen Vorstellungen zu vermitteln. Das Kunstwerk selbst befindet sich auf den CD-ROMs.

Der bekannte Buchgestalter und Typograph Rudolf Gorbach aus München hat die Aufgabe übernommen, diese Lehrbuchreihe zu gestalten.

Mein besonderer Dank gebührt meinem Mann, Prof. Dr. Helmut Balzert, der viele wichtige Anregungen zur Gestaltung und zum Inhalt gegeben hat. Dem Spektrum Akademischer Verlag in Heidelberg danke ich für die hervorragende Zusammenarbeit. Mein Lektor Dr. Andreas Rüdinger hat dieses Buch nicht nur im üblichen Sinne gelesen, sondern sich die Zeit genommen, alle Praxisteile durchzuarbeiten. Er trug auf diese Weise ganz wesentlich dazu bei, dass die Details stimmen und dass dieses Buch in so kurzer Zeit fertig gestellt werden konnte.

Der Firma *Rational* danke ich für die Unterstützung und die Bereitstellung einer speziellen begrenzten Vollversion von *Rose*, die eine längere Nutzungsdauer als üblich besitzt. Auch die Firma oTRIs in Dortmund hat mich immer mit Rat und Tat unterstützt und mir für dieses Buch ebenfalls eine spezielle begrenzte Vollversion von Janus zur Verfügung gestellt.

Frau Dipl.-Betriebswirtin Alexandra Starke möchte ich für das sorgfältige Durcharbeiten aller Einheiten und alle Anregungen ganz herzlich danken. Frau Regine Wolters danke ich für das sorgfältige Korrekturlesen der sieben Kapitel.

Für das Kapitel der Web-Anwendungen haben mehrere Studenten Beispiele programmiert und Installationsanweisungen erstellt. Die *Servlets* für den *Online Shop* wurden von Herrn Dipl.-Ing. Volker Loch programmiert. Ihnen allen meinen herzlichen Dank.

Frau Kathrin Braungardt und Herr Oliver Dewald haben mit viel Geduld die zahlreichen Grafiken gezeichnet.

Gerd Struwe
* 1956 in Braunschweig, Studium der Kunst- und Werkpädagogik in Braunschweig. Seit 1989 Fachbereichsleiter für künstlerisch-musische Praxis an der VHS-Leverkusen. Künstlerischer Arbeitsschwerpunkt: Programmentwicklungen für dynamische Computerbilder.

Rudolf Paulus Gorbach
*1939, Studium Drucktechnik und Typographie in Berlin; Hersteller und Herstellungsleiter in Buchverlagen, seit 1971 eigenes Büro in München; Lehraufträge an den Universitäten Ulm, Osnabrück und an der FH München

Auch für dieses Buch finden Sie neue Informationen unter http://www.software-technik.de. Hier werden regelmäßig Neuerungen veröffentlicht, die sich auf den Inhalt der Lehrbuchreihe beziehen. Es lohnt sich also, öfter mal »reinzuschauen«.

Wenn Sie sich den *Online Shop,* den Sie am Ende des sechsten Tages fertiggestellt haben werden, schon mal vorab anschauen wollen, dann sollten Sie einen Blick auf http://www.otris.de/007Tage (sprich: oh oh sieben Tage) werfen. Es ist geplant, diesen *Online Shop* zusätzlich mit JSP-Technik zu entwickeln. Sie werden ihn dann auf dieser Website finden.

Ein Buch enthält trotz aller Anstrengungen immer noch Fehler und Verbesserungsmöglichkeiten. Außerdem unterliegen aktuelle Themen einer ständigen und oft sehr schnellen Veränderung. Kritik und Anregungen sind daher jederzeit willkommen. Über Erfahrungsberichte meiner Leser freue ich mich ganz besonders.

Ich wünsche Ihnen viel Spaß beim Lesen. Ich hoffe, dass dieses Buch eine kurzweilige und doch fundierte Einführung in die Objektorientierung für Sie darstellt.

Ihre

Heide Balzert

Zur Vorbereitung

Software wird nicht nur immer leistungsfähiger, sondern sie be-nötigt auch immer mehr Platz. Beim Zusammenstellen der Pro-gramme zeigte sich, dass für dieses Buch 2 CD-ROMs benötigt werden. Im gedruckten Text ist dagegen immer nur von »der CD-ROM« die Rede. Welche Inhalte Sie nun auf welcher CD-ROM finden, ist auf der letzten Seite des Buchs aufgeführt.

2 CD-ROMs

Um die Praxisteile in diesem Buch auszuführen, sind einige vor-bereitende Arbeiten notwendig.

Um UML-Modelle zu erstellen, benötigen Sie eine *Rose*-Version. Sie ist auf den CD-ROMs zum Buch enthalten. Diese Version müssen Sie auf Ihrem Computer installieren und dann bei der angegebenen E-Mail-Adresse eine Lizenznummer *(licence key)* anfordern, die 4 Wochen gültig ist. Planen Sie bitte einen Tag für die Freischaltung ein. Erst wenn Sie die Lizenznummer erhalten haben, können Sie die *Rose*-Version benutzen. Es ist möglich, die Nutzungsdauer von *Rose* – ebenfalls per E-Mail – *beliebig oft* um jeweils 4 Wochen zu ver-längern. Beachten Sie bitte die Installationshinweise in der Datei readmeRose.

UML-Modelle
erstellen

readmeRose

Um Pilotsysteme zu erstellen, sind folgende vorbereitende Arbeiten notwendig:

Pilotsysteme
erstellen

1. *Rose* muss auf Ihrem Computer installiert sein.
2. Der C++-Compiler *Microsoft Visual Studio 6.0* muss auf Ihrem Computer installiert sein. Wenn Sie diesen Compiler nicht be-sitzen, können Sie die Autorenversion benutzen, die sich auf den CD-ROMs befindet. Nähere Hinweise dazu finden Sie in der Datei readmeCompiler.

readmeCompiler

3. Sie müssen Janus auf Ihrem Computer installieren.
   Eine eingeschränkte Vollversion befindet sich auf den CD-ROMs. Die hier verwendete Buchversion ist im Unterschied zur Voll-version auf 15 Klassen begrenzt. *Janus* installiert sich direkt in *Rational Rose.* Beachten Sie, dass die Benutzung von Janus an die Nutzungsdauer von *Rose* gebunden ist. Außerdem wird umfangreiche Dokumentation zu Janus auf Ihrem Computer installiert, die über die Startleiste zugänglich ist.
   Janus generiert Programmcode in C++ und ruft dabei automatisch den installierten C++-Compiler auf. Außerdem generiert Janus eine *Microsoft Access*-Datenbank, in der alle eingegebenen Daten gespeichert werden. Für die Arbeit mit Pilotsystemen muss *Access*

nicht auf dem Computer installiert sein. Es muss sich jedoch ein Access-ODBC-Treiber auf Ihrem Computer befinden. Wenn Sie sich die generierten Tabellen direkt ansehen wollen, dann ist *Microsoft Access 2000* dafür notwendig. Außerdem generiert Janus auf Wunsch die vollständige *Middleware* für Client/Server-Applikationen und Standard-*Servlets* für Web-Anwendungen.

readmeJanus — Nähere Hinweise dazu finden Sie in der Datei readmeJanus.

Web-Anwendungen erstellen — Um Web-Anwendungen zu erstellen, benötigen Sie zwei weitere Programme: Mit dem *Java 2 Software Development Kit* (Java2 SDK) können Sie Java-Programme übersetzen und ausführen. Für die Arbeit mit *Servlets* ist das *Java Server Web Development Kit* (JSWDK) notwendig. Von beiden Programmen finden Sie Vollversionen auf den CD-ROMs zum Buch. Sie können sie auch kostenlos über das Internet laden und auf Ihrem Computer installieren. Weitere Hinweise finden Sie in Kapitel 6.

Rational Unified Process — Auf den CD-ROMs finden Sie eine Vollversion des RUP *(Rational Unified Process)*. Sie können sie als Basis für ein individuell angepasstes Vorgehensmodell verwenden. Außerdem finden Sie im RUP viele Tipps zum systematischen Erstellen von UML-Modellen und für die Arbeit mit *Rational Rose.*

Inhalt

Klassen –
die Objektfabriken

1

Wie kann man acht Tage
nicht schlafen und trotzdem
nicht müde sein?

1 Klassen – die Objektfabriken

- Geschichte der Objektorientierung kennen.   wissen
- Entwicklung der UML kennen.
- Erklären können, was ein Objekt ist.   verstehen
- Erklären können, was eine Klasse ist.
- Erklären können, was ein Attribut ist.
- Erklären können, wie Attribute auf Interaktionselemente abgebildet werden können.
- Erklären können, wie Klassen in eine Dialogstruktur transformiert werden können.
- UML für Objekt, Klasse und Attribute anwenden können.   anwenden
- Klassen in einem Text identifizieren und mit *Rational Rose* ein Klassendiagramm modellieren können.
- Attribute identifizieren, mit Janus vollständig spezifizieren und Pilotsysteme generieren können.

1.1 Der Einstieg – dieser Anfang ist leicht

Dieses Lehrbuch soll Sie in die Objektorientierung einführen. Um für Sie das Erarbeiten des Lehrstoffs interessant und abwechslungsreich zu gestalten, folgt es den Prinzipien *learning by doing* und *learning by example.*

Problembeschreibung
Als durchgängiges Beispiel habe ich die Modellierung einer einfachen Auftragsbearbeitung – kurz *Shop* genannt – gewählt. Der *Shop* bietet eine Reihe von Artikeln an. Kunden können einen oder mehrere Artikel per Fax, Telefon oder per Post bestellen. Eingehende Kundenbestellungen werden erfasst und es wird eine Rechnung ausgedruckt. Kunden können per Kreditkarte bezahlen. Alle Bestellungen bleiben im System gespeichert.

Mit dieser Problemstellung ist eigentlich jeder vertraut und Sie können daran alle Konzepte der Objektorientierung erlernen. Abschließend werde ich Ihnen zeigen, wie die von Ihnen erstellte *Shop*-Anwendung zu einem modernen *Online Shop* für das Einkaufen im Internet weiterentwickelt werden kann.

OOA-Modell – fachliche Beschreibung in OO-Notation
Zielsetzung der ersten vier Tage ist es, für diese Problemstellung das **OOA-Modell** (OOA = objektorientierte Analyse) zu entwickeln. Dieses Modell beschreibt bei der **objektorientierten Softwareentwicklung** die fachliche Lösung des zu realisierenden Systems. Bei einer konventionellen **Analyse** werden die Anforderungen an ein neues System oft in umgangsprachlicher Form beschrieben. Dann ist es jedoch äußerst schwierig, Anforderungen vollständig, widerspruchsfrei, eindeutig, präzise und auch noch verständlich zu beschreiben. Die **objektorientierte Analyse (OOA)** bietet hier einen wesentlich verbesserten Ansatz. Als **Notation** verwenden
UML – OO-Notation
wir die **UML** *(Unified Modeling Language).* Näheres dazu erfahren Sie später.

Betrachten Sie zunächst einen beliebigen Kunden des neuen *Shops.* Für jeden Kunden ist dessen Name, E-Mail-Adresse und Telefonnummer zu speichern. Für die Spezifikation interessieren nicht die einzelnen Kunden-Objekte, sondern die zu verwaltenden Kunden sollen ganz abstrakt beschrieben werden. Dazu dient das Konzept der Klasse. Die Kunden-Objekte in der Abb. 1.1-1 besitzen die gleichen Attribute, jedoch unterschiedliche Werte. Attribute benennen die Datenfelder einer Klasse. Die Objekte der Abb. 1.1-1 besitzen beispielsweise die Attribute Geschlecht, Frisur und Haarfarbe. Bei der Spezifikation der Klasse ist für jedes Attribut dessen Typ anzugeben, der die zulässigen Attributwerte definiert.

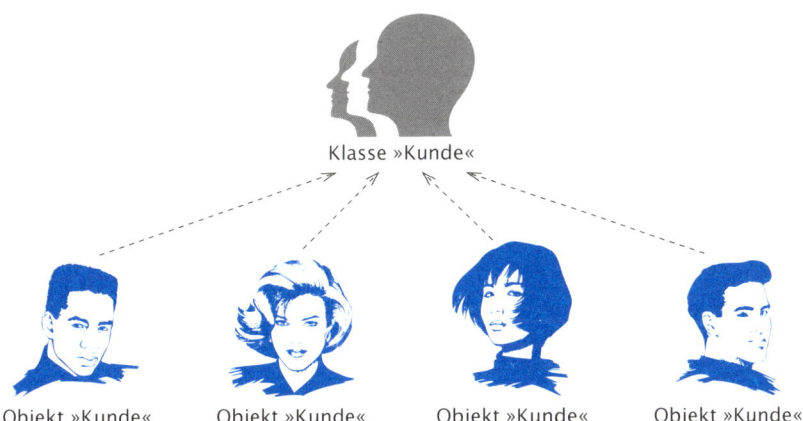

Abb. 1.1-1:
Klasse Kunde und
vier Objekte dieser
Klasse

Das mit *Rational Rose* erstellte Modell der folgenden Praxisaufgabe finden Sie – wie bei allen weiteren Aufgaben – auf der CD in der angegebenen Datei, d.h. hier in `Shop1P1.mdl`.

Rational Rose –
SW-Werkzeug

Modellieren Sie die Klasse `Kunde` mit *Rational Rose*. Nach dem Aufruf von *Rose* wird gegebenenfalls gefragt, ob ein Modell für eine bestimmte Programmierumgebung erstellt werden soll. Geben Sie hier *Cancel* ein.

Praxis 1 (Tag 1)
Rose und Janus
kennenlernen
Shop1P1

Anschließend wird ein leeres Fenster *Class Diagram: Logical View/Main* angezeigt. Klicken Sie nun in der *Toolbox* (Symbolleiste) auf die Schaltfläche *Class* und dann in die weiße Fläche. Sie erhalten eine neue Klasse, die Sie mit `Kunde` benennen. Für unseren Kunden sollen – zunächst – der Name, die Telefonnummer und die E-Mail-Adresse gespeichert werden. Klicken Sie nun auf die neu angelegte Klasse und öffnen Sie dann mit der rechten Maustaste ein *Pop-up*-Menü. Hier wählen Sie *New Attribute* und tippen die drei folgenden Attribute direkt im Klassensymbol ein:

`Name: String <30>`
`Telefon: String <30>`
`E-Mail: Email`

Achten Sie bitte auf die Groß-/Kleinschreibung. Mit der *Enter*-Taste schließen Sie die Eingabe für ein Attribut ab. Nach Eingabe des letzten Attributs klicken Sie wieder in die weiße Fläche. Anschließend speichern Sie Ihr Modell, z.B. unter dem Namen `Shop1P1`.

Alle Eingaben werden von *Rose* nicht nur im Diagramm dargestellt, sondern auch in das Modell eingetragen, das im *Browser* als Baumstruktur dargestellt wird (Abb. 1.1-2). Öffnen Sie im *Browser* übungshalber die Knoten *Logical View* und *Kunde*.

Falsch geschriebene Attribute können Sie einfach ändern, wenn Sie im Diagramm oder im *Browser* direkt auf das Attribut klicken und den Namen wie gewünscht korrigieren.

Attribute löschen Überflüssige Attribute löschen Sie folgendermaßen: Klicken Sie – im *Browser*, nicht im *Diagramm* – auf das jeweilige Attribut und öffnen Sie mit der rechten Maustaste das *Pop-up*-Menü. Anschließend wählen Sie die Menüoption *Delete*. Jetzt wird das Attribut – ohne Sicherheitsabfrage – gelöscht. Sie können ein Attribut auch im Modell löschen, in dem Sie das Attribut im Diagramm selektieren und gleichzeitig die Ctrl-Taste (bzw. Strg-Taste) und die D-Taste drücken. In diesen Fall führt *Rose* noch eine Sicherheitsabfrage durch.

Attribute werden in *Rational Rose* automatisch durch ein Mini-Piktogramm ergänzt, das die Sichtbarkeit angibt. Da diese Information in der Analyse nicht benötigt wird, gehe ich hier nicht näher darauf ein.

Abb. 1.1-2:
Erstellen der Klasse
Kunde mit Rational
Rose

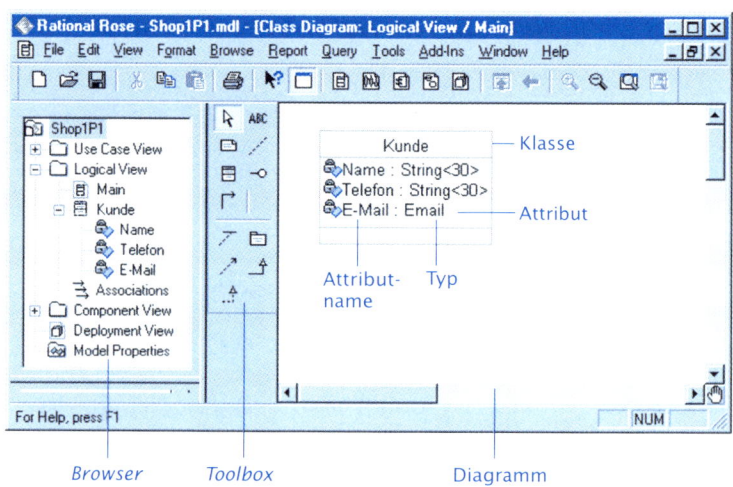

Browser   *Toolbox*   *Diagramm*

Janus – erstellt aus Im nächsten Schritt können Sie bereits mit Janus ein einfaches
OOA-Modellen **Pilotsystem** zur Kundenverwaltung generieren.
Pilotsysteme

Janus/Settings Dazu müssen Sie in *Rose* im Menü *Tools* die Menüoption *Janus/ Settings* wählen. Tippen Sie im Feld *Target Path* ein Verzeichnis an, z.B. G:\7TageShop. In diesem Verzeichnis erzeugt Janus ein Unterverzeichnis, das so heißt wie das *Rose*-Modell, z.B. Shop1P1.

Janus erstellt bei der Generierung Quellcode in C++, die Anwendung und eine Access-Datenbank. Alle erzeugten Dateien legt Janus in das automatisch erstellte Unterverzeichnis, z.B. G:\7Tage Shop\Shop1P1. Sie können jede Anwendung auch im *Explorer* durch Doppelklick starten.

Alle anderen Einstellungen im *Settings*-Fenster bleiben unverändert. Die *Settings* legt Janus in der mdl-Datei ab, in der *Rose* jeweils ein komplettes Modell speichert. Wenn Sie also Ihr Modell auf einen anderen Computer übertragen, müssen Sie diese Einstellungen gegebenenfalls ändern. Anschließend können Sie im *Settings*-Fenster die Schaltfläche *Generate* anklicken. Janus erstellt nun vollautomatisch das erste Pilotsystem und startet es sofort.

Geben Sie einige Kunden ein. Der Doppelklick auf den Ordner **Daten eingeben**
Kunde öffnet ein leeres Erfassungsfenster (Abb. 1.1-3). In der Liste
werden alle erfassten Objekte der Klasse Kunde angezeigt. Diese
Liste können Sie mit den Cursor-Tasten komfortabel durchlaufen.
Eingegebene Daten lassen sich ändern, indem Sie mit einem Doppel-
klick auf das Listenelement das Erfassungsfenster öffnen.

Janus erzeugt automatisch die Basisfunktionalität zum Erfassen,
Ändern und Löschen von Kunden. Die Stammdatenliste kann nach
bestimmten Kriterien gefiltert und ausgedruckt werden. Alle eingegebenen Daten werden in der Datenbank MS Access gespeichert.

Doppelklick
öffnet neues   Einfachklick   Doppelklick öffnet   *Abb. 1.1-3:*
Erfassungsfenster   zeigt Liste an   Erfassungsfenster für   *Generiertes*
                                              vorhandenen Kunden   *Pilotsystem*

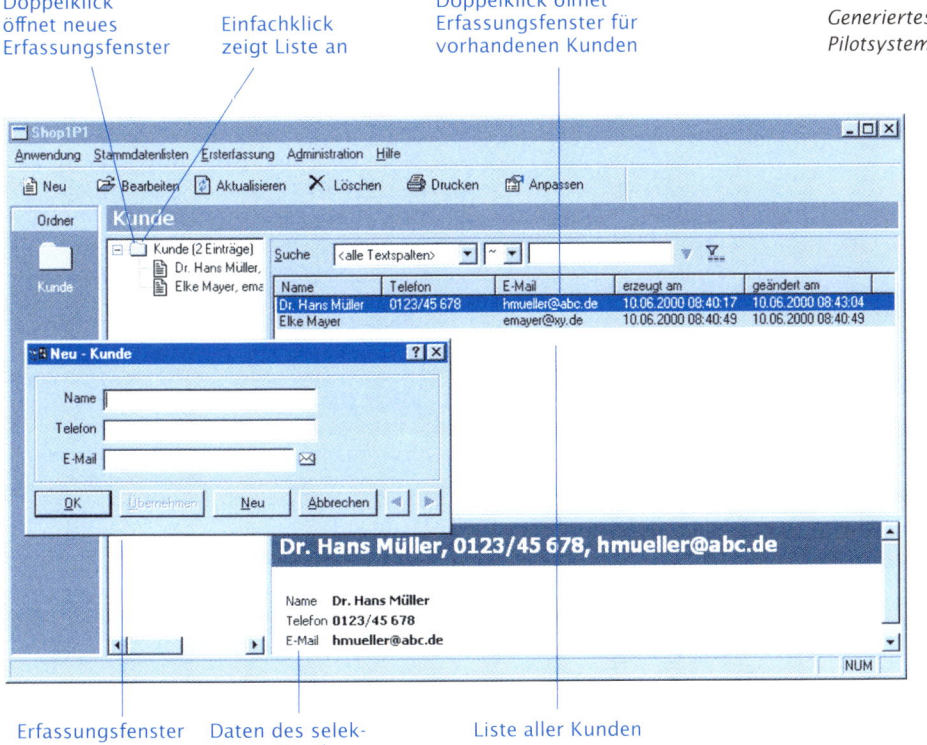

Erfassungsfenster   Daten des selek-   Liste aller Kunden
                    tierten Kunden

Objektorientierung im Rückblick – was bisher geschah   **Zur Historie**
Die objektorientierte Softwareentwicklung fand ihren Anfang mit der
ersten objektorientierten Programmiersprache Smalltalk-80. Sie wurde in
den Jahren 1970 bis 1980 am *Palo Alto Research Center* (PARC) der Firma
Xerox entwickelt. Das Klassenkonzept wurde von der Programmiersprache Simula-67 übernommen und weiterentwickelt. Mit Beginn der 90er-   OOP – Objekt-
Jahre hat sich C++ als dominierende Sprache der objektorientierten Pro-   orientierte
grammierung (OOP) durchgesetzt. Seit 1996 nimmt Java eine signifikante   Programmier-
Stellung neben C++ ein, während Smalltalk im gleichen Maß zurück-   sprache
gedrängt wurde.

Ende der 80er- und zu Beginn der 90er-Jahre wurden die ersten Bücher über Methoden der objektorientierten Analyse (OOA, *Object Oriented Analysis)* und des objektorientierten Entwurfs (OOD, *Object Oriented Design)* publiziert, denen inzwischen viele folgten. Im Gegensatz zu den textuellen Notationen der Programmiersprachen werden hier grafische Notationen verwendet. Von den zahlreichen veröffentlichten Methoden wurden jedoch nur wenige von einer größeren Anzahl von Softwareentwicklern weltweit angewandt. Die Bücher von /Booch 91, 94/, /Coad, Yourdon 91, 91a/, /Jacobson 92/, /Rumbaugh et al. 91/ und /Shlaer, Mellor 88, 92/ gelten als Standardwerke.

Die führenden Methodenspezialisten Grady Booch, Jim Rumbaugh und Ivar Jacobson haben sich bei der Rational Software Corporation zusammengeschlossen, um ihre erfolgreichen Methoden zu einem einheitlichen Industriestandard weiterzuentwickeln. Es entstand die **UML** *(Unified Modeling Language),* die heute der Standard für objektorientierte Notationen ist. Die UML ist eine grafische Notation für die Erstellung objektorientierter Modelle, die unabhängig von einer Programmiersprache dargestellt werden können. Sie wird heute von allen professionellen Werkzeugen unterstützt und hat alle früheren objektorientierten Notationen verdrängt. Auf die Entwicklung der UML gehe ich im Folgenden noch detaillierter ein.

1989 wurde die OMG *(Object Management Group)* von acht Firmen gegründet. Im November 1997 hatte sie bereits über 750 Mitglieder. Das Ziel der OMG ist ein allgemeiner Architektur-Rahmen für objektorientierte Anwendungen, der auf einer weltweit verbreiteten Schnittstellenspezifikation basiert *(»The Architecture for a Connected World«).* Das Ergebnis ist die *Object Management Architecture* (OMA). Die zentrale Komponente dieses Standards bildet der *Object Request Broker* (ORB), der unter dem Namen CORBA bekannt ist.

1991 gründeten Hersteller und Anwender von objektorientierten Datenbanken die *Object Database Management Group* (ODMG). 1993 wurde von dieser Gruppe ein Standard für objektorientierte Datenbanken vorgeschlagen: der ODMG-93-Standard. Im Juli 1997 wurde ODMG 2.0 freigegeben, der außer den Schnittstellen für C++ und Smalltalk auch eine Java-Schnittstelle definiert.

Die nebenstehende Abbildung zeigt die historische Entwicklung der Objektorientierung.

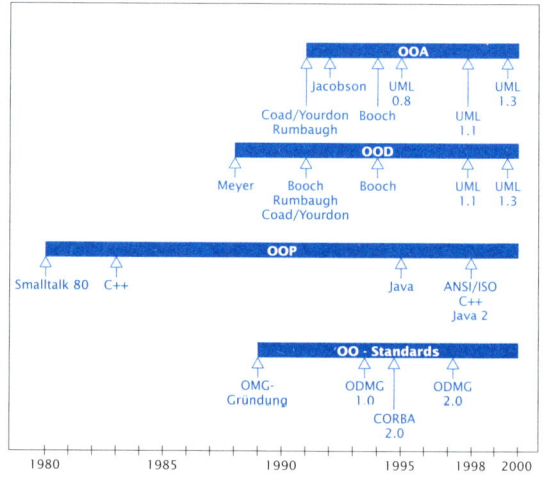

Die Geschichte der UML

Die Entwicklung der UML war sehr hektisch und es werden zahlreiche Versionen in der Literatur genannt. Mit dem folgenden kurzen Abriss möchte ich ein wenig Transparenz in diese Entwicklung bringen.

Die Geschichte der UML beginnt im Oktober 1994. Grady Booch und Jim Rumbaugh setzen sich das Ziel, einen einheitlichen Industriestandard für die objektorientierte Modellierung zu schaffen. Es entstand zunächst der Vorgänger der *Unified Modeling Language* (UML), der unter dem Namen **Unified Method 0.8** /Booch, Rumbaugh 95/ im Oktober 1995 publiziert wurde.

Seit Herbst 1995 wirkt auch Ivar Jacobson an der Entwicklung der UML mit und integrierte seine OOSE-Methode in die UML. Im Juni 1996 wurde die **UML 0.9** veröffentlicht.

Seit 1996 sind auch mehrere Partner-Firmen an der Definition der UML beteiligt. Die **UML 1.0** wurde im Januar 1997 verabschiedet und der OMG zur Standardisierung vorgelegt. Zur selben Zeit wurde die Gruppe der Partner-Firmen erweitert. Es entstand die Version 1.1. der UML, die der OMG im Juli 1997 zur Standardisierung vorgelegt wurde. Im September 1997 wurde diese Version von der *OMG Analysis and Design Task Force* und dem *OMG Architecture Board* akzeptiert. Im November 1997 wurde schließlich die **UML 1.1** von der *Object Management Group* (OMG) als Standard verabschiedet.

Die Weiterentwicklung der UML wurde an die *OMG Revision Task Force* (RTF) übertragen, die von Cris Kobryn geleitet wird. Im Juli 1998 wurde von der RTF die **UML 1.2** intern freigegeben. Alle Änderungen waren rein redaktionell und hatten keine Auswirkungen auf den technischen Inhalt.

Im Juni 1999 wurde von der RTF die **UML 1.3** verabschiedet. Wichtige Verbesserungen sind die Beseitigung von Inkonsistenzen zwischen verschiedenen Dokumenten. Außerdem werden Definitionen und Erklärungen präziser beschrieben. Auch inhaltlich wurden geringfügige Änderungen vorgenommen.

Zur Zeit arbeitet die OMG an der UML 1.4 und an der UML 2.0. Die **UML 1.4** soll laut Plan im Jahr 2000 verabschiedet werden und kleinere Überarbeitungen enthalten. Umfangreichere Erweiterungen sind für die **UML 2.0** geplant, die bis zum Jahr 2001 fertiggestellt sein soll.

Die folgende Abbildung zeigt die Entwicklung der UML im Überblick:

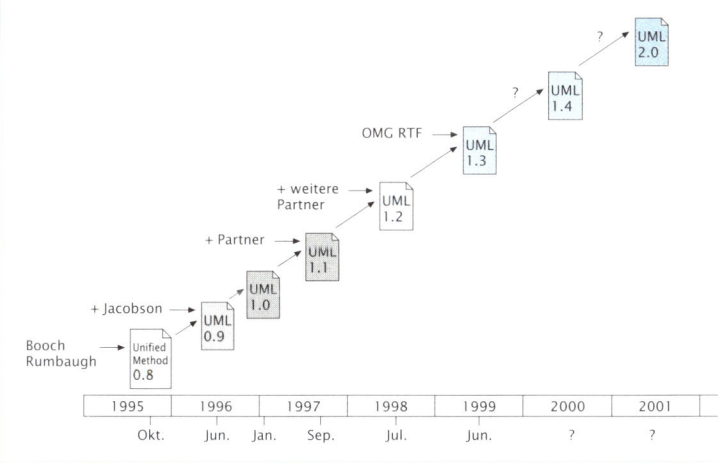

9

1.2 Objekte – die Basis von allem

Objekte und Klassen sind die beiden wichtigsten Konzepte der Objektorientierung. Das Konzept der Objekte hat der neuen Entwicklungsrichtung den Namen gegeben.

Objekt – Synthese von Daten und Funktionen

Im allgemeinen Sprachgebrauch ist ein Objekt ein Gegenstand des Interesses, insbesondere einer Beobachtung, Untersuchung oder Messung. Objekte können Dinge (z.B. Fahrrad, Büro), Personen (z.B. Kunde, Mitarbeiter) oder Begriffe (z.B. Programmiersprache, Krankheit) sein. In der objektorientierten Softwareentwicklung besitzt ein **Objekt** *(object)* einen bestimmten Zustand und reagiert mit einem definierten Verhalten auf seine Umgebung. Außerdem besitzt jedes Objekt eine Identität, die es von allen anderen Objekten unterscheidet.

Objekt-Zustand – Attributwerte

Der Zustand *(state)* eines Objekts wird durch die Attributwerte beschrieben. Bei dem Pilotsystem zur Kundenverwaltung entsprechen die Attributwerte den jeweiligen Eingaben im Erfassungsfenster. Das Verhalten *(behavior)* eines Objekts wird durch seine Operationen *(operations)* oder Methoden *(methods)* festgelegt. Das Pilotsystem enthält für jedes Objekt die Basisoperationen zum Erfassen, Ändern und Löschen. Weil diese Funktionalität automatisch generiert wird, muss sie nicht modelliert werden.

Objekt-Verhalten – anwendbare Funktionen

Notation Objekt

Ein Objekt wird in der UML als Rechteck dargestellt (Abb. 1.2-1), das in zwei Felder aufgeteilt werden kann. Im oberen Feld wird das Objekt wie folgt bezeichnet:

:Klasse   Bei einem anonymen Objekt wird nur der Klassenname angegeben.

Objekt:Klasse Wenn das Objekt über einen Namen angesprochen werden soll.

Objekt   Wenn der Objektname ausreicht, um das Objekt zu identifizieren und der Name der Klasse aus dem Kontext ersichtlich ist.

Abb. 1.2-1: Notation von Objekten

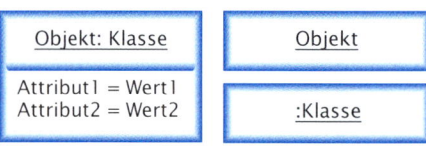

Die Bezeichnung eines Objekts wird *immer unterstrichen*. Anonyme Objekte werden verwendet, wenn es sich um irgendein Objekt der Klasse handelt. Objektnamen dienen dazu, ein bestimmtes Objekt der Klasse für den Systemanalytiker zu benennen.

Systemanalytiker – erstellt OOA-Modell

Im unteren Feld werden – optional – die im jeweiligen Kontext relevanten Attribute des Objekts eingetragen. Die UML ermöglicht folgende Alternativen:

`Attribut : Typ = Wert`

`Attribut = Wert`   Empfehlenswert, da der Typ bereits bei der Klasse definiert ist und diese Angabe daher redundant ist.

`Attribut`   Sinnvoll, wenn der Wert des Attributs nicht von Interesse ist.

Die Notation für Objekte wird in der UML in verschiedenen Diagrammen verwendet, von denen Sie die wichtigsten in späteren Kapiteln noch kennen lernen werden. Im generierten Pilotsystem präsentieren sich Objekte auf zwei Arten. In einem Erfassungsfenster wird immer ein Objekt eingegeben bzw. geändert. In der Liste entspricht jedes Objekt einer Zeile. Betrachten Sie dazu die Abb. 1.1-3.

Das von der Klasse `Kunde` »fabrizierte« Objekt `Dr. Hans Müller` der Kundenverwaltung wird in der UML wie in Abb. 1.2-2 dargestellt.

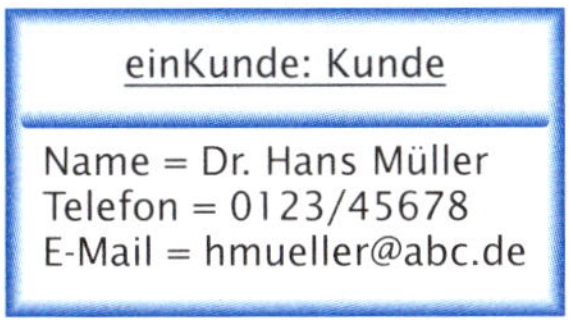

einKunde: Kunde
Name = Dr. Hans Müller Telefon = 0123/45678 E-Mail = hmueller@abc.de

Abb. 1.2-2:
Objekt Dr. Hans
Müller in UML

Zustand und Verhalten eines Objekts bilden eine Einheit. Wir sagen auch: Ein Objekt kapselt Zustand (Daten) und Verhalten (Operationen). Die Daten eines Objekts können nur mit Hilfe der Operationen gelesen und geändert werden. Das bedeutet, dass die Repräsentation dieser Daten nach außen verborgen sein soll. Wir sagen: Ein Objekt realisiert das **Geheimnisprinzip** *(information hiding)*. Abb. 1.2-3 symbolisiert das Geheimnisprinzip durch eine Kugel, deren Innenleben nach außen verborgen bleibt.

Datenkapsel und
Geheimnisprinzip

Abb. 1.2-3:
Objekt realisiert
das Geheimnis-
prinzip

Hinweis: In diesem Buch wird für viele UML-Diagramme Farbe verwendet. Diese Farbe ist *nicht* fester Bestandteil der UML-Notation. Ihre Verwendung ist jedoch gemäß UML-Standard zulässig.

Objektidentität –
macht das Objekt
zum Individuum

Die **Objektidentität** *(object identity)* ist die Eigenschaft, die ein Objekt von allen anderen Objekten unterscheidet. Sie stellt sicher, dass alle Objekte aufgrund ihrer Existenz unterscheidbar sind, auch wenn sie zufällig identische Attributwerte besitzen. Die Identität eines Objekts kann sich *nicht* ändern. Zwei Objekte können nicht dieselbe Identität besitzen. Besitzen zwei Objekte – mit unterschiedlichen Identitäten – dieselben Attributwerte, so sprechen wir von der Gleichheit der Objekte. Da die Objektidentität immer implizit vorhanden ist, muss sich der Systemanalytiker nicht darum kümmern.

Implementierung –
Programmierung

Bei der Implementierung wird die Objektidentität durch einen Algorithmus realisiert, der Eindeutigkeit garantiert (z.B. ein Zeitstempel bestehend aus Datum und exakter Uhrzeit oder ein Zähler, der kontinuierlich erhöht wird).

Praxis 2 (Tag 1)
Objektidentität
und Schlüssel
Shop1P2

Erfassen Sie mit dem Pilotsystem zwei Kundenobjekte mit exakt gleichen Attributwerten. In der Liste der Abb. 1.1-3 sehen Sie, dass Janus für jedes Objekt zwei Zeitstempel erstellt, je einen für die Objekterzeugung und die letzte Änderung. Der Bediener muss die beiden gleichen Objekte also *nicht* durch eine Nummer, z.B. durch eine Kundennummer, unterscheiden.

Bei kaufmännischen Anwendungen ist es jedoch üblich, Nummern zu verwenden, um Objekte aus fachlicher Sicht eindeutig zu identifizieren. Ergänzen Sie daher die Klasse Kunde um das Attribut »Nummer:Serial«. Der Attributtyp Serial sorgt dafür, dass die Kundennummer bei jedem neuen Kunden inkrementiert wird und damit automatisch eindeutig ist.

Attributreihen-
folge ändern

Wie Sie oben gesehen haben, stimmt die Reihenfolge der Attribute im Klassensymbol mit der Reihenfolge im Erfassungsfenster überein. Sie können in *Rational Rose* die gewünschte Reihenfolge wie folgt einstellen. Im *Pop-up*-Menü der Klasse wählen Sie *Open Specification* und wählen die Seite *Attributes*. In der angezeigten Attributliste (Abb. 1.2-4) können Sie jedes Attribut mit *drag & drop* verschieben.

Speichern Sie Ihr neues Modell und erstellen Sie mit *Tools/Janus-Generator* ein neues Pilotsystem zur Kundenverwaltung. Ihre Access-Datenbank wird dadurch neu generiert, d.h. alle Daten gelöscht.

Daten»retten«

Wenn Sie alte Daten retten wollen, dann müssen sie im alten *Shop* mittels *Anwendung/Exportieren* in einer Datei gespeichert und im neuen *Shop* mittels *Anwendung/Importieren* wieder geladen werden. Da die Übernahme bei den wenigen Beispieldaten nicht notwendig ist, verzichte ich vorläufig darauf.

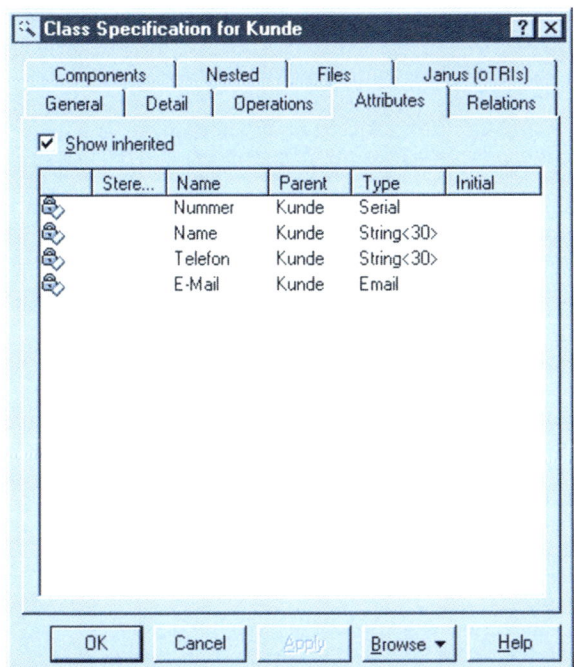

*Abb. 1.2-4:
Attributliste der
Klasse Kunde*

Externe und interne Objekte sind leicht zu verwechseln. Externe
Objekte – auch reale Objekte genannt – existieren in der realen
Welt, während interne Objekte bzw. Softwareobjekte in einem Softwaresystem verwaltet werden. Betrachten Sie beispielsweise den
realen Kunden Müller, der Bankgeschäfte erledigt. Herr Müller ist
in seiner Freizeit ein begeisterter Golfspieler, eine Eigenschaft, die
für die Modellierung des internen Objekts Müller in unserem Softwaresystem völlig uninteressant ist. Wird aus dem externen Objekt
das interne Objekt abgeleitet, so müssen wir die für das jeweilige
Modell (hier: Bankgeschäfte) relevanten Eigenschaften abstrahieren.
Soll dagegen ein Golfturnier modelliert werden, so sind sicher
andere Eigenschaften interessant. Beim Übergang von der realen
Welt ins OOA-Modell tritt folgender Effekt auf: In der realen Welt
sind Objekte aktiv (z.B. Herr Müller schickt Überweisungsaufträge
an die Bank). Im OOA-Modell sind die entsprechenden (internen)
Objekte passiv (z.B. werden über den Kunden Müller Daten und Vor-
gänge gespeichert).

externes Objekt –
in der realen Welt

internes Objekt –
im Softwaresystem

Die Begriffe *instance, class instance* und Exemplar werden syno-
nym für den Begriff Objekt *(object)* gebraucht. Der Begriff »Instanz«,
der in der deutschen Literatur häufig verwendet wird, ist ein Ang-
lizismus, der auf einer fehlerhaften Übersetzung von *instance*
beruht.

Verwandte Begriffe

Zu *Rational Rose*

www.rational.com

CASE – Computer
Aided Software
Engineering

Was ist *Rational Rose*?

Rational Rose ist ein Produkt aus der umfangreichen Palette von Softwareentwicklungswerkzeugen der Firma *Rational*. Es ist ein Werkzeug, um objektorientierte Modelle mittels UML zu erstellen und zu visualisieren. UML-Modelle können in verschiedene Programmiersprachen (Java, C++) abgebildet werden. Umgekehrt ermöglicht *Rose* aus entsprechenden Programmen die Rückgewinnung von objektorientierten Modellen, die dann weiterbearbeitet werden können. In diesem Buch wird nur ein kleiner Teil der Funktionalität verwendet. Neben *Rational Rose* bieten auch andere CASE-Hersteller Software-Werkzeuge mit ähnlicher Funktionalität an.

Rational Rose ist relativ einfach zu bedienen. Viele Funktionen können mittels *drag & drop* durchgeführt werden. Für viele Elemente kann mittels rechter Maustaste ein *Pop-up*-Menü geöffnet werden, in dem verfügbare Funktionen angeboten werden.

Beim Löschen unterscheidet *Rational Rose* zwischen dem Löschen aus dem Diagramm und dem Löschen aus dem Modell. Klicken Sie beispielsweise in die Klasse Kunde und drücken Sie dann die Del-Taste (bzw. Entf-Taste). Das Klassendiagramm ist wieder leer. Im *Browser* ist die Klasse aber noch enthalten. Bewegen Sie den Mauszeiger auf die Klasse in den *Browser* und ziehen Sie die Klasse mittels *drag & drop* in das Klassendiagramm.

Die Baumstruktur zeigt immer das komplette Modell mit allen Elementen an. Das Klassendiagramm ist nur eine spezielle Sichtweise dieses Modells.

Rational Rose
Klassen und
Attribute

- Klasse erstellen: In der *Toolbox* die Symbol-Schaltfläche *Class* selektieren, dann ins Klassendiagramm klicken.
- Klassenname ändern: Klasse selektieren, Klassenname anklicken und ändern.
- Klasse im Modell löschen: Klasse im *Browser* selektieren und im *Pop-up*-Menü *Delete* wählen; alternativ: im Diagramm Klasse selektieren, dann Ctrl- und D-Taste gleichzeitig drücken.
- Klasse im Diagramm löschen: Klasse selektieren und Del-Taste drücken.
- Attribut erstellen: Klasse selektieren, im *Pop-up*-Menü *New Attribute* wählen (nach dem letzten Attribut ins Klassendiagramm klicken).
- Attribut ändern: Klasse selektieren, Attribut anklicken und ändern.
- Attribut löschen: Attribut im *Browser* selektieren und im *Pop-up*-Menü *Delete* wählen.
- Attributreihenfolge ändern: Klasse selektieren, im *Pop-up*-Menü *Open Specification/Attributes* wählen, dann Attribut mittels *drag & drop* verschieben.

Was ist *Janus*?

Mit der Janus-Produktfamilie stellt die Firma oTRIs Werkzeuge für die automatisierte Generierung von objektorientierten Anwendungen zur Verfügung. In diesem Buch wird das Werkzeug *Janus/Access* verwendet. Damit ist es möglich, aus einem mit *Rational Rose* erstellten OOA-Modell vollautomatisch Programmcode in C++ zu generieren, wobei eine Anbindung an die Datenbank *Microsoft Access* realisiert wird. Der generierte Code kann mit eigener Funktionalität ergänzt werden. Zusätzlich werden ergonomische Benutzungsoberflächen in C++ (MFC) erzeugt. Dabei ist es möglich, von Anfang an mehrsprachige Benutzungsoberflächen zu realisieren. Außerdem wird eine umfangreiche Hilfefunktionalität im Windows- bzw. HTML-Format realisiert. Ein weiterer Aspekt ist die Generierung der vollständigen *Middleware* für Client/Server-Applikationen. Die hier verwendete Buchversion ist im Unterschied zur Vollversion auf 15 Klassen begrenzt. Auch die Versionierung steht bei dieser Buch-Version im Gegensatz zur Vollversion nicht zur Verfügung.

Janus installiert sich direkt in *Rational Rose*. Im Menü *Tools* stehen dann die drei zusätzlichen Menüoptionen *Janus/Generator, Janus/Specifier* und *Janus/Settings* zur Verfügung.

Vor der ersten Generierung muss das OOA-Modell gespeichert und bei *Janus/ Settings* die notwendigen Einstellungen gemacht werden.

Zu Janus

www.otris.de

- Retten der Daten: Im alten Pilotsystem *Anwendung/Exportieren* aufrufen
- Laden der alten Daten: Im neuen Pilotsystem *Anwendung/Importieren* aufrufen

Janus
Access-Daten
»retten«

1.3 Klassen – der erste Schritt der Modellierung

Eine **Klasse** definiert für eine Kollektion von Objekten deren Struktur (Attribute), Verhalten (Operationen) und Beziehungen. Sie besitzt einen Mechanismus, um neue Objekte zu erzeugen *(object factory)*. Jedes erzeugte Objekt gehört zu genau einer Klasse. Unter den Beziehungen *(relationships)* sind Assoziationen und Vererbungsstrukturen zu verstehen (siehe Tag 2 und Tag 3).

Klasse – Schablone für ihre Objekte

Die Struktur einer Klasse wird durch Attribute beschrieben. Bei dem Pilotsystem zur Kundenverwaltung entsprechen die Attribute den jeweiligen Interaktionselementen im Erfassungsfenster. Das Verhalten *(behavior)* einer Klasse wird durch die Botschaften (Nachrichten) beschrieben, auf die diese Klasse bzw. deren Objekte reagieren können. Jede Botschaft aktiviert eine Operation gleichen Namens (siehe Tag 4).

Botschaft – Operationsaufruf

Objekte und Klassen besitzen viele Ähnlichkeiten und werden daher leicht verwechselt. Objekte repräsentieren die konkreten Daten, die später von der Anwendung verwaltet werden. Klassen

15

sind dagegen in der Modellierung wichtig, um Schablonen zu definieren, mit deren Hilfe später Objekte erzeugt werden können.

Notation
Klasse

Für die Darstellung von Klassen gibt es verschiedene Möglichkeiten (Abb. 1.3-1). Die entsprechenden Kurzformen werden verwendet, wenn die fehlenden Details unwichtig sind oder in einem anderen Klassendiagramm definiert sind. Der Klassenname wird immer fettgedruckt, zentriert dargestellt und beginnt mit einem Großbuchstaben. Als Klassenname wird im Allgemeinen ein Substantiv im Singular (z.B. Kunde und *nicht* Kunden) gewählt.

Abb. 1.3-1:
Notation von
Klassen

Klassendiagramm

Die Klassensymbole werden zusammen mit weiteren Symbolen in das **Klassendiagramm** *(class diagram)* eingetragen. Bei großen Systemen ist es notwendig, mehrere Klassendiagramme zu erstellen. In *Rational Rose* gibt es standardmäßig das Klassendiagramm *Main*. Bei Bedarf können Sie weitere Klassendiagramme anlegen.

Klasse vs. Menge
aller Objekte

Verwechseln Sie nicht die Klasse und die Menge aller Objekte dieser Klasse *(extent)*. Eine Klasse ist eine Abstraktion, die Gemeinsamkeiten von Objekten und Regeln zu ihrer Erzeugung festlegt. Die Menge aller Objekte – die **Klassenextension** – ist dagegen einfach eine Ansammlung aller Objekte einer Klasse. Beim Pilotsystem zur Kundenverwaltung wird die Klassenextension der Klasse Kunde in der Liste dargestellt.

Klassenextension
– Menge aller
Objekte einer
Klasse

Wie findet man die richtigen Klassen?

Methode

Abb. 1.3-2 und Abb. 1.3-3 zeigen ein Fax-Bestellformular und eine Rechnung unseres *Shops,* aus denen die notwendigen Klassen abgeleitet werden können. Dieses Verfahren wird als **Dokumentanalyse** bezeichnet und lässt sich bei vielen Anwendungen gut einsetzen. In diesem ersten Schritt der Modellierung geht es *nicht* um die vollständige Darstellung aller Daten (Attribute), sondern darum, einige Klassen zu identifizieren.

Aus dem Formular der Fax-Bestellung (Abb. 1.3-2) kann die bereits bekannte Klasse Kunde entnommen werden. Sie wird um das Attribut Fax erweitert.

Klasse Kunde

Aus dem Rechnungsformular (Abb. 1.3-3) lässt sich die Klasse Auftrag mit den Attributen Nummer, Bestelldatum, Rechnungsdatum und Bearbeiter ableiten. Warum heißt diese Klasse eigentlich Auftrag und nicht Bestellung oder Rechnung, was ja anhand der Dokumentanalyse nahe liegend wäre? Die Modellierung der Klassen erfolgt aus Sicht des »Verkäufers« im *Shop*. Für ihn handelt es sich um einen Auftrag, der für einen Kunden ausgeführt wird. Aus Sicht des Kunden liegt eine Bestellung vor. Im *Shop* werden alle zu bearbeitenden Aufträge gespeichert. Für jeden Auftrag wird eine Rechnung erstellt. Während der Auftrag die im System zu speichernden Daten enthält, kann die Rechnung aus diesen Daten erzeugt werden, ist also ein reines Ausgabedokument. Die Attribute modellieren immer die zu verwaltenden Daten. Das Erstellen der Rechnung wird durch eine – später noch einzuführende – Operation der Klasse Auftrag durchgeführt.

Klasse Auftrag

Operation – Funktion einer Klasse

Aus der Rechnung (Abb. 1.3-3) kann außerdem die Klasse Artikel mit den Attributen Nummer, Bezeichnung und Preis gewonnen werden.

Klasse Artikel

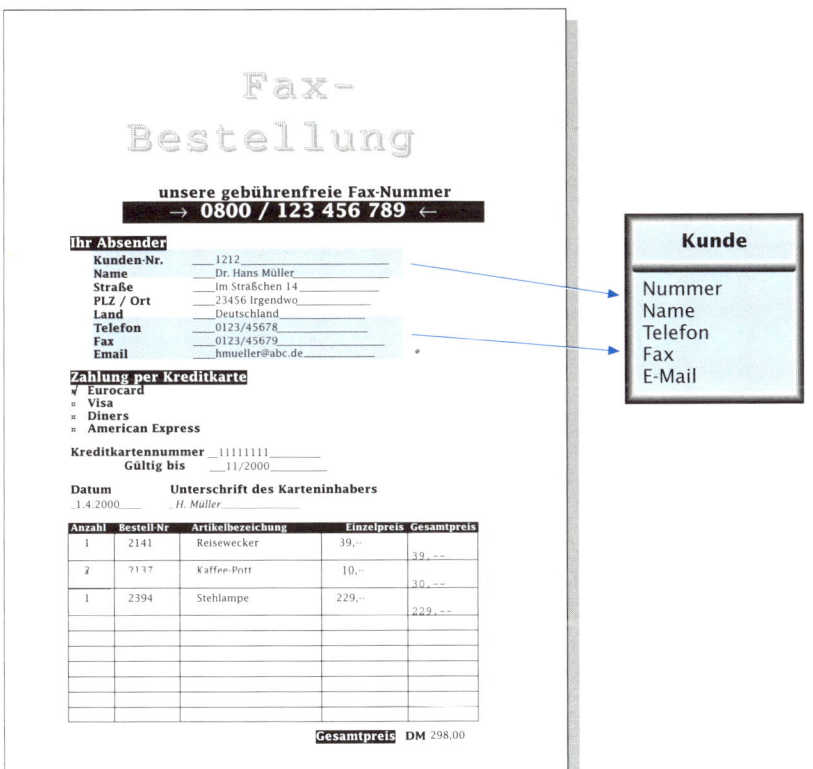

Abb. 1.3-2:
Formular zur
Fax-Bestellung

Abb. 1.3-3:
Rechnung

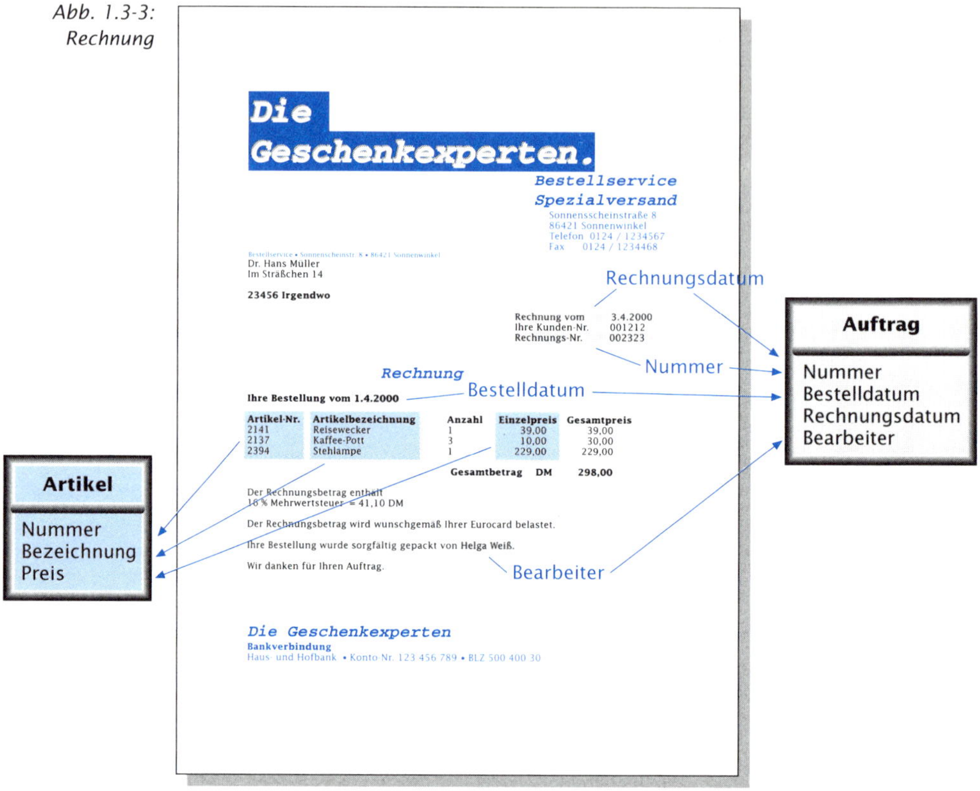

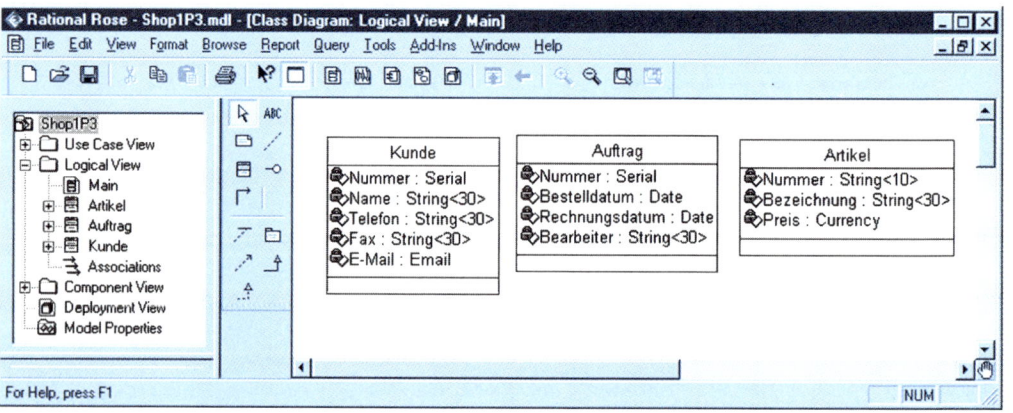

Praxis 3 (Tag 1)
Klassen
modellieren
Shop1P3

Abb. 1.3-4:
Modellieren der
Klassen Kunde,
Auftrag und Artikel

Modellieren Sie nun mit *Rational Rose* die Klassen Kunde, Auftrag und Artikel wie in der Abb. 1.3-4 angegeben. Artikelnummern sollen nicht fortlaufend vergeben werden, sondern es werden für Artikel einer Gruppe Nummernkreise angelegt. Außerdem sollen Artikelnummern auch Buchstaben und Sonderzeichen enthalten können. Daher wird hier der Datentyp String<10> verwendet. Abb. 1.3-5 zeigt, wie das Pilotsystem nach der neuen Generierung aussieht.

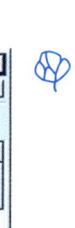

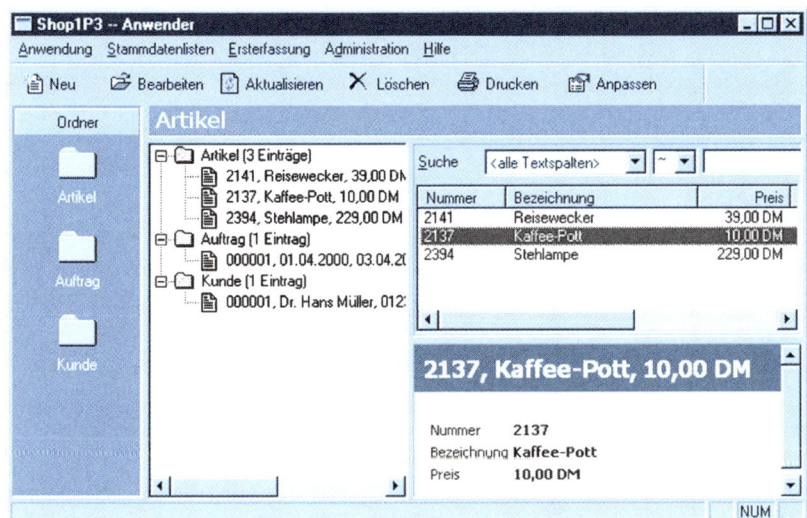

*Abb. 1.3-5:
Pilotsystem für die
Klassen Kunde,
Auftrag und Artikel*

1.4 Attribute und ihre Spezifikation – die objektorientierten Datenfelder

Die **Attribute** beschreiben die Daten, die von den Objekten einer Klasse angenommen werden können. Jedes Attribut ist von einem bestimmten Typ. Alle Objekte einer Klasse besitzen dieselben Attribute, jedoch unterschiedliche Attributwerte.

Attribut – objektorientiertes Datenfeld

Attribute werden durch ihren Namen und ihren Typ beschrieben (Abb. 1.4-1). Auf Klassenattribute und abgeleitete Attribute gehe ich später in diesem Kapitel ein. Der Attributname muss nur innerhalb der Klasse eindeutig sein. Außerhalb der Klasse wird das Attribut in der Form Klassenname.Attributname durch den Klassennamen ergänzt. Optional kann ein Anfangswert *(initial-value)* angegeben werden. Er legt fest, welchen Wert ein neu erzeugtes Objekt für dieses Attribut annimmt.

Notation
Attribut

Klasse
Attribut1: Typ Attribut2: Typ <u>Klassenattribut: Typ</u> /abgeleitetesAttribut: Typ

*Abb. 1.4-1:
Notation für
Attribute*

19

Für Leser mit ERD-
Kenntnissen

Unterschiede zu *Entity-Relationship*-Diagrammen (ERD)

Für Leser, die mit *Entity-Relationship*-Diagrammen vertraut sind, sind zwei wichtige Unterschiede zwischen den Klassen *(classes)* und den Entitäten *(entities)* hervorzuheben.

- Künstliche Schlüsselattribute sind im Klassendiagramm nicht notwendig.

  Bei *Entity-Relationship*-Diagrammen ist für das eindeutige Identifizieren der Objekte ein Schlüsselattribut notwendig. Der Schlüssel kann sich auch aus mehreren Attributen zusammensetzen. Es ist möglich, dass ein fachlich notwendiges Attribut gleichzeitig als Schlüssel fungiert (z.B. Kundennummer). Andernfalls ist beim *Entity-Relationship*-Diagramm ein künstliches Schlüsselattribut hinzuzufügen.

- Die Normalisierung der Attribute ist im Klassendiagramm nicht notwendig.

  Die Attribute einer Klasse müssen nicht die erste Normalform der relationalen Datenbanken erfüllen. Die Entscheidung, ob die Daten normalisiert werden müssen und welche Normalform ggf. zu wählen ist, soll erst bei der Realisierung getroffen werden. Bei der objektorientierten Modellierung definiert der Systemanalytiker die Attribute – frei von irgendwelchen technischen Randbedingungen – ausschließlich unter problemadäquaten Gesichtspunkten.

Stereotyp – klassi-
fiziert Elemente

Ein **Stereotyp** *(stereotype)* klassifiziert Elemente (z.B. Klassen) des Modells. Die UML enthält einige vordefinierte Stereotypen, und es können weitere Stereotypen definiert werden. Stereotypen werden in französischen Anführungszeichen *(guillemets)* mit Spitzen nach außen angegeben, z.B. «Enumeration». Wir verwenden dieses Konzept im Folgenden zur Spezifikation von Attributtypen.

Attributtyp

In der UML ist nicht festgelegt, wie der **Typ** eines Attributs definiert wird. Welche Typen verwendet werden, hängt daher von der jeweiligen Umgebung ab. Um für Janus OOA-Modelle zu erstellen, stehen folgende Typen zur Verfügung:

- Standardtypen,
- Aufzählungstypen,
- Strukturen.

Mit anderen Worten: Der Typ eines Attributs muss entweder ein Standardtyp oder ein Aufzählungstyp oder eine Struktur sein.

Von *Janus* werden die in Tab. 1.4-1 aufgeführten Standardtypen (*built-in types, primitive types*) unterstützt:

Zeichenketten	**String** **String<40>**	ohne Feldlängenangabe mit Feldlängenangabe	***Tab. 1.4-1:*** ***Janus-Standard-*** ***typen***
Numerische *Datentypen*	**Short, UShort** **Long, ULong** **Float** **Boolean**	Kurze ganze Zahl Lange ganze Zahl Gleitkomma- / Festkommazahl Wahrheitswert	
Business- *Komponenten*	**Date** **Time** **Timestamp**	Datum Zeit Datum + Zeit (Zeitstempel)	
	Currency **Serial**	Währungsangaben Seriennummern, die automatisch inkrementiert werden	
	Document **URL** **Email**	Spezielle Datentypen, die mit *Windows Office*-Paketen verknüpft sind	

Ein **Aufzählungstyp** *(enumeration type)* liegt vor, wenn ein Attribut nur diskrete Werte – d.h. die aufgezählten Werte – annehmen kann. Für die Modellierung dieses Typs kann das Konzept der Klasse verwendet werden. In der Abb. 1.4-2 wird modelliert, dass ein Land einen der angegebenen Werte annehmen kann. Der Stereotyp «Enumeration» gibt an, dass es sich hier nicht um eine gewöhnliche Klasse, sondern um einem Aufzählungstyp handelt. Die Werte des Aufzählungstyps werden als Attribute – stets ohne Typangaben – eingetragen. Für einen Aufzählungstyp sind zwei weitere Angaben wichtig:

Aufzählungstyp – diskrete Attribut-werte

```
«Enumeration»
LandT
─────────────
Belgien
Deutschland
Finnland
Frankreich
Großbritannien
Schweden
Schweiz
Spanien
USA
```

Abb. 1.4-2:
Modellierung des
Aufzählungstyps

■ Es können ein oder mehrere Werte selektiert werden, wobei individuell festgelegt wird, wie viele das sein können. Daher sind Angaben zur minimalen und zur maximalen Anzahl (der zu selektierenden Elemente) notwendig.

■ Die Werteliste kann erweiterbar sein. In diesem Fall kann der spätere Benutzer neue Werte eingeben, die in die Liste permanent aufgenommen werden.

Im *Janus/Specifier* erfolgen diese Angaben unter *Enumeration Details* (Abb. 1.4-5). Das Feld *Select Min* gibt an, wie viele Werte mindestens ausgewählt werden müssen. Das Feld *Select Max* bestimmt die maximale Anzahl von Auswahlmöglichkeiten. Enthalten beide Felder den Wert »1«, dann ist genau ein Wert zu wählen (Voreinstellung im *Janus/Specifier*).

Für die Erweiterbarkeit bietet Janus folgende Alternativen:

- *locally Extensible by User,* d.h. die Aufzählung kann nur in diesem Erfassungsfenster erweitert werden.
- *globally Extensible by User,* d.h. die Aufzählung kann in allen Erfassungsfenstern erweitert werden.
- *Extensible by Administrator* (nur bei Client/Server-Systemen sinnvoll), d.h. die Aufzählung kann im Administrator-Menü erweitert werden.

strukturierter Typ – bündelt Attribute

Ein **strukturierter Typ** setzt sich aus mehreren unterschiedlichen Typen zusammen, wobei es sich hier um Standardtypen, Aufzählungstypen oder andere strukturierte Typen handeln kann. Auch für die Spezifikation dieser Typen wird die Klasse verwendet. Hier wird der Stereotyp «Structure» eingetragen (Abb. 1.4-3). Die Bildung geeigneter Strukturen hat den Vorteil, dass diese Strukturen später problemlos wiederverwendet werden können.

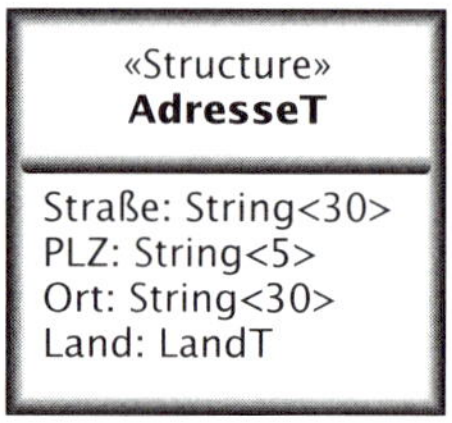

«Structure»
AdresseT

Straße: String<30>
PLZ: String<5>
Ort: String<30>
Land: LandT

Abb. 1.4-3:
Modellierung des
Strukturtyps

Wie Sie gesehen haben, kann der Typ eines Attributs durch eine Klasse beschrieben werden. Wir bezeichnen diese Klassen als **elementare Klassen** *(support classes),* um sie von den anderen Klassen zu unterscheiden. Sie werden hier stets durch den entsprechenden Stereotypen gekennzeichnet. Bei umfangreicheren Modellen sollten die elementaren Klassen in einem separaten Klassendiagramm dokumentiert werden. Elementare Klassen werden in der Regel – in Abhängigkeit von der jeweiligen Anwendung – einmal definiert und bei jedem Projekt wiederverwendet. Um Konflikte mit Attributnamen zu vermeiden, kennzeichne ich die Namen selbstdefinierter Typen mit dem Postfix »T«. Wenn es wichtig ist, zwischen elementaren und »normalen« Klassen zu unterscheiden, dann verwende ich für letztere den Begriff **Anwendungsklassen** *(problem domain classes).*

elementare Klasse – modelliert Attributtypen

Anwendungsklasse – modelliert Problembereich

Die meisten Kunden des *Shops* geben eine Adresse innerhalb Deutschlands an. Daher soll dieser Wert als Anfangswert *(default)* voreingestellt werden (Abb. 1.4-4). Der Anfangswert wird beim Erzeugen eines neuen Objekts als Attributwert eingetragen. Es kann sich um eine Konstante handeln oder er kann aus anderen Attributwerten berechnet werden. Wenn sich die ursprünglichen Werte ändern, so hat dies keine Auswirkungen auf den daraus errechneten Wert.

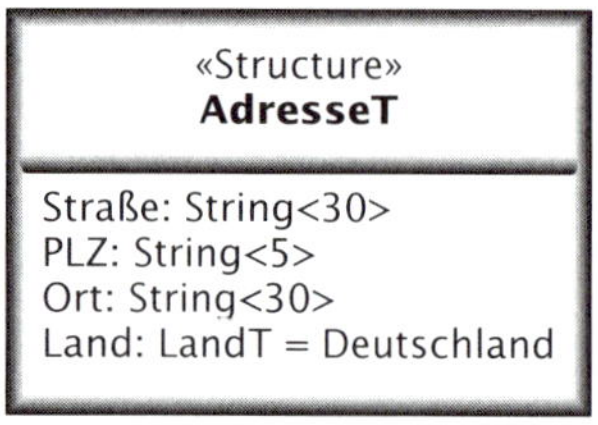

Anfangswert – initialisiert Attribut

«Structure»
AdresseT

Straße: String<30>
PLZ: String<5>
Ort: String<30>
Land: LandT = Deutschland

Abb. 1.4-4:
Anfangswerte als
Voreinstellung

Nun wollen wir den *Shop* erweitern. Da es sich um umfangreiche Eingaben handelt, sollten Sie in zwei Etappen vorgehen und nach jedem Schritt ein neues Pilotsystem generieren, um zu prüfen, ob der gewünschte Effekt eingetreten ist.

Praxis 4 (Tag 1)
Attribute modellieren
Shop1P4

- Ergänzen Sie die Klasse Kunde um das Attribut Adresse vom Typ AdresseT.

Schritt 1
Kunde ergänzen

- Tragen Sie die elementaren Klassen der Abb. 1.4-2 und 1.4-4 ein.

- Öffnen Sie für die Klasse LandT das *Pop-up*-Menü und wählen Sie die Option *Janus/Specifier*. Da das Attribut Land mit dem Wert Deutschland standardmäßig initialisiert wird, kann *Select Min = 1* und *Select Max = 1* unverändert übernommen werden. Wenn Sie ein neues Pilotsystem erstellen, werden Sie feststellen, dass das Feld Land nun gelb unterlegt ist. Dadurch weiß der Bediener, dass ein Wert einzugeben ist. Weil die Liste der Ländernamen nicht vollständig ist, soll sie von den Sachbearbeitern bei Bedarf erweitert werden können. Wählen Sie *globally Extensible by User* (Abb. 1.4-5).

Abb. 1.4-5:
Aufzählungstyp
LandT mit
Janus/Specifier
spezifizieren

- Aus dem Formular der Fax-Bestellung ist zu entnehmen, dass für einen Auftrag die jeweilige Kreditkarte, die Kartennummer und der Gültigkeitszeitraum eingegeben wird. Diese Informationen werden in der Struktur KreditkarteT zusammengefasst. Die Klasse Auftrag wird um das Attribut Kreditkarte erweitert.

Schritt 2
Auftrag ergänzen

- Der *Shop*-Betreiber gibt die Kreditkarten-Gesellschaften vor. Diese Liste soll beim späteren Client/Server-System nur vom Administrator erweitert werden können. Wir verwenden daher den Aufzählungstyp KarteT, bei dem die Einstellung *Extensible by Administrator* gewählt wird. Als Anfangswert wird beim Attribut Karte in der elementaren Klasse KreditkarteT der Wert Eurocard eingetragen.

- Gehen Sie davon aus, dass Rechnungen am gleichen Tag erstellt werden, an dem die Bestellung erfasst wird. Um ein Datumsfeld mit dem aktuellen Tagesdatum zu initialisieren, fordert Janus den Anfangswert current. Ergänzen Sie das Attribut Rechnungsdatum der Klasse Auftrag um diesen Anfangswert.

Abb. 1.4-6:
Klassendiagramm
mit elementaren
Klassen

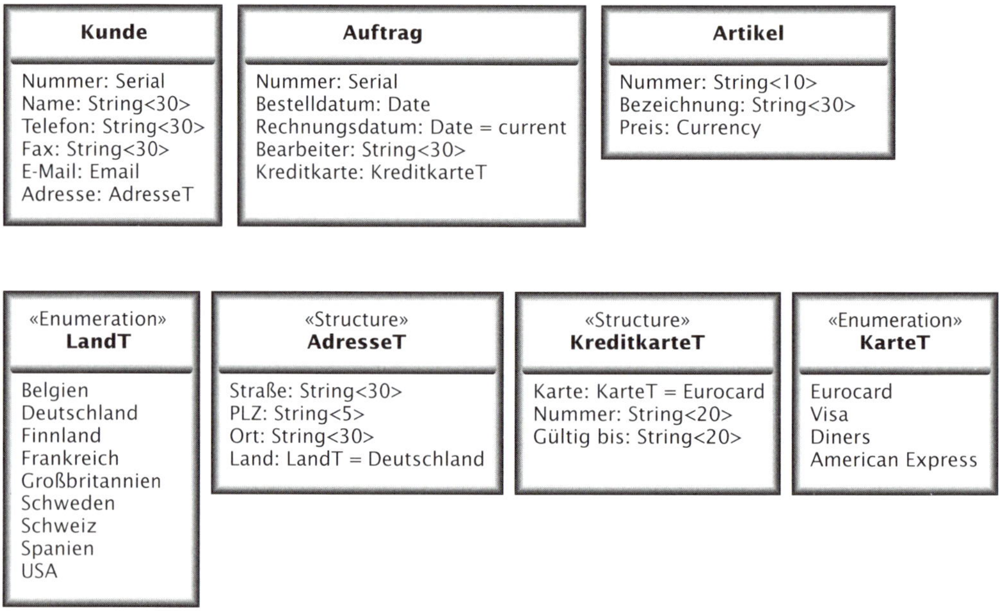

Nach dem zweiten Schritt sollte Ihr Modell wie in der Abb. 1.4-6 aussehen. Mit Ihrem Pilotsystem können Sie beim Erfassen eines neuen Kunden jetzt ein neues Land eingeben, das in Zukunft bei allen anderen Kunden zur Auswahl zur Verfügung steht. Sie können jedoch im Kundenfenster keine neue Kreditkartenart eingeben. Diese Erweiterung ist nur über das Menü *Administration/Aufzählungen verwalten* möglich.

Kunde
Nummer: Serial Name: String<30> Telefon: String<30> Fax: String<30> E-Mail: Email Adresse: AdresseT

Auftrag
Nummer: Serial Bestelldatum: Date Rechnungsdatum: Date = current Bearbeiter: String<30> Kreditkarte: KreditkarteT

Artikel
Nummer: String<10> Bezeichnung: String<30> Preis: Currency

«Enumeration» **LandT**
Belgien Deutschland Finnland Frankreich Großbritannien Schweden Schweiz Spanien USA

«Structure» **AdresseT**
Straße: String<30> PLZ: String<5> Ort: String<30> Land: LandT = Deutschland

«Structure» **KreditkarteT**
Karte: KarteT = Eurocard Nummer: String<20> Gültig bis: String<20>

«Enumeration» **KarteT**
Eurocard Visa Diners American Express

Modellierungs-
alternativen

Die Informationen über die Kreditkarte wurden in der Klasse Auftrag eingetragen. Dann muss der Kunde bei jeder neuen Bestellung diese Daten angeben oder der Bearbeiter muss die Daten aus früher erfassten Aufträgen entnehmen. Eine andere Möglichkeit besteht darin, diese Daten in der Klasse Kunde zu speichern. Dann werden alle eingehenden Bestellungen automatisch mit dieser Karte abgerechnet. Wir werden diese Art der Modellierung hier jedoch nicht weiter betrachten.

Restriktionen für
Attribute

Restriktion – muss
immer wahr sein

Zwischen Attributwerten können Beziehungen existieren, die während der Ausführung des Systems unverändert erhalten bleiben müssen. Wir sprechen hier von **Restriktionen** *(constraints)*. Eine Restriktion wird auch als Invariante bezeichnet. Es ist eine Zusicherung, die immer wahr sein muss. Diese Restriktionen können sehr praktisch für Plausibilitätsprüfungen eingesetzt werden.

Bei einem Auftrag sollte das Rechnungsdatum beispielsweise nicht vor dem Bestelldatum liegen. Eine solche Restriktion wird in der UML wie folgt spezifiziert:

{Rechnungsdatum >= Bestelldatum}

Janus besitzt den Vorteil, dass es viele Restriktionen automatisch sicherstellen kann. Auch dafür lässt sich der *Janus/Specifier* verwenden. Wählen Sie für die Klasse Auftrag das Element Rechnungsdatum und fügen Sie die in Abb. 1.4-7 angegebene Restriktion ein. Wenn Sie nun ein neues Pilotsystem generieren, dann erhalten Sie die Fehlermeldung »Das Datum Rechnungsdatum muss nach oder am selben Tag wie Bestelldatum liegen«, wenn die spezifizierte Restriktion nicht erfüllt ist.

Praxis 5 (Tag 1)
Restriktionen
modellieren
Shop1P5

*Abb. 1.4-7:
Spezifikation
der Restriktion
mit dem
Janus/Specifier*

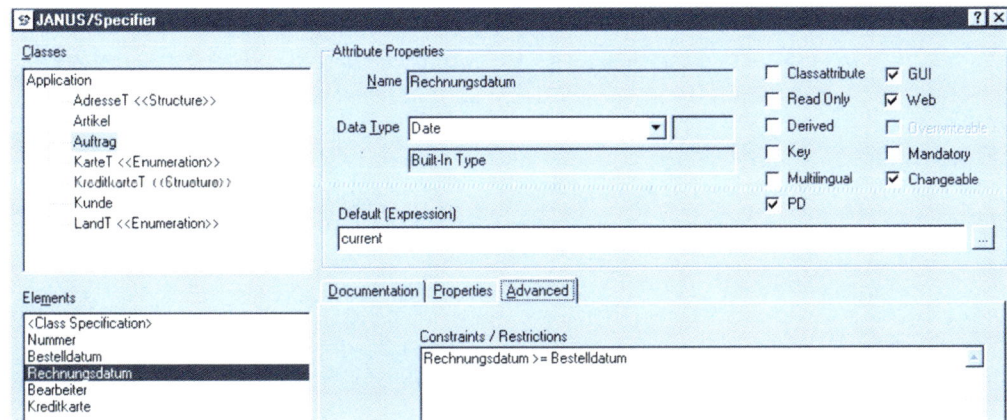

Außer den oben beschriebenen (Objekt-)Attributen sind manchmal Klassenattribute notwendig. Ein **Klassenattribut** liegt vor, wenn nur ein Attributwert für alle Objekte einer Klasse existiert. Klassenattribute existieren auch dann, wenn es zu einer Klasse – noch – keine Objekte gibt. Um die Klassenattribute von den (Objekt-) Attributen zu unterscheiden, werden sie in der UML unterstrichen (z.B. Klassenattribut). Objekte besitzen natürlich keine Klassenattribute, sondern sie werden sozusagen bei der Klasse »gespeichert« (Abb. 1.4-8).

Klassenattribut –
ein Wert für alle
Objekte

Für die Artikel soll der aktuelle Mehrwertsteuer-Satz festgehalten werden, wobei wir davon ausgehen, dass alle Artikel einen konstanten MwSt-Satz von 16% besitzen. Dieses Attribut ist vom Typ Short und wird als Klassenattribut eingetragen und gemäß UML durch Unterstreichen gekennzeichnet (Abb. 1.4-8).

Objekt *ohne*
Klassenattribut

*Abb. 1.4-8:
Klassenattribut der
Klasse Artikel*

25

abgeleitetes Attribut – Wert lässt sich immer berechnen

Der Wert eines **abgeleiteten Attributs** *(derived attribute)* kann jederzeit aus anderen Attributwerten berechnet werden. Wenn sich die ursprünglichen Werte ändern, ändert sich auch der Wert des abgeleiteten Attributs. Im Gegensatz dazu werden Anfangswerte nur einmal berechnet. Abgeleitete Attribute werden mit dem Präfix »/« gekennzeichnet (Abb. 1.4-9). Ein abgeleitetes Attribut darf nicht direkt geändert werden. Es wird normalerweise nicht in einer Datenbank gespeichert, sondern immer aktuell errechnet, damit die Konsistenz gewährleistet ist.

Abb. 1.4-9:
Abgeleitetes
Attribut der Klasse
Artikel

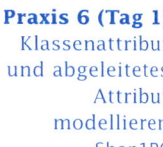

Artikel
Nummer: String<10>
Bezeichnung: String<30>
Preis: Currency
/Enthaltene MwSt: Currency
Aktuelle MwSt: Short = 16

Praxis 6 (Tag 1)
Klassenattribut
und abgeleitetes
Attribut
modellieren
Shop1P6

Erweitern Sie nun Ihr Modell um das Klassenattribut. In *Rational Rose* werden Klassenattribute im Diagramm – abweichend von der UML-Notation – mit dem Präfix »$« gekennzeichnet (Abb. 1.4-10). Alternativ wird ein Klassenattribut im *Janus/Specifier* durch das Merkmal *Classattribute* beschrieben. Im generierten Pilotsystem werden Klassenattribute nicht im Erfassungsfenster angezeigt. Sie können über *Administration/Systemparameter* geändert werden.

Erweitern Sie die Klasse `Artikel` um das abgeleitete Attribut »`/Enthaltene MwSt: Currency`«. Öffnen Sie nun den *Janus/Specifier* für dieses Attribut. Sie sehen, dass das Kontrollkästchen *Derived* bereits »abgehakt« ist. Auf der Notizbuchseite *Advanced* tragen Sie – wie in Abb. 1.4-11 angegeben – die Restriktion »`(Preis * Aktuelle_MwSt)/(100 + Aktuelle_MwSt)`« ein.

Tipp

Beachten Sie, dass beim Formulieren von Restriktionen im *Janus/Specifier* Leerzeichen im Attributnamen durch »_« ersetzt werden müssen. Analog sind »ß« in »ss« und Umlaute (z.B. »ä« durch »ae«) zu wandeln.

Abb. 1.4-10:
Klassenattribut in
Rational Rose

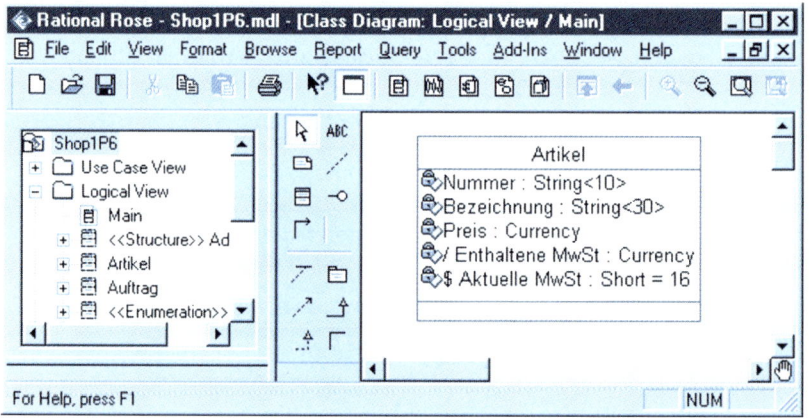

Wenn Sie jetzt in Ihrem neuen Pilotsystem einen Artikel erfassen und den Preis eingeben, können Sie sich mit der Schaltfläche Übernehmen sofort die enthaltene Mehrwertsteuer anzeigen lassen. Auch durch Aktivieren der F5-Tasten werden die abgeleiteten Attribute neu berechnet.

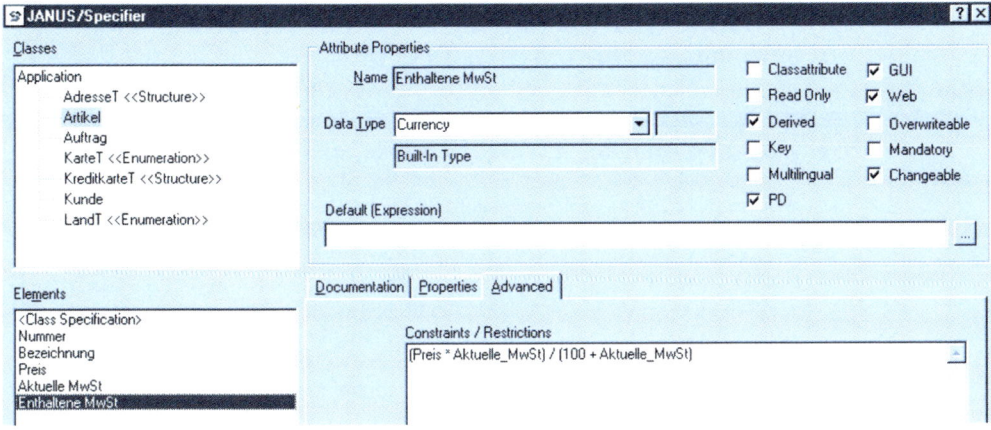

Abb. 1.4-11:
Janus/Specifier für
ein abgeleitetes
Attribut

Attributspezifikation

Soll aus dem OOA-Modell ein Pilotsystem generiert werden, dann sollten Sie sich über folgende Angaben Gedanken machen.

10-Punkte-Liste
für Attribute

1 Name
2 Typ
3 Anfangswert *(default)*
4 Restriktion *(constraint)*
5 Klassenattribut *(class attribute)*
6 Abgeleitetes Attribut *(derived)*
7 Muss-Attribut *(mandatory)*
8 Schlüssel *(key)*
9 Attributwert ist nach der Ersteingabe »eingefroren«
   (not changeable)
10 Attributwert ist auf der Benutzungsoberfläche generell nicht
   änderbar *(read only)*

Auf die ersten sechs Eigenschaften sind wir bereits eingegangen.

Attributspezifika-
tion – beschreibt
Attribut
vollständig

■ Ein Muss-Attribut **7** liegt vor, wenn der Attributwert beim Erzeugen des Objekts eingetragen werden muss. Diese Felder sind im Pilotsystem standardmäßig gelb unterlegt.

■ Die Eigenschaft key **8** legt fest, ob das Attribut Teil des Primärschlüssels der Klasse ist. Der Primärschlüssel kann aus mehreren Attributen bestehen. Ein Attribut ist ein Schlüssel, wenn es jedes Objekt innerhalb einer Klasse eindeutig identifiziert. Diese Information wird unter anderem für Überprüfungen bei der Dialogeingabe verwendet.

- Ein Attribut, dessen Wert nach der Ersteingabe »eingefroren« wird **9**, d.h. weder durch den Benutzer noch durch das Programm geändert werden soll, wird mit *not changeable* gekennzeichnet. Im Normalfall sind Werte änderbar.

- Wenn der Wert des Attributs durch den Benutzer nicht geändert werden darf **10**, ist *read only* zu verwenden. Im generierten Programm kann das Attribut aber durch die interne Verarbeitung geändert werden.

Zum *Janus/Specifier*

Spezifizieren der Attribute mit dem *Janus/Specifier*

Der *Janus/Specifier* unterstützt den Benutzer bei der Aufgabe, ein mit *Rational Rose* erstelltes Klassendiagramm möglichst komfortabel zu spezifizieren. Janus verwendet diese Spezifikation für die Generierung des Pilotsystems. Wenn objektorientierte Software konventionell entwickelt wird, dann müssen vergleichbare Informationen ebenfalls in der Analyse erstellt werden. Um überflüssige und zeitaufwendige Kommunikation zu reduzieren und teuren Missverständnissen vorzubeugen, ist eine vollständige Dokumentation des OOA-Modell insbesondere dann wichtig, wenn die fachliche und die technische Lösung des Systems von verschiedenen Personen erstellt werden.

Sie können den *Janus/Specifier* für jede Klasse über das *Pop-up*-Menu aufrufen. Es werden nun alle Elemente dieser Klasse in einer Liste angezeigt. Hier muss der Benutzer das gewünschte Element selektieren. Anschließend werden alle Eigenschaften dieses Elements angezeigt, die nun entsprechend geändert werden können. Mit *Close* werden die letzten Einstellungen – direkt im *Rational Rose* Modell – gespeichert. *Generate* stößt sofort die Generierung eines neuen Pilotsystems an.

Praxis 7 (Tag 1)
Attribute spezifizieren
Shop1P7

Kunde spezifizieren

Attribute lassen sich mit dem *Janus/Specifier* komfortabel spezifizieren.

Wird ein neuer Kunde erfasst, dann sind dessen Name und Adresse obligatorisch, damit die bestellten Artikel verschickt werden können. Abb. 1.4-12 zeigt die Spezifikation für das Attribut Kunde.Name. Hier ist nur das Kontrollkästchen für *Mandatory* anzukreuzen. Weil für die Ausführung des Auftrags die Adresse notwendig ist, wird das strukturierte Attribut Adresse als *Mandatory* deklariert.

Abb. 1.4-12: Janus/Specifier für Kunde.Name

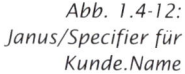

Außerdem wird vom System für jeden Kunden automatisch eine Nummer generiert. Sie soll eindeutig sein *(Key)* und darf nicht mehr geändert werden *(not Changeable)*. Schlüsselattribute sind immer automatisch Muss-Attribute *(Mandatory)*. Abb. 1.4-13 zeigt die zugehörige Spezifikation.

Abb. 1.4-13: Janus/Specifier für Kunde.Nummer

- Für die Attribute der Klasse Auftrag wird folgende Spezifikation eingetragen: Die Nummer soll eine eindeutige Nummer sein *(Key)*, die nicht mehr geändert werden darf *(not Changeable)*. Rechnungsdatum ist ein Muss-Attribut. Die Eingabe des Bestelldatums soll optional sein. Daher wird hier nichts geändert. Kann-Felder vom Typ Date werden im Janus-Pilotsystem durch ein kleines Kontrollkästchen gekennzeichnet. Es wird »abgehakt«, sobald ein Wert eingegeben ist (Abb. 1.4-14).

  Auftrag spezifizieren

- Attribute der Klasse Artikel werden folgendermaßen spezifiziert: Die Nummer ist ebenfalls eindeutig *(Key)* und darf nach dem Erfassen des Artikels nicht mehr geändert werden *(not Changeable)*. Bezeichnung ist ein Muss-Attribut.

  Artikel spezifizieren

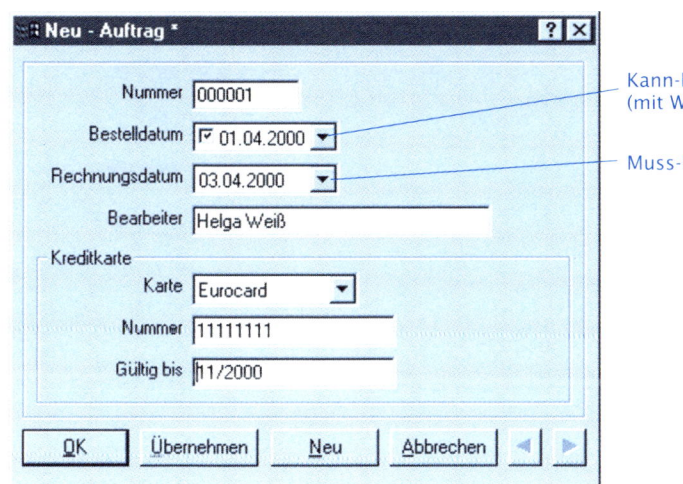

Abb. 1.4-14: Erfassungsfenster für Auftrag nach erfolgter Attributspezifikation

- *default:* Hier wird der Wert eingegeben, mit dem das Objekt beim Erzeugen initialisiert wird.
- *class attribute:* Es liegt ein Klassenattribut vor.
- *derived:* Es liegt ein abgeleitetes Attribut vor.
- *key:* Das Attribut ist Teil des Primärschlüssels der Klasse.
- *mandatory:* Es liegt ein Muss-Attribut vor.
- *read only:* Das Attribut kann auf der Benutzungsoberfläche nicht editiert werden.
- *changeable:* Das Attribut kann nach seiner Ersterfassung beliebig geändert werden.

1.5 Klassen und Attribute – wie der Benutzer sie sieht

Aus dem Klassendiagramm kann systematisch eine objektorientierte Dialogstruktur abgeleitet werden. Diese Transformationsregeln sind in Janus implementiert. Die grundlegende Idee der Transformation ist, dass jede Anwendungsklasse des Analysemodells auf ein Erfassungsfenster und eine Liste abgebildet wird (Abb. 1.5-1). Jedes Attribut der Klasse wird – entsprechend seines Typs – durch ein grafisches Interaktionselement im Erfassungsfenster dargestellt.

Abb. 1.5-1:
Abbildung einer
Klasse auf Erfas-
sungsfenster und
Liste

Kunde
Nummer: Serial Name: String<30> Telefon: String<30> Fax: String<30> E-Mail: Email Adresse: AdresseT

«Structure» **AdresseT**
Straße: String<30> PLZ: String<5> Ort: String<30> Land: LandT = Deutschland

«Enumeration» **LandT**
Belgien Deutschland Finnland Frankreich Großbritannien Schweden Schweiz Spanien USA

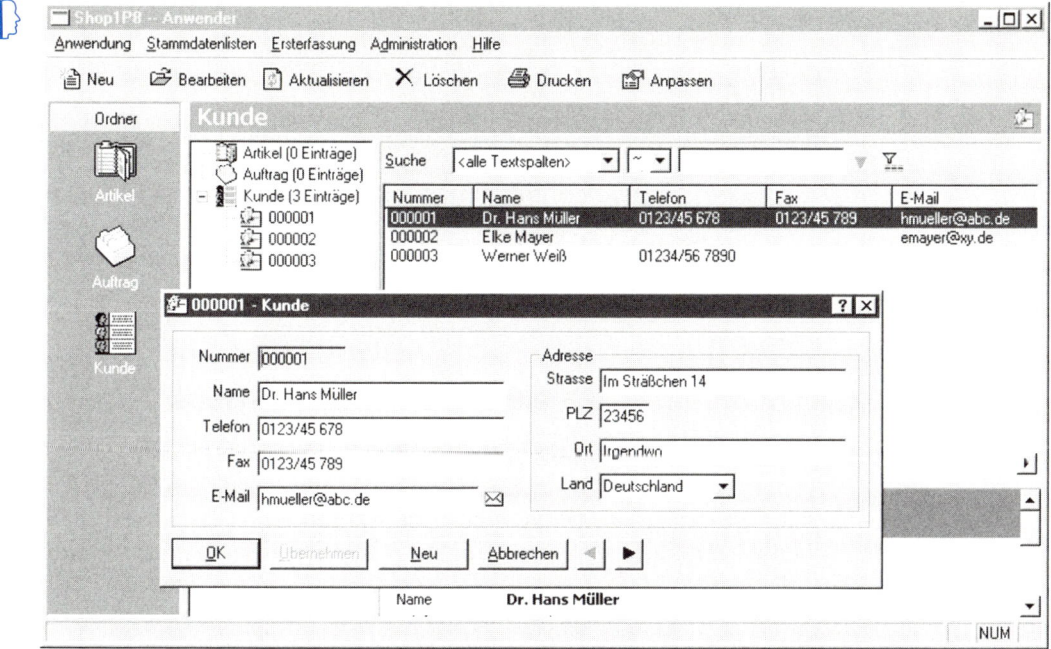

Damit Ihr Pilotsystem wie in der Abb. 1.5-1 aussieht, müssen Sie noch einige Symbole zuordnen. Öffnen Sie den *Specifier* für die Klasse Kunde und wählen Sie bei *Elements* <Class Specification>. In den *Class Properties* klicken Sie auf die – zunächst leeren – Schaltflächen bei *Class Icon* und *Folder Icon* und wählen die in Abb. 1.5-2 angegebenen Symbole aus.

Praxis 8 (Tag 1)
Symbole zuordnen
Shop1P8

Verfahren Sie analog für die Anwendungsklassen Artikel und Auftrag. Wählen Sie bei Artikel *Class Icon* = Produkt.ico, *Folder Icon* = ProductFolder.ico und bei Auftrag die Symbole *Class Icon* = Document.ico, *Folder Icon* = OrderFolder.ico.

Abb. 1.5-2: Auswahl von Piktogrammen für Kundenobjekt und Kundenliste im Specifier

Das Erfassungsfenster bezieht sich auf ein einzelnes Objekt der Klasse. Es dient zum Erfassen und zum Ändern eines Objekts.

Erfassungsfenster – für ein Objekt

31

Die Schaltflächen besitzen folgende semantische Bedeutung:

<u>O</u>K	Speichert das Objekt und schließt das Fenster.
<u>Ü</u>bernehmen	Speichert das Objekt. Abgeleitete Attribute werden berechnet und deren Werte angezeigt.
<u>N</u>eu	Speichert das Objekt ohne das Fenster zu schließen. Da oft mehrere Objekte nacheinander erfasst werden, werden alle Textfelder des Fensters neu initialisiert.
<u>A</u>bbrechen	Schließt das Fenster ohne Eingabe zu speichern.
◀	Ein Objekt zurück »blättern«.
▶	Ein Objekt vorwärts »blättern«.

Liste – für alle Objekte

Die Liste zeigt alle Objekte der Klasse (Abb. 1.5-1). Sie entspricht daher der Klassenextension. Folgende Symbol-Schaltflächen wirken auf die Liste:

▼	Expandieren des links davon stehenden Filterausdrucks. Damit können mehrere Selektionskriterien mit *UND* verknüpft werden.
▽≡	Ein- und Ausschalten des Filters. Bei eingeschaltetem Filter werden nur diejenigen Objekte aufgeführt, welche die Selektionsbedingung erfüllen. Bei ausgeschaltetem Filter werden alle Objekte der Liste angezeigt.

Abbildung von Attributen

Interaktionselement – Datenfeld für den Benutzer

Attribute werden auf **Interaktionselemente** abgebildet. Sie werden im Erfassungsfenster in der gleichen Reihenfolge wie im Klassendiagramm angeordnet, sofern Sie keine besonderen Einstellungen vornehmen. Abb. 1.5-3 zeigt, welche Interaktionselemente Janus verwendet. Am dritten Tag gehe ich auf die Abbildungssystematik von Janus ein.

Abbildung elementarer Klassen

Elementare Klassen, die zur Modellierung von Strukturen (Stereotyp «Structure») und Aufzählungstypen (Stereotyp «Enumeration») benutzt werden, werden – im Gegensatz zu den Anwendungsklassen – als Interaktionselemente im Erfassungsfenster dargestellt.

■ Jede **Struktur** wird im Erfassungsfenster automatisch als Gruppe dargestellt.

■ Ein **Aufzählungstyp** kann durch Janus – je nach den gewählten Einstellungen – auf unterschiedliche Interaktionselemente abgebildet werden. Janus arbeitet jeweils mit einer Voreinstellung, die nach Bedarf geändert werden kann. Die Auswahl erfolgt nach ergonomischen Regeln, auf die ich am dritten Tag näher eingehe.

Bezeichnung	engl. Bezeichnung	Beispiel
Textfeld Eingabefeld	*text box,* *edit control*	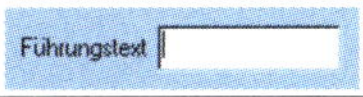
Mehrzeiliges Textfeld	*multi-line* *text box*	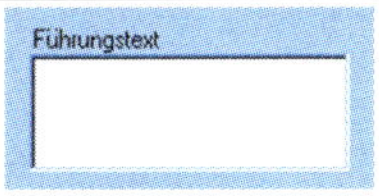
Schaltfläche, Druckknopf	*command button,* *push button*	
Optionsfeld, Einfach- auswahlknopf	*option button,* *radio button*	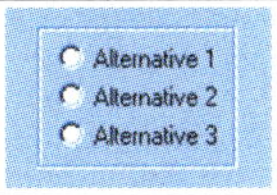
Kontrollkästchen, Mehrfach- auswahlknopf	*check box*	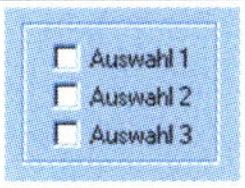
Listenfeld, Auswahlliste	*list box*	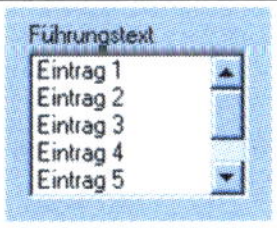
Kombinationsfeld	*combo box*	
Dropdown-Listenfeld, Klappliste	*drop-down list box*	
Dropdown- Kombinationsfeld	*drop-down* *combo box*	
Listenelement, Tabelle	*list view control*	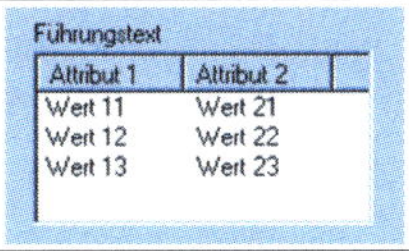
Register, Notizbuch	*tab control,* *property sheet*	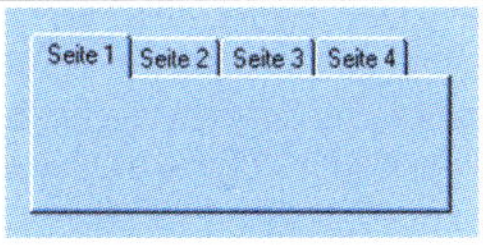
Strukturansicht, Baum	*tree view control*	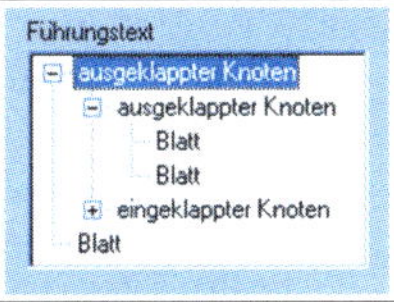
Mehrfachauswahl- Listenfeld	*multiple selection* *list box*	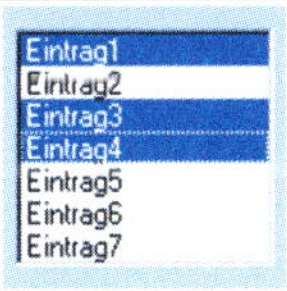
Mehrfachauswahl- Kombinationsfeld	*multiple selection* *combo box*	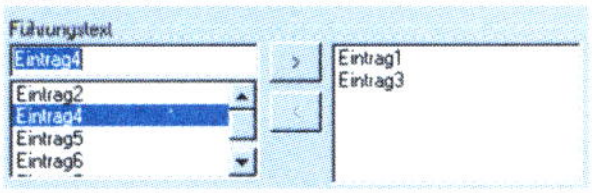

Abb. 1.5-3:
Interaktionsele-
mente

33

Abgeleitetes Attribut *(derived attribute)* Der Wert eines abgeleiteten Attributs kann jederzeit aus anderen Attributwerten berechnet werden. Wenn sich die ursprünglichen Werte ändern, dann ändert sich auch der Wert des abgeleiteten Attributs.

Analyse *(analysis)* Aufgabe der (System-)Analyse ist die Ermittlung und Beschreibung der Anforderungen eines Auftraggebers an ein Softwaresystem. Das Ergebnis soll die Anforderungen vollständig, widerspruchsfrei, eindeutig, präzise und verständlich beschreiben.

Anwendungsklassen *(problem domain classes)* Anwendungsklassen sind diejenigen Klassen eines OOA-Modells, die zur Modellierung des fachlichen Konzepts bzw. des Problembereichs dienen. Die Objekte von Anwendungsklassen können erfasst und gespeichert werden. Anwendungsklassen werden auf eigenständige Erfassungs- und Listenfenster abgebildet.

Attribut *(attribute)* Attribute beschreiben Daten, die von den →Objekten der →Klasse angenommen werden können. Alle Objekte einer Klasse besitzen dieselben Attribute, jedoch im Allgemeinen unterschiedliche Attributwerte. Jedes Attribut ist von einem bestimmten →Typ und kann einen Anfangswert *(default)* besitzen. Bei der Implementierung muss jedes Objekt Speicherplatz für alle seine Attribute reservieren. Der Attributname ist innerhalb der Klasse eindeutig. Abgeleitete Attribute lassen sich aus anderen Attributen berechnen.

Attributspezifikation *(attribute specification)* Ein Attribut wird durch folgende Angaben spezifiziert:
1 Name
2 Typ
3 Anfangswert *(default)*
4 Restriktion *(constraint)*
5 Klassenattribut *(class attribute)*
6 Abgeleitetes Attribut *(derived)*
7 Muss-Attribut *(mandatory)*
8 Schlüssel *(key)*
9 Attributwert ist nach der Ersteingabe nicht mehr änderbar *(not changeable)*
10 Attributwert ist auf der Benutzungsoberfläche nicht änderbar *(read only)*

Elementare Klasse *(support class)* Wird der →Typ eines →Attributs wieder durch eine →Klasse realisiert, dann spricht man von einer elementaren Klasse.

Geheimnisprinzip *(information hiding)* Die Einhaltung des Geheimnisprinzips bedeutet, dass die Attribute und die Implementierung der Operationen außerhalb der Klasse *nicht* sichtbar sind.

Interaktionselement *(control)* Ein Interaktionselement dient zur Ein- und/oder zur Ausgabe von Informationen. Das sind beispielsweise Textfelder, Schaltflächen und Listenfelder.

Klasse *(class)* Eine Klasse definiert für eine Kollektion von →Objekten deren Struktur (Attribute), →Verhalten (Operationen) und Beziehungen (Assoziationen, Vererbungsstrukturen). Klassen besitzen einen Mechanismus, um neue Objekte zu erzeugen.

Klassenattribut *(class attribute)* Ein Klassenattribut liegt vor, wenn nur ein Attributwert für alle Objekte einer Klasse existiert. Klassenattribute existieren auch dann, wenn es zu einer Klasse – noch – keine Objekte gibt.

Klassendiagramm *(class diagram)* Das Klassendiagramm stellt die Klassen, die Vererbung und die Assoziationen zwischen Klassen dar.

Klassenextension *(extent)* Unter der Klassenextension ist die Menge aller Objekte einer Klasse zu verstehen. Das Konzept der Klassenextension ermöglicht die Durchführung von Operationen (z.B. Selektionen) auf der Menge aller Objekte einer Klasse.

Notation *(notation)* Darstellung von →Konzepten durch eine festgelegte Menge von grafischen und/oder textuellen Symbolen, zu denen eine Syntax und Semantik definiert ist.

Objekt *(object)* Ein Objekt besitzt einen →Zustand (Attributwerte und Verbindungen zu anderen Objekten), reagiert mit einem definierten →Verhalten (Operationen) auf seine Umgebung und besitzt eine →Objektidentität, die es von allen anderen Objekten unterscheidet. Jedes Objekt ist Exemplar einer →Klasse.

Objektidentität *(object identity)* Jedes →Objekt besitzt eine Identität, die es von allen anderen Objekten unterscheidet. Selbst wenn zwei Objekte zufällig dieselben Attributwerte besitzen, haben sie eine unterschiedliche Identität. Im Speicher wird die Identität durch unterschiedliche Adressen realisiert.

Objektorientierte Analyse (OOA, *object oriented analysis*) Ermittlung und Beschreibung der Anforderungen an ein Softwaresystem mittels objektorientierter Konzepte und Notationen. Das Ergebnis ist ein →OOA-Modell.

Objektorientierte Softwareentwicklung *(object oriented software development)* Bei einer objektorientierten Softwareentwicklung werden die Ergebnisse der Phasen Analyse, Entwurf und Implementierung objektorientiert erstellt. Für letztere werden objektorientierte Programmiersprachen verwendet. Auch die Verteilung auf einem Netz kann objektorientiert erfolgen.

OOA →Objektorientierte Analyse

OOA-Modell Fachliche Lösung des zu realisierenden Systems, die in einer objektorientierten →Notation modelliert wird. Das OOA-Modell ist das wichtigste Ergebnis der →Analyse.

Pilotsystem Ein Pilotsystem ist ein Prototyp, der nicht nur zur experimentellen Erprobung oder zur Veranschaulichung dient, sondern selbst Kern des Produkt ist. Der Unterschied zwischen dem Produkt und dem Prototyp verschwindet. Bei dem Janus-Pilotsystem handelt es sich um ein Softwaresystem, das sowohl die Benutzungsoberfläche, die elementaren Funktionen zum Erfassen, Ändern, Löschen und Listen von Objekten als auch die komplette Datenhaltung, jedoch nicht die fachspezifischen Funktionen realisiert.

Restriktion *(constraint)* Eine Restriktion wird auch als Invariante bezeichnet. Es ist eine Zusicherung, die immer wahr sein muss.

Stereotyp *(stereotype)* Wird in der UML verwendet, um Elemente (z.B. Klassen) eines Modells zu klassifizieren. Die UML enthält einige vordefinierte Stereotypen, und es können weitere Stereotypen definiert werden. Stereotypen werden in französischen Anführungszeichen *(guillemets)* mit Spitzen nach außen angegeben, z.B. «Stereotype».

Steuerelement *(control)* →Interaktionselement

Typ *(type)* Jedes Attribut ist von einem bestimmten Typ. Er kann ein Standardtyp, ein Aufzählungstyp oder eine Struktur sein.

UML *Unified Modeling Language,* die von Booch, Rumbaugh und Jacobson bei der *Rational Software Corporation* entwickelt und 1997 von der OMG *(Object Management Group*) als Standard akzeptiert wurde.

 Die Objekte haben der objektorientierten Softwareentwicklung den Namen gegeben. Ein Objekt besitzt einen bestimmten Zustand und reagiert mit einem definierten Verhalten auf seine Umgebung. Außerdem besitzt jedes Objekt eine Identität, die es von allen anderen Objekten unterscheidet. Zum Erstellen von OOA-Modellen sind die Klassen von besonderer Bedeutung. Eine Klasse definiert für eine Kollektion von Objekten deren Struktur (Attribute), Verhalten (Operationen) und Beziehungen. Sie besitzt einen Mechanismus, um neue Objekte zu erzeugen *(object factory)*. Klassen werden im Klassendiagramm dargestellt. Die Attribute beschreiben die Daten, die von den Objekten einer Klasse angenommen werden können. Jedes Attribut ist von einem bestimmten Typ. Außer dem Klassendiagramm ist eine Attributspezifikation zu erstellen. Ein OOA-Modell kann systematisch in eine Dialogstruktur abgebildet werden.

Für jede Klasse wird ein Erfassungsfenster und eine Liste erstellt. Die Attribute werden auf geeignete Interaktionselemente abgebildet.

Für die vertiefende Übung des Lehrstoffs habe ich einen einfachen Aufgabenplaner ausgewählt. Bevor ich die Aufgabe in einzelne Schritte zerlege, möchte ich zunächst die vollständige Problembeschreibung vorstellen.

vollständige Auf-
gabenstellung
Für jede Aufgabe sind einzutragen: Datum der Erfassung, Beschreibung der Aufgabe, Priorität (A, B oder C), Kategorie (z.B. Beruf, Verwaltung, Haushalt, Garten), geplantes Datum der Fertigstellung und der Status (Nicht begonnen, In Bearbeitung, Wartet auf jemand anderen, Zurückgestellt, Erledigt). Eine Aufgabe kann sich auf eine oder mehrere Kontaktpersonen beziehen. Eine Kontaktperson kann bei mehreren Aufgaben eingetragen werden. Für jede Kontaktperson ist deren Name, Firma, Telefon und E-Mail zu speichern. Eine Aufgabe kann an einen Mitarbeiter delegiert werden. Für jeden Mitarbeiter ist dessen Name, Firma, Telefon, E-Mail, Bezeichnung der Tätigkeit und der Beginn der Tätigkeit zu speichern. Ein Mitarbeiter kann mehrere Aufgaben bearbeiten. Ein Mitarbeiter kann auch Kontaktperson sein. Der Name von Kontaktpersonen und Mitarbeitern soll eindeutig sein. Gehen Sie – vorläufig – davon aus, dass der Aufgabenplaner nur von einer Person benutzt wird.

Aufgabe
Heute geht es zunächst nur darum, Klassen zu identifizieren und die Attribute zu spezifizieren. Damit Sie selbst steuern können, wie selbständig Sie die Aufgaben bearbeiten wollen, habe ich den Lösungsweg in einzelnen Schritten vorgegeben. Für jeden Schritt finden Sie die Lösung in Anhang 1.

Schritt 1:
Identifizieren
- Welche Klassen lassen sich identifizieren?
- Welche Attribute haben diese Klassen?
- Geben Sie für die Attribute zunächst nur den Namen an.

Schritt 2:
Modellieren
- Im nächsten Schritt sollten Sie Klassen und Attribute mit deren Typ in *Rational Rose* eingeben.
- Anschließend können Sie bereits ein Pilotsystem generieren.

Schritt 3:
Spezifizieren
- Als Letztes steht das vollständige Spezifizieren der Attribute an. Geben Sie die notwendige Information im *Janus/Specifier* ein.
- Am einfachsten können Sie die Korrektheit der Spezifikation prüfen, wenn Sie wieder ein Pilotsystem generieren.

Quiz of the 1st day
Lösung
Indem man nachts schläft.

Assoziationen –
was Klassen verbindet

2

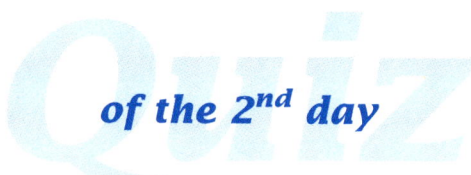

Was gibt es in der Mitte von
Paris, das es weder in
London noch in Mailand gibt?

2 Assoziationen – was Klassen verbindet

■ Erklären können, was eine Objektverbindung *(link)* ist.   verstehen
■ Erklären können, was eine Assoziation ist.
■ Erklären können, was Kardinalität bedeutet.
■ Erklären können, wie Rollen- und Assoziationsnamen eingesetzt werden.
■ Erklären können, was eine abgeleitete Assoziation ist.
■ Erklären können, was eine assoziative Klasse ist.
■ Erklären können, was die Navigation einer Assoziation ist.
■ Erklären können, wie Restriktionen zum Ableiten von abgeleiteten Attributen eingesetzt werden.
■ Erklären können, wie Restriktionen zum Ableiten des Anfangswerts von Attributen eingesetzt werden.
■ UML-Notation für die Assoziation anwenden können.   anwenden
■ Assoziationen in einem Text identifizieren und darstellen können.
■ Assoziationen in *Rational Rose* modellieren können.
■ Assoziationen für die Darstellung auf der Benutzungsoberfläche optimieren können.

2.1 Assoziationen – der zweite Schritt der Modellbildung

Verfeinerung der Problembeschreibung

Der *Shop* bietet eine Reihe von Artikeln an. Kunden können einen oder mehrere Artikel per Fax, Telefon oder per Post bestellen. Eingehende Bestellungen – aus Sicht des *Shops* handelt es sich um Aufträge – werden erfasst. Alle Aufträge müssen nachvollziehbar im System gespeichert bleiben, auch wenn sich die ursprünglichen Artikelpreise ändern.

Ein bestimmter Auftrag gehört zu einem Kunden. Ein Auftrag besteht aus mindestens einer Auftragsposition, die sich auf genau einen Artikel in der angegebenen Anzahl bezieht. Kunden können beliebig viele Bestellungen (Aufträge) erteilen.

Beispiel

Wenn eine Bestellung vom Kunden Müller vorliegt, dann wird sie im System erfasst und ein neues Objekt der Klasse Auftrag angelegt. Handelt es sich um einen Neukunden, dann wird auch der Kunde neu erfasst. In jedem Fall wird zwischen dem Kunden-Objekt und dem Auftrags-Objekt eine Verbindung aufgebaut, damit jeder Auftrag genau einem Kunden zugeordnet werden kann. Wenn der Kunde Müller später noch eine weitere Bestellung erteilt, dann wird ein zweites Auftrags-Objekt erfasst und eine Verbindung zum Objekt Müller aufgebaut. Diese Objekte und ihre Verbindungen *(links)* untereinander werden im Objektdiagramm spezifiziert (Abb. 2.1-1).

Abb. 2.1-1: Assoziation zwischen Kunde und Auftrag im Objekt- und im Klassendiagramm

link – verbindet Objekte

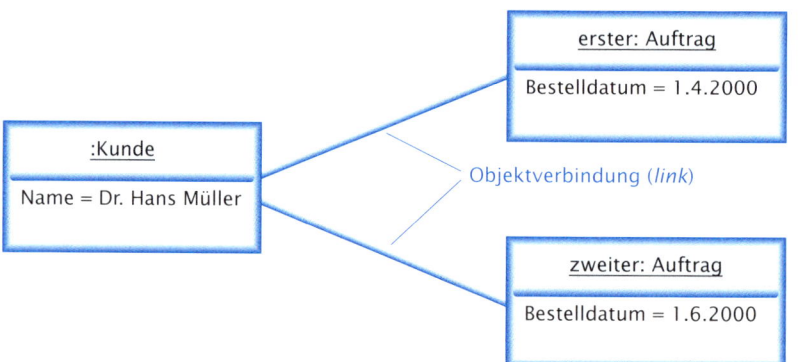

Assoziation – Schablone für links

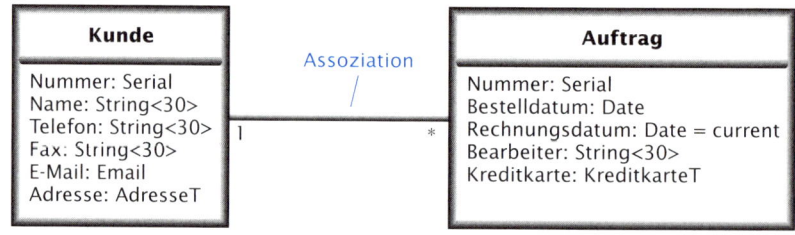

Für die Objekte der Klassen Kunde und Auftrag gilt in dem betrachteten Modell:

- Zu jedem Kunden können mehrere Aufträge vorliegen.
- Jeder Auftrag gehört zu genau einem Kunden.

Die Menge aller Verbindungen bezeichnen wir als Assoziation zwischen den Objekten der Klassen Kunde und Auftrag (Abb. 2.1-1).

So wie gleichartige Objekte im Klassendiagramm durch eine Klasse dargestellt werden, werden die Verbindungen zwischen Objekten im Klassendiagramm als Assoziationen modelliert.

Assoziationen sollten Sie in *Rose* mit der Schaltfläche *Association* aus der *Toolbox* erstellen. Sie ist nicht automatisch in der *Toolbox* enthalten. Wählen Sie eine beliebige Schaltfläche aus und öffnen Sie mit der rechten Maustaste das *Pop-up*-Menü. Mit der Menüoption *Customize...* öffnen Sie das Fenster *Symbolleiste anpassen*. Links sind alle verfügbaren Schaltflächen aufgeführt, rechts die aktuell angezeigten Schaltflächen. Fügen Sie das Element *Creates an association relationship* zur aktuellen Liste hinzu.

Praxis 1 (Tag 2)
Assoziationen modellieren
Shop2P1

Modellieren Sie nun die Assoziation der Abb. 2.1-2 in *Rational Rose*. Analog zum Erstellen einer Klasse klicken Sie in der *Toolbox* auf die Schaltfläche *Association*. Klicken Sie dann in die Klasse Kunde und bewegen Sie bei gedrückter Maustaste den Mauszeiger auf die Klasse Auftrag. Wenn Sie nun die Taste loslassen, wird die Assoziation gezeichnet. Klicken Sie nun auf die Assoziationslinie nahe der Klasse Kunde und öffnen Sie mit der rechten Maustaste das *Pop-up*-Menü. Tragen Sie nun bei *Multiplicity* eine 1 ein. Am anderen Ende der Linie verfahren Sie analog und wählen bei *Multiplicity* die Option n. Alternativ könnten Sie statt der Kardinalität n auch Zero or More wählen (gleiche semantische Bedeutung). Beachten Sie, dass *Rose* anstelle des »*« ein »n« in das Diagramm einträgt (Abb. 2.1-2).

Abb. 2.1-2: Darstellung der Assoziation in Rose

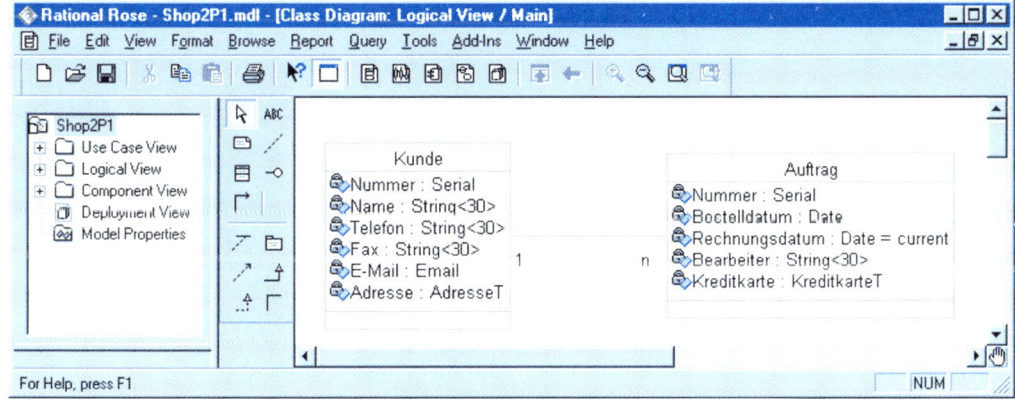

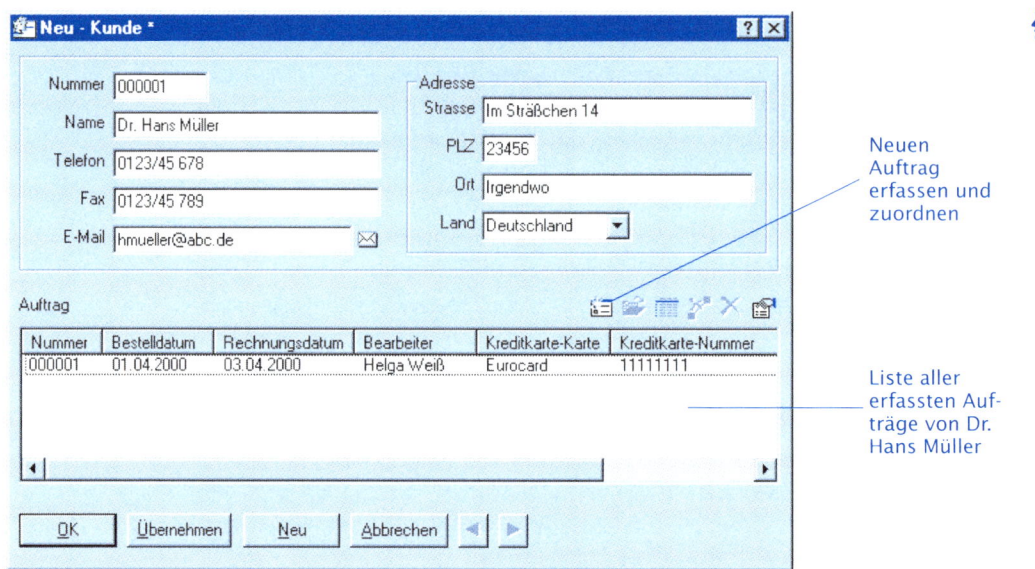

Abb. 2.1-3:
Erfassungsfenster der
Klasse Kunde mit
bisherigen Aufträgen

Abb. 2.1-4:
Erfassungsfenster der
Klasse Auftrag
mit zugehörigem
Kunden

Generieren Sie mit Janus ein neues Pilotsystem. Abb. 2.1-3 zeigt das neue Erfassungsfenster der Klasse Kunde. Es enthält jetzt zusätzlich eine Tabelle *(list view control),* in der alle bisherigen Aufträge des Kunden aufgeführt sind. Rechts oberhalb der Tabelle befinden sich verschiedene Schaltflächen. Es kann beispielsweise direkt aus diesem Fenster ein neuer Auftrag erstellt und dem Kunden Dr. Hans Müller zugeordnet werden, was dem Erzeugen eines neuen Objekts und der Objektverbindung *(link)* entspricht. Auch das Erfassungsfenster für einen Auftrag hat sich verändert (Abb. 2.1-4). In einem Textfeld wird die Nummer des zugehörigen Kunden – hier 000001 von Dr. Hans Müller – angezeigt.

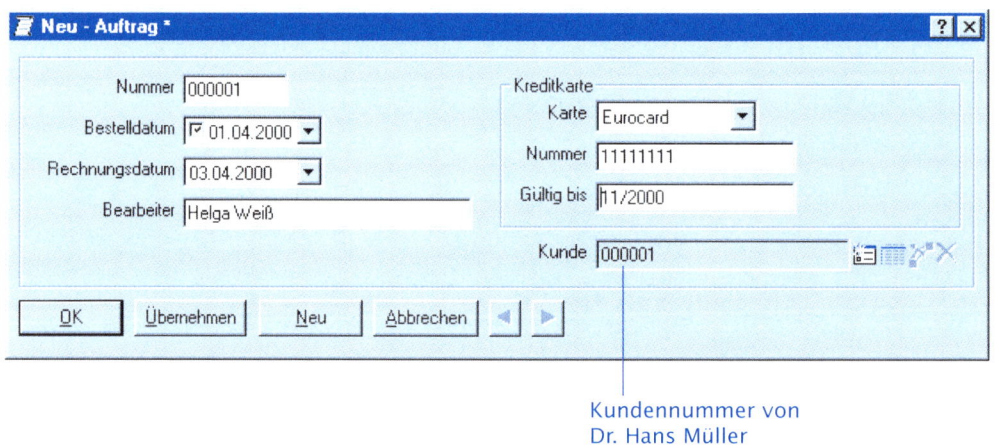

Kundennummer von
Dr. Hans Müller

Im Klassendiagramm werden Assoziationen zwischen Klassen modelliert. Im generierten Pilotsystem sind dagegen die Verbindungen *(links)* zwischen Objekten von Interesse. Wenn Sie das Pilotsystem ausführen, sehen Sie, dass Sie sich »von Objekt zu Objekt hangeln« können. Dieses »Netz« von Objekten können Sie mit Hilfe des Objektdiagramms auch in UML darstellen.

Objektdiagramm –
»Netz« der
Objekte

Das **Objektdiagramm** *(object diagram)* modelliert Objekte, Attributwerte und Verbindungen *(links)* zwischen Objekten zu einem bestimmten Zeitpunkt. Objektdiagramme sind sozusagen Momentaufnahmen bzw. Schnappschüsse des Systems. Objekte können einen – im jeweiligen Objektdiagramm – eindeutigen Namen besitzen (z.B. `Objekt3:Klasse3`) oder nur mit dem Klassennamen benannt sein (z.B. `:Klasse1`). Im zweiten Fall handelt es sich um anonyme Objekte. In verschiedenen Objektdiagrammen kann der gleiche Name unterschiedliche Objekte kennzeichnen.

Objektdiagramme sind vor allem nützlich, um sich die Aussagen von Klassendiagrammen zu verdeutlichen.

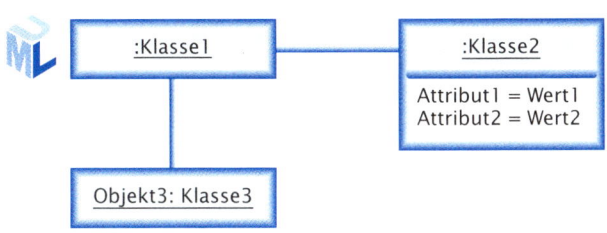

Abb. 2.1-5:
Notation für
Objektdiagramm

Eine **Assoziation** *(association)* modelliert Verbindungen zwischen Objekten einer oder mehrerer Klassen. Eine Assoziation modelliert stets Beziehungen zwischen Objekten, nicht zwischen Klassen. Es ist jedoch üblich, von einer Assoziation zwischen Klassen zu sprechen, obwohl streng genommen die Objekte dieser Klassen gemeint sind. Eine **reflexive Assoziation** besteht zwischen Objekten derselben Klasse. Sie wird auch als rekursive Assoziation bezeichnet.

Assoziation –
verbindet Klassen

Nur zwischen Anwendungsklassen dürfen Assoziationen bestehen, eine elementare Klassen darf nicht an einer Assoziation beteiligt sein.

Die UML kennt binäre und höherwertige Assoziationen. Wir betrachten hier nur die **binäre** Assoziation, d.h. die Assoziation zwischen zwei Objekten. Sie wird durch eine Linie zwischen einer oder zwei Klassen beschrieben (Abb. 2.1-6). An jedem Ende der Linie muss die Wertigkeit bzw. Kardinalität *(multiplicity)* angegeben sein.

Notation
Assoziation

Abb. 2.1-6:
Notation für
Assoziationen

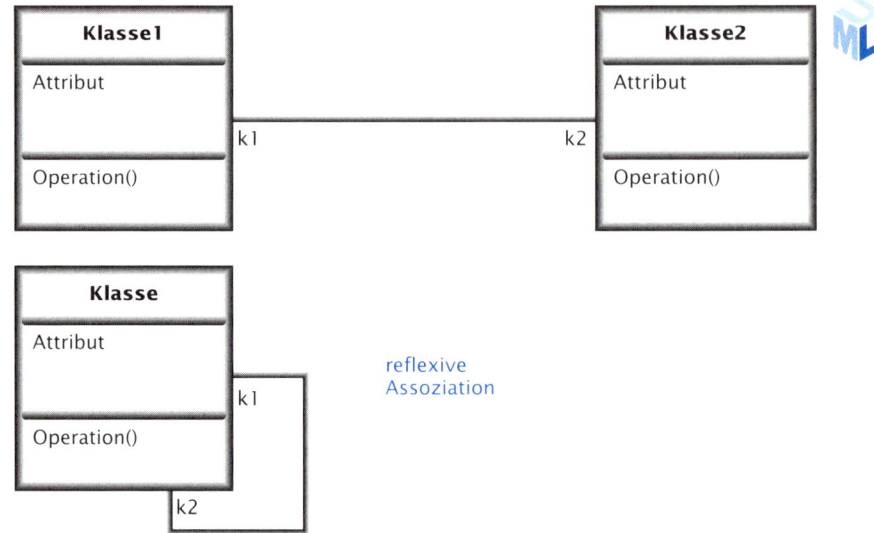

*Wie das obige Beispiel zeigt, kann sich ein Objekt (der Kunde) auf mehrere andere Objekte (die Aufträge) beziehen, während umgekehrt jeder Auftrag zu genau einem Kunden gehört. Dieser Sachverhalt wird durch die **Kardinalität** (multiplicity) der Assoziation beschrieben. Während die Assoziationslinie zunächst nur aussagt, dass sich Objekte der beteiligten Klassen kennen, spezifiziert die Kardinalität, wie viele Objekte ein bestimmtes Objekt kennen kann. Abb. 2.1-7 zeigt mögliche Kardinalitäten der UML.*

Kardinalität –
Anzahl der links

Wie das obige Beispiel zeigt, kann sich ein Objekt (der Kunde) auf mehrere andere Objekte (die Aufträge) beziehen, während umgekehrt jeder Auftrag zu genau einem Kunden gehört. Dieser Sachverhalt wird durch die **Kardinalität** *(multiplicity)* der Assoziation beschrieben. Während die Assoziationslinie zunächst nur aussagt, dass sich Objekte der beteiligten Klassen kennen, spezifiziert die Kardinalität, *wie viele* Objekte ein bestimmtes Objekt kennen kann. Abb. 2.1-7 zeigt mögliche Kardinalitäten der UML.

Abb. 2.1-7:
Notation für
Kardinalität

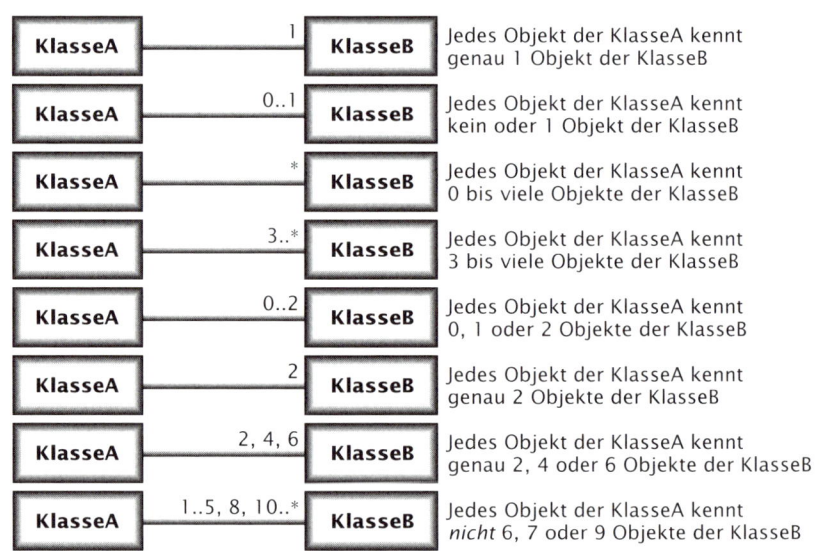

Es lassen sich Kann- und Muss-Assoziationen unterscheiden. Eine Kann-Assoziation hat als Untergrenze die Kardinalität 0, eine Muss-Assoziation die Kardinalität 1 oder größer. Abb. 2.1-8 zeigt die Modellierungsalternativen im Vergleich. In beiden Fällen muss es zu einem Auftrag immer genau einen Kunden geben.

Muss- und Kann-Assoziation

Die Kann-Assoziation von Kunde zu Auftrag (*) bedeutet, dass es Kunden geben kann, die noch keinen Auftrag erteilt haben.

Wird dagegen auch die Assoziation von Kunde zu Auftrag als Muss-Assoziation (1..*) modelliert, so muss zu jedem Kunden mindestens ein Auftrag angelegt werden.

Die meisten Klassendiagramme enthalten zu viele Muss-Assoziationen. Im Zweifelsfall sollten Sie daher immer mit einer Kann-Assoziation arbeiten.

Tipp

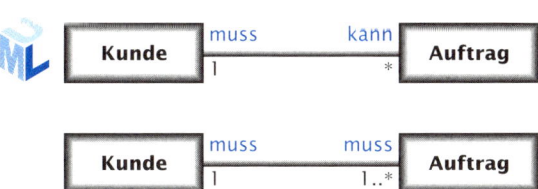

*Abb. 2.1-8:
Kann- und Muss-Assoziationen*

Rufen Sie Ihr generiertes Pilotsystem auf und erfassen Sie einen neuen Auftrag, ohne ihm einen Kunden zuzuordnen. Wenn Sie die Schaltfläche OK auslösen, erhalten Sie die Meldung »Die Beziehung Kunde ist eine Muss-Beziehung. Bitte geben Sie mindestens einen Datensatz von Kunde an«.

Praxis 2 (Tag 2)
Muss- und Kann-Assoziationen modellieren

Im Klassendiagramm haben Sie spezifiziert, dass zu jedem Auftrag genau ein Kunde vorhanden sein muss *(multiplicity 1)*, d.h. es liegt eine Muss-Beziehung vor. Es ist aber möglich, einen Kunden zu erfassen, ohne gleich einen Auftrag zuzuordnen. In diesem Fall handelt es sich um eine Kann-Assoziation.

Gehen Sie nun wieder zu Ihrem Klassendiagramm zurück. Klicken Sie auf die Assoziationslinie in der Nähe von Auftrag, öffnen Sie das *Pop-up*-Menü und ändern Sie bei *Multiplicity* die Eingabe n in One or More. Generieren Sie ein neues Pilotsystem. Wenn Sie nun für einen neuen Kunden alle gelben Muss-Felder erfasst haben und die OK-Schaltfläche betätigen, dann erscheint die Meldung »Die Beziehung Auftrag ist eine Muss-Beziehung. Bitte geben Sie mindestens einen Datensatz von Auftrag an«. Erfassen Sie daher einen neuen Auftrag, der automatisch dem Kunden zugeordnet wird. Erst jetzt kann der Kunde gespeichert werden.

Für die nächste Praxisaufgabe müssen Sie die Änderung der Kardinalität wieder rückgängig machen.

Bei der Modellierung der Klassen haben wir die Daten einer eingegangenen Bestellung in der Klasse Auftrag gespeichert. Der Klassenname wurde aus Sicht des Benutzers im *Shop* gewählt. Aus Sicht des Kunden handelt es sich jedoch um die zugehörigen Bestellungen. Umgekehrt ist der Kunde aus Sicht des Auftrags der Besteller. Diese Informationen werden in der Objektorientierung als **Rollennamen** *(role names)* spezifiziert (Abb. 2.1-9).

Rollenname –
Bedeutung
der Klasse in
Assoziation

Abb. 2.1-9:
Assoziation mit
Rollennamen

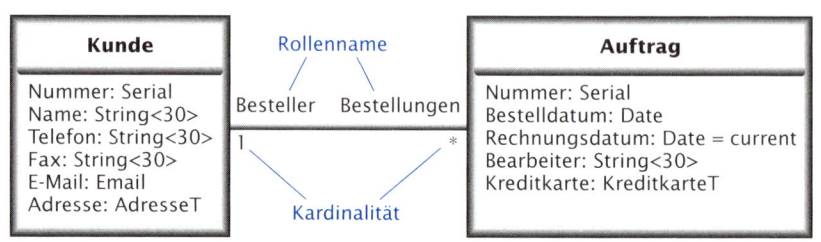

Assoziationsname

Assoziationen können auch benannt werden. Der Name beschreibt im Allgemeinen nur eine Richtung der Assoziation (Abb. 2.1-10). Er darf fehlen, wenn die Bedeutung der Assoziation offensichtlich ist.

Während der Assoziationsname die Semantik der Assoziation beschreibt, enthält der Rollenname Informationen über die Bedeutung einer Klasse – bzw. ihrer Objekte – in der Assoziation. Eine binäre Assoziation besitzt maximal zwei Rollen. Der Rollenname wird jeweils an ein Ende der Assoziation geschrieben, und zwar bei der Klasse, deren Bedeutung in der Assoziation er näher beschreibt. Die geschickte Wahl der Rollennamen kann zur Verständlichkeit des Modells mehr beitragen als der Name der Assoziation.

Abb. 2.1-10:
Assoziation mit
Assoziationsname

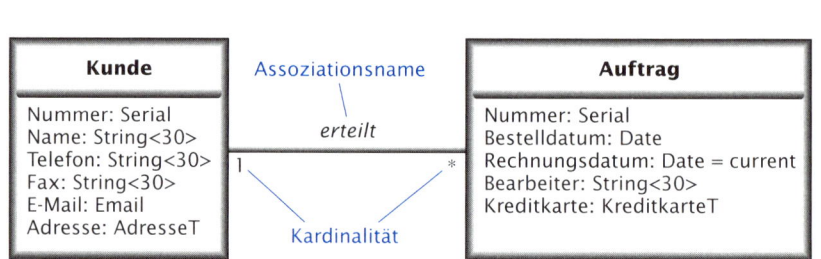

Rollennamen oder Assoziationsnamen *müssen* angegeben werden, wenn zwischen zwei Klassen mehr als eine Assoziation besteht. Reflexive Assoziationen sind im Allgemeinen nur mit Rollennamen verständlich. In allen anderen Fällen sind Rollennamen optional. In der Abb. 2.1-11 erweitern wir die Problemstellung insofern, dass eine Bestellung auch als Geschenkauftrag ausgeführt werden kann. Auch Geschenkempfänger sollen in der Kundenkartei aufgenommen werden.

Die reflexive Assoziation in der Abb. 2.1-11 sagt aus, dass ein Angestellter – in der Rolle des Chefs – mehrere Mitarbeiter haben kann. Umgekehrt hat ein Mitarbeiter höchstens einen Chef, wobei der »oberste« Angestellte keinen Chef mehr hat. Hier werden Chef und Mitarbeiter durch die Klasse Angestellter modelliert, weil sie dieselben Eigenschaften (Attribute) besitzen und nur unterschiedliche Rollen »spielen«.

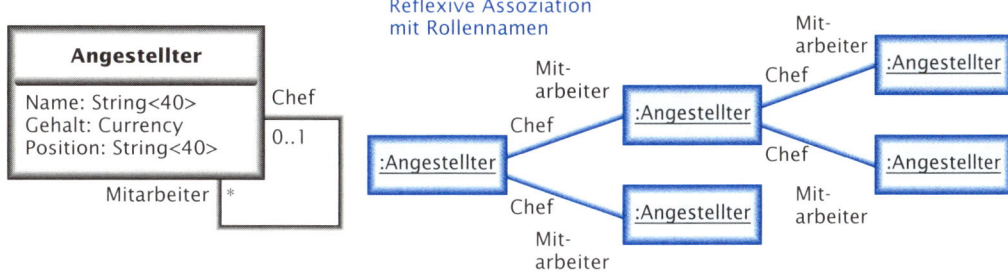

Abb. 2.1-11: Beispiele für Rollennamen

Praxis 3 (Tag 2)
Rollen modellieren
Shop2P3

Bearbeiten Sie wieder Ihr Klassendiagramm. Klicken Sie auf die Assoziationslinie in der Nähe von Auftrag. Öffnen Sie das *Pop-up*-Menü und wählen Sie *Role name*. Überscheiben Sie den angezeigten Namen mit »Bestellungen«. Verfahren Sie analog auf der anderen Seite und geben Sie »Besteller« ein. Ihr Diagramm sollte jetzt wie in Abb. 2.1-9 aussehen. Generieren Sie wieder ein Pilotsystem. Im Kundenfenster ist die Tabelle aller zugehörigen Aufträge nun mit »Bestellungen« beschriftet (Abb. 2.1-12). Analog ist das Textfeld im Erfassungsfenster des Auftrags, das die Verbindung zum Kunden erstellt, mit »Besteller« benannt (Abb. 2.1-12). Rollennamen werden in *Rational Rose* automatisch durch das Präfix »+« ergänzt, das analog zu den Attributen die Sichtbarkeit spezifiziert. Diese Angaben werden in der Analyse nicht benötigt. Sie können sie daher ignorieren.

Rollenname

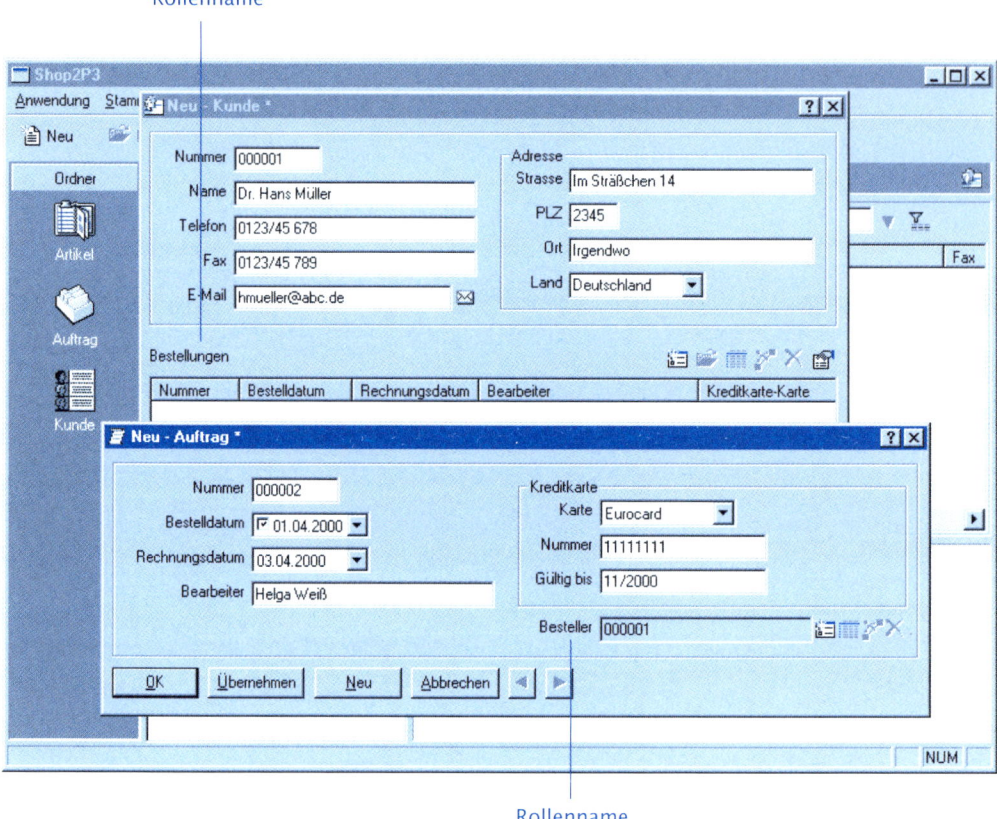

Rollenname

Abb. 2.1-12:
Abbildung
der Rollennamen
auf die Benutzungs-
oberfläche

Für Leser mit
ERD-Kenntnissen

Vergleich mit den *relationships* des *Entity-Relationship-Diagramms* (ERD)

Das Konzept der Assoziation besitzt seinen Ursprung in den *relationships* der semantischen Datenmodellierung.

Beim relationalen Modell werden Verbindungen zwischen Sätzen verschiedener Tabellen durch Schlüssel-Fremdschlüssel-Beziehungen realisiert (Abb. 2.1-13). Im Unterschied dazu sind im Klassendiagramm weder Fremdschlüssel noch Referenzattribute anzugeben. Die Information, welche anderen Objekte ein bestimmtes Objekt kennt, steckt ausschließlich in den Objektverbindungen *(links)*.

48

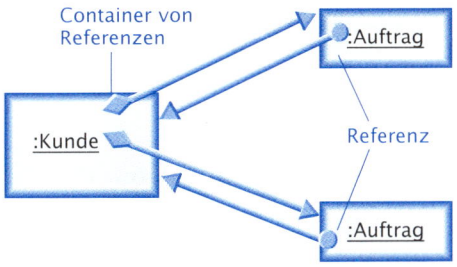

Container von
Referenzen

:Auftrag

:Kunde

Referenz

:Auftrag

*Abb. 2.1-13:
Assoziation
vs. relationship*

Kunde	
Kd-Nr	Name
1	Dr. Hans Müller

Auftrag		
Kd-Nr	Nr	Bestelldatum
1	1	1.4.2000
1	2	1.6.2000

Schlüssel-Attribut

Fremdschlüssel-Attribut

2.2 Assoziative Klasse – wenn die Assoziation zur Klasse wird

Aus der Fax-Bestellung lässt sich entnehmen, dass auch zwischen dem Auftrag und dem Artikel eine Assoziation existiert (Abb. 2.2-1). Jeder Auftrag bezieht sich auf mehrere Artikel. Umgekehrt kann ein Artikel in mehreren Aufträgen enthalten sein. Eine genauere Analyse zeigt, dass außerdem für alle bestellten Artikel die gewünschte Anzahl festzuhalten ist. Diese Daten können weder dem Auftrag noch dem Artikel zugeordnet werden, sondern »hängen« an der Assoziation. Weil alle Daten in der objektorientierten Welt in einer Klasse gekapselt werden müssen, wird für diese Fälle das Konzept der assoziativen Klasse verwendet.

Eine Assoziation kann zusätzlich die Eigenschaften einer Klasse besitzen, d.h. sie hat Attribute und Operationen sowie Assoziationen zu anderen Klassen. Zur Darstellung wird ein Klassensymbol verwendet, das über eine gestrichelte Linie mit der Assoziation verbunden wird (Abb. 2.2-2). Wir sprechen von einer **assoziativen Klasse** *(association class)*.

assoziative Klasse –
Klasse
und Assoziation

Abb. 2.2-1:
Formular zur
Fax-Bestellung

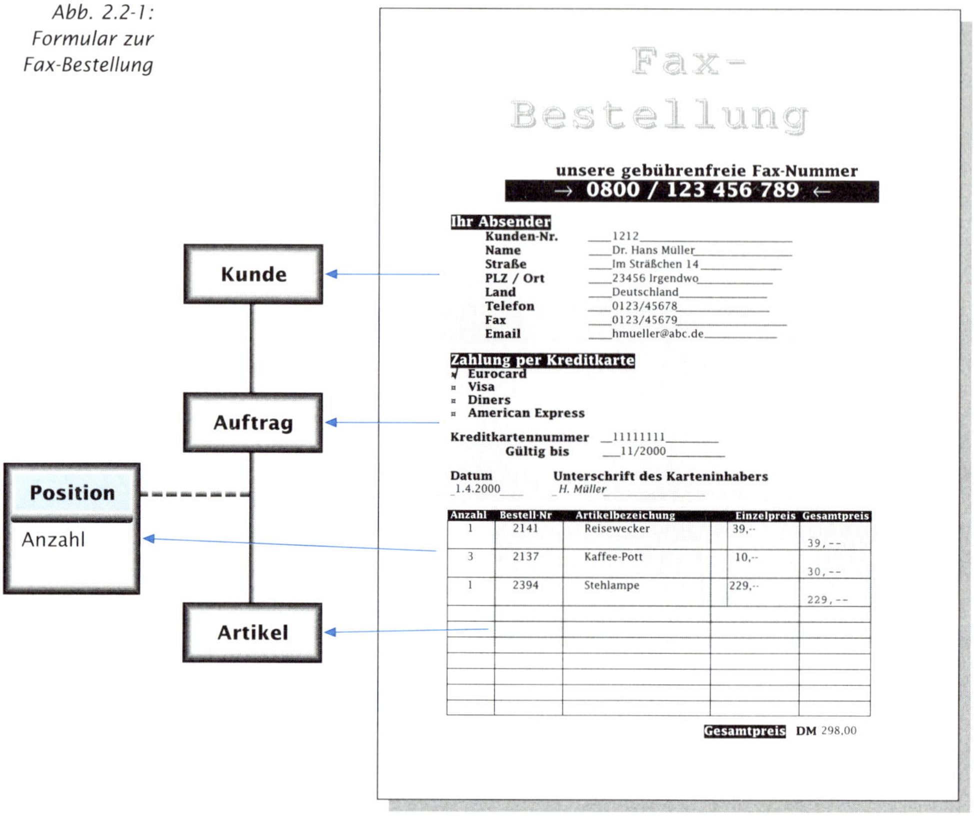

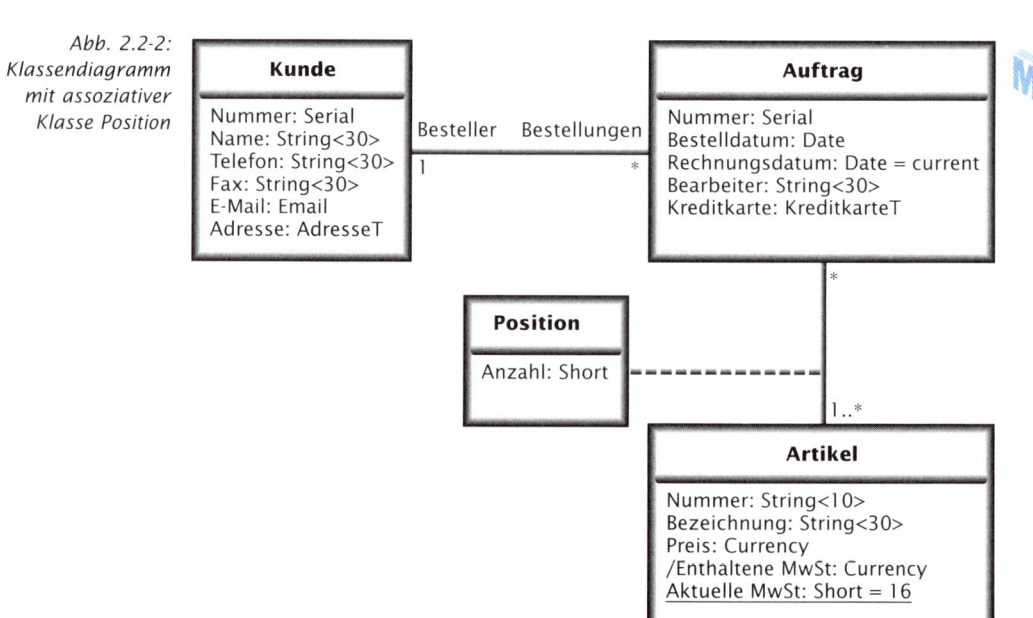

Abb. 2.2-2:
Klassendiagramm
mit assoziativer
Klasse Position

Erweitern Sie Ihr Klassendiagramm zunächst um eine Assoziation wie in Abb. 2.2-2. Jeder Auftrag bezieht sich auf mindestens einen Artikel. Daher wurde die Kardinalität »1..*« *(One or More)* gewählt. Umgekehrt kann ein Artikel in beliebig vielen Aufträgen – aber auch in keinem – vorkommen, was durch die Kardinalität »*« *(n)* ausgedrückt wird. Erstellen Sie dann wie gewohnt die Klasse Position. Wählen Sie in der *Toolbox* die Schaltfläche *Association Class*. Klicken Sie die Klasse Position an und bewegen Sie den Mauszeiger bei gedrückter Maustaste auf die Assoziationslinie.

   In diesem Praxisteil ist *kein* Pilotsystem zu generieren.

Praxis 4 (Tag 2)
assoziative Klasse
modellieren
Shop2P4

- Personalisieren: Für beliebige Schaltfläche der *Toolbox* das *Pop-up*-Menü öffnen; *Customize...* wählen; gewünschte Schaltflächen hinzufügen bzw. entfernen.
- Schaltfläche *Class:* ▫
- Schaltfläche *Association:* ⌐
- Schaltfläche *Association Class:* ⁊

*Rose Toolbox
Class Diagram*

Durch die Modellierung mit einer assoziativen Klasse bleibt die ursprüngliche Assoziation zwischen den beteiligten Klassen bestehen und damit im Modell deutlich sichtbar. Beim Übergang zu den objektorientierten Programmiersprachen und auch für die Generierung mit Janus ist es notwendig, eine assoziative Klasse in eine eigenständige Klasse und zwei Assoziationen aufzulösen. Diese Transformation erfolgt nach dem Schema der Abb. 2.2-3.

von der assoziativen zur »normalen« Klasse

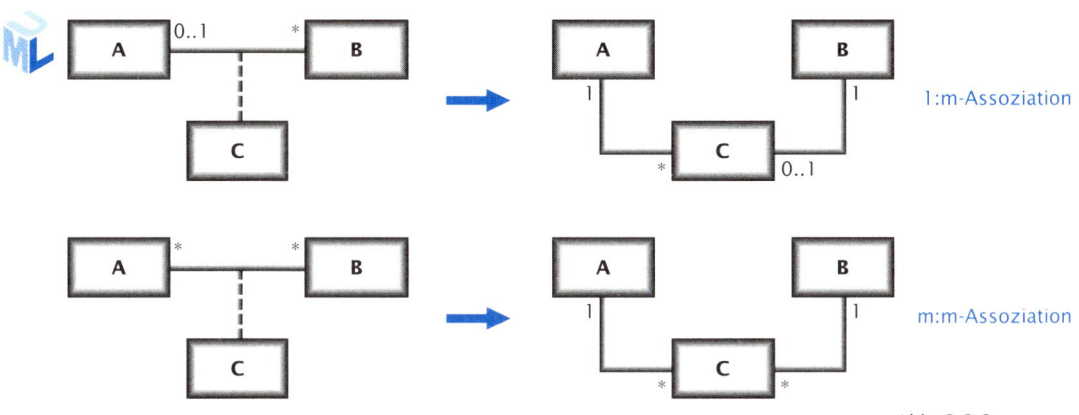

1:m-Assoziation

m:m-Assoziation

Abb. 2.2 3:
*Auflösen einer
assoziativen Klasse*

Löschen Sie im Klassendiagramm die Assoziationslinie zwischen Auftrag und Artikel. Dazu selektieren Sie im *Browser* – nicht im Diagramm – die Assoziation unter *Logical View/Associations* und wählen im *Pop-up*-Menü *Delete.* Alternativ können Sie die Assoziationslinie

Praxis 5 (Tag 2)
assoziative Klasse
auflösen
Shop2P5

im Diagramm selektieren und mit Ctrl- und D-Taste löschen. Die gestrichelte Linie zur Klasse Position wird automatisch entfernt. Die Klasse Position bleibt jedoch bestehen. Tragen Sie dann die beiden Assoziationen – wie in Abb. 2.2-4 angegeben – ein und generieren Sie ein neues Pilotsystem. Der neue *Shop* enthält jetzt zusätzlich die Klasse Position.

Abb. 2.2-4:
Klassendiagramm
mit »normaler«
Klasse

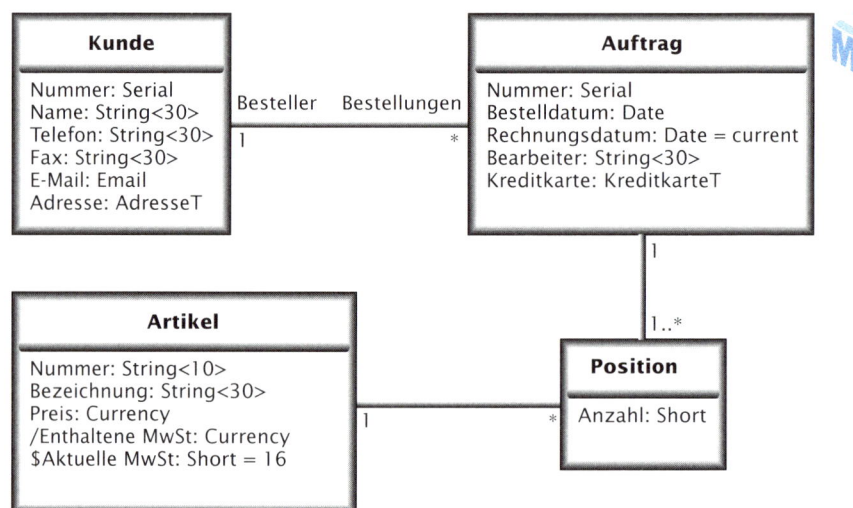

abgeleitete
Assoziation –
redundante
Verbindungen

Eine **Assoziation** heißt **abgeleitet** *(derived association),* wenn die gleichen Abhängigkeiten bereits durch andere Assoziationen beschrieben werden. Sie fügt keine neue Information zum Modell hinzu und ist daher redundant. Eine abgeleitete Assoziation wird durch das Präfix »/« vor dem Assoziationsnamen oder einen Rollennamen gekennzeichnet.

Ob eine abgeleitete Assoziation vorliegt, können Sie einfach mit Hilfe des Objektdiagramms ermitteln. Abb. 2.2-5 zeigt, dass es von Kunde zu Artikel einen »direkten Weg« und einen »Umweg« über Auftrag und Position gibt. In diesem Fall entspricht der »direkte Weg« der abgeleiteten Assoziation.

Abb. 2.2-5:
Abgeleitete
Assoziation

Abgeleitete Assoziationen sind redundant, aber nicht immer überflüssig. Sie müssen natürlich konsistent gehalten werden.

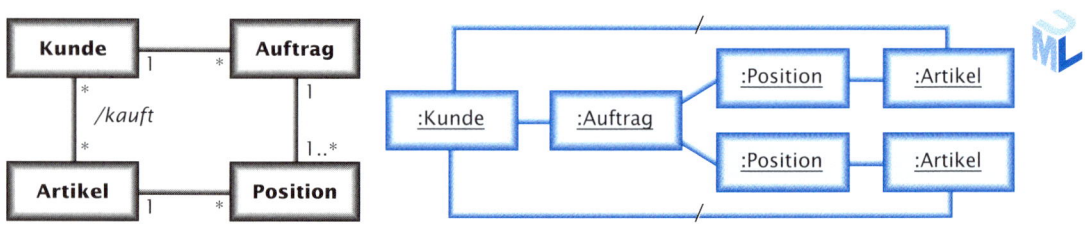

Assoziationen sind – wenn nichts anderes angegeben wird – im Klassendiagramm **bidirektional**, d.h. die entsprechenden *links* können in beiden Richtungen durchlaufen werden. Bei unserem Beispiel bedeutet dies, dass das Kunden-Objekt seine Auftrags-Objekte und jedes Auftrags-Objekt sein Kunden-Objekt kennt. Im OOA-Modell sollten Sie zuerst mit bidirektionalen Assoziationen arbeiten und erst im zweiten Schritt überlegen, welche Assoziationen nur in einer Richtung zu realisieren sind. Beispielsweise werden alle Artikel – die Stammdaten des *Shops* – vorweg erfasst. Wenn eine Bestellung eingeht, wird der Auftrag mit den Positionen eingetragen. Es ist nicht notwendig, im Erfassungsfenster vom Artikel zu den zugehörigen Positionen zu verzweigen. Dann spricht man von **unidirektionalen Assoziationen**. Sie werden auch einseitige oder gerichtete Assoziationen genannt.

Die UML spricht von der **Navigation** *(navigability)* der Assoziation. In der Abb. 2.2-6 muss von der Position nur auf die Artikel zugegriffen werden, aber nicht umgekehrt. Analog muss vom Auftrag auf die Positionen zugegriffen werden, jedoch nicht von den Positionen auf den Auftrag. Daher reicht es aus, diese Assoziationen nur unidirektional zu realisieren. Zwischen Kunde und Auftrag existiert dagegen eine bidirektionale Assoziation, da vom Auftrag ausgehend ein neuer Kunde (Besteller) erfasst oder ein vorhandener Kunde zugeordnet und umgekehrt zu jedem Kunden die Liste aller erteilten Aufträge (Bestellungen) angezeigt werden soll.

> bidirektional – beide Objekte kennen einander

> unidirektional – nur ein Objekt kennt das andere

> Navigation – Assoziation mit Richtung

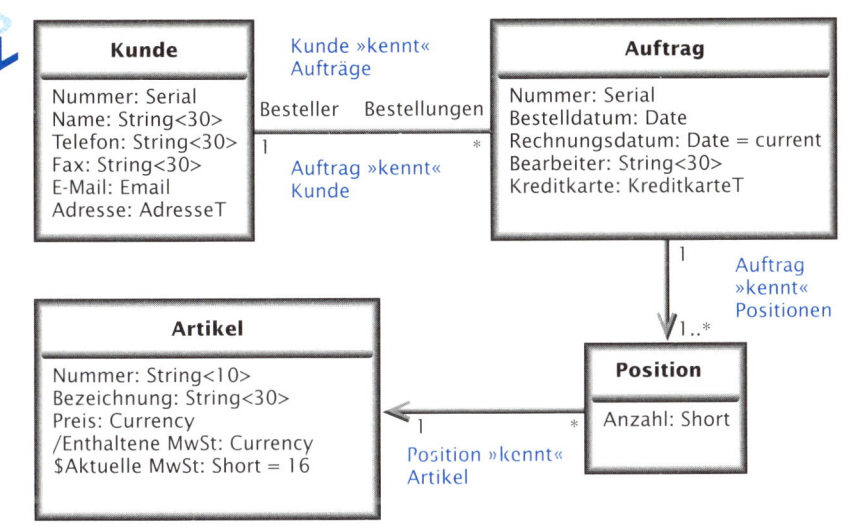

Abb. 2.2-6: Navigation von Assoziationen

Es ist offensichtlich, dass bidirektionale Assoziationen komplexer zu realisieren sind als unidirektionale. Auch für die Benutzungsoberfläche müssen Sie sorgfältig überlegen, ob Sie beide Richtungen realisieren. Zu viel Flexibilität ist für den Benutzer ebenso schlecht wie zu wenig. Werden alle Assoziationen bidirektional auf der Benutzungsoberfläche dargestellt, dann kann sich der Benutzer – ähnlich wie bei den *Hyperlinks* im Internet – förmlich verlaufen.

Notation
Navigation

Die Richtung, in der die Assoziation realisiert werden muss, wird im Klassendiagramm mit einer Pfeilspitze gekennzeichnet. Soll eine Assoziation in beiden Richtungen durchlaufen werden, werden entweder beide oder *keine* Pfeilspitzen eingetragen (Abb. 2.2-7).

Abb. 2.2-7:
Assoziationen
sind inhärent
bidirektional

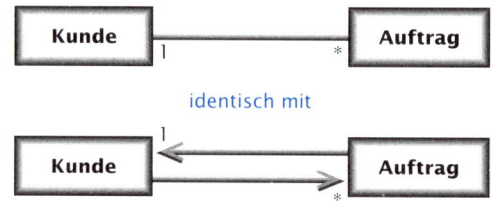

identisch mit

Praxis 6 (Tag 2)
Navigationen
eintragen
Shop2P6

In *Rational Rose* ist jede Assoziation zunächst bidirektional. Klicken Sie auf die Assoziationslinie in der Nähe einer Klasse und öffnen Sie das *Pop-up*-Menü. Wenn Sie die Option *Navigable* ausschalten, machen Sie daraus eine unidirektionale Assoziation »in der Gegenrichtung«. Tragen Sie in Ihr Klassendiagramm die Navigationsrichtungen entsprechend der Abb. 2.2-6 ein.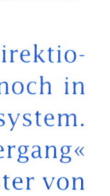

Die geänderten Assoziationen werden jetzt nicht mehr bidirektional auf die Benutzungsoberfläche abgebildet, sondern nur noch in der angegebenen Richtung. Generieren Sie ein neues Pilotsystem. Vom Erfassungsfenster der Klasse Artikel gibt es »keinen Übergang« mehr zur Klasse Position. Analog existiert im Erfassungsfenster von Position nur noch die Verbindung zu Artikel, aber nicht mehr zu Auftrag.

Tipp

Im Klassendiagramm von *Rose* ist nicht unterscheidbar, ob eine Assoziation in beiden oder in keiner Richtung *Navigable* ist. Wenn die gewünschten Interaktionselemente nicht in den Fenstern erscheinen, sollten Sie diese Einstellungen prüfen.

Modellieren von Assoziationen in *Rose*

Denken Sie daran, dass Janus das in *Rose* gespeicherte Modell (im *Browser*) als Vorlage nimmt, nicht die jeweilige Darstellung im Klassendiagramm (Abb. 2.2-8). Eine Assoziation wird im Diagramm mit der Del-Taste gelöscht. Im Modell bleibt sie jedoch erhalten und kann mittels *drag & drop* wieder in das Diagramm eingefügt werden.

Soll die Assoziation im Modell gelöscht werden, dann wird sie im *Browser* selektiert und im *Pop-up*-Menü mit *Delete* gelöscht. Alternativ kann die Assoziation aus dem Modell entfernt werden, indem sie im Diagramm mit Ctrl- und D-Taste gelöscht wird.

Browser   Diagramm

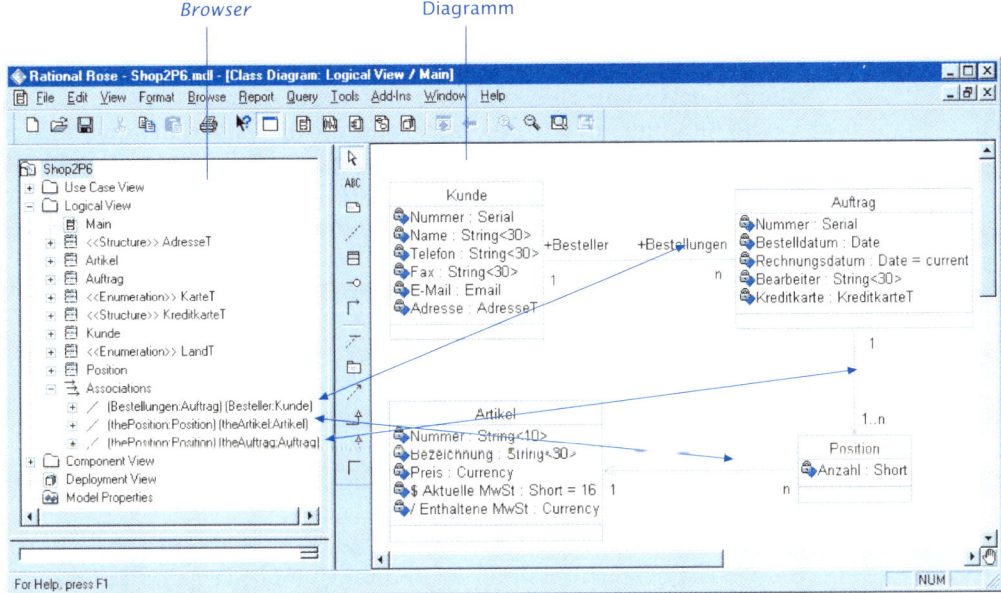

Abb. 2.2-8:
Darstellung von As-
soziationen in Rose

- Assoziation erstellen: Schaltfläche *Association* selektieren, dann erste Klasse wählen und bei gedrückter Maustaste den Cursor zur zweiten Klasse bewegen. **Rational Rose Assoziation**
- Kardinalität eintragen: Assoziationslinie in Klassennähe selektieren, im *Pop-up*-Menü *Multiplicity* wählen.
- Rollenname eintragen: Assoziationslinie in Klassennähe selektieren, im *Pop-up*-Menü *Role name* wählen.
- Assoziationsname eintragen: Doppelklick auf Assoziationslinie, Name eintragen.
- Assoziative Klasse erstellen: Assoziation eintragen, assoziative Klasse als »normale« Klasse erstellen, Schaltfläche *Association Class* selektieren, assoziative Klasse und Assoziationslinie verbinden.
- Navigation eintragen: Assoziationslinie in Nähe der Klasse selektieren, zu der *keine* Navigationsrichtung bestehen soll, im *Pop-up*-Menü *Navigable* ausschalten (Voreinstellung ist Navigation in beiden Richtungen).
- Assoziation im Modell löschen: Assoziation im *Browser* selektieren und im *Pop-up*-Menü *Delete* wählen. Alternativ: Assoziation im Diagramm selektieren, Ctrl- und D-Taste drücken.
- Assoziation im Diagramm löschen: Assoziation selektieren und Del-Taste drücken.
- Wiedereinfügen einer Assoziation vom Modell in das Diagramm: mittels *drag & drop.*

Anwendungsklasse oder elementare Klasse?

In unserem *Shop* haben wir die Klasse Kunde mit dem Attribut Adresse vom Typ AdresseT durch eine Anwendungs- und eine elementare Klasse modelliert, wie auf der linken Hälfte der Abb. 2.2-9 dargestellt. Rechts daneben ist die Adresse als eigenständige Klasse modelliert und über eine Assoziation mit der Klasse Kunde verbunden. Warum wurde nicht die zweite Möglichkeit bei der Modellbildung gewählt?

Prinzipiell könnte jedes Attribut auch als eigenständige Klasse modelliert und über eine Assoziation angebunden werden. Worin unterscheiden sich also Attributwerte und Objekte? Attribute besitzen – gleichgültig, ob einfaches oder komplexes Attribut – keine eigene Objektidentität. Der Zugriff auf Attributwerte erfolgt immer über das entsprechende Objekt. Dagegen besitzt jedes Objekt stets eine Identität und kann – entsprechende Kardinalitäten bei Assoziationen zu anderen Klassen vorausgesetzt – für sich erfasst und in einer Datenbank gespeichert werden.

Das – für die Systemanalyse – wichtigste Kriterium ist, dass Attribute immer Eigenschaften der jeweiligen Objekte beschreiben und bei der Modellbildung im Vergleich zu den Klassen von untergeordneter Bedeutung sind.

Abb. 2.2-9:
Attribut oder Klasse?

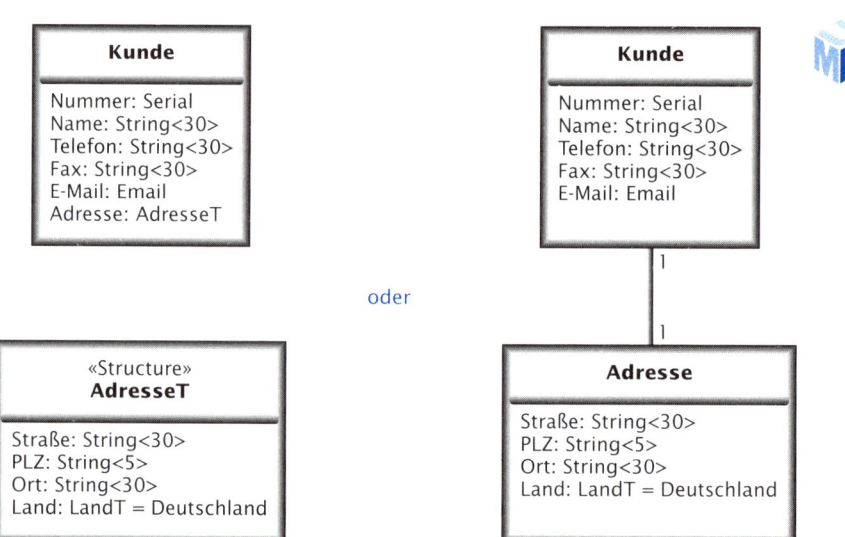

»gute« Modelle erstellen

Vergessen Sie über alle Theorie nicht den praktischen Nutzen der objektorientierten Analyse. Das OOA-Modell und das generierte Pilotsystem sollen dem Auftraggeber das zu realisierende System möglichst anschaulich beschreiben. Wählen Sie immer die Terminologie aus der Sicht des späteren Benutzers. Die spezifizierten Attribute sollen sowohl dem Auftraggeber als auch dem Entwerfer und Programmierer deutlich machen, welche Informationen vom System verwaltet werden. Dabei ist es wichtig, einzelne Attribute zu geeigneten Strukturen zusammenzufassen. Dadurch ergibt sich eine kompaktere und übersichtlichere Darstellung des Klassendiagramms. Eine geeignete Datenstruktur lässt sich daran erkennen, dass Sie einen aussagefähigen Namen finden. Ein nichtssagender Name weist meist auf ein willkürliches Datenbündel hin. Um ein gut lesbares Modell zu erhalten, ist eine Ausgewogenheit zwischen der Klassenanzahl und der Klassengröße besonders wichtig.

Verschiedene Arten von Assoziationen

Die UML unterscheidet drei Arten der Assoziation:

- einfache Assoziation *(ordinary association)*,
- Aggregation *(aggregation)* und
- Komposition *(composition)*.

Eine **Aggregation** *(aggregation)* liegt vor, wenn zwischen den Objekten der beteiligten Klassen (kurz: den beteiligten Klassen) eine Rangordnung gilt, die sich durch »ist Teil von« bzw. »besteht aus« beschreiben lässt (Abb. 2.2-10). Wir sprechen auch vom Ganzen und seinen Teilen *(whole part)*.

Aggregation

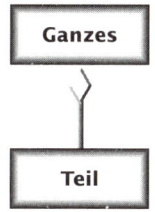
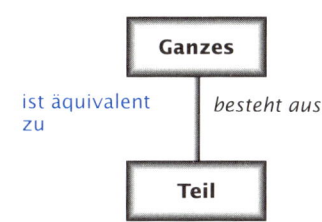

Aggregation – eine besondere Form der Assoziation

Abb. 2.2-10: Aggregation

Eine **Komposition** *(composition)* ist eine starke Form der Aggregation. Auch hier muss eine *whole-part*-Beziehung vorliegen. Darüber hinaus muss gelten:

Komposition

- Jedes Objekt der Teilklasse kann – zu einem Zeitpunkt – nur Komponente eines einzigen Objekts der Aggregatklasse sein, d.h. die bei der Aggregatklasse eingetragene Kardinalität darf nicht größer als eins sein. Ein Teil darf jedoch auch einem anderen Ganzen zugeordnet werden. In der Abb. 2.2-11 kann jede Datei zu einem Zeitpunkt nur in einem Dateiordner enthalten sein, aber zwischen verschiedenen Ordnern hin- und hergeschoben werden.
- Die dynamische Semantik des Ganzen gilt auch für seine Teile *(propagation semantics)*. Wird beispielsweise ein Dateiordner kopiert, dann werden auch alle darin enthaltenen Dateien kopiert.

- Die Lebensdauer der Teile ist an die Lebensdauer des Ganzen gebunden *(they live and die with it)*. Ein Teil darf jedoch zuvor explizit entfernt werden. Beim Löschen eines Dateiordners werden auch alle darin enthaltenen Dateien gelöscht.

Abb. 2.2-11:
Komposition   Ganzes

Dateiordner

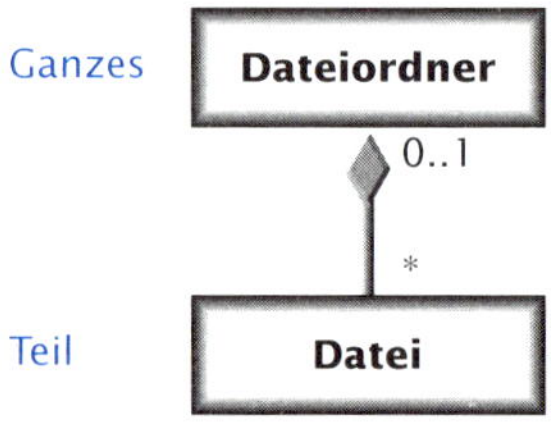

Komposition –
die starke Form der
Aggregation

0..1

*

Teil

Datei

In beiden Fällen kennzeichnet eine Raute das Ganze. Bei einer Aggregation ist es eine transparente, bei der Komposition eine gefüllte Raute. Die Kardinalitäten werden bei Aggregation und Komposition wie üblich angegeben. Aggregation und Komposition sind für die Modellbildung nicht unbedingt notwendig. Daher verzichte ich in diesem Buch darauf.

2.3 Restriktionen – Assoziationen verbinden Attributwerte über Klassen hinweg

Am ersten Tag haben wir die Klasse Artikel um das abgeleitete Attribut Enthaltene MwSt erweitert, dessen Wert sich automatisch aus dem Preis berechnen lässt. Die notwendige Ableitungsformel wurde als **Restriktion** *(constraint)* definiert. Mit Hilfe von Assoziationen können diese Ableitungen auch über Klassengrenzen hinweg erfolgen. Die Vorgabe bildet das Rechnungsformular der Abb. 2.3-1.

Restriktion – muss immer erfüllt sein

Aus dem Rechnungsformular ist zu entnehmen, dass für jede Auftragsposition der Gesamtpreis angegeben werden soll. Dazu muss im Klassendiagramm in der Klasse Position das abgeleitete Attribut Gesamtpreis eingeführt werden (Abb. 2.3-2). Dessen Wert lässt sich aus dem Artikelpreis und der Anzahl berechnen. Diese Ableitungsformel kann als Restriktion für das Attribut Position.Gesamtpreis spezifiziert werden: »to_Artikel.Preis * Anzahl«. Preis ist ein Attribut der Klasse Artikel, die eine »Nachbarklasse« von Position ist. Dieser Zugriff über die Objektverbindung wird durch »to_Artikel« gekennzeichnet.

Attribute ableiten

Position.Gesamtpreis

In der Klasse Auftrag wird das Attribut Gesamtbetrag hinzugefügt, dessen Wert sich aus der Summe der Gesamtpreise aller Positionen berechnet wird. Auch Gesamtbetrag ist ein abgeleitetes Attribut. Für das Attribut Gesamtbetrag wird die Ableitungsregel als

Auftrag.Gesamtbetrag

Abb. 2.3-1:
Rechnungs-
formular

Die Geschenkexperten.

Bestellservice • Sonnenscheinstr. 8 • 86421 Sonnenwinkel

Dr. Hans Müller
Im Sträßchen 14
23456 Irgendwo

Bestellservice
Spezialversand

Sonnenscheinstraße 8
86421 Sonnenwinkel
Telefon 0124 /1234567
Fax 0124 / 12344468

Rechnung vom   3.4.2000
Ihre Kunden-Nr.   001212
Rechnungs-Nr.   002323

Rechnung

Ihre Bestellung vom 1.4.2000

Artikel-Nr.	Artikelbezeichnung	Anzahl	Einzelpreis	Gesamtpreis
2137	Kaffee-Pott	3	10,00	30,00
2141	Reisewecker	1	39,00	39,00
2394	Stehlampe	1	229,00	229,00
	Gesamtbetrag	**DM**		**298,00**

Der Rechnungsbetrag enthält

16 % Mehrwertsteuer = 41,10 DM

Der Rechnungsbetrag wird wunschgemäß Ihrer Eurocard belastet.

Ihre Bestellung wurde sorgfältig gepackt von Helga Weiß.

Wir danken für Ihren Auftrag.

Die Geschenkexperten
Bankverbindung
Haus- und Hofbank • Konto-Nr. 123 456 789 • BLZ 500 400 30

Restriktion »to_Position.Gesamtpreis« formuliert. Die Kardinalität »*« impliziert, dass hier im Gegensatz zu oben eine Summenbildung über die Gesamtpreise aller Auftragspositionen durchzuführen ist.

Damit der Verkäufer beim Öffnen des Kundenfensters auf einen Blick sieht, ob es sich um einen »guten« Kunden handelt, zeigen wir hier zusätzlich den Gesamtumsatz eines Kunden an, der sich aus der Summe der Gesamtbeträge aller Aufträge dieses Kunden berechnet. Analog zu oben lautet für das Attribut Kunde.Gesamtumsatz die Restriktion »Bestellungen.Gesamtbetrag«. Die Zugehörig-

Kunde.Gesamtumsatz

keit des Attributs zur Klasse wird in diesem Fall durch den Rollennamen Bestellungen spezifiziert.

Kunde.Anzahl
Bestellungen

*Abb. 2.3-2:
Ableitungsregeln
für abgeleitete
Attribute
mit Restriktionen
formulieren*

Eine weitere wichtige Angabe ist die Anzahl der bisher von diesem
Kunden erteilten Bestellungen, d.h. die Anzahl der Auftragsobjekte,
zu denen vom jeweiligen Kundenobjekt *links* ausgehen. Dieser Wert
kann für das Attribut Kunde.Anzahl Bestellungen durch die Restriktion »Bestellungen.cardinality« errechnet werden.

Abb. 2.3-2 zeigt die abgeleiteten Attribute und deren Ableitungsregeln im Überblick.

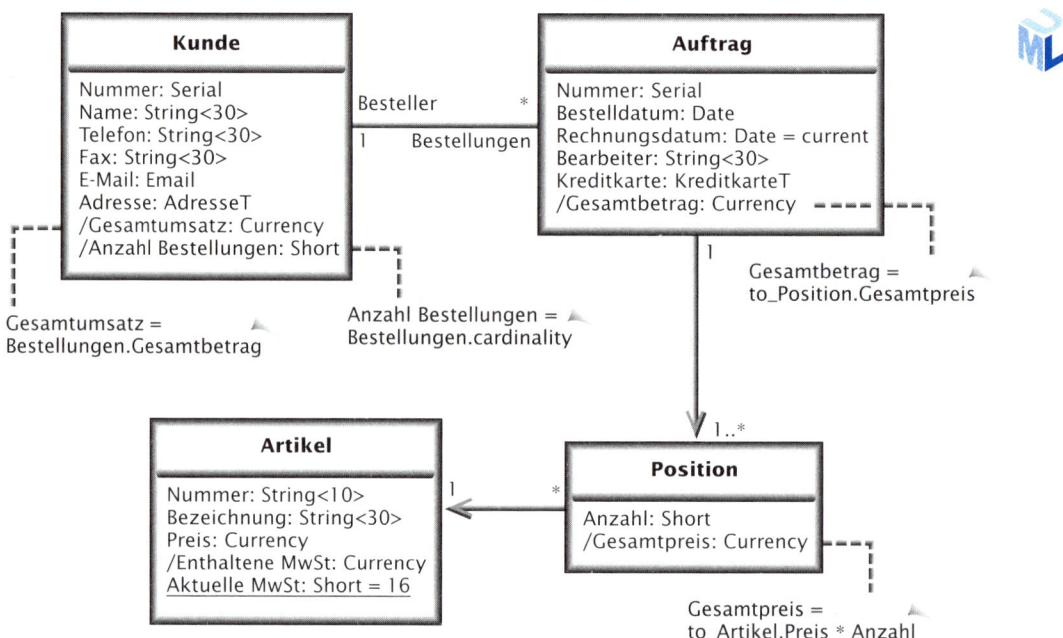

Praxis 7 (Tag 2)
abgeleitete
Attribute
modellieren
Shop2P7
Fügen Sie in der Klasse Position das abgeleitete Attribut Gesamtpreis
vom Typ Currency ein. Im *Specifier* tragen Sie für dieses Attribut wie
in der Abb. 2.3-3 die Restriktion ein. Generieren Sie wieder ein Pilotsystem. Ändern Sie bei Ihren Testdaten den Preis des Artikelobjekts
und die Anzahl beliebig. Der Gesamtpreis wird immer automatisch
aktualisiert. Der abgeleitete Attributwert kann natürlich nicht geändert werden.

Ergänzen Sie die Klassen Kunde und Auftrag um die abgeleiteten Attribute und spezifizieren Sie die Ableitungsregeln als Restriktionen.

Insgesamt müssen Sie eingeben:

Klasse	**abgeleitetes Attribut**	**Restriktion**
Position	/Gesamtpreis: Currency	to_Artikel.Preis * Anzahl
Auftrag	/Gesamtbetrag: Currency	to_Position.Gesamtpreis
Kunde	/Gesamtumsatz: Currency	Bestellungen.Gesamtbetrag
Kunde	/Anzahl Bestellungen: Short	Bestellungen.cardinality

Wenn Sie nun ein neues Pilotsystem generieren, sollten die Erfassungsfenster wie in Abb. 2.3-4 aussehen.

Beachten Sie, dass beim Formulieren von Restriktionen im *Janus/Specifier* Leerzeichen in Attribut- und Klassennamen durch »_« ersetzt werden müssen. Analog sind »ß« in »ss« und Umlaute (z.B. »ä« durch »ae«) zu wandeln.

Tipp

Abb. 2.3-3:
Spezifikation von
Restriktionen für
abgeleitete Attribute

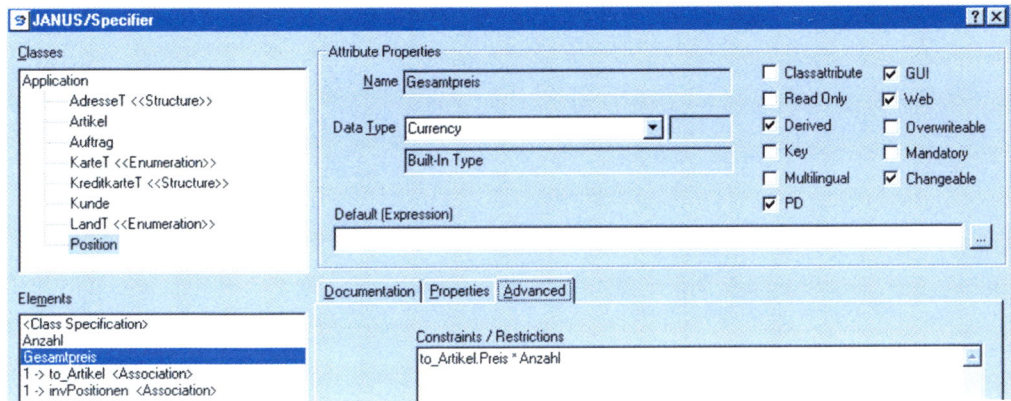

Eine Forderung in der Problembeschreibung des *Shops* lautet, dass alle Aufträge im System nachvollziehbar gespeichert bleiben müssen. Wenn sich die ursprünglichen Preise der Artikel verändern, dann darf sich diese Änderung nicht auf die in den Positionen gespeicherten Gesamtpreise auswirken. Zusätzlich zum – beliebig änderbaren – Artikelpreis muss der zum Zeitpunkt der Bestellung gültige Preis in der Position festgehalten werden. Daher ist die Klasse Position um das Attribut Einzelpreis zu erweitern (Abb. 2.3-5). Beim Erzeugen einer neuen Auftragsposition wird dieses Attribut mit dem Wert von Artikel.Preis initialisiert. Diese Initialisierung wird hier ebenfalls als Restriktion – mit geschweiften Klammern – formuliert. Sie beschreibt im Gegensatz zu den Anfangswerten, die am ersten Tag eingeführt wurden, eine Abhängigkeit zwischen Attributen. Einzelpreis ist kein abgeleitetes Attri-

*wenn sich die
Preise ändern*

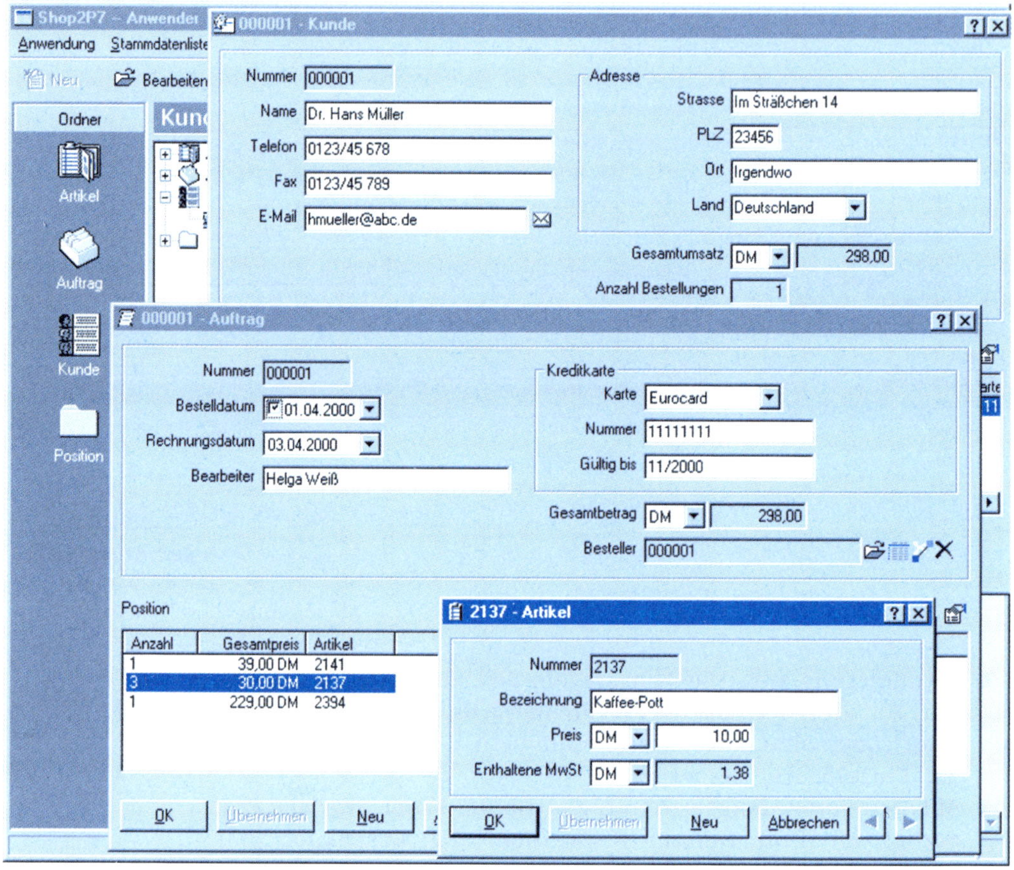

Abb. 2.3-4:
Generiertes
Pilotsystem mit ab-
geleiteten Attributen

but, denn sein Wert ändert sich nicht, wenn das Attribut `Preis` einen anderen Wert erhält. Natürlich soll sich auch der Gesamtpreis jeder Artikelposition auf die »eingefrorenen« Werte beziehen. Dessen Restriktion ist daher wie in Abb. 2.3-5 angegeben zu ändern.

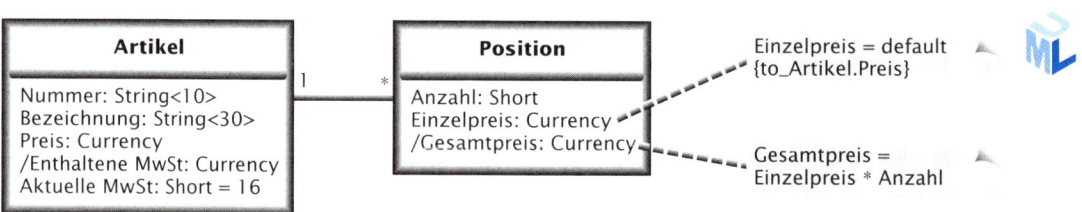

Abb. 2.3-5:
Unabhängigkeit von
Position.Einzelpreis
und Artikel.Preis
sicherstellen

Fügen Sie bei der Klasse Position das Attribut Einzelpreis hinzu. Im *Specifier* tragen Sie dafür im Feld *Default(Expression)* wie in Abb. 2.3-6 die Restriktion – diesmal mit geschweiften Klammern – ein. Für Position.Gesamtpreis müssen Sie die Restriktion auf der Notizbuchseite *Advanced* unter *Constraints* wie folgt ändern: Einzelpreis * Anzahl.

Praxis 8 (Tag 2)
Preis in Position »einfrieren«
Shop2P8

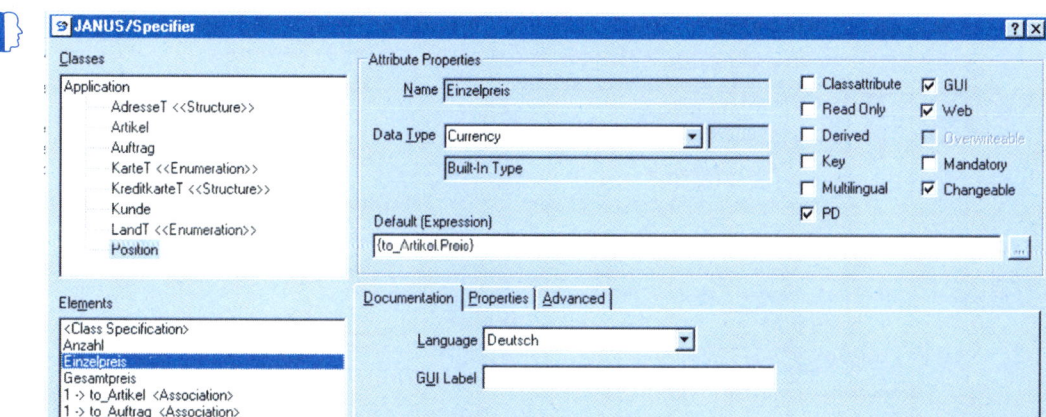

Abb. 2.3-6: Spezifikation von Restriktionen zum »Ableiten« von Anfangswerten

- Formulierung von Ableitungsregeln von abgeleiteten Attributen: Auf der Notizbuchseite *Advanced* im Feld *Constraints / Restrictions* ohne geschweifte Klammern Restriktion angeben, z.B. Einzelpreis * Gesamtpreis.
- Ableiten von Anfangswerten für Attribute: Unter *Attribute Properties* im Feld *Default (Expression)* die Restriktion mit geschweiften Klammern angeben, z.B. {to_Artikel.Preis}.

Janus/Specifier
Restriktionen

Die Forderung, dass alle Aufträge im System nachvollziehbar gespeichert bleiben müssen, hat auch Auswirkungen auf die Modellierung der Mehrwertsteuer. Der Einfachheit halber arbeitet der *Shop* nur mit dem vollen Mehrwertsteuersatz, der sich allerdings – nach dem Willen des Gesetzgebers – jederzeit ändern kann. Am ersten Tag haben wir – da noch keine Assoziationen eingeführt waren – die Informationen über die Mehrwertsteuer bei der Klasse Artikel eingetragen. Da die Mehrwertsteuer für die Rechnungsschreibung pro Auftrag ermittelt wird, sind diese Attribute besser bei der Klasse Auftrag aufgehoben. Da alle Aufträge unverändert gespeichert bleiben sollen, basieren ältere Aufträge möglicherweise auf einem anderen Mehrwertsteuersatz als die aktuellen.

wenn sich die MwSt ändert

Abb. 2.3-7 zeigt, wie die Klasse Auftrag zu erweitern ist. Das Attribut MwSt enthält den Mehrwertsteuersatz des jeweiligen Auftrags. Sein Anfangswert *(default)* ist der Wert des Klassenattributs Aktuelle MwSt. Das Klassenattribut Aktuelle MwSt wird unverändert aus Artikel übernommen. Das abgeleitete Attribut Enthaltene MwSt wird jetzt aus dem Gesamtbetrag des Auftrags und dem neu eingeführten Attribut MwSt berechnet. Aus der Klasse Artikel können die beiden Attribute zur Ermittlung der Mehrwertsteuer entfernt werden.

Abb. 2.3-7: Modellierung der Mehrwertsteuer

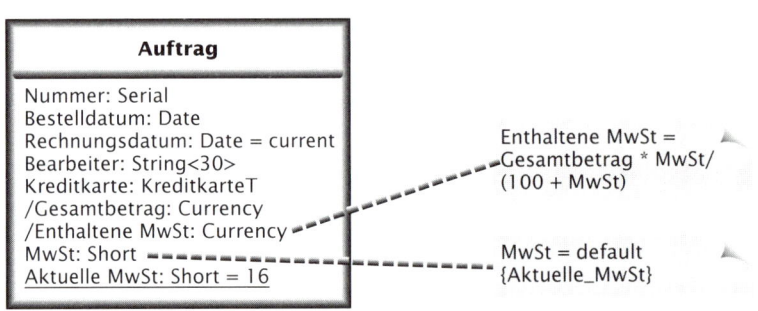

Praxis 9 (Tag 2)
MwSt berechnen
Shop2P9

Attribute lassen sich im *Browser* von *Rational Rose* einfach mittels *drag & drop* von einer Klasse zur anderen verschieben, indem Sie das gewünschte Attribut selektieren und direkt auf den Namen der Zielklasse bewegen. Alle Eigenschaften dieses Attributs bleiben erhalten.

Selektieren Sie im *Browser* – nacheinander – die Attribute Enthaltene MwSt und Aktuelle MwSt in der Klasse Artikel und bewegen Sie die Attribute auf den Klassennamen Auftrag. Sie werden am Ende der Attribute von Auftrag eingefügt. Fügen Sie dann das Attribut MwSt in der Klasse Auftrag hinzu.

Um die Reihenfolge der Attribute zu ändern, müssen Sie die Klasse im *Browser* oder im Diagramm selektieren und im *Pop-up-*Menü *Open Specification* wählen. Auf der Notizbuchseite *Attributes* können Sie die Reihenfolge durch Verschieben der Attribute per *drag & drop* ändern.

Die Ableitungsregel für den Anfangwert von MwSt ist analog zu Abb. 2.3-6 im *Specifier* einzutragen. Für das Attribut Enthaltene MwSt ist die Ableitungsregel (Restriktion) entsprechend zu ändern.

Wenn Sie alle Restriktionen entsprechend der Abb. 2.3-7 spezifiziert haben, generieren Sie wieder ein neues Pilotsystem und prüfen Sie die korrekte Funktionsweise.

Tipp   Denken Sie beim Spezifizieren der Restriktionen daran, dass Sie alle Leerzeichen in den Attributnamen durch »_« ersetzen müssen, d.h. aus Aktuelle MwSt wird Aktuelle_MwSt.

2.4 Assoziationen – aus Sicht des Benutzers

Wie Sie gesehen haben, werden die Assoziationen aus dem *Rose*-Modell ohne weitere Angaben automatisch auf Interaktionselemente im Erfassungsfenster abgebildet. Die *one*-Kardinalität (0..1 oder 1) wird auf ein einfaches Textfeld abgebildet, die *many*-Kardinalität (* oder 1..*) auf eine Tabelle. Wem dieser einfache Standard nicht gefällt, kann im *Janus/Specifier* weitere Einstellungen vornehmen.

Für die Darstellung einer *One*-Beziehung bietet der *Janus/Specifier* verschiedene Möglichkeiten. Betrachten Sie zunächst die *One*-Beziehung von Auftrag zu Kunde. Wählen Sie im *Specifier* die Klasse Auftrag und dann das Element 1→Besteller <Assoziation>. Auf der Notizbuchseite *Properties* wählen Sie in der Liste *GUI Control* das Element Keyed Object Reference und tragen im Feld *Info* %aName% ein (Abb. 2.4-1). Für das *Info*-Feld wird das Attribut Kunde.Name gewählt, das dem Bediener nähere Informationen über den gewählten Kunden gibt.

Praxis 10 (Tag 2)
One-Beziehung »verschönern« Shop2P10

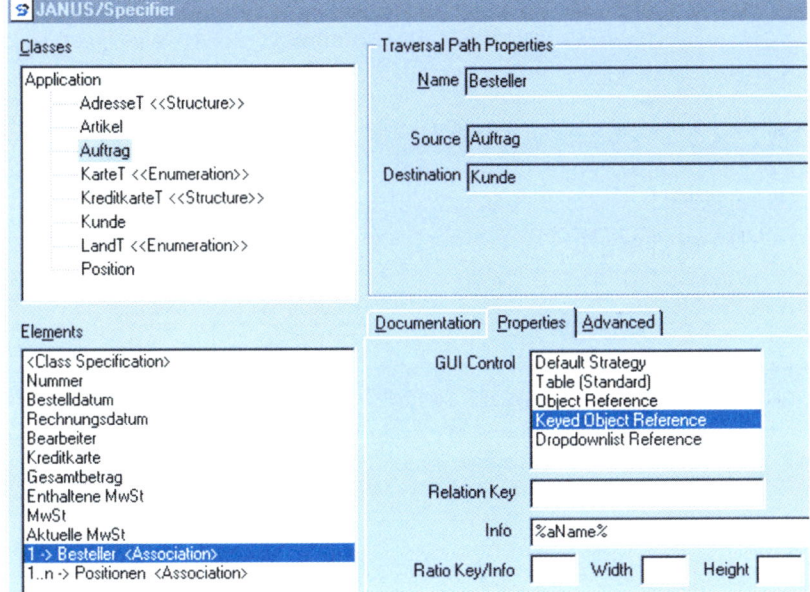

Abb. 2.4-1: Eingaben im Janus/Specifier für Keyed Object Reference

Bei der *One*-Beziehung von Position zu Artikel können Sie ein *Drop-down*-Listenelement wählen. Wählen Sie für die Klasse Position das Element 1→to-Artikel <Association>. Auf der Notizbuchseite *Properties* wählen Sie in der Liste *GUI Control* das Element Dropdownlist Reference.

Abb. 2.4-2:
Erfassungsfenster
für einen Auftrag
mit Keyed Object
Reference zu Kunde

Generieren Sie ein neues Pilotsystem. Im Erfassungsfenster von Auftrag wird ergänzend zur Kundennummer der Name des Kunden angegeben (Abb. 2.4-2). Die Auswahl des Artikels im Erfassungsfenster von Position hat sich vereinfacht. Sie müssen jetzt kein Auswahlfenster mehr öffnen (Abb. 2.4-3).

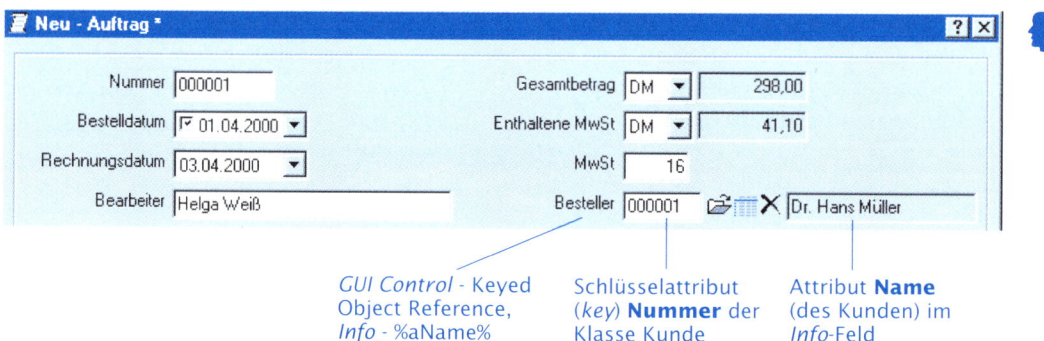

GUI Control - Keyed
Object Reference,
Info - %aName%

Schlüsselattribut
(*key*) **Nummer** der
Klasse Kunde

Attribut **Name**
(des Kunden) im
Info-Feld

Abb. 2.4-3:
Erfassungsfenster
für eine Position
mit Dropdownlist
Reference zu
Artikel

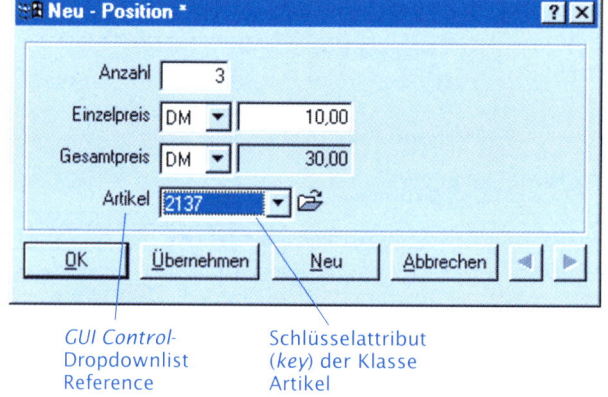

GUI Control-
Dropdownlist
Reference

Schlüsselattribut
(*key*) der Klasse
Artikel

Praxis 11 (Tag 2)
Many-Beziehung
»verschönern«
Shop2P11

Eine *Many*-Kardinalität wird immer auf eine Tabelle abgebildet. Im *Specifier* können Sie festlegen, welche Attribute in den Spalten der Tabelle stehen sollen. Selektieren Sie zunächst die Klasse Kunde und das Element n→Bestellungen <Association>. Wählen Sie auf der Notizbuchseite *Properties* das *GUI Control* Table und geben Sie die *Columns* wie in Abb. 2.4-4 ein.

Beachten Sie, dass beim Formulieren der *Columns* im *Janus/Speci-* Tipp
fier Leerzeichen in Attribut- und Klassennamen durch »_« ersetzt
werden müssen. Analog sind »ß« in »ss« und Umlaute (z.B. »ä«
durch »ae«) zu wandeln.

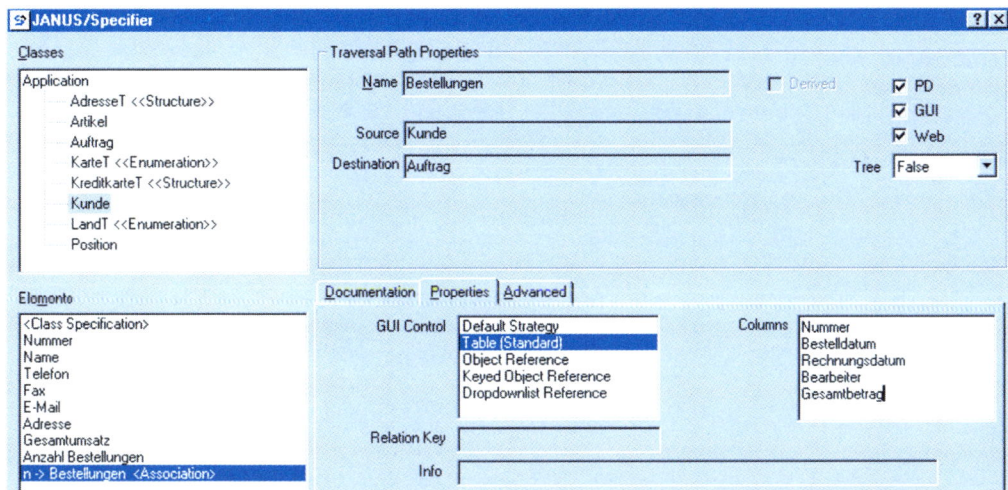

Abb. 2.4-4:
Konfigurieren der
Tabelle Bestellungen
im Erfassungsfenster
von Kunde

Zum Schluss können Sie noch eine kleine Schönheitskorrektur vor-   **Praxis 12 (Tag 2)**
nehmen. Die Benutzer sollen einen schnellen Überblick darüber   Assoziationen im
haben, welche Aufträge jeder Kunde erteilt hat. Dazu sollen aus-   Baum darstellen
gewählte Assoziationen im Baum dargestellt werden.   Shop2P12

In der Baumstruktur werden alle Objekte nur über ihre Nummer
(Schlüsselattribut) identifiziert. Dieser Bezug ist zwar eindeutig,
aber für den Benutzer nicht besonders aussagefähig. Das lässt sich
leicht ändern. Wählen Sie im *Specifier* die Klasse Kunde und das Element *<Class Specification>*. Tippen Sie auf der Notizbuchseite *Properties* im Feld *Object Ident* ein: %aNummer% [%aName%]. Analog wählen
Sie für Auftrag die *Object Ident* %aNummer% [%aRechnungsdatum%].

Nun stellen Sie die *Many*-Beziehung von Kunde zu Auftrag zusätzlich im Baum dar. Wählen Sie im *Specifier* für die Klasse Kunde und
das Element n→Bestellungen <Association> im Listenfeld *Tree* die
Einstellung True. Jetzt sollte sich Ihr Pilotsystem wie in Abb. 2.4-5
präsentieren.

Beachten Sie, dass Sie bei der Referenzierung von Attributnamen   Tipp
(z.B. im *Info*-Feld oder bei *Object Ident)* Leerzeichen durch »_« ersetzen müssen. Analog sind »ß« in »ss« und Umlaute (z.B. »ä« durch
»ae«) zu wandeln.

Rechnungs-   Kundenname
datum

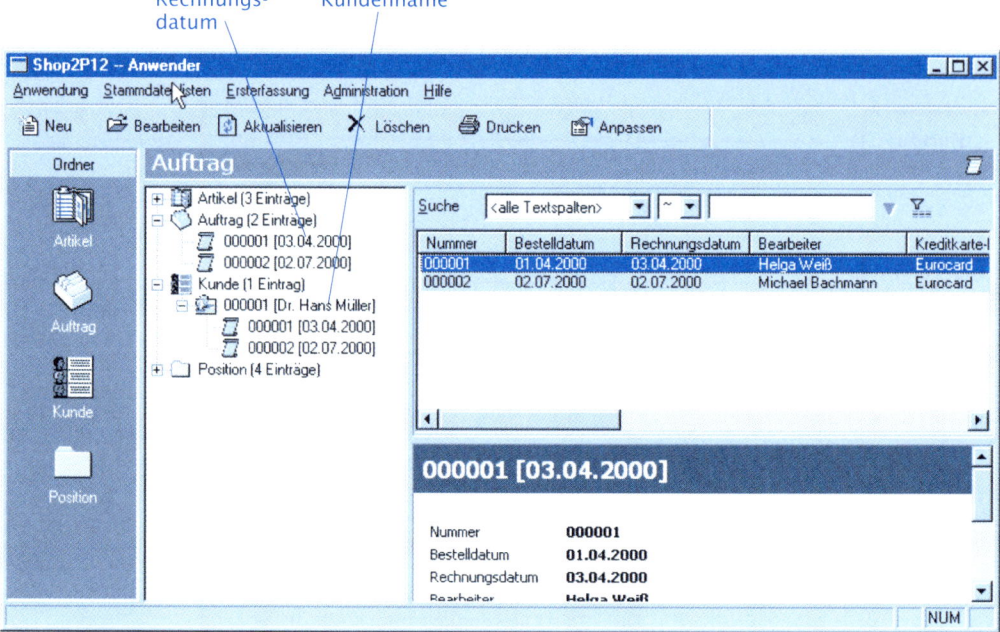

Abb. 2.4-5:
Assoziation von
Kunde zu
Auftrag im Baum
darstellen

Janus/Specifier
Assoziationen

- *One*-Beziehung mit Schlüsselattribut und beschreibendem Attribut: *GUI Control* = Keyed Object Reference, *Info* = %aAttribut%.
- *One*-Beziehung mit *Dropdown*-Listenfeld: *GUI Control* = Dropdownlist Reference.
- *Many*-Beziehung mit festgelegten Tabelleneinträgen: *Table* wählen und *Columns* eingeben.
- Assoziation im Baum darstellen: *Tree* = True wählen.

Abb. 2.4-6 zeigt alle für die Benutzungsoberfläche optimierten Assoziationen im Überblick.

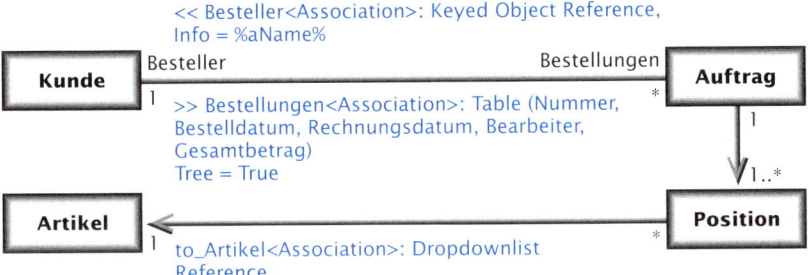

Abb. 2.4-6: Specifier-Einstellungen für die Abbildung von Assoziationen auf die Benutzungsoberfläche

Abgeleitete Assoziation *(derived association)* Eine abgeleitete Assoziation liegt vor, wenn die gleichen Abhängigkeiten bereits durch andere →Assoziationen beschrieben werden. Sie ist immer redundant.

Aggregation *(aggregation)* Die Aggregation ist ein Sonderfall der →Assoziation. Sie liegt dann vor, wenn zwischen den Objekten der beteiligten Klassen eine Beziehung vorliegt, die sich als »ist Teil von« oder »besteht aus« beschreiben lässt.

Assoziation *(association)* Eine Assoziation modelliert Verbindungen zwischen Objekten einer oder mehrerer Klassen. Binäre Assoziationen verbinden zwei Objekte. Eine Assoziation zwischen Objekten einer Klasse heißt reflexiv. Jede Assoziation wird beschrieben durch →Kardinalitäten und einen optionalen Assoziationsnamen oder →Rollennamen. Eine Assoziation kann →bidirektional oder →unidirektional sein.

Assoziative Klasse *(association class)* Besitzt eine →Assoziation selbst wieder Attribute und ggf. Operationen und Assoziationen zu anderen Klassen, dann wird sie zur →assoziativen Klasse. Assoziative Klassen können nach einem festen Schema in »normale« Klassen transformiert werden.

Bidirektionale Assoziation Die Objektverbindungen *(links)* können in beiden Richtungen durchlaufen werden.

Kardinalität *(multiplicity)* Die Kardinalität bezeichnet die Wertigkeit einer →Assoziation, d.h. sie spezifiziert die Anzahl der an der Assoziation beteiligten Objekte.

Klassendiagramm *(class diagram)* Das Klassendiagramm stellt die Klassen und die →Assoziationen zwischen Klassen dar.

Komposition *(composition)* Die Komposition ist eine besondere Form der →Aggregation. Die Lebensdauer der Teile ist an die Lebensdauer des Ganzen gebunden. Jedes Teil kann – zu einem Zeitpunkt – nur zu einem Ganzen gehören. Es kann jedoch einem anderen Ganzen zugeordnet werden. Die dynamische Semantik des Ganzen gilt auch für seine Teile.

Navigation *(navigability)* Die Navigation legt fest, ob eine →Assoziation →uni- oder →bidirektional realisiert wird.

Objektdiagramm *(object diagram)* Das Objektdiagramm stellt Objekte und ihre Verbindungen untereinander dar. Objektdiagramme werden im Allgemeinen verwendet, um einen Ausschnitt des Systems zu einem bestimmten Zeitpunkt zu modellieren. Objekte können einen – im jeweiligen Objektdiagramm – eindeutigen Namen besitzen oder es können anonyme Objekte sein. In verschiedenen Objektdiagrammen kann der gleiche Name unterschiedliche Objekte kennzeichnen.

Reflexive Assoziation Eine reflexive →Assoziation besteht zwischen Objekten derselben Klasse. Sie wird auch als rekursive Assoziation bezeichnet.

Restriktion *(constraint)* Eine Restriktion wird auch als Invariante bezeichnet. Es ist eine Zusicherung, die immer wahr sein muss. Restriktionen können verwendet werden, um die Ableitungsformeln von abgeleiteten Attributen zu spezifizieren oder um Anfangswerte von Attributen abzuleiten.

Rollenname *(role name)* Der Rollenname beschreibt, welche Bedeutung ein Objekt in einer →Assoziation wahrnimmt. Eine binäre Assoziation besitzt maximal zwei Rollen.

Unidirektionale Assoziation Die Objektverbindungen *(links)* können nur in einer Richtung durchlaufen werden.

Zwischen Objekten können Objektverbindungen *(links)* existieren. Die Menge aller Verbindungen zwischen zwei Klassen wird im Klassendiagramm als Assoziation modelliert. Die Kardinalität gibt an, wie viele Objektverbindungen jeweils von einem Objekt ausgehen können. Assoziationen können durch Assoziationsnamen oder besser durch Rollennamen näher spezifiziert werden. Rollennamen müssen angegeben werden, wenn zwischen zwei Klassen mehr als eine Assoziation vorliegt und bei einer reflexiven Assoziation, d.h. einer Assoziation, bei der beide Objekte zur gleichen Klasse gehören. Eine assoziative Klasse besitzt sowohl die Eigenschaften einer Assoziation als auch die einer Klasse. Eine Assoziation kann um die Navigation ergänzt werden. Sie sagt aus, ob die Assoziation uni- oder bidirektional realisiert werden soll. Restriktionen können außer zur Plausibilitätsprüfung – wie am ersten Tag – auch zur Spezifikation von abgeleiteten Attributen und zur Ableitung des Anfangswerts von Attributen verwendet werden.

Abstrakte Modellierung im Diagramm	Konkrete Ausprägung im Programm	Abbildung auf Benutzungsoberfläche
Klasse	Objekt	Erfassungsfenster, Liste
Assoziation	Objektverbindung	Eingabefeld, *Dropdown*-Listenelement
Attribut	Attributwert	Interaktionselement

vollständige Aufgabenstellung

Für jede Aufgabe sind einzutragen: Datum der Erfassung, Beschreibung der Aufgabe, Priorität (A, B oder C), Kategorie (z.B. Beruf, Verwaltung, Haushalt, Garten), geplantes Datum der Fertigstellung und der Status (Nicht begonnen, In Bearbeitung, Wartet auf jemand anderen, Zurückgestellt, Erledigt). Eine Aufgabe kann sich auf eine oder mehrere Kontaktpersonen beziehen. Eine Kontaktperson kann bei mehreren Aufgaben eingetragen werden. Für jede Kontaktperson ist deren Name, Firma, Telefon und E-Mail zu speichern. Eine Aufgabe kann an einen Mitarbeiter delegiert werden. Für jeden Mitarbeiter ist dessen Name, Firma, Telefon, E-Mail, Bezeichnung der Tätigkeit und der Beginn der Tätigkeit zu speichern. Ein Mitarbeiter kann mehrere Aufgaben bearbeiten. Ein Mitarbeiter kann auch Kontaktperson sein. Der Name von Kontaktpersonen und Mitabeitern soll eindeutig sein.

Gehen Sie – vorläufig – davon aus, dass der Aufgabenplaner nur von einer Person benutzt wird.

Heute geht es darum, die Assoziationen des Aufgabenplaners zu identifizieren und zu modellieren. Sie können auch diesmal selbst steuern, wie selbständig Sie die Aufgabe bearbeiten wollen.

Aufgabe

- Welche Objekte müssen sich kennen?
- Zwischen welchen Klassen existieren Assoziationen?

Schritt 1: Identifizieren

- Stellen Sie die Assoziationen in *Rational Rose* dar.
- Tragen Sie die Kardinalitäten ein.

Schritt 2: Modellieren

- Ergänzen Sie Ihr Klassendiagramm um Rollennamen.
- Überlegen Sie, ob die Assoziationen uni- oder bidirektional sein sollen.

Schritt 3: Spezifizieren

- Überlegen Sie, wie viele Attribute in der Assoziations-Liste im Erfassungsfenster angezeigt werden sollen.

Schritt 4: Assoziationen für Benutzer optimieren

Quiz of the 2nd day
Lösung
Den Buchstaben »r«.

Vererbung –
Wiederverwendung ist Trumpf

3

of the 3ʳᵈ day

Zwei Väter und zwei Söhne
gehen angeln. Jeder fängt einen
Fisch. Trotzdem bringen
sie nur drei Fische nach Hause.
Wie ist das möglich?

3 Vererbung – Wiederverwendung ist Trumpf

- Erklären können, was unter Vererbung zu verstehen ist.
- Erklären können, was ein Paket ist.
- UML-Notation für Vererbung anwenden können.
- UML-Notation für Pakete anwenden können.
- Vererbungsstrukturen in einem Text identifizieren und darstellen können.
- Generierte Erfassungsfenster aus software-ergonomischer Sicht gestalten können.

verstehen

anwenden

3.1 Vererbungsstrukturen – der dritte Schritt der Modellbildung

Verfeinerung der Problembeschreibung

Der *Shop* hat nicht alle Artikel vorrätig, sondern bestellt selten verlangte Artikel erst beim Eingang der Kundenbestellung. Es werden also Artikel mit Lagerhaltung und solche ohne Lagerhaltung unterschieden. Einige Artikel werden selbst hergestellt, die meisten aber bei Lieferanten bestellt. Auch eingelagerte Artikel müssen von Zeit zu Zeit nachbestellt werden. Das bedeutet, dass für alle nicht selbst produzierten Artikel der jeweilige Lieferant bekannt sein muss. Für jeden Lieferanten sind Firma, Ansprechpartner, Adresse, Telefonnummer, Fax-Nummer und E-Mail-Adresse zu speichern. Für die Lagerartikel sind zusätzlich die Mindestmenge und der aktuelle Bestand festzuhalten.

Ergänzen des Modells um Lagerartikel

Im ersten Schritt ergänzen wir das Modell um die Lagerartikel. Diese Artikel besitzen gegenüber den »normalen« Artikeln die zusätzlichen Attribute Mindestmenge und Bestand. Daher wird die Klasse Lagerartikel von der Klasse Artikel abgeleitet (Abb. 3.1-1).

Abb. 3.1-1: Hinzufügen des Lagerartikels

Jeder Artikel kann – unabhängig davon, ob er Lagerartikel ist oder nicht – in einer Auftragsposition vorkommen. Deshalb bleibt die Assoziation zwischen Position und Artikel bestehen und wird an die Klasse Lagerartikel vererbt.

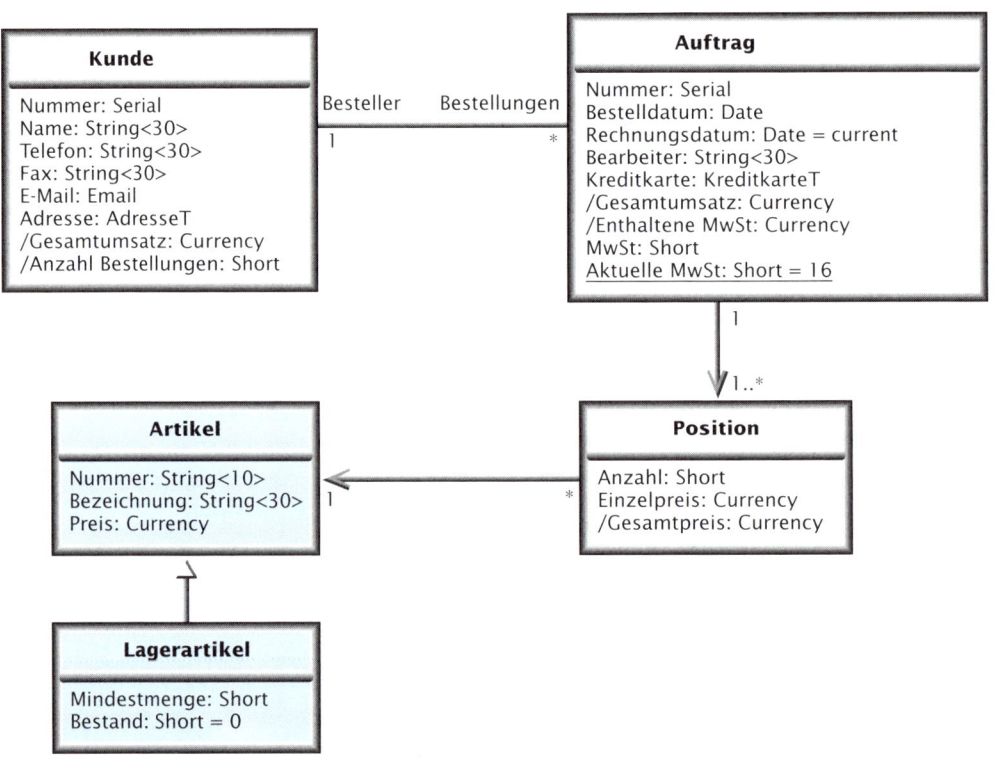

Abb. 3.1-2 zeigt einen Schnappschuss als Objektdiagramm. Der Artikel und der Lagerartikel gehören zum selben Auftrag. Der Lagerartikel wird ein zweites Mal in einem anderen Auftrag verlangt. Der Zusammenhang zwischen dem Auftrag und dem Artikel bzw. Lagerartikel wird über das Objekt Position hergestellt. Jede Position kennt ihren Artikel bzw. Lagerartikel, weil die Assoziation von Position zu Artikel an die Unterklasse Lagerartikel vererbt wird.

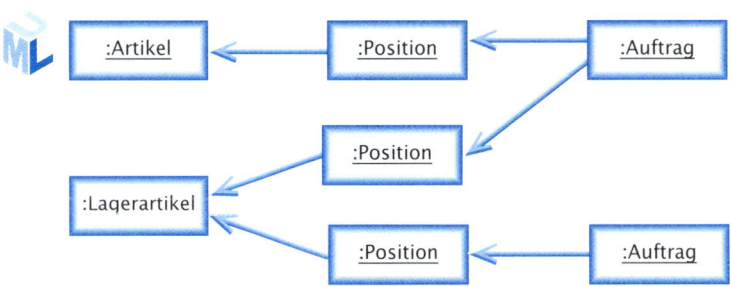

Abb. 3.1-2:
Vererben von
Assoziationen

Erweitern Sie Ihr Klassendiagramm um die Klasse Lagerartikel mit den angegebenen Attributen. Der Vererbungspfeil wird wie folgt eingetragen. Selektieren Sie in der *Toolbox* die Schaltfläche *Generalization.* Klicken Sie dann auf die Klasse Lagerartikel und bewegen Sie den Mauszeiger bei gedrückter Maustaste zur Klasse Artikel.

Praxis 1 (Tag 3)
Vererbung
modellieren
Shop3P1

Wenn Sie wieder ein Pilotsystem generieren, dann sehen Sie, dass für die beiden Klassen Artikel und Lagerartikel Erfassungsfenster erzeugt werden.

Wenn Sie sich jetzt einmal das Erfassungsfenster von Lagerartikel anschauen, dann stellen Sie fest, dass es alle Attribute von Artikel und von Lagerartikel als Interaktionselemente enthält (Abb. 3.1-3).

Die *Many*-Beziehung zu Position wird im Erfassungsfenster des Lagerartikels *nicht* dargestellt. Diese Assoziation wurde bereits für die Klasse Artikel als unidirektional – d.h. Navigation nur von Position zu Artikel – definiert und diese Information wurde vererbt.

Wenn Sie diese Assoziation der Übung halber bidirektional definieren (auf beiden Seiten muss *Navigable* gewählt sein), dann sehen Sie, dass im Erfassungsfenster von Lagerartikel zur zugehörigen Position traversiert werden kann. Machen Sie diese Änderung anschließend wieder rückgängig, da wir mit der unidirektionalen Assoziation weiterarbeiten.

Abb. 3.1-3:
Erfassungsfenster
für Lagerartikel

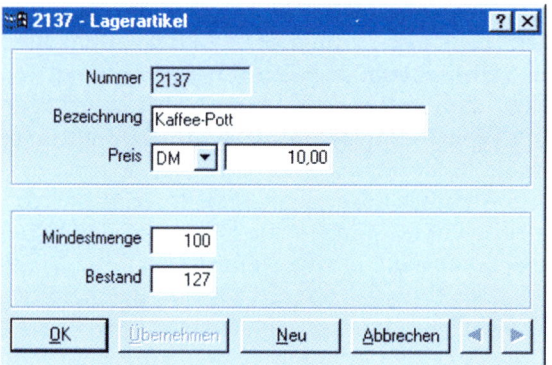

Modellierungs-
alternative

Die Artikelverwaltung kann auch wie in Abb. 3-1-4 modelliert werden. Die Klassen Lagerartikel und Artikel ohne Lagerhaltung *spezialisieren* die Klasse Artikel. Die Klasse Artikel ist im Gegensatz zu den anderen Klassennamen kursiv geschrieben. Damit wird in

abstrakte Klasse –
nur zur Vererbung

der UML eine abstrakte Klasse gekennzeichnet. Das bedeutet, dass es – in diesem Modell – keine Artikel gibt, die weder Lagerartikel noch Artikel ohne Lagerhaltung sind. Mit anderen Worten: Die Klasse Artikel kann keine Objekte »fabrizieren«. Sie wird nur benötigt, um ihre Eigenschaften an spezialisierte Klassen zu vererben.

Die beiden Klassen Lagerartikel und Artikel ohne Lagerhaltung werden konkrete Klassen genannt, da sie Objekte erzeugen können.

Abb. 3.1-4:
Modellierungsalter-
native für die Ver-
erbung von Artikeln

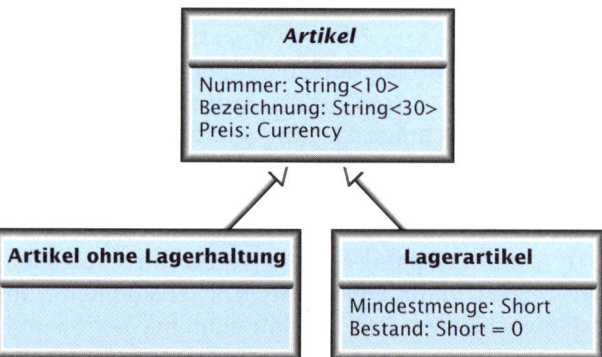

Speichern Sie zuerst Ihr *Rose*-Modell in einer neuen Datei, denn wir werden die hier durchgeführten Änderung nicht weiterverfolgen.

Fügen Sie die Klasse Artikel ohne Lagerhaltung wie in Abb. 3.1-4 in Ihr Klassendiagramm ein. Um die Klasse Artikel als abstrakt zu kennzeichnen, gehen Sie wie folgt vor: Öffnen Sie für die Klasse das *Pop-up*-Menü und wählen Sie *Open Specification*. Auf der Notizbuch-Seite *Detail* markieren Sie das Kontrollkästchen *Abstract*.

Generieren Sie ein neues Pilotsystem. Sie sehen, dass das Erfassungsfenster von Lagerartikel genauso aussieht wie bei der ersten Lösung. Außerdem existieren Erfassungs- und Listenfenster für die Klasse Artikel ohne Lagerhaltung. Die konkrete Klasse Artikel ohne Lagerhaltung fügt zu ihren geerbten Attributen keine eigenen hinzu, sondern erbt alle Ihre Attribute von Artikel.

Wenn Sie jetzt das Pilotsystem testen, stellen Sie fest, dass Sie für Klasse Artikel kein Erfassungsfenster öffnen können, sondern nur für Artikel ohne Lagerhaltung und Lagerartikel. Das ist auch richtig so, denn für diese Klasse Artikel existieren – da sie abstrakte Klasse ist – keine Objekte, die erfasst werden müssen. Sie wird hier lediglich verwendet, um ihre Attribute an die Unterklassen zu vererben. Auf die Verwendung der Listenansicht von Artikel gehe ich später ein.

Praxis 2 (Tag 3)
Abstrakte Klasse
modellieren
Shop3P2

Die **Vererbung** *(generalization)* beschreibt eine Beziehung zwischen einer allgemeinen Klasse (Basisklasse) und einer spezialisierten Klasse. Die spezialisierte Klasse ist vollständig konsistent mit der Basisklasse, enthält aber zusätzliche Attribute und Assoziationen. Ein Objekt der spezialisierten Klasse kann überall dort verwendet werden, wo ein Objekt der Basisklasse erlaubt ist. Wir sprechen von einer Klassenhierarchie oder einer Vererbungsstruktur. Die allgemeine Klasse wird auch als **Oberklasse** *(super class),* die spezialisierte als **Unterklasse** *(sub class)* bezeichnet.

Vererbung –
Beziehung
zwischen Klassen

Oberklasse –
Klasse, die vererbt

Unterklasse –
Klasse, die erbt

Eine Vererbung darf – wie eine Assoziation – nur zwischen Anwendungsklassen bestehen. Elementare Klassen, die zur Modellierung von Attributtypen dienen, dürfen weder an einer Assoziation noch an einer Vererbung beteiligt sein.

Das Konzept der Vererbung ist nicht dazu gedacht, um gemeinsame Eigenschaften von Klassen willkürlich zusammenzufassen, sondern eine Vererbungsstruktur soll immer eng zusammengehörende Klassen enthalten. Dieser enge Zusammenhang wird durch die »ist-ein«-Beziehung ausgedrückt, die erfüllt ist, wenn gilt: Jedes Objekt der Unterklasse »ist ein« Objekt der Oberklasse. Im Beispiel ist jeder Lagerartikel auch ein Artikel, ebenso gilt: Ein Artikel ohne Lagerhaltung *ist ein* Artikel.

Vererbung –
Ist-Ein-Beziehung

Von einer **abstrakten Klasse** *(abstract class)* können keine Objekte erzeugt werden. Die abstrakte Klasse spielt eine wichtige Rolle in Vererbungsstrukturen, wo sie die Gemeinsamkeiten einer

abstrakte Klasse –
keine Objektfabrik

Gruppe von Unterklassen definiert. Damit eine abstrakte Klasse verwendet werden kann, muss von ihr eine konkrete Unterklasse abgeleitet werden.

Abstrakte Klassen werden durch einen kursiv geschriebenen Namen gekennzeichnet. Sie können alternativ oder zusätzlich im Namensfeld der Klasse als {abstract} spezifiziert werden. Diese zweite Form ist vor allem bei handschriftlichen Modellen sinnvoll.

Notation
Vererbung

Die Vererbung wird durch ein transparentes Dreieck bei der Oberklasse gekennzeichnet. Die beiden Darstellungen der Abb. 3.1-5 sind gleichwertig und können alternativ verwendet werden.

*Abb. 3.1-5:
Notation für
Vererbung*

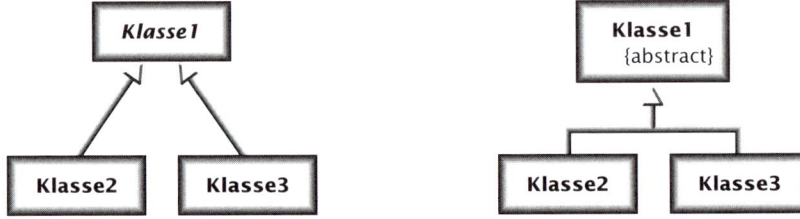

Erweitern
des Modells
um Lieferanten

Im zweiten Schritt ergänzen wir das Modell um die Klasse Lieferant, die eine Assoziation zur Klasse Artikel besitzt (Abb. 3.1-6). Die Attribute Telefon, Fax, E-Mail und Adresse sind in beiden Klassen Kunde und Lieferant enthalten. Jeder Artikel – gleichgültig ob am Lager oder nicht – wird entweder von einem Lieferanten bezogen oder selbst hergestellt. Umgekehrt kann ein Lieferant beliebig viele Artikel oder Lagerartikel liefern. Die Assoziation zwischen Lieferant und Artikel wird an die Klasse Lagerartikel vererbt. Zu jedem Artikel soll der Lieferant »sichtbar« sein. Umkehrt muss der Lieferant seine Artikel nicht »sehen«. Daher wird diese Assoziation unidirektional modelliert (Abb. 3.1-6).

Auf eine detaillierte Spezifikation der Attribute verzichte ich hier. Nur das Attribut Firma wird im *Specifier* als key definiert.

Praxis 3 (Tag 3)
Lieferant
modellieren
Shop3P3

Fügen Sie die Klasse Lieferant mit den angegebenen Attributen und die Assoziation zu Artikel wie in Abb. 3.1-6 in Ihr Klassendiagramm ein. Deklarieren Sie das Attribut Firma als key. Sie können die Assoziation gleich mit einem Richtungspfeil eintragen. Wählen Sie dazu in der *Toolbox,* die Symbol-Schaltfläche *Unidirectional Association* und ziehen Sie die Linie vom Artikel zu Lieferant.

Wenn Sie jetzt das Pilotsystem testen, stellen Sie fest, dass Sie sowohl vom Erfassungsfenster von Artikel als auch von Lagerartikel den Bezug zum Lieferanten herstellen können. Abb. 3.1-7 zeigt das neue Erfassungsfenster für Lagerartikel.

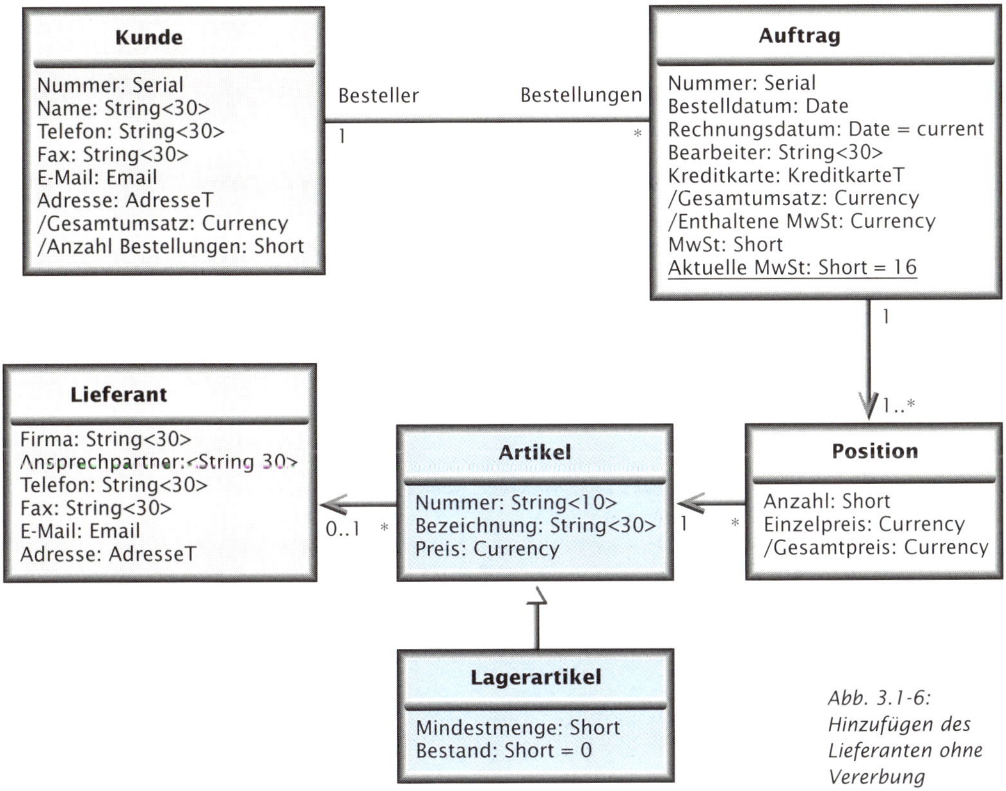

Kunde
Nummer: Serial
Name: String<30>
Telefon: String<30>
Fax: String<30>
E-Mail: Email
Adresse: AdresseT
/Gesamtumsatz: Currency
/Anzahl Bestellungen: Short
Besteller
Bestellungen
1
*
Auftrag
Nummer: Serial
Bestelldatum: Date
Rechnungsdatum: Date = current
Bearbeiter: String<30>
Kreditkarte: KreditkarteT
/Gesamtumsatz: Currency
/Enthaltene MwSt: Currency
MwSt: Short
Aktuelle MwSt: Short = 16
1
1..*
Lieferant
Firma: String<30>
Ansprechpartner: <String 30>
Telefon: String<30>
Fax: String<30>
E-Mail: Email
Adresse: AdresseT
0..1
*
Artikel
Nummer: String<10>
Bezeichnung: String<30>
Preis: Currency
1
*
Position
Anzahl: Short
Einzelpreis: Currency
/Gesamtpreis: Currency
Lagerartikel
Mindestmenge: Short
Bestand: Short = 0

Abb. 3.1-6: Hinzufügen des Lieferanten ohne Vererbung

2137 - Lagerartikel
Nummer
2137
Bezeichnung
Kaffee-Pott
Preis
DM
10,00
Lieferant
Wichtelmann & Co.
Mindestmenge
100
Bestand
127
OK
Übernehmen
Neu
Abbrechen

Abb. 3.1-7: Erfassungsfenster der Klasse Lagerartikel mit Bezug zum Lieferanten

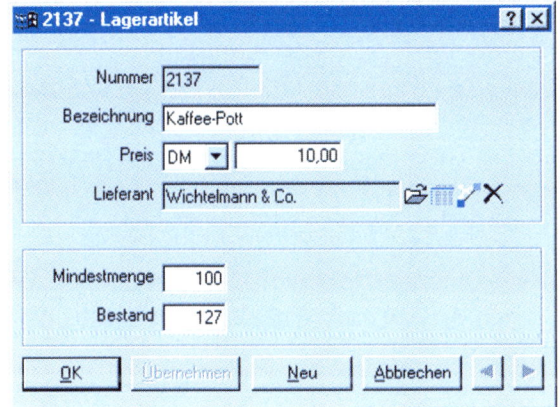

Modellierungs-
alternative
mit Vererbung

Die gemeinsamen Attribute von Kunde und Lieferant lassen sich in einer abstrakten Oberklasse Geschäftspartner zusammenfassen (Abb. 3.1-8). Durch das Konzept der Vererbung wird die Redundanz der Attribute vermieden. Die Klassen Kunde und Lieferant *spezialisieren* die Klasse Geschäftspartner.

Abb. 3.1-8:
Modellierungsalternative mit abstrakter Oberklasse Geschäftspartner

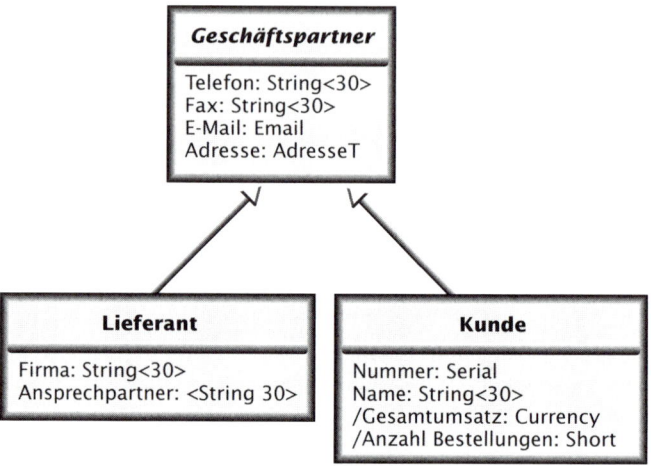

Modellierungs-
alternative
mit elementaren
Klassen

Die unerwünschte Redundanz von Attributen lässt sich auch durch geschickte Bildung elementarer Klassen vermeiden. Während in Abb. 3.1-8 die Wiederverwendung durch die Bildung der abstrakten Klasse erreicht wird, erreicht der Analytiker in der Abb. 3.1-9 dasselbe Ziel durch Wiederverwendung – vorgefertigter – Komponenten, was in vielen Fällen eine größere Flexibilität ermöglicht. Die Attribute Telefon, Fax und E-Mail werden zu der elementaren Klasse KontaktT zusammengefasst.

Praxis 4 (Tag 3)
KontaktT
modellieren
Shop3P4

Erstellen Sie eine Klasse KontaktT mit dem Stereotypen «Structure». Verschieben Sie die Attribute Telefon, Fax und E-Mail im *Browser* einfach mittels *drag & drop* von Kunde in die neue Klasse KontaktT. In der Klasse Lieferant müssen Sie diese Attribute löschen. Fügen Sie das neue Attribut Kontakte: KontaktT in die beiden Klassen Kunde und Lieferant ein.

Generieren Sie dann wieder ein Pilotsystem. Sie sehen, dass die Kontakte in den Erfassungsfenstern von Kunde und Lieferant – wie die Adresse – als Gruppe dargestellt sind.

Tipp
Daten »retten«

Die interne Datenstruktur des *Shops* bleibt vorläufig stabil. Erst wenn Sie den *Shop* am sechsten Tag zum *Online Shop* erweitern, fügen Sie neue Attribute hinzu. Damit Sie nicht immer neue Testdaten eingeben müssen, können Sie Ihre bisherigen Daten »retten«. Janus bietet dafür zwei Möglichkeiten.

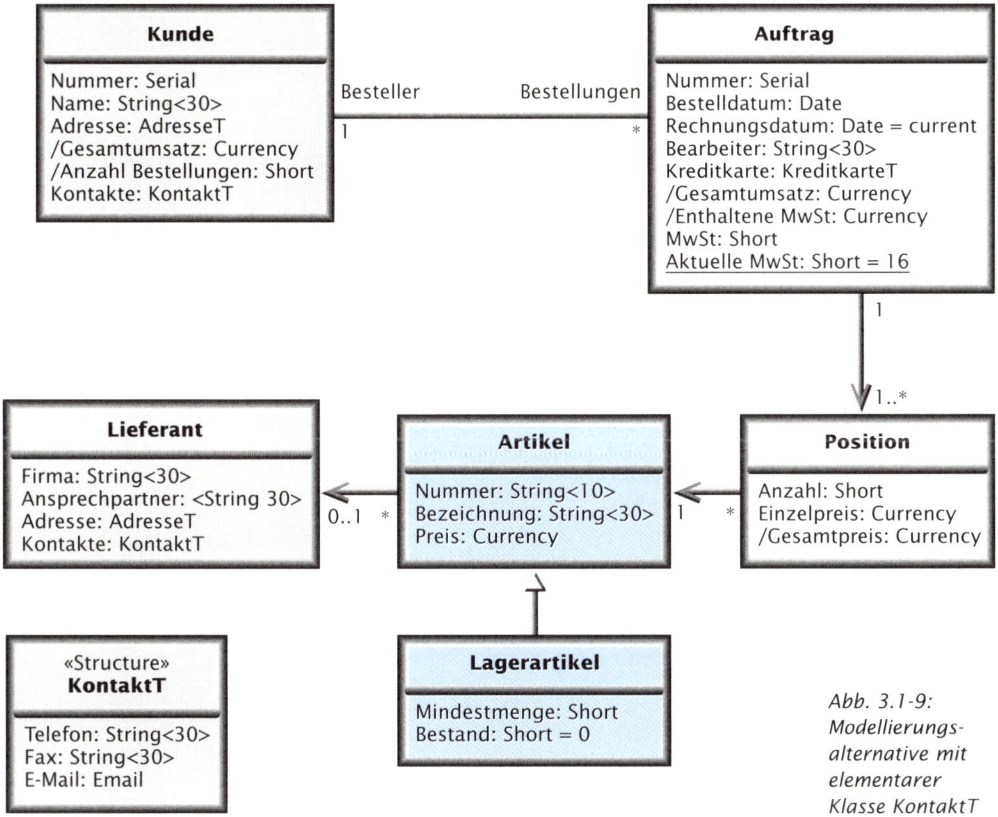

Kunde
Nummer: Serial Name: String<30> Adresse: AdresseT /Gesamtumsatz: Currency /Anzahl Bestellungen: Short Kontakte: KontaktT

Besteller   Bestellungen

1   *

Auftrag
Nummer: Serial Bestelldatum: Date Rechnungsdatum: Date = current Bearbeiter: String<30> Kreditkarte: KreditkarteT /Gesamtumsatz: Currency /Enthaltene MwSt: Currency MwSt: Short Aktuelle MwSt: Short = 16

1

1..*

Lieferant
Firma: String<30> Ansprechpartner: <String 30> Adresse: AdresseT Kontakte: KontaktT

0..1   *

Artikel
Nummer: String<10> Bezeichnung: String<30> Preis: Currency

1   *

Position
Anzahl: Short Einzelpreis: Currency /Gesamtpreis: Currency

«Structure» **KontaktT**
Telefon: String<30> Fax: String<30> E-Mail: Email

Lagerartikel
Mindestmenge: Short Bestand: Short = 0

Abb. 3.1-9:
Modellierungs-
alternative mit
elementarer
Klasse KontaktT

Sie können die neue Generierung des Datenbankschemas in *Janus/ Settings* ausschalten. Entfernen Sie dazu das Häkchen bei *Generate scheme.* Dann wird bei einer Neu-Generierung die alte Datenbank verwendet.

Alternativ können Sie Daten aus der alten Anwendung exportieren und nach einer Neu-Generierung des *Shops* die alten Daten importieren.

- Attribute von Unter- in Oberklasse verschieben: im *Browser* mittels *drag & drop*
- Abstrakte Klasse kennzeichnen: Klasse selektieren, im *Pop-up-* Menü *Open Specification/Detail* das Kontrollkästchen *Abstract* ankreuzen.
- Vererbungspfeil eintragen: Schaltfläche *Generalization* selektieren, dann Unterklasse wählen und bei gedrückter Maustaste zur Oberklasse bewegen.
- Vererbungspfeil im Modell löschen: Pfeil im Diagramm selektieren und Tasten Ctrl + D drücken.

Rational Rose
Vererbung

Nutzen der Vererbung

Wie Sie gesehen haben, kann auf die Vererbungsstruktur mit der abstrakten Klasse Geschäftspartner ohne weiteres verzichtet werden, ohne dass ein Klassendiagramm schlechterer Qualität entsteht.

Ganz anders sieht es bei der Vererbungsstruktur von Artikel und Lagerartikel aus. In diesem Fall vererbt die Klasse Artikel nicht nur die Attribute, sondern auch die Assoziationen zu Lieferant und Position an ihre Unterklasse. Um die Mächtigkeit dieser Vererbungsstruktur einmal zu demonstrieren, habe ich in Abb. 3.1-10 die gleiche Problemstellung wie in der Abb. 3.1-9 ohne Vererbung dargestellt. Hier bilden die Klassen Artikel und Lagerartikel eigenständige Klassen. Zwischen Artikel und Position besteht eine Verbindung und ebenso zwischen Lagerartikel und Position. Jedoch kann sich eine bestimmte Position immer nur auf entweder einen Artikel oder einen Lagerartikel beziehen. Dieser Sachverhalt wird in der UML durch die Restriktion {or} kenntlich gemacht.

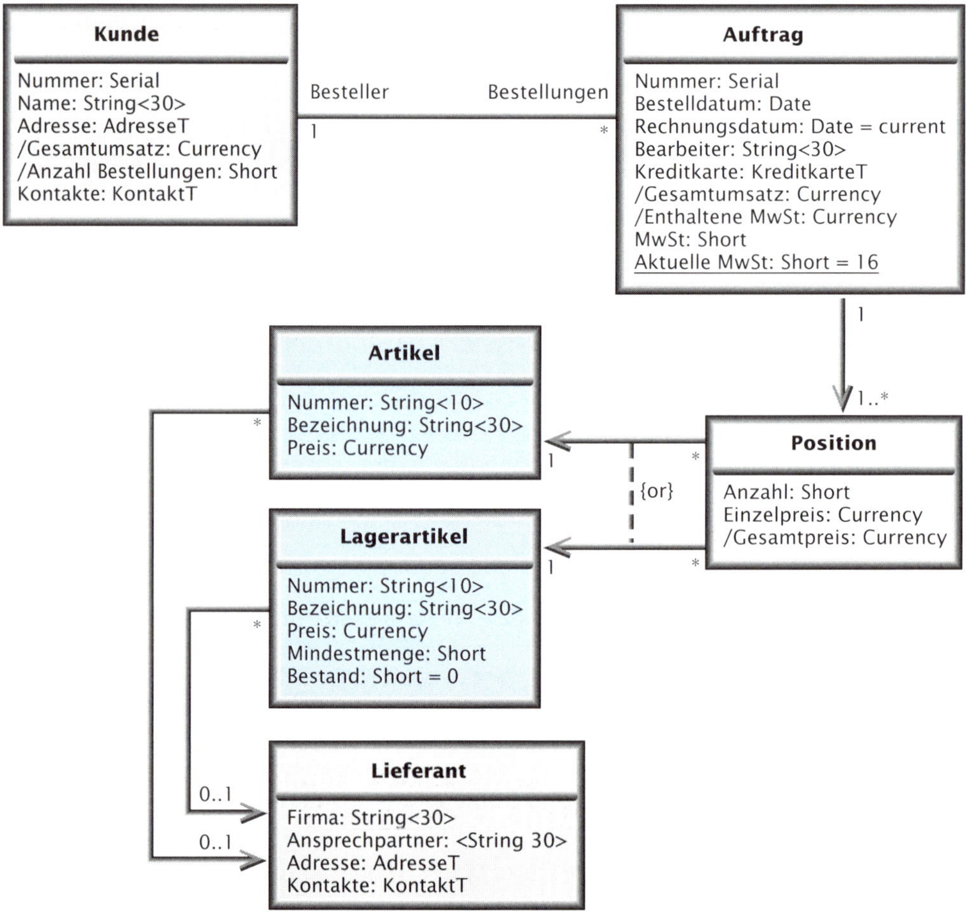

Abb. 3.1-10: OOA-Modell des Shops ohne Vererbung zwischen Artikel und Lagerartikel

Auf der gegenüberliegenden Seite müssen jetzt zwei Assoziationen modelliert werden: zwischen Lieferant und Artikel und zwischen Lieferant und Lagerartikel. In diesem Fall ist keine *or*-Restriktion notwendig, weil ein Lieferant beliebig viele Lagerartikel und beliebig viele Artikel liefern kann. Im diesem Fall ist also durch das Konzept der Vererbung das wesentlich einfachere Klassendiagramm der Abb. 3.1-9 möglich.

Vererbung von Attributen und Assoziationen

1 Besitzen alle Objekte von Oberklasse ein AttributA, dann besitzen es auch alle Objekte der Unterklasse. Auch die Spezifikation von AttributA wird in die Unterklasse übernommen. Der Wert von AttributA wird hingegen nicht vererbt (Abb. 3.1-11).

2 Besitzt die Oberklasse ein Klassenattribut mit dem Wert W, so besitzt auch die Unterklasse dieses Klassenattribut mit dem Wert W.

3 Existiert eine Assoziation zwischen Oberklasse und Andere Klasse, dann wird diese Assoziation an die Unterklasse vererbt.

Die Vererbung wird in diesem Kapitel so definiert, dass jede Klasse höchstens eine direkte Oberklasse besitzt. Es entsteht eine Baumstruktur. Diese Form der Vererbung wird auch als **Einfachvererbung** bezeichnet.

Einfachvererbung – Baumstruktur

Unter der **Klassenextension** *(extent)* ist die Menge aller Objekte einer Klasse zu verstehen. Ein neu erzeugtes Objekt wird automatisch eingefügt und beim Löschen wieder entfernt. Das Konzept der Klassenextension wird an der Benutzungsoberfläche des Pilotsystems durch die Liste realisiert und ermöglicht die Durchführung von Operationen (z.B. Selektionen) auf der Menge aller Objekte einer Klasse.

Klassenextension – alle Objekte einer Klasse

Abb. 3.1-11: Vererbung von Attributen und Assoziationen im Klassen- und im Objektdiagramm

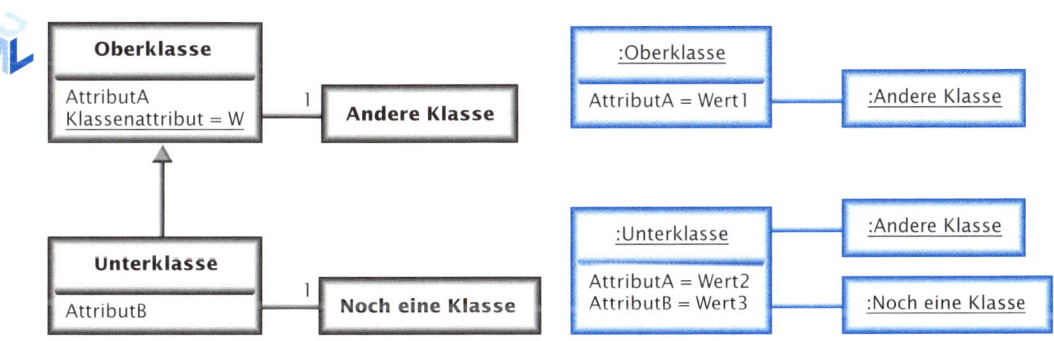

Vererbung und
Klassenextension

Zwischen der Vererbung und der Klassenextension besteht folgender Zusammenhang: Gehört ein Objekt zur Oberklasse, dann ist es auch ein Element der Klassenextension von Oberklasse. Ist Unterklasse eine Spezialisierung von Oberklasse, dann ist die Klassenextension von Unterklasse eine Teilmenge der Klassenextension von Oberklasse, d.h. jedes Objekt von Unterklasse ist auch in der Klassenextension von Oberklasse enthalten (Abb. 3.1-12).

Abb. 3.1-12:
Vererbung und
Klassenextension

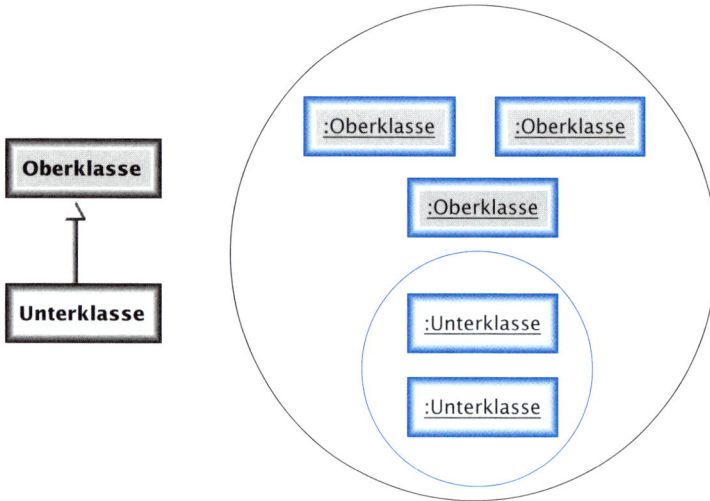

Praxis 5 (Tag 3)
Klassenextension
erkennen

Mit dem generierten Pilotsystem des vierten Praxisteils kann der Zusammenhang zwischen Vererbung und Klassenextensionen anschaulich demonstriert werden. Erfassen Sie einige Objekte für die Klassen Artikel und Lagerartikel.

Betrachten Sie die Listen der Klassen Artikel und Lagerartikel (Abb. 3.1-13). Sie sehen, dass die Lagerartikel-Liste eine Teilmenge der Artikel-Liste ist. Die Klassenextension von Artikel enthält also alle Artikel, unabhängig davon, ob es sich um Lagerartikel handelt oder nicht. Die Lagerartikel-Liste (Klassenextension) enthält nur Objekte der Klasse Lagerartikel mit den zusätzlichen Attributen. Auch die Eindeutigkeit des Schlüsselattributs Nummer bezieht sich auf alle Objekte von Artikel und von Lagerartikel. Überzeugen Sie sich davon, indem Sie beim Erfassen eines Lagerartikels eine Nummer verwenden, die bereits bei einem Artikel gewählt wurde. Sie erhalten die Fehlermeldung »Die Schlüsselattribute des Datensatzes sind nicht eindeutig«.

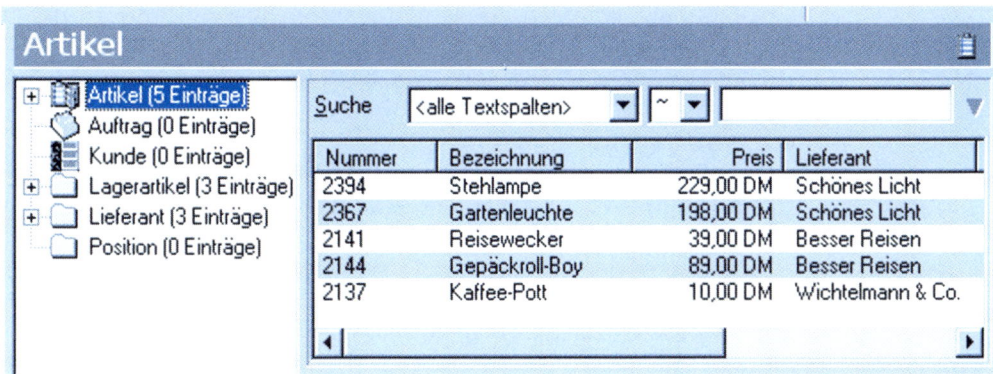

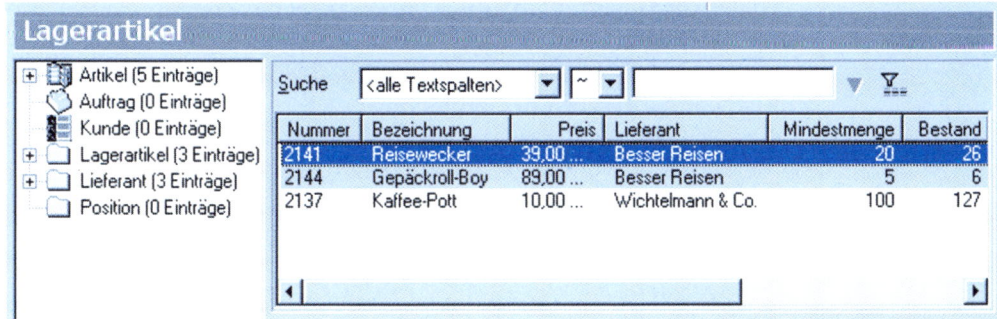

Abb. 3.1-13:
Listen der Artikel
und Lagerartikel

Vererbungsstrukturen können prinzipiell mittels Generalisierung oder mittels Spezialisierung identifiziert werden. Bei der **Generalisierung** prüfen Sie für zwei oder mehrere Klassen, ob sie genügend Gemeinsamkeiten besitzen, damit sich eine neue Oberklasse bilden lässt. Diese Vorgehensweise wurde in der Modellierungsalternative beim Bilden der abstrakten Klasse Geschäftspartner aus den vorhandenen Klassen Lieferant und Kunde angewandt.

Generalisierung – suche Gemeinsamkeiten

Bei der **Spezialisierung** gehen wir von den allgemeineren Klassen aus und suchen nach spezialisierten Klassen. Betrachten Sie eine Klasse und prüfen Sie für jedes ihrer Objekte, ob dieses Objekt alle Attribute mit Werten besetzt. Beispielsweise besitzen nur Artikel, von denen ein Vorrat im Lager gehalten wird, Angaben zu Bestand und Mindestmenge. Wir haben daher von der allgemeinen Klasse Artikel die Klasse Lagerartikel spezialisiert.

Spezialisierung – suche Sonderfälle

Nicht jede Vererbungsstruktur verbessert ein Klassendiagramm. Was ist eine »gute« Vererbung?

gute Vererbung?

Jede Unterklasse soll die geerbten Attribute und Assoziationen der Oberklasse auch benötigen, d.h. jedes Objekt der Unterklasse belegt die geerbten Attribute mit Werten und kann entsprechende

Unterklasse braucht »Geerbtes«

87

Verbindungen besitzen. Diese Art der Modellierung führt zu tiefen Baumstrukturen. Hier ist kritisch abzuwägen, ob nicht Unterklassen Attribute und/oder Assoziationen besitzen können, die nicht von allen Objekten benötigt werden und dadurch eine flachere Hierarchie erreicht wird.

»Ist-ein«-Beziehung

Jedes Objekt der Unterklasse »ist ein« Objekt der Oberklasse. Diese Eigenschaft ist beispielsweise nicht erfüllt, wenn die Klasse PKW Unterklasse einer Klasse LKW wäre, auch wenn sie von ihrer Oberklasse viele Attribute (z.B. Motorleistung, Hersteller) erben kann. Die »ist-ein«-Beziehung macht deutlich, dass es für eine gute Vererbungsstruktur nicht ausreicht, wenn die Unterklasse zu den geerbten Attributen und Operationen eigene Attribute hinzufügt.

modelliert Problembereich

Das OOA-Modell dient entweder zur direkten Kommunikation mit dem Auftraggeber oder es wird mit seiner Hilfe eine Benutzungsoberfläche erstellt. Daher soll die hier entwickelte Struktur den »natürlichen« Strukturen des Problembereichs entsprechen.

flacher Baum

Die Vererbungshierarchie sollte nicht zu tief sein, denn um eine Unterklasse zu verstehen, müssen alle ihre Oberklassen betrachtet werden. Bis zu einer Tiefe von drei Ebenen gibt es normalerweise keine Verständnisprobleme.

Bedeutung der Vererbung

Das Konzept der Vererbung ist beim Entwurf und bei der objektorientierten Programmierung von großer Wichtigkeit. In der Analyse ist die Vererbung von eher untergeordneter Bedeutung. Es kann durchaus sein, dass Sie Analysemodelle erstellen, in denen wenige oder gar keine Vererbungsstrukturen vorkommen. Wie das Beispiel zeigt, kann auf die abstrakte Klasse Geschäftspartner recht gut verzichtet und durch geeignete elementare Klassen können vorgefertigte Datenstrukturen mehrfach verwendet werden. Im Fall von Artikel und Lagerartikel zeigt sich, dass sich durch die Vererbung ein besseres und übersichtlicheres Modell ergibt. In diesem Fall sollten Sie auf die Vererbung *keinesfalls* verzichten.

Vorteile der Vererbung

Das Konzept der Vererbung besitzt wesentliche Vorteile. Aufbauend auf existierende Klassen können mit wenig Aufwand neue Klassen erstellt werden. Auch die Änderbarkeit wird unterstützt. Beispielsweise wirkt sich die Modifikation von Attributen in der Oberklasse automatisch auf alle Unterklassen der Vererbungshierarchie aus.

Nachteile der Vererbung

Nachteilig ist, dass diese automatische Änderung immer in Kraft tritt, auch dann, wenn sie nicht erwünscht ist. Ein weiterer Nachteil ist die Verletzung des Geheimnisprinzips. Das Geheimnisprinzip bedeutet, dass keine Klasse die Attribute einer anderen Klasse sieht. Barbara Liskov hat den Konflikt zwischen der Verkapselung und der Vererbung sehr elegant beschrieben »Ein Problem fast aller Vererbungsmechanismen ist, dass sie das Prinzip der Verkapselung auf das Äußerste strapazieren … Wenn die Datenkapsel verletzt ist, verlieren wir die Vorteile der Lokalität. … Um die Unterklasse zu verstehen, müssen wir sowohl die Ober- als auch die Unterklasse betrachten. Falls die Oberklasse neu implementiert werden muss, dann müssen wir eventuell auch ihre Unterklassen neu implementieren.«

3.2 Pakete – die Teilsysteme in der Objektmodellierung

Wenn Softwaresysteme aus Hunderten von Klassen bestehen, ist es wichtig, Teilsysteme zu bilden. Solche Teilsysteme werden in der UML durch das Konzept des Pakets realisiert. Bei unserem kleinen *Shop* ist eine solche Teilsystem- bzw. Paketbildung im Prinzip nicht nötig. Wir werden aber der Übung halber dennoch eine Paketbildung durchführen. — Motivation

Im Klassendiagramm haben wir Anwendungsklassen und elementare Klassen unterschieden. Wir ordnen die Klassen daher diesen beiden Paketen zu (Abb. 3.2-1).

Elementare Klassen	**Anwendungsklassen**
+ LandT	+ Kunde
+ AdresseT	+ Auftrag
+ KreditkarteT	+ Artikel
+ KarteT	+ Position
+ KontakT	+ Lagerartikel
	+ Lieferant

Abb. 3.2-1: Bilden der Pakete Anwendungsklassen und Elementare Klassen

Verwenden Sie Pakete, um Ihre bereits erstellten Klassen zu strukturieren. Selektieren Sie im *Browser* zunächst *Logical View* und öffnen Sie mit der rechten Maustaste das *Pop-up*-Menü. Wählen Sie dann *New/Package*. Im *Browser* wird ein neues Paketsymbol aufgeführt, das Sie mit Elementare Klassen benennen. Nun ziehen Sie im *Browser* mittels *drag & drop* alle Klassen mit den Stereotypen «Structure» und «Enumeration» auf das neue Paketsymbol. Analog erstellen Sie ein Paket Anwendungsklassen und verschieben die restlichen Klassen in dieses Paket. Zusätzlich sollten Sie alle Assoziationen von *Main/Associations* per *drag & drop* nach *Anwendungsklassen/Associations* verschieben. — **Praxis 6 (Tag 3)** Pakete im *Browser* modellieren Shop3P6

Im Diagramm wird nun für jede Klasse automatisch der zugehörige Paketname angezeigt (Abb. 3.2-2). Die Zuordnung der Klassen zu den Paketen wird auch im *Janus Specifier* übernommen.

89

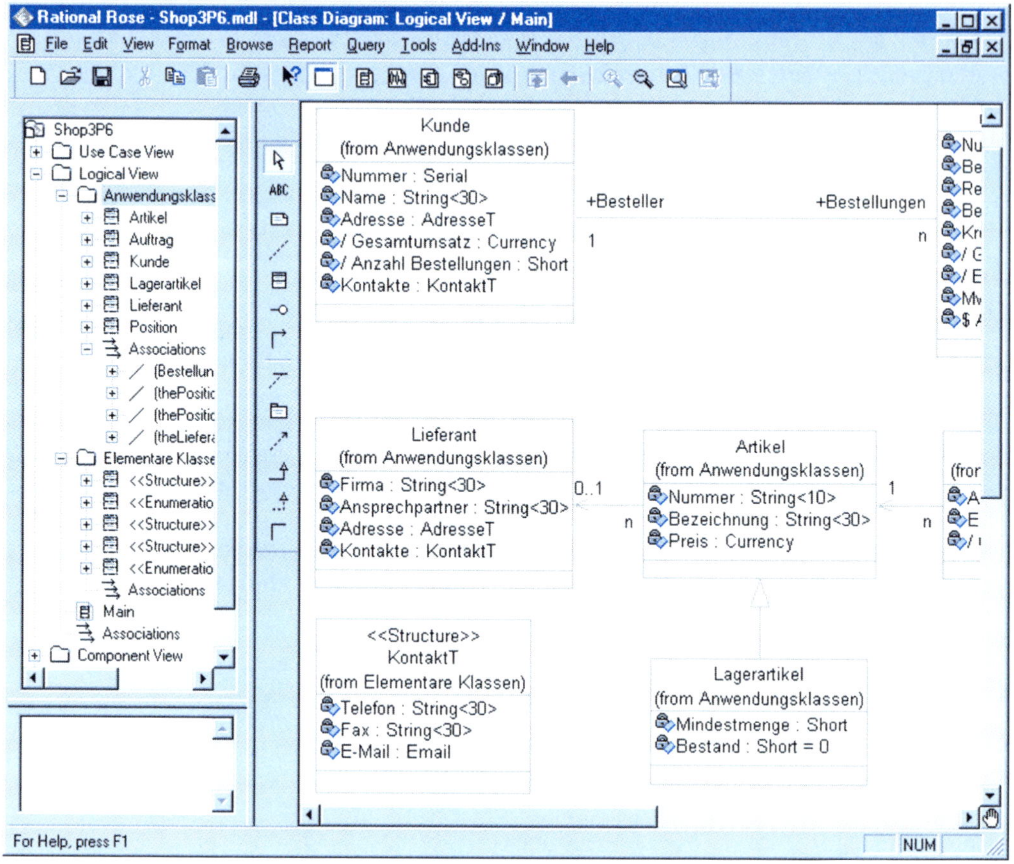

Rational Rose - Shop3P6.mdl - [Class Diagram: Logical View / Main]

File   Edit   View   Format   Browse   Report   Query   Tools   Add-Ins   Window   Help

Shop3P6
- Use Case View
- Logical View
  - Anwendungsklass
    - Artikel
    - Auftrag
    - Kunde
    - Lagerartikel
    - Lieferant
    - Position
    - Associations
      - (Bestellun
      - (thePositic
      - (thePositic
      - (theLiefera
  - Elementare Klasse
    - <<Structure>>
    - <<Enumeratio
    - <<Structure>>
    - <<Structure>>
    - <<Enumeratio
    - Associations
    - Main
  - Associations
- Component View

For Help, press F1 ・ NUM

Kunde
(from Anwendungsklassen)
- Nummer : Serial
- Name : String<30>
- Adresse : AdresseT
- / Gesamtumsatz : Currency
- / Anzahl Bestellungen : Short
- Kontakte : KontaktT

+Besteller   +Bestellungen
1   n

Lieferant
(from Anwendungsklassen)
- Firma : String<30>
- Ansprechpartner : String<30>
- Adresse : AdresseT
- Kontakte : KontaktT

0..1
n

Artikel
(from Anwendungsklassen)
- Nummer : String<10>
- Bezeichnung : String<30>
- Preis : Currency

1
n

<<Structure>>
KontaktT
(from Elementare Klassen)
- Telefon : String<30>
- Fax : String<30>
- E-Mail : Email

Lagerartikel
(from Anwendungsklassen)
- Mindestmenge : Short
- Bestand : Short = 0

Abb. 3.2-2:
Klassen in Rational
Rose mittels
Paketen strukturieren

Paket – struktu-
riert UML-Modelle

Ein **Paket** *(package)* fasst Modellelemente (z.B. Klassen) zusammen. Es kann selbst Pakete enthalten. Sie können sich das vollständige Softwaresystem als ein großes Paket vorstellen, das alles andere enthält.

Das Konzept des Pakets wird benötigt, um die Elemente des Modells in sinnvoller Weise zu gruppieren und die Systemstruktur auf einer hohen Abstraktionsebene zu beschreiben.

Notation
Paket

Ein Paket wird als Rechteck mit einem Reiter dargestellt (Abb. 3.2-3). Wird der Inhalt des Pakets nicht gezeigt, dann wird der Paketname in das Rechteck geschrieben. Andernfalls wird der Paketname in den Reiter eingetragen. Der Paketname muss im gesamten System eindeutig sein. Die im Paket enthaltenen Klassen können wahlweise angegeben werden. Das Plus-Zeichen (+) vor dem Klassennamen sagt aus, dass die Klasse außerhalb des Pakets sichtbar ist und damit in anderen Paketen verwendet werden kann.

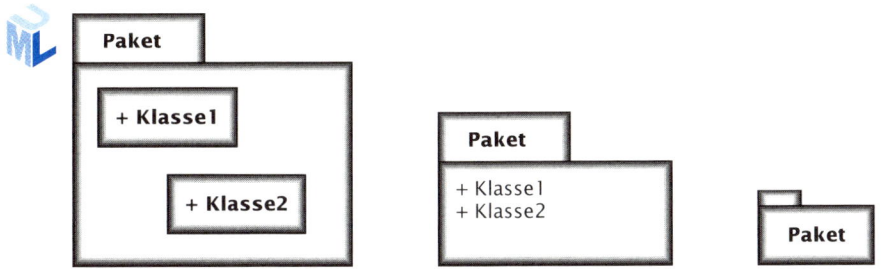

Abb. 3.2-3:
Notation für Pakete

- ■ Schaltfläche *Generalization:* ⬏
- ■ Schaltfläche *Package:* ▭
- ■ Schaltfläche *Unidirectional Association:* ⌐

Rose Toolbox
Class Diagram

Pakete werden in der UML im Klassendiagramm eingetragen. Enthält ein Klassendiagramm nur Pakete, so sprechen wir von einem **Paketdiagramm** *(package diagram)*.

Paketdiagramm –
Pakete grafisch
darstellen

Um die gebildeten Pakete im Diagramm darzustellen, ziehen Sie die Pakete Anwendungsklassen und Elementare Klassen einfach per *drag & drop* vom *Browser* ins Diagramm *Main*. Das Diagramm *Main* enthält jetzt außer dem bisherigen Inhalt zusätzlich die beiden Paketsymbole.

Praxis 7 (Tag 3)
Paketdiagramme
erstellen
Shop3P7

Unser Ziel ist, dass im Diagramm *Logical View/Main* nur noch diese beiden Pakete dargestellt werden und von dort zu den darin enthaltenen Klassen übergegangen wird. Das wäre bei dem kleinen *Shop*-Beispiel zwar nicht notwendig, ist aber bei großen Modellen eine wichtige Strukturierung. Dieses Ziel erreichen Sie in vier Schritten.

Zuerst öffnen Sie das Paketsymbol Anwendungsklassen mit einem Doppelklick. Sie sehen, dass im *Browser* jetzt für dieses Paket automatisch ein – zunächst leeres – Diagramm *Main* angelegt wird. Da *Rational Rose* zwischen der Darstellung im *Browser* und im Diagramm unterscheidet, müssen Sie im *Browser* alle Anwendungsklassen per *drag & drop* auf den Namen dieses neuen *Main*-Diagramms ziehen. Das bisher leere *Main*-Diagramm wird jetzt automatisch gefüllt, wobei die Assoziationslinien »mitgenommen« werden. Danach ist eine neue Anordnung von Klassen und Assoziationen notwendig.

Im zweiten Schritt verfahren Sie analog für das Paket Elementare Klassen.

Im dritten Schritt entfernen Sie in Diagramm *Logical View/Main* alle Klassen mit der Del-Taste (bzw. Entf-Taste), so dass nur noch die Paketsymbole übrig bleiben.

Del löscht aus
Diagramm,
Ctrl + D löscht
aus Modell

Um die in den Paketen enthaltenen Klassen anzuzeigen, öffnen Sie im vierten Schritt im Diagramm *Logical View/Main* für ein Paket das *Pop-up*-Menü und wählen *Select Compartment Items*. Mit der Schaltfläche *All* wählen Sie alle darin enthaltenen Klassen aus.

Dann sollte Ihr Diagramm wie in Abb. 3.2-4 aussehen. Wenn Sie im Diagramm *Main* auf einem Paket einen Doppelklick ausführen, dann öffnet sich das entsprechende Diagramm *Main* des gewählten Pakets.

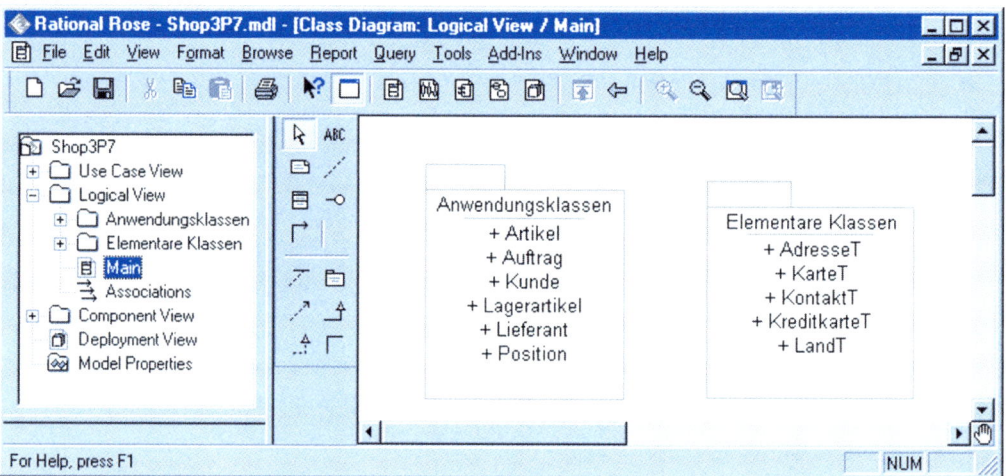

Abb. 3.2-4:
Neues Diagramm
Main mit Paketen

Paket und Klasse

Jede Klasse (allgemeiner: jedes Modellelement) gehört zu höchstens einem Paket. Es kann jedoch in mehreren anderen Paketen darauf verwiesen werden. Ein Paket definiert einen Namensraum *(name-space)* für alle in ihm enthaltenen Modellelemente. Wird eine Klasse eines bestimmten Pakets in einem anderen Paket verwendet, dann wird als Klassenname `Paket::Klasse` verwendet. Bei geschachtelten Paketen werden alle Paketnamen – jeweils durch »::« getrennt – vor den Klassennamen gesetzt, z.B.: `Paket1::Paket11::Paket111::Klasse`.

elementare
Klassen wieder-
verwenden

Wenn man davon ausgeht, dass viele Softwareprodukte, die bei einem Unternehmen entwickelt werden, zu einem ähnlichen Anwendungsbereich gehören, dann ist es sinnvoll, elementare Klassen zu definieren und sie entsprechenden Paketen zuzuordnen. Diese Pakete oder die darin enthaltenen elementaren Klassen können dann beim Erstellen neuer Analysemodellen wiederverwendet werden. Dadurch kann ganz einfach sichergestellt werden, dass beispielsweise eine Adresse in allen Modellen gleich aufgebaut ist.

92

- Paket im *Browser* anlegen: Für *Logical View* das *Pop-up*-Menü öffnen, *New/Package* wählen und Paket benennen.
- Klassen einem Paket zuordnen: Klassen im *Browser* mittels *drag & drop* auf Paket ziehen.
- *Main*-Paketdiagramm erstellen: Paketsymbol im Diagramm mit einem Doppelklick öffnen.
- Pakete im Paketdiagramm darstellen: Pakete im *Browser* selektieren und mittels *drag & drop* in Paketdiagramm ziehen.
- Paket im Modell löschen: Im *Browser* selektieren und im *Pop-up*-Menü *Delete* wählen. ACHTUNG! Alle darin enthaltenen Klassen werden ebenfalls gelöscht.
- Paket im Diagramm löschen: Im Diagramm selektieren und Del-Taste drücken.
- Klassen im Paketdiagramm anzeigen: Für Paket *Pop-up*-Menü öffnen, *Select Compartment Items* und *S*chaltfläche *All* wählen.

Rational Rose
Paket

3.3 Gestaltung der Benutzungsoberfläche – aus der Sicht des Software-Ergonomen

Wenn Sie Janus nur dazu benutzen, um Ihr OOA-Modell besser zu verstehen, dann können Sie dieses Kapitel überspringen. Wenn Sie dagegen Pilotsysteme generieren wollen, die Sie präsentieren oder gar zu einer fertigen Anwendung weiterentwickeln wollen, dann müssen Sie sich ein wenig mit Software-Ergonomie beschäftigen, um eine attraktiv aussehende Anwendung zu erhalten.

Interaktionselemente
Um Windows-Oberflächen mit Interaktionselementen sinnvoll zu gestalten, müssen Sie einige software-ergonomische Regeln beachten. Einige der wichtigsten Gestaltungsregeln sind im Folgenden aufgeführt.

Zur Erinnerung: Abb. 1.5-3 aus dem ersten Tag zeigt, welche Interaktionselemente von Janus verwendet und wie sie dargestellt werden.

- Bei Zahlenwerten und Daten sollte das **Textfeld** alle Zeichen darstellen können.
- Der Benutzer soll obligatorische und optionale Eingaben (Muss- und Kann-Felder) unterscheiden können.
- Häufig vorkommende Eingaben sollen als Standard-Vorbelegung im Feld stehen. Es muss erkennbar sein, dass sie geändert werden können.
- Felder, die nur zur Ausgabe dienen, sind zu kennzeichnen. Außerdem sind sie für Eingaben zu sperren.

Textfeld

Alle Muss-Felder sind hellgelb hinterlegt, alle Kann-Felder weiß. Reine Ausgabefelder sind – wie bei Windows-Oberflächen üblich – grau hinterlegt.

Optionsfeld

- Das **Optionsfeld** ermöglicht eine 1-aus-n-Auswahl.
- Eine Spalte sollte maximal acht Alternativen enthalten.
- Dieses Interaktionselement ist nur einzusetzen, wenn die Alternativen bereits zum Zeitpunkt der Oberflächengestaltung bekannt sind und stabil bleiben.

Janus bildet den Enumeration-Typ nur dann auf Optionsfelder ab, wenn *Not Extensible* gewählt wird und der Typ weniger als sechs Alternativen enthält.

Dropdown-Listenfeld

- Das ***Dropdown*-Listenfeld** ist eine klappbare Auswahlliste.
- Vertikale Rollbalken ermöglichen das Blättern in einer Liste mit vielen Einträgen. Auf horizontale Rollbalken ist zu verzichten.
- Um das Lesen der Listeneinträge nicht zu stören, sollten mindestens vier Zeilen gleichzeitig sichtbar sein.
- Die Anzahl der Einträge ist in der Regel umfangreich und variabel.
- Das Listenfeld wird auch dann benutzt, wenn die Anzahl der Elemente eine Darstellung durch Optionsfelder nicht mehr zulässt.
- Wegen seines ähnlichen Aufbaus kann das *Dropdown*-Listenfeld gut mit Textfeldern kombiniert werden.
- Gegebenenfalls sollte eine Voreinstellung gewählt werden.

Wenn ein Aufzählungstyp mehr als fünf Werte enthält, verwendet Janus auch für nicht-erweiterbare Aufzählungen ein *Dropdown*-Listenfeld. Ist der Typ *Extensible by Administrator*, wird in jedem Fall ein *Dropdown*-Listenfeld verwendet. Der »normale« Benutzer kann dann keine Werte hinzufügen. Der Administrator kann die Liste jedoch beliebig ändern.

Dropdown-Kombinationsfeld

- Das ***Dropdown*-Kombinationsfeld** ist die platzsparende Variante des Kombinationsfeldes.
- Es gelten die Gestaltungsregeln des *Dropdown*-Listenfeldes.

Janus bildet den *Enumeration*-Typ auf ein *Dropdown*-Kombinationsfeld ab, wenn *Extensible by User* gewählt wird. Dann kann der Bediener einen neuen Wert eingeben, der in die Liste aufgenommen wird.

Führungstext

- Ist die Länge der verschiedenen **Führungstexte** fast gleich (weniger als 6 Zeichen), dann sind sie linksbündig auszurichten, sonst rechtsbündig.
- Jeder Führungstext soll durch räumliche Nähe mit dem Element assoziiert sein, wobei der minimale Abstand ein Zeichen breit ist.
- Auf ein Trennzeichen (z.B. Doppelpunkt) zwischen Führungstext und Element ist zu verzichten.

Janus ordnet die Führungstexte immer korrekt an. Sie können also gar nichts falsch machen.

Über die Eigenschaft *GUI Control* können Sie im *Janus/Specifier* die Abbildung auf Interaktionselemente in gewissem Umfang beeinflussen. Tab. 3.3-1 enthält alle Janus-Attributtypen und die möglichen Interaktionselemente. Blau markiert sind die verwendeten Voreinstellungen. Alternative Abbildungen sind schwarz eingetragen.

Janus-Attributtyp	Textfeld	Listenfeld	Dropdown-Listenfeld	Kombinationsfeld	Dropdown-Kombinationsfeld	Kontrollkstchen	Kontrollkstchen-Gruppe	Mehrfachauswahl-Listenfeld	Mehrfachauswahl-Kombinationsfeld	Optionsfeld-Gruppe	Spezielles Element
Short/Ushort	X										
Long/Ulong	X										
Float/Double	X										
Boolean	X					X					
String <Zeichen>	X										
Currency	X										X
Document											X
Email/URL											X
Date/Time	X										
TimeStamp	X										
Serial	X										
Aufzählungstyp 0,1–1 nicht erweiterbar		X	X							X	
Aufzählungstyp 0,1–1 erweiterbar		X	X	X	X						
Aufzählungytyp 0,m – n nicht erweiterbar							X	X	X		
Aufzählungstyp 0,m – n erweiterbar								X	X		

Tab. 3.3-1:
Übersichtstabelle der Janus-Attributtypen und der möglichen Interaktionselemente

Gruppierung und Hervorhebung

Zwei wichtige Gestaltungsmittel sind Gruppierung und Hervorhebung. Dabei ist zu berücksichtigen, dass alle Gestaltungsmittel sowohl innerhalb eines Fensters als auch über alle Fenster der Anwendung hinweg konsistent verwendet werden.

Gruppierung Semantisch zusammengehörende Elemente sollen gruppiert werden, denn durch geeignete Gruppierung kann die Suchzeit in einem Fenster reduziert werden. Der Benutzer orientiert sich zuerst an den Gruppen, dann an deren Inhalten.

Janus gruppiert alle Datenstrukturen (z.B. Adresse) automatisch durch entsprechende Rahmen. Es ist auch möglich, Gruppen zu bilden, die nur im Erfassungsfenster dargestellt werden und nicht im OOA-Modell existieren.

Hervorhebung Manchmal ist es vorteilhaft, die Aufmerksamkeit des Benutzers auf bestimmte Bereiche zu lenken. Dies sollte in der Regel durch eine Hervorhebung geschehen. Prinzipielle Möglichkeiten für eine Hervorhebung sind Größe, Farbe/Kontrast, Isolierung/Einzelstellung oder Umrandung/abweichende Orientierung.

Janus verwendet die Hervorhebung durch Farbe für alle Muss-Felder, die hellgelb hinterlegt werden. Vergisst der Benutzer ein Muss-Feld auszufüllen, dann wird dieses Feld hellrot hinterlegt, um auf die fehlende Eingabe hinzuweisen.

Harmonische Gestaltung

Ein Dialogfenster soll nicht nur so gestaltet werden, dass der Benutzer seine Aufgaben schnell durchführen kann, sondern es soll auch ästhetisch ansprechend sein.

eher breit als hoch Einem Betrachter erscheinen Flächen angenehmer, wenn diese eher breit als hoch sind. Daher sollten Fenster ein Seitenverhältnis von 1:1 bis 1:2 (Höhe zu Breite) besitzen. Diese Forderung lässt sich meistens durch eine Verteilung der Informationen in zwei Spalten verwirklichen.

Janus generiert bei Klassen mit vielen Attributen zweispaltige Dialoge. Standardmäßig werden die Attribute – in der gleichen Reihenfolge wie im *Rose*-Modell vorgegeben – auf zwei Spalten verteilt. Zusätzlich kann der Benutzer die Verteilung im *Specifier* steuern. Dazu wird das Attribut selektiert und auf der Notizbuchseite *Properties* bei *Form Column* die gewünschte Spalte (1 oder 2) angegeben.

gleichmäßige Verteilung Wenn ein Fenster durch eine vertikale Linie in der Mitte geteilt wird, dann soll die Informationsdichte auf beiden Seiten ungefähr gleich groß sein. Man spricht von einem **balancierten** Fenster.

Janus versucht immer eine gleichmäßige Verteilung auf zwei Spalten. Wie gut dies gelingt, hängt sehr stark vom OOA-Modell ab. Beispielsweise werden Attribute einer Gruppe immer einer Spalte zugeordnet. Oft lässt sich eine bessere Balance des Fensters erreichen, indem die Reihenfolge der Attribute in *Rose* geändert wird. Eventuell muss die Spaltenzuordnung explizit im *Specifier* durchgeführt werden.

Die Symmetrie ist eine Verstärkung der Balance. Hier wird zusätzlich gefordert, dass horizontal gegenüberliegende Elemente gleichartig sind. Diese Gleichartigkeit kann durch identische Interaktionselemente oder durch gleich große Elemente erreicht werden. In der Praxis lässt sich diese Forderung jedoch nicht immer erfüllen.

Symmetrie für Gleichartiges

Im *Specifier* kann angegebenen werden, dass bestimmte Attribute bzw. deren Interaktionselemente direkt gegenüber liegen sollen. Dazu wird das Attribut der zweiten Spalte selektiert und auf der Notizbuchseite *Properties* in der Auswahlliste von *Right of* das gegenüberliegende Attribut der ersten Spalte gewählt. Janus verschiebt das Attribut natürlich nur dann, wenn an der angegebenen Stelle noch Platz ist.

Das Auge des Benutzers soll sequenziell durch das Fenster geführt werden und keine unnötigen Sprünge machen müssen. Die wichtigsten Informationen sollten oben links zu finden sein, denn auf diesen Bereich schaut der Benutzer zuerst.

Benutzer führen

Modellieren Sie die Attribute möglichst schon im *Rose*-Modell in der derjenigen Reihenfolge, die später für die Erfassung benötigt wird. Dann ist nur ein Minimum von Eintellungen im *Specifier* notwendig.

Gestalten Sie jedes Fenster so einfach wie möglich. Verwenden Sie verschiedene Schriftarten oder Farben sehr zurückhaltend. Verwenden Sie Interaktionselemente nicht nur deswegen, weil sie existieren.

keep it simple

Außer den gezeichneten Linien gibt es in einem Fenster auch virtuelle Linien, die durch die Kanten der Interaktionselemente gebildet werden. Der Einfluss dieser Linien auf die harmonische Gestaltung darf nicht unterschätzt werden. Der Benutzer bildet intuitiv diese Linien, wenn genügend Fangpunkte – hier Kanten – vorhanden sind. Bei der Bildung von virtuellen Linien spielen große Elemente eine dominantere Rolle als kleine. Rechteckige Elemente werden stärker bewertet als Elemente ohne festen Umriss (z.B. Führungstexte). Für eine harmonische Gestaltung ist es wichtig, dass ein Dialogfenster eine möglichst geringe Anzahl von virtuellen Linien enthält. Um die virtuellen Linien zu minimieren, sollten die Textfelder jedoch nicht willkürlich verlängert werden. Der fachliche Verwendungszweck der Elemente sollte immer Vorrang haben.

virtuelle Linien minimieren

Janus minimiert virtuelle Linien so weit wie möglich. Viele Eingabefelder stehen – wenn nicht anders spezifiziert – exakt in einer Fluchtlinie.

Zur Gestaltung der Benuzungsoberfläche verwendet Janus eine interne Wissensdatenbank mit Regeln zur Software-Ergonomie. Zusätzlich können Sie als Janus-Benutzer diese Gestaltung beein-

flussen. Komplexe Erfassungsfenster sollten Sie zunächst handschriftlich skizzieren und sich dann Schritt für Schritt dem
gewünschten Fenster nähern.

Praxis 8 (Tag 3)
Erfassungsfenster
Kunde gestalten
Shop3P8

Führungstext
ändern

Attribute neben-
einander

Wenn Janus ein Attribut auf ein Interaktionselement abbildet, dann
wird automatisch der Attributname als Führungstext übernommen.
Sie können sich aber auch jeden beliebigen Führungstext anzeigen
lassen. Selektieren Sie dazu im *Specifier* das jeweilige Attribut (z.B.
Nummer der Klasse Kunde) und geben Sie auf der Notizbuchseite *Documentation* unter *GUI-Label* den gewünschten Führungstext (z.B. Kunden-Nr.) ein.

PLZ und Ort sollen nebeneinander stehen (Abb. 3.3-1). Dazu müssen Sie in der elementaren Klasse AdresseT das Attribut Ort selektieren und auf der Notizbuchseite *Properties* unter *Same Line as* PLZ
wählen und *Without Label* markieren. Ändern Sie anschließend den
Führungstext des Attributs PLZ in PLZ/Ort. Hier handelt es sich also
nicht um eine Darstellung in zwei Spalten, sondern die erste Spalte
enthält in diesem Fall zwei Eingabefelder.

Wenn Sie jetzt ein neues Pilotsystem generieren, sieht Ihr Kundenfenster genauso aus wie in der Abb. 3.3-1. Dieses Fenster erfüllt die
Forderungen der harmonischen Gestaltung.

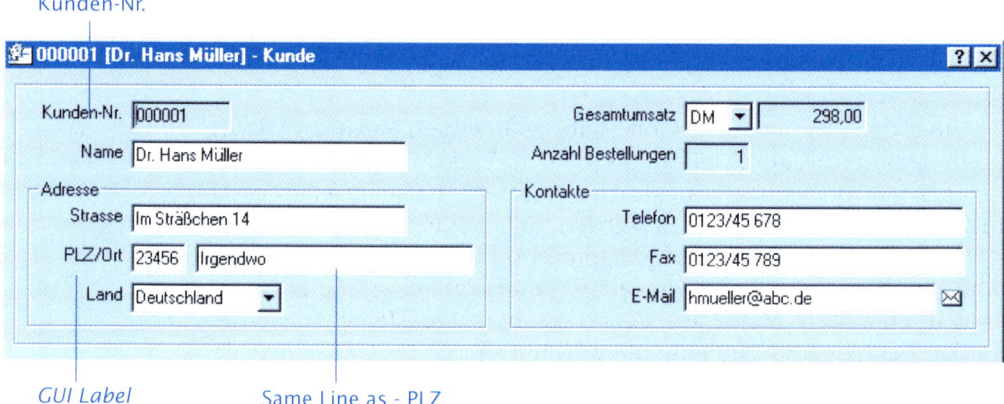

GUI Label -
Kunden-Nr.

GUI Label
PLZ/Ort

Same Line as - PLZ

Abb. 3.3-1:
Neues Erfassungs-
fenster für Kunde

Vererbung
abbilden

Eine Vererbungsstruktur sagt aus, dass die Unterklasse alle Eigenschaften der Oberklasse erbt. Im *Rose*-Modell erbt die Unterklasse
beispielsweise ein Attribut einschließlich Typ und der kompletten
Attributspezifikation. Janus setzt diese Informationen exakt auf
eine objektorientierte Oberfläche um. Das bedeutet, dass auch alle
Einstellungen für die Benutzungsoberfläche, die für die Oberklasse
durchgeführt werden, automatisch für deren Unterklasse gelten.

Für das Erfassungsfenster von Artikel sind nur die in Abb. 3.3-2 angegebenen Einstellungen vorzunehmen. Diese Informationen werden an das Erfassungsfenster von `Lagerartikel` vererbt, d.h. sie gelten automatisch für alle Lagerartikel.

Praxis 9 (Tag 3)
Artikel und Lagerartikel gestalten
Shop3P9

Wie Sie gesehen haben, sind alle Lagerartikel auch in der Klassenextension von Artikel vorhanden. Daher wird die Klasse `Lagerartikel` nicht im Baum des Pilotsystems benötigt. Entfernen Sie im *Specifier* für die Klasse `Lagerartikel` das Häkchen beim Kontrollkästchen *Tree*. Artikel und Lagerartikel sollen im Baum – alle unter `Artikel` aufgeführt – sofort unterscheidbar sein. Wählen Sie daher für die Klasse Lagerartikel bei *Class Icon* das Element `Item.ico`. Abb. 3.3-3 zeigt die Änderungen auf der Benutzungsoberfläche.

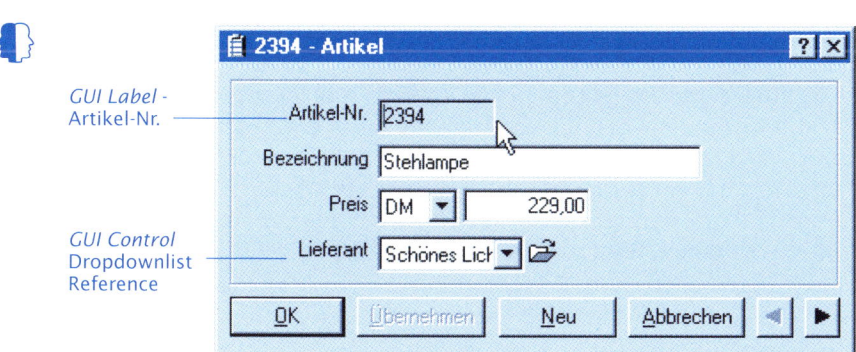

Abb. 3.3-2:
Neues Erfassungsfenster für Artikel

Abb. 3.3-3:
Piktogramme für Lagerartikel

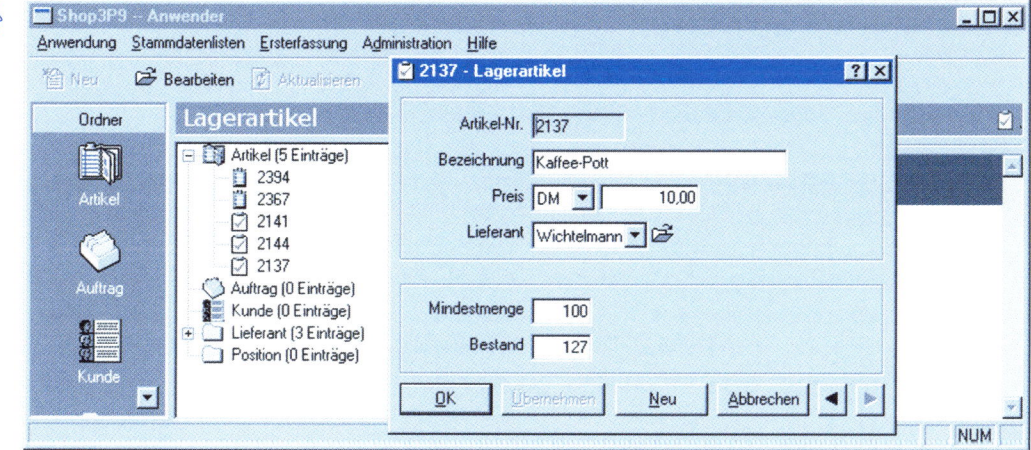

Dialoge sollen nicht nur ästhetisch aussehen, sondern den Benutzer bei der Durchführung seiner Arbeit unterstützen. Daher sollten die Eingabefelder in der »richtigen« Reihenfolge angeordnet sein. Beim Erfassen einer Position wählt der Benutzer beispielsweise zuerst den gewünschten Artikel aus und gibt dann die bestellte Anzahl an, jedoch nicht umgekehrt.

Arbeitsablauf unterstützen

Praxis 10 (Tag 3)
Position und Auf-
trag gestalten
Shop3P10

Im Erfassungsfenster von Position soll zuerst der Artikel gewählt werden (Abb. 3.3-4). Dazu müssen Sie die Assoziation im *Specifier* neu positionieren. Selektieren Sie für das Element 1→to_Arti-kel<Association> auf der Notizbuchseite *Properties* bei *Layout Position* das Attribut Anzahl und bei *Order* Before.

Assoziation
optimieren

Bisher haben wir für die Auswahl des Artikels ein *Dropdown*-Listenfeld verwendet. Das ist für den Test praktisch, wenn nur wenige Artikel existieren, weil kein Auswahlfenster zu öffnen ist. Bei einem echten *Shop* mit Hunderten oder Tausenden von Artikeln ist es jedoch *kein* geeignetes Interaktionselement. Außerdem besteht die Gefahr, dass der Bearbeiter des Auftrags leicht die Artikelnummern verwechselt, was zu einer faschen Lieferung führt. Um den Arbeitsablauf in einem echten *Shop* zu unterstützen, wird daher Keyed Object Reference mit der Artikelbezeichnung im *Info*-Feld gewählt (Abb. 3.3-4).

Auftrag gestalten

Um das Erfassungsfenster von Auftrag wie in der Abb. 3.3-4 zu gestalten, können Sie die Spalten im *Specifier* explizit zuweisen. Selektieren Sie jedes Attribut und geben Sie auf der Notizbuchseite *Properties* bei *Form Column* die gewünschte Spalte (1 oder 2) an.

Die Auftragsnummer wird automatisch erzeugt. Wenn ein neuer Auftrag angelegt wird, soll der Bearbeiter zuerst die Verbindung zum Kunden herstellen. Daher wird die Assoziation Besteller direkt nach der Auftragsnummer angeordnet (bei *Layout Position* das Attribut Nummer und bei *Order* After wählen).

Abb. 3.3-4:
Neue Erfassungs-
fenster für Auftrag
und Position

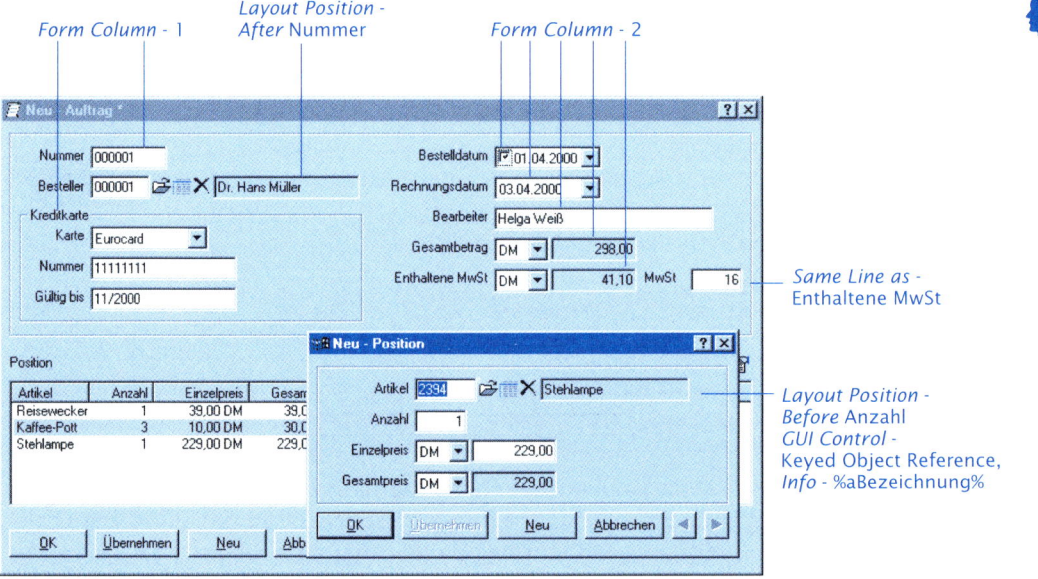

Zum Schluss können Sie den Lieferanten noch ein wenig »verschönern«. Das Erfassungsfenster wird symmetrisch, wenn Adresse und Kontakte gegenüberliegen. Dazu wählen Sie für das Attribut Kontakte bei *Right of* das Attribut Adresse.

Praxis 11 (Tag 3)
Lieferant
gestalten
Shop3P11

Ergänzen Sie dann den Lieferanten noch mit Piktogrammen. Wählen Sie beispielsweise: *Class Icon* = Person.ico, *Folder Icon* = Person-Folder.ico. Ihr Pilotsystem sieht jetzt wie in Abb. 3.3-5 aus.

Abb. 3.3-5:
»Verschönerungen«
für Lieferanten

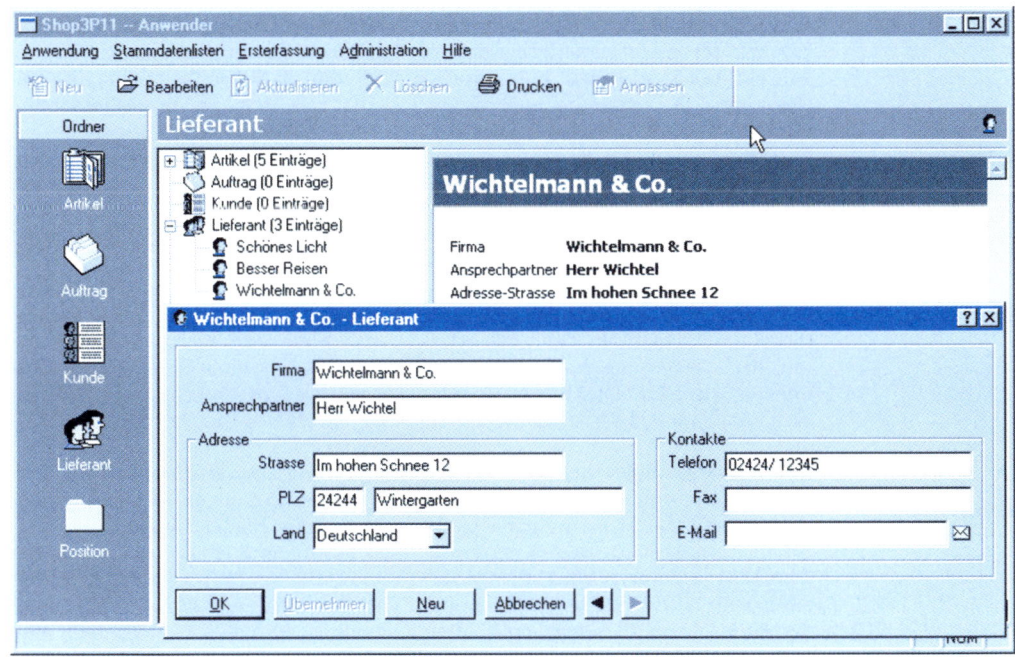

 ■ Führungstext ändern: Notizbuchseite *Documentation*, GUI Label eintragen.

Janus Specifier
GUI gestalten

■ Attribute nebeneinander in einer Spalte: Notizbuchseite *Properties, Same Line as*

■ Attribut der zweiten Spalte an erster Spalte ausrichten: Notizbuchseite *Properties, Right of*

■ Spalten zuordnen: Notizbuchseite *Properties*, bei *Form Column* Spalte 1 oder 2

■ Assoziation positionieren: Notizbuchseite *Properties*, bei *Layout Position* Referenzattribut wählen, bei *Order* Before (davor) oder After (danach) eingeben.

Abstrakte Klasse *(abstract class)* Von einer abstrakten Klasse können keine Objekte erzeugt werden. Die abstrakte Klasse spielt eine wichtige Rolle in Vererbungsstrukturen, wo sie die Gemeinsamkeiten einer Gruppe von →Unterklassen definiert. Damit eine abstrakte Klasse verwendet werden kann, muss von ihr zunächst eine Unterklasse abgeleitet werden.

Einfachvererbung *(single inheritance)* Bei der Einfachvererbung besitzt jede Unterklasse genau eine direkte Oberklasse. Es entsteht eine Baumstruktur.

Generalisierung Vorgehensweise zum Entwickeln von Vererbungsstrukturen. Für zwei oder mehrere Klassen wird geprüft, ob sie genügend Gemeinsamkeiten besitzen, damit sich eine neue Oberklasse bilden lässt.

Klassendiagramm *(class diagram)* Das Klassendiagramm stellt die Klassen, die →Vererbung und die Assoziationen zwischen Klassen dar. Zusätzlich können →Pakete modelliert werden.

Klassenextension *(extent)* Menge aller Objekte einer Klasse. Ein neu erzeugtes Objekt wird automatisch eingefügt, beim Löschen wieder entfernt.

Oberklasse *(super class)* In einer Vererbungsstruktur heißt jede Klasse, von der eine andere Klasse Eigenschaften und Verhalten erbt, Oberklasse dieser Klasse. Mit anderen Worten: Eine Oberklasse ist eine Klasse, die mindestens eine →Unterklasse besitzt.

Paket *(package)* Ein Paket fasst Modellelemente (z.B. Klassen) zusammen. Ein Paket kann selbst Pakete enthalten. Es wird benötigt, um die Systemstruktur auf einer hohen Abstraktionsebene auszudrücken. Pakete können im Paketdiagramm dargestellt werden.

Paketdiagramm *(package diagram)* Ein Paketdiagramm modelliert →Pakete und die darin enthaltenen Klassen. Es handelt sich um ein →Klassendiagramm, das nur Pakete enthält.

Spezialisierung Vorgehensweise zum Entwickeln von Vererbungsstrukturen. Man geht von der allgemeineren Klasse aus und sucht nach spezialisierten Klassen.

Unterklasse *(sub class)* Jede Klasse, die in einer Vererbungshierarchie Eigenschaften und Verhalten von anderen Klassen erbt, ist eine Unterklasse dieser Klassen. Mit anderen Worten: Eine Unterklasse besitzt immer →Oberklassen.

Vererbung *(generalization)* Die Vererbung beschreibt die Beziehung zwischen einer allgemeineren Klasse (Basisklasse) und einer spezialisierten Klasse. Die spezialisierte Klasse erweitert die Liste der Attribute und Assoziationen der Basisklasse. Es entsteht eine Klassenhierarchie oder Vererbungsstruktur.

Die Vererbung ermöglicht es, gemeinsame Eigenschaften von Klassen in einer allgemeinen Klasse, der Oberklasse, zusammenzufassen. Die Unterklassen fügen zu den geerbten neue Eigenschaften hinzu. Abstrakte Klassen sind künstliche Gebilde, die nur zum Zweck der Vererbung modelliert werden. Vererbungsstrukturen müssen sorgfältig gewählt werden, damit keine unerwünschten Nebeneffekte entstehen.

Das Paket gruppiert Modellelemente – insbesondere Klassen – und ermöglicht eine Darstellung des Softwaresystems auf einem höheren Abstraktionsniveau.

Klassen, Attribute, Assoziationen und Vererbung werden mittels Janus auf die Benutzungsoberfläche abgebildet. Die Standardabbildung kann durch Einstellungen im *Janus Specifier* auf Wunsch geändert werden.

/ Für jede Aufgabe sind einzutragen: Datum der Erfassung, Beschreibung der Aufgabe, Priorität (A, B oder C), Kategorie (z.B. Beruf, Verwaltung, Haushalt, Garten), geplantes Datum der Fertigstellung und der Status (Nicht begonnen, In Bearbeitung, Wartet auf jemand anderen, Zurückgestellt, Erledigt). Eine Aufgabe kann sich auf eine oder mehrere Kontaktpersonen beziehen. Eine Kontaktperson kann bei mehreren Aufgaben eingetragen werden. Für jede Kontaktperson ist deren Name, Firma, Telefon und E-Mail zu speichern. Eine Aufgabe kann an einen Mitarbeiter delegiert werden. Für jeden Mitarbeiter ist dessen Name, Firma, Telefon, E-Mail, Bezeichnung der Tätigkeit und der Beginn der Tätigkeit zu speichern. Ein Mitarbeiter kann mehrere Aufgaben bearbeiten. Ein Mitarbeiter kann auch Kontaktperson sein. Der Name von Kontaktpersonen und Mitabeitern soll eindeutig sein.

vollständige Aufgabenstellung

Gehen Sie – vorlaufig – davon aus, dass der Aufgabenplaner nur von einer Person benutzt wird.

Heute geht es darum, die Vererbungsstrukturen des Aufgabenplaners zu identifizieren und zu modellieren. Anschließend sollten Sie Ihr *Rose*-Modell mit Hilfe von Paketen strukturieren.

Aufgabe

Zum Schluss können Sie die Benutzungsoberfläche des Pilotsystems noch ein wenig verschönern. Sie können wieder selbst steuern, wie selbständig Sie die Aufgabe bearbeiten wollen.

- Welche Klassen besitzen gemeinsame Attribute?
- Wie kann die Forderung »Ein Mitarbeiter kann auch Kontaktperson sein« umgesetzt werden?

Schritt 1: Identifizieren

- Im nächsten Schritt sollten Sie die Vererbungsstruktur in *Rational Rose* eingeben.
- Anschließend können Sie mit *Janus* bereits ein Pilotsystem generieren.

Schritt 2: Modellieren

- Werden Attribute und Assoziationen korrekt vererbt?
- Wird die Forderung »Ein Mitarbeiter kann auch Kontaktperson sein« durch das Pilotsystem realisiert?

Schritt 3: Validieren

- Bilden Sie zwei Pakete analog zum *Shop*.

Schritt 4: Modell strukturieren

- Wie können Sie das Erfassungsfenster von Mitarbeiter verbessern?
- Wie können Sie das Erfassungsfenster von Aufgabe verbessern?

Schritt 5: Pilotsystem gestalten

Quiz of the 3rd day
Lösung
Großvater, Vater und Sohn gehen angeln.

Use Cases –
die Benutzer–Funktionalität

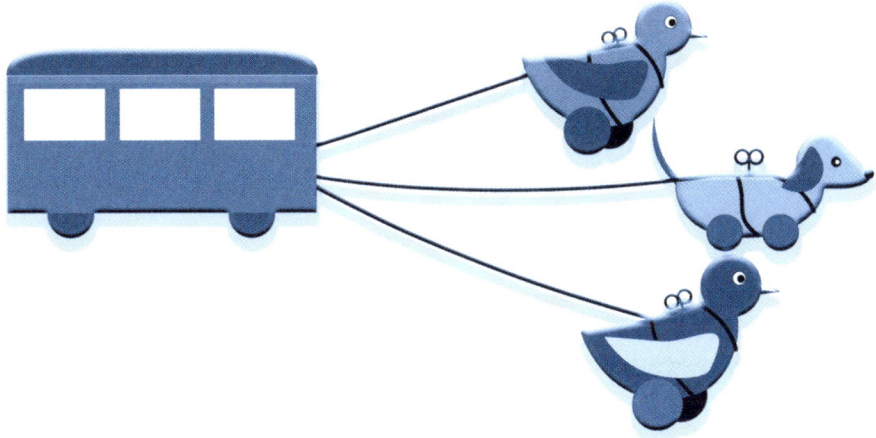

4

Ich gehe ohne Regenschirm,
Regenmantel oder Hut
eine Stunde eine baumlose
Landstraße entlang.
Wie kann ich trotzdem vermeiden
nass zu werden?

4 *Use Cases* –
die Benutzer-Funktionalität

- Erklären können, was ein Geschäftsprozess ist.
- Erklären können, was ein Aktivitätsdiagramm ist.
- Erklären können, was ein *Use Case* ist.
- Erklären können, was ein Szenario ist.
- Erklären können, was eine Operation ist.
- Erklären können, was ein Sequenzdiagramm ist.
- UML-Notation für *Use Cases* anwenden können.
- UML-Notation für Aktivitätsdiagramme anwenden können.
- UML-Notation für Sequenzdiagramme anwenden können.
- *Use Cases* und Szenarios identifizieren können.
- Sequenzdiagramme erstellen können.

verstehen

anwenden

4.1 Geschäftsprozesse – am Anfang sind die *Workflows*

Softwaresysteme existieren nicht isoliert für sich, sondern sind mehr oder minder stark in eine Organisation eingebunden. Das bedeutet, dass innerhalb dieser Organisation mit Hilfe der Software bestimmte Aufgaben auszuführen sind. Ausgangspunkt der Modellierung soll die Fragestellung sein: Welche Arbeitsläufe sind in der Organisation auszuführen, bei denen die zu entwickelnde Software beteiligt ist?

Verfeinerung der Problembeschreibung

Bei unserem *Shop* ist eine der wichtigsten Aufgaben die Bearbeitung einer eingehenden Bestellung. Alle Daten der Kundenbestellung müssen erfasst und zum Schluss muss eine Rechnung ausgedruckt werden.

Wir betrachten zunächst den vereinfachten Fall, dass jede Bestellung wie gewünscht ausgeführt werden kann. Kundenbestellungen können per Fax, per Telefon und auch per Post eingehen. Sie können sowohl von einem Neu-Kunden als auch von einem Kunden stammen, der bereits in der Datenbank gespeichert ist. Im Allgemeinen handelt es sich bei den bestellten Artikeln um Lagerartikel, die in ausreichender Stückzahl vorhanden sind. Einige Artikel werden grundsätzlich nicht auf Lager gehalten. Verlangt der Kunde diese Artikel, dann müssen sie erst vom Lieferanten bezogen oder hergestellt werden. Zum Schluss wird die Kreditkarte des Kunden belastet, die Rechnung gedruckt und als Auftrag an das Lager weitergegeben.

In der Praxis sind bei der Ausführung einer Kundenbestellung zahlreiche Sonderfälle denkbar, beispielsweise, dass eine Kundenbestellung nicht komplett ausgeführt werden kann, Nachlieferungen notwendig sind und gegebenenfalls der Besteller über Verzögerungen informiert werden muss.

Ein Arbeitsablauf wie der oben beschriebene wird in der UML als *Workflow* oder als *Business Use Case* bezeichnet. Die Modellierung dieser Arbeitsabläufe ist aus folgenden Gründen wichtig: Sie bilden die Voraussetzung, um die Struktur und die Abläufe in einer Organisation – hier in dem kleinen Versandhandel – zu verstehen. Aus ihnen werden dann die notwendigen Funktionen des Softwaresystems abgeleitet.

Geschäftsprozess – ergebnisorientierter Arbeitsablauf

Ein **Geschäftsprozess** *(business use case, workflow)* besteht aus mehreren zusammenhängenden Aufgaben, die durchgeführt werden, um ein Ziel zu erreichen bzw. ein gewünschtes Ergebnis zu erstellen.

Warum Geschäftsprozesse?

Benutzungsfreundliche Software zeichnet sich unter anderem dadurch aus, dass sie den Benutzer bei den durchzuführenden Arbeiten optimal unterstützt, um die gewünschten Ergebnisse zu erstellen. Die Modellierung von Geschäftsprozessen sorgt dafür, dass der Fokus des Analytikers auf diesen Abläufen liegt. Werden dagegen die Funktionen eines neuen Softwaresystems ermittelt, ohne zunächst die notwendigen Arbeitsabläufe zu analysieren, dann besteht die Gefahr, dass die Software zwar viele Funktionen anbietet, aber die Arbeit des späteren Benutzers nicht optimal unterstützt.

Einfache Geschäftsprozesse können umgangssprachlich beschrieben werden. Für komplexere Geschäftsprozesse bietet sich eine **Geschäftsprozess-Schablone** *(business use case template)* an, die sicherstellt, dass nichts Wichtiges vergessen wird. Die folgende Schablone gehört nicht zur UML, hat sich aber in unseren Projekten bewährt.

Schablone – zur Spezifikation

Geschäftsprozess: Name, bestehend aus zwei oder drei Wörtern (was wird getan?).
Ziel: globale Zielsetzung bei erfolgreicher Ausführung des Geschäftsprozesses.
Kategorie: primär (notwendig und häufig verwendet), sekundär (notwendig und selten verwendet) oder optional (nützlich, aber nicht notwendig).
Vorbedingung: Der Geschäftsprozess kann nur ausgeführt werden, wenn die Vorbedingung erfüllt ist.
Nachbedingung Erfolg: Die Nachbedingung kann Vorbedingung für einen anderen Geschäftsprozess sein.
Nachbedingung Fehlschlag: Erwarteter Zustand, wenn das Ziel nicht erreicht werden kann.
Beteiligte: Personen, Organisationen oder andere Systeme, die an dem Geschäftsprozess beteiligt sind.
Auslösendes Ereignis: Wenn dieses Ereignis eintritt, dann wird der Geschäftsprozess initiiert.
Beschreibung: Beschreibung des Standardfalls
1 Erste Aktion
2 Zweite Aktion
Erweiterungen: Erweiterungen des Standardfalls
1a Erweiterung des Funktionsumfangs der ersten Aktion
Alternativen: Alternativen des Standardfalls
1a Alternative Ausführung der ersten Aktion
1b Weitere Alternative zur ersten Aktion

Geschäftsprozess-Schablone

Wir spezifizieren nun obiges Beispiel eines Geschäftsprozesses mit einer Schablone, die bereits bei diesem einfachen Geschäftsprozess sehr vorteilhaft eingesetzt werden kann. Als Standardfall gilt, dass die Bestellung von einem bereits gespeicherten Kunden erteilt wird und dass alle bestellten Artikel im Lager vorrätig sind.

Beispiel Geschäftsprozess

Geschäftsprozess: Auftrag ausführen
Ziel: Ware an Kunden geliefert
Kategorie: primär
Vorbedingung: Artikel sind erfasst
Nachbedingung Erfolg: Ware ausgeliefert
Nachbedingung Fehlschlag: Ware nicht lieferbar
Beteiligte: Kundensachbearbeiter, Lagersachbearbeiter
Auslösendes Ereignis: Bestellung des Kunden trifft ein

Beschreibung:
1   Kundendaten abrufen
2   Auftragspositionen erfassen
3   Rechnung drucken
4   Kreditkarte belasten
5   Auftrag vom Lagersachbearbeiter ausführen lassen
Erweiterungen:
1a Kundendaten aktualisieren
2a Artikel vom Lieferanten beziehen
2b Artikel herstellen
Alternativen:
1a Neukunden erfassen

Abb. 4.1-1:
Aktivitäts-
diagramm zum
Ausführen eines
Auftrags (nur
Lagerartikel)

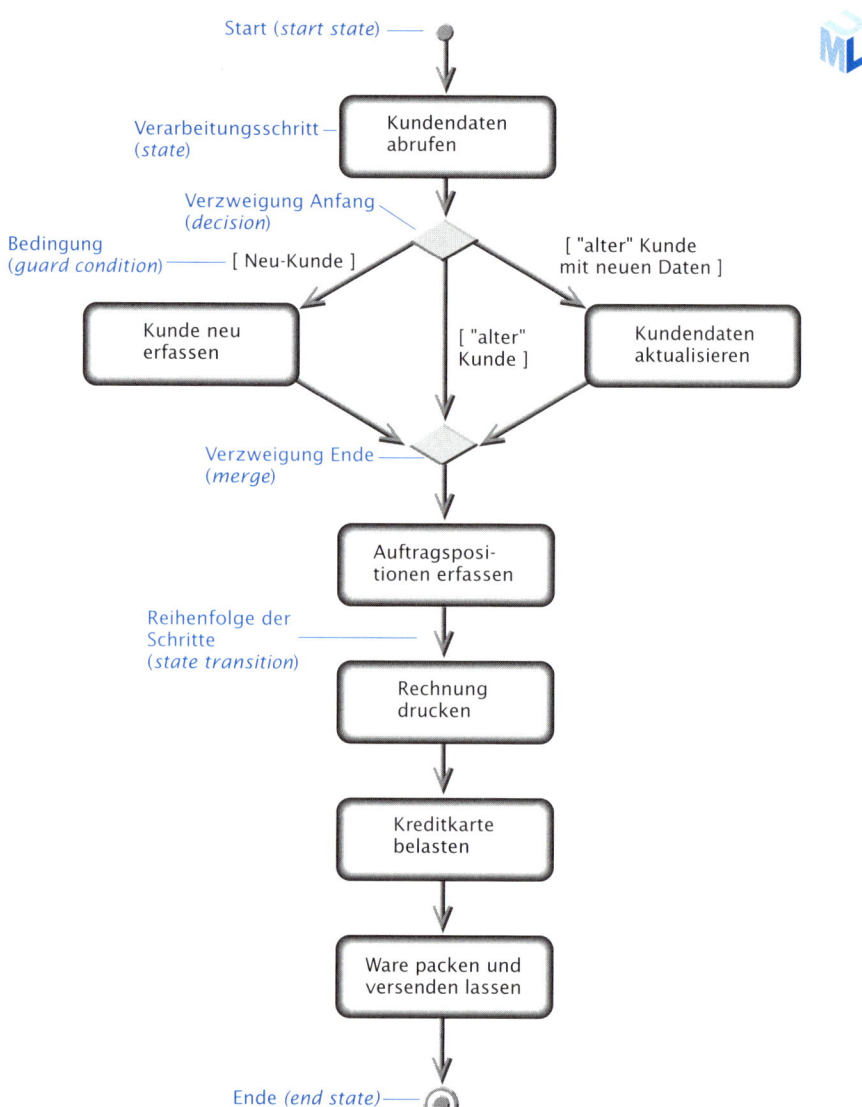

Für sehr komplexe Geschäftsprozesse stellt die UML das Aktivitäts-diagramm zu Verfügung.

Abb. 4.1-1 modelliert einen vereinfachten Arbeitsablauf zum Ausführen eines Auftrags als Aktivitätsdiagramm. Jeder einzelne Verarbeitungsschritt wird durch ein Oval dargestellt. Erst wenn ein einzelner Verarbeitungsschritt vollständig ausgeführt ist, erfolgt der Übergang zum nächsten. Die Pfeile beschreiben die Reihenfolge, in der die Schritte ausgeführt werden. Dieses Beispiel zeigt deutlich den Flussdiagramm-Charakter des Aktivitätsdiagramms.

Für die Auswahl wird die Raute verwendet. Sie hat immer einen Eingangspfeil und zwei oder mehr Ausgangspfeile. Jeder Ausgangspfeil wird mit einer Bedingung beschriftet. Die Bedingungen, die zu einer Raute gehören, dürfen sich natürlich nicht überlappen, da sonst Mehrdeutigkeiten entstehen. Außerdem sollen alle Möglichkeiten abgedeckt sein. Die Raute kann auch verwendet werden, um das Ende einer Verzweigung, d.h. das Zusammenführen aller Pfeile zu modellieren. Jeder Arbeitsablauf muss einen Start und ein Ende enthalten. Der Start wird durch den kleinen schwarzen Kreis und das Ende durch das »Bullauge« dargestellt.

Das **Aktivitätsdiagramm** *(activity diagram)* ist ein Ablaufdiagramm, mit dem die einzelnen Schritte in einem Geschäftsprozess bzw. einem Arbeitsablauf grafisch modelliert werden können. Es ist besonders gut dafür geeignet, komplexe *Workflows* übersichtlich darzustellen.

Erweitern Sie Ihr *Rose*-Modell des *Shops* um das Aktivitätsdiagramm der Abb. 4.1-1. Öffnen Sie im *Use Case View* das *Pop-up*-Menü und erstellen Sie ein neues *Activity Diagram,* das im *Browser* unter *State/ Activity Model* abgelegt wird. Benennen Sie das neue Diagramm mit Auftrag ausführen. Öffnen Sie das Diagramm mit einem Doppelklick. Klicken Sie die Symbol-Schaltfläche *Start State* an und klicken Sie dann ins Diagramm. Verfahren Sie analog beim Ende *(End State).* Verarbeitungsschritte modellieren Sie, indem Sie die Symbol-Schaltfläche *State* wählen. Beschriften Sie jedes Element wie in Abb. 4.1-1. Um die Reihenfolge festzulegen, wählen Sie die Symbol-Schaltfläche *State Transition.* Klicken Sie ins erste Element und bewegen Sie den Cursor bei gedrückter Maustaste zum nächsten.

Mit der Symbol-Schaltfläche *Decision* wird die Raute dargestellt. Die diversen Bedingungen werden immer an die Ausgangspfeile der Raute angetragen. Mit einem Doppelklick auf den Pfeil öffnen Sie das Fenster *State Transition Specification.* Auf der Notizbuchseite *Detail* geben Sie bei *Guard Condition* die jeweilige Bedingung – ohne eckige Klammern – ein.

Ein Pilotsystem wird bei diesem Praxisteil *nicht* generiert, denn Janus kann nur Klassendiagramme verwenden. Das Aktivitätsdiagramm dient also der reinen Dokumentation. In einem späteren

Aktitiväts-diagramm – *»flowchart«* der UML

Aktivitäts-diagramm – *Workflow* grafisch darstellen

Praxis 1 (Tag 4) Aktivitäts-diagramm erstellen Shop4P1

Praxisteil werden Sie jedoch die hier gewonnenen Erfahrungen zur Weiterentwicklung des Pilotsystems heranziehen.

Für Insider   Genau genommen unterscheidet die UML im Aktivitätsdiagramm Aktionen *(action states)* und Aktivitäten *(activity states)*, die ich hier der Einfachheit halber unter dem Begriff »Verarbeitungsschritt« zusammenfasse.

Abb. 4.1-2:
Aktivitätsdia-
gramm zum
Ausführen eines
Auftrags

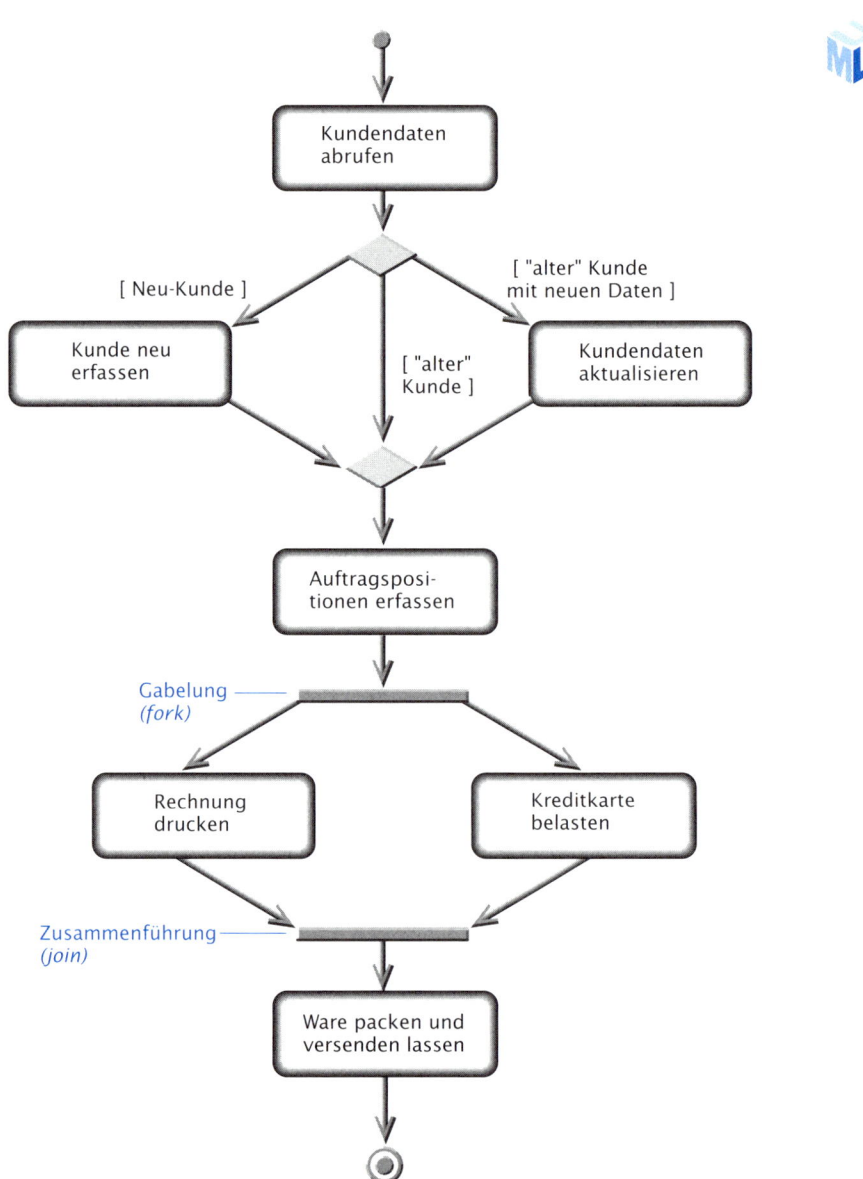

In vielen Fällen wird ein Aktivitätsdiagramm verwendet, um den sequenziellen Ablauf der einzelnen Verarbeitungsschritte zu zeigen. Aus fachlicher Sicht ist es jedoch oft egal, in welcher Reihenfolge bestimmte Bearbeitungsschritte ausgeführt werden. Sie können in beliebiger Reihenfolge oder auch zeitlich nebeneinander ausgeführt werden. Eine weitere Verarbeitung soll aber erst dann möglich sein, wenn alle davor liegenden Bearbeitungsschritte ausgeführt sind.

parallele Ausführung

Beispielsweise können bei der vereinfachten Form der Auftragsbearbeitung in Abb. 4.1-1 die Verarbeitungsschritte Kreditkarte belasten und Rechnung drucken in beliebiger Reihenfolge ausgeführt werden. Die UML bietet dafür die Notation der **Gabelung** *(fork)* und **Zusammenführung** *(join)*. Bei einer Gabelung *(fork)* verzweigt der Kontrollfluss in mehrere – aus fachlicher Sicht – parallele Pfade. Sie hat immer einen Eingangs- und mehrere Ausgangspfeile. Eine Zusammenfuhrung *(join)* vereinigt die Kontrollflüsse wieder. Dem entsprechend besitzt sie mehrere Eingangspfeile und einen Ausgangspfeil. Gabelungen und Zusammenführungen werden im Aktivitätsdiagramm durch den Synchronisationsbalken *(synchronization bar)* dargestellt. Wichtig ist, dass Gabelung *(fork)* und Zusammenführung *(join)* immer paarweise auftreten.

fork – 1 Eingang, mehrere Ausgänge

join mehrere Eingänge, 1 Ausgang

join und *fork* – immer paarweise

Ergänzen Sie nun Ihr Aktivitätsdiagramm wie in Abb. 4.1-2 abgebildet. Gabelung und Zusammenführung können wahlweise durch die Symbol-Schaltflächen *Horizontal Synchronisation* oder *Vertical Synchronisation* dargestellt werden, je nachdem, ob diese Elemente horizontal oder vertikal im Diagramm dargestellt werden sollen. Vorhandene Pfeile können Sie einfach »umbiegen«, wenn Sie ein Ende mit Hilfe von *drag & drop* entsprechend verschieben. Denken Sie daran, dass mit der Del-Taste nur im Diagramm und mit der Tastenkombination Ctrl + D im Modell gelöscht wird.

Praxis 2 (Tag 4)
forks und *joins* einfügen
Shop4P2

Abb. 4.1-3 zeigt die einzelnen Elemente des Aktivitätsdiagramms noch mal im Überblick.

Notation Aktivitätsdiagramm

Beim Modellieren von Arbeitsabläufen ist es oft nützlich zu wissen, wer – d.h. welche organisatorische Einheit – für bestimmte Verarbeitungsschritte verantwortlich ist. Die UML ermöglicht es, die Verarbeitungsschritte eines Aktivitätsdiagramms entsprechend zu gruppieren. Diese Gruppen werden Schwimmbahnen genannt, weil sie wie die Bahnen bei einem Schwimmwettkampf angeordnet sind. Jede **Schwimmbahn** *(swimlane)* erhält einen eindeutigen Namen und jeder Verarbeitungsschritt gehört zu exakt einer Schwimmbahn.

Schwimmbahnen – zeigen, wer verantwortlich ist

Bei der Ausführung eines Auftrags werden die meisten Verarbeitungsschritte vom Verkauf ausgeführt, während das Lager für das Packen und den Versand zuständig ist.

Abb. 4.1-3:
Notation für Aktivi-
tätsdiagramm

Alternativen

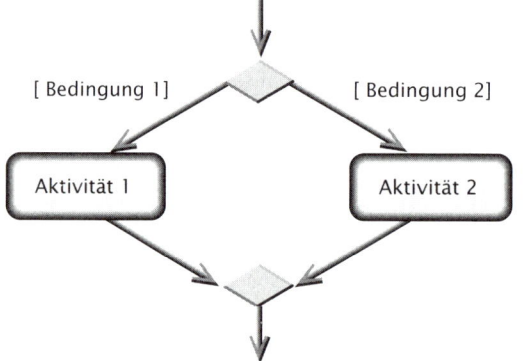

Parallelität

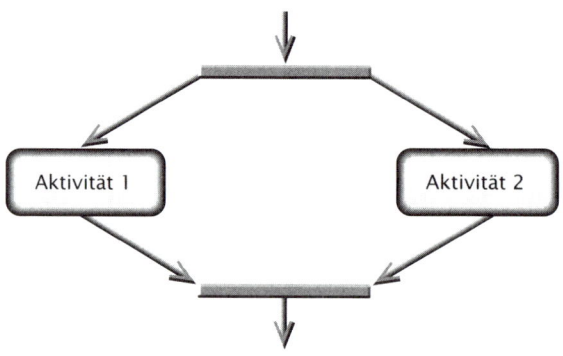

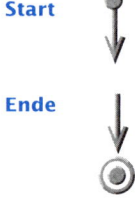

Start

Ende

Praxis 3 (Tag 4)
Schwimmbahnen
einfügen
Shop4P3

Wer das Aktivitätsdiagramm ganz perfekt machen will, kann die in Abb. 4.1-4 dargestellten Schwimmbahnen modellieren. Um die Schwimmbahn Verkauf zu erstellen, wählen Sie die Symbol-Schalt-fläche *Swimlane* und klicken dann ins Diagramm. Benennen Sie die Schwimmbahn mit Verkauf. Anschließend ziehen Sie die zugehöri-gen Verarbeitungsschritte per *drag & drop* in diese Schwimmbahn. Verfahren Sie dann analog mit der Schwimmbahn für Lager.

- Schaltfläche *Start State:* ⊡
- Schaltfläche *End State:* ◉
- Schaltfläche *State:* ▭
- Schaltfläche *State Transition:* ↗
- Schaltfläche *Decision:* ◇
- Schaltfläche *Synchronisation:* ▬
- Schaltfläche *Swimlane:* ◻

Rose Toolbox
Activity Diagram

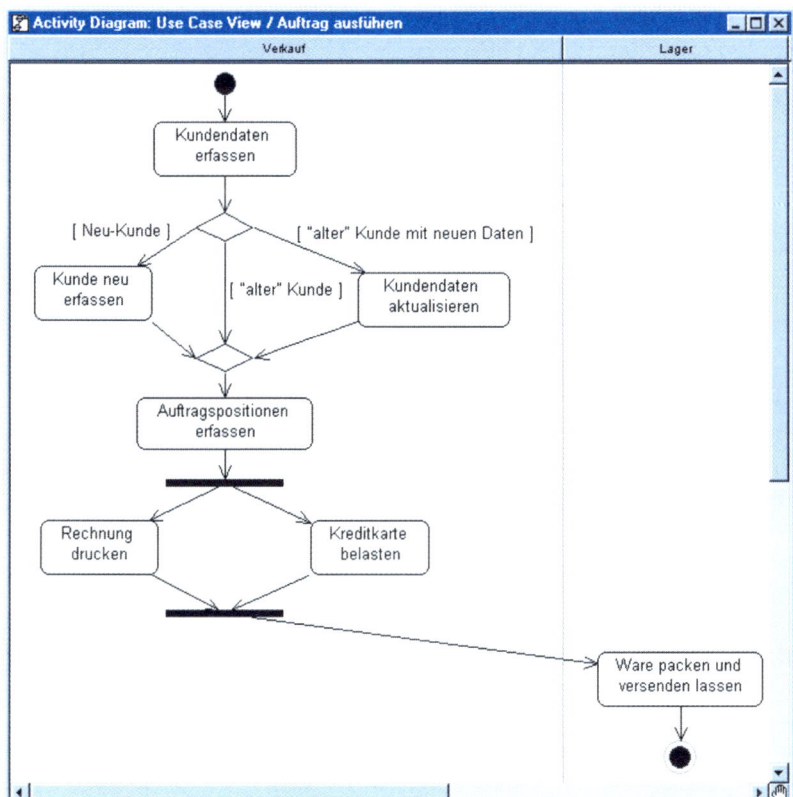

Abb. 4.1-4:
Schwimmbahnen in
Rational Rose

- Verarbeitungsschritt erstellen: Schaltfläche *State* selektieren, ins Diagramm klicken und Name eintippen.
- Start eintragen: Schaltfläche *Start State* selektieren, ins Diagramm klicken.
- Ende eintragen: Schaltfläche *End State* selektieren, ins Diagramm klicken.
- Reihenfolge festlegen: Schaltfläche *State Transition* selektieren, dann ersten Verarbeitungsschritt (oder Start) wählen und bei gedrückter Maustaste Cursor zum nächsten Verarbeitungsschritt (oder Ende) bewegen.
- *join* oder *fork* eintragen: Schaltfläche *Horizontal Synchronisation* oder *Vertical Synchronisation* selektieren, ins Diagramm klicken. Dann mit Verarbeitungsschritten verbinden.
- Raute eintragen: Schaltfläche *Decision* selektieren, ins Diagramm klicken. Dann mit Verarbeitungsschritten verbinden.
- Verarbeitungsschritt, Start oder Ende im Diagramm löschen: im Diagramm selektieren und Del-Taste.
- Verarbeitungsschritt, Start oder Ende im Modell löschen: im *Browser* selektieren und im *Pop-up*-Menü *Delete* wählen.
- *join, fork* oder Raute im Diagramm (und gleichzeitig im Modell) löschen: im Diagramm selektieren und Del-Taste.
- Pfeil im Modell löschen: Im Diagramm selektieren, dann Ctrl + D.

Wie wird ein Geschäftsprozess *(workflow)* erstellt?

- Welches Ziel soll mit dem Geschäftsprozess erreicht werden?
- Welches Ereignis löst den Geschäftsprozess aus?
- Welche Voraussetzungen (Vorbedingungen) müssen erfüllt sein, damit der Geschäftsprozess ausgeführt werden kann?
- Welche Verarbeitungsschritte müssen im Standardfall ausgeführt werden?
- In welcher Reihenfolge müssen sie ausgeführt werden?
- Welche Erweiterungen des Standardfalls sind möglich?
- Welche Alternativen sind möglich?
- Wo ist Parallelarbeit möglich?
- Wer ist für welche Verarbeitungsschritte verantwortlich?

4.2 *Use Cases* – die funktionalen Anforderungen

Ausgangspunkt der Modellierung war die Fragestellung »Welche Aufgaben müssen erledigt werden, an denen das Softwaresystem beteiligt ist?«. Das Ergebnis dieses ersten Schritts sind die oben beschriebenen Geschäftsprozesse *(workflows)*.

Im nächsten Schritt geht es um die Fragestellung »Welche Aufgaben innerhalb eines formulierten Geschäftsprozesses werden von der Software erledigt?«. Im Aktivitätsdiagramm der Abb. 4.2-1 sind diese Aufgaben blau gekennzeichnet. Um den *Shop* einfach zu halten, gehe ich davon aus, dass die Belastung der Kreditkarte »konventionell« erfolgt. In späteren Versionen des *Shops* könnte diese Aufgabe zusätzlich von der Software übernommen werden.

Die Funktionalität, die das Softwaresystem den Benutzern zur Verfügung stellt, wird in der UML durch *Use Cases* beschrieben.

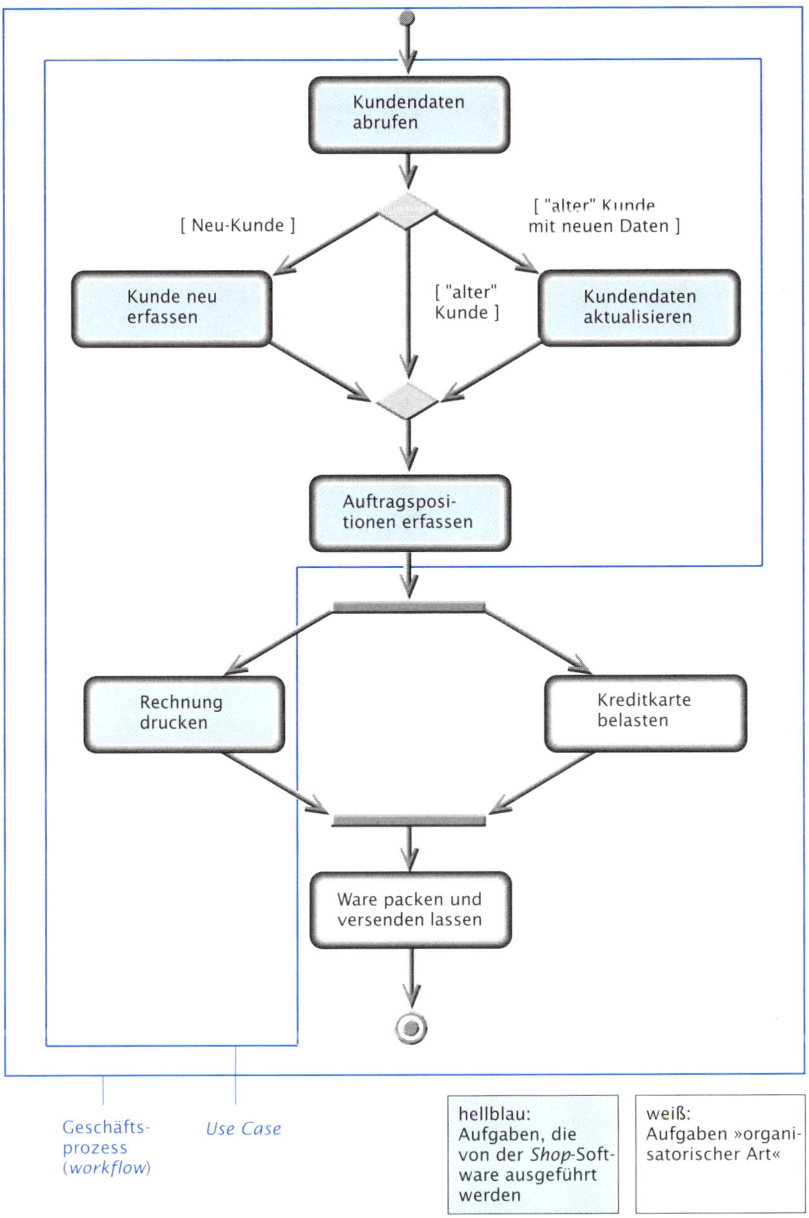

Use Case – Teil des *Workflows*

Abb. 4.2-1: Automatisierte Aufgaben beim Ausführen eines Auftrags

```
                    ┌─────────────────┐
                    │  Kundendaten    │
                    │  abrufen        │
                    └─────────────────┘
                            │
                            ◇
      [ Neu-Kunde ]      ╱     ╲     [ "alter" Kunde
                      ╱           ╲    mit neuen Daten ]
   ┌──────────────┐        [ "alter"      ┌──────────────┐
   │ Kunde neu    │         Kunde ]       │ Kundendaten  │
   │ erfassen     │                       │ aktualisieren│
   └──────────────┘                       └──────────────┘
               ╲           ◇           ╱
                            │
                    ┌─────────────────┐
                    │  Auftragsposi-  │
                    │  tionen erfassen│
                    └─────────────────┘
                            │
                    ════════════════════
                   ╱                    ╲
   ┌──────────────┐                      ┌──────────────┐
   │ Rechnung     │                      │ Kreditkarte  │
   │ drucken      │                      │ belasten     │
   └──────────────┘                      └──────────────┘
                   ╲                    ╱
                    ════════════════════
                            │
                    ┌─────────────────┐
                    │  Ware packen und│
                    │  versenden lassen│
                    └─────────────────┘
                            │
                            ◉
```

Geschäfts-
prozess
(*workflow*)

Use Case

| hellblau: Aufgaben, die von der *Shop*-Software ausgeführt werden | weiß: Aufgaben »organisatorischer Art« |

Use Case – Benut-
zerfunktion auf
höchster Ebene
Ein **Use Case** beschreibt die funktionalen Anforderungen an das zu entwickelnde Softwaresystem auf hoher Ebene. In unserem *Shop* wird die Bearbeitung einer Kundenbestellung mit Hilfe der Software erledigt. Dieser Teil des Arbeitsablaufs wird als *Use Case* gekennzeichnet. Das Ergebnis dieses *Use Case* ist die ausgedruckte Rechnung, die an das Lager als Vorgabe für das Packen der Ware gegeben wird.

Use Case – zielge-
richtet, ergebnis-
orientiert
Ein *Use Case* beschreibt die Funktionalität des Softwaresystems, die ein Akteur ausführen muss, um ein gewünschtes Ergebnis zu erhalten oder um ein Ziel zu erreichen. *Use Cases* sollen es Ihnen ermöglichen, mit dem zukünftigen Benutzer über die Funktionalität des Softwaresystems zu sprechen, ohne sich gleich in Details zu verlieren.

Akteur – immer
außerhalb
Ein **Akteur** *(actor)* ist eine Rolle, die ein Benutzer des Softwaresystems spielt. Akteure können Menschen oder auch andere automatisierte Systeme sein. Sie befinden sich stets außerhalb des Systems.

Beispiel
Use Case
Der wichtigste *Use Case* des *Shops* ist die Bearbeitung eines Auftrags durch den Kundensachbearbeiter. Bei diesem *Use Case* gehen wir davon aus, dass nur Artikel bestellt werden, die in ausreichender Menge im Lager sind. Zuerst wird geprüft, ob der Kunde bereits existiert. Falls ja, ist festzustellen, ob sich dessen Daten geändert haben. Andernfalls wird ein neuer Kunde erfasst. Anschließend müssen alle Auftragspositionen eingegeben werden und zum Schluss ist die Rechnung zu drucken.

Dieser *Use Case* setzt sich aus vielen kleinen Funktionen zusammen, z.B. Kunde erfassen, Auftragspositionen erfassen und Artikel auswählen. Mittlere und große – insbesondere stark interaktive – Softwaresysteme bestehen aus Hunderten oder Tausenden solcher kleiner Funktionen. Wer den Überblick behalten will, sollte in jedem *Use Case* die Funktionalität auf einer hohen Abstraktionsebene beschreiben.

Abb. 4.2-2:
Use Case-
Diagramm

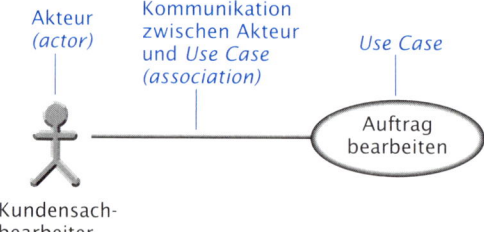

Akteur (actor)

Kommunikation zwischen Akteur und *Use Case* (association)

Use Case

Auftrag bearbeiten

Kundensach-bearbeiter

Use Case-Dia-
gramm – Use Cases
im Überblick
Um grafisch zu spezifizieren, wer mit welchem *Use Case* arbeitet, bietet die UML das *Use Case*-Diagramm *(use case diagram)* (Abb. 4.2-2). Es gibt auf hohem Abstraktionsniveau einen guten

Überblick über das System und seine Schnittstellen zur Umgebung. Die Akteure werden als Strichmännchen eingetragen, die *Use Cases* als Ovale. Eine Linie zwischen Akteur und *Use Case* bedeutet, dass eine Kommunikation stattfindet.

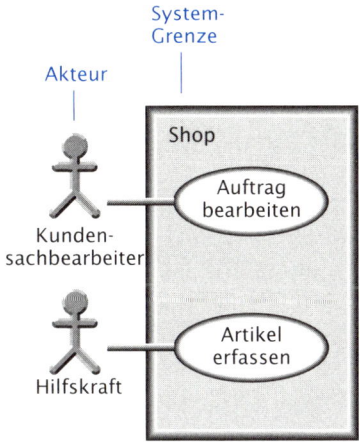

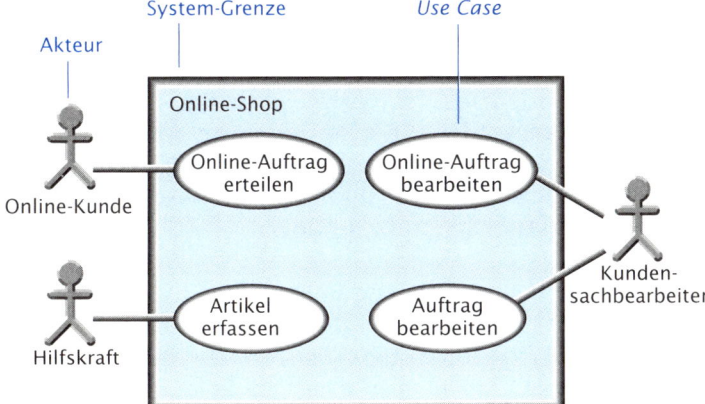

Abb. 4.2-3:
Use Case-Dia-gramme für Shop und Online Shop

119

Systemgrenzen –
Akteure außen,
Use Cases innen

In das *Use Case*-Diagramm können zusätzlich die Grenzen des betrachteten Softwaresystems eingetragen werden. In der Abb. 4.2-3 ist der »normale« *Shop* grau dargestellt. Er enthält die beiden *Use Cases* Auftrag ausführen und Artikel erfassen. Beim Ausführen eines Auftrags werden Bestellungen vom Kundensachbearbeiter entgegengenommen und mit Hilfe der Software bearbeitet. Die Eingabe der Artikel erfolgt manuell durch eine Hilfskraft. Alternativ oder ergänzend wäre auch ein *Use Case* möglich, der eine automatische Übernahme der Artikeldaten aus einen Altsystem ermöglicht. In diesem Fall würde die entsprechende Softwareschnittstelle als Akteur eingetragen.

Im zweiten Schritt wird der *Shop* zum *Online Shop* weiterentwickelt, d.h. um die Funktionalität für das Einkaufen im Internet erweitert. Für den *Online Shop* (blau modelliert) lassen sich vier *Use Cases* identifizieren. Die Erfassung der Artikel und die Bearbeitung »normaler« Bestellungen bleiben wie bisher. Der *Use Case* Online-Auftrag erteilen ermöglicht dem Kunden den Einkauf im Internet. Der eingehende *Online*-Auftrag wird dann von Kundensachbearbeiter bearbeitet.

Im *Shop* und im *Online*-Shop beschreiben die angegebenen *Use Cases* die komplette Benutzerfunktionalität auf einem hohen Abstraktionsniveau. Details, z.B. das Ändern von Artikelpreisen oder die Angabe von Lieferanten für die Artikel, werden erst sichtbar, wenn der entsprechende *Use Case* – Artikel erfassen – genauer spezifiziert wird. Die Menge aller *Use Cases* in einem Softwaresystem

Use Case-Modell –
komplette Funk-
tionalität

wird in der UML als **Use Case-Modell** *(use case model)* bezeichnet. Es enthält die komplette Funktionalität der Software und ersetzt die traditionellen funktionalen Anforderungen.

Praxis 4 (Tag 4)
Use Case-Dia-
gramm erstellen
Shop4P3

Öffnen Sie im *Use Case View* das Diagramm *Main* mit einem Doppelklick. Erstellen Sie nun das *Use Case*-Diagramm für den *Shop* (nicht für den *Online Shop).* Mit der Symbol-Schaltfläche *Actor* erstellen Sie einen neuen Akteur. Analog verfahren Sie beim *Use Case*. Die Kommunikationslinie modellieren Sie, indem Sie die Schaltfläche *Association* auswählen, dann den Akteur wählen und den Cursor bei gedrückter Maustaste auf den *Use Case* ziehen. Der Name des *Use Case* wird in *Rational Rose* unter das Oval geschrieben. System-Grenzen lassen sich *nicht* modellieren (Abb. 4.2-4).

Erstellen Sie anschließend im *Use Case View* mit *New/Use Case Diagram* ein zweites *Use Case*-Diagramm. Benennen Sie es mit Online Shop und öffnen Sie es mit einem Doppelklick. Per *drag & drop* ziehen Sie dann die Akteure Kundensachbearbeiter und Hilfskraft sowie die *Use Cases* Artikel erfassen und Auftrag bearbeiten vom *Browser* in das neue Diagramm. Vorhandene Kommunikationslinien werden automatisch »mitgezogen«. Ergänzen Sie das Diagramm mit den weiteren *Use Cases* und dem Akteur wie in Abb. 4.2-3.

120

Auch die *Use Case*-Diagramme werden von Janus nicht zur Generierung verwendet. Es ist also nicht nötig, ein Pilotsystem zu erstellen.

Abb. 4.2-4:
Use Case-Diagramm
in Rational Rose

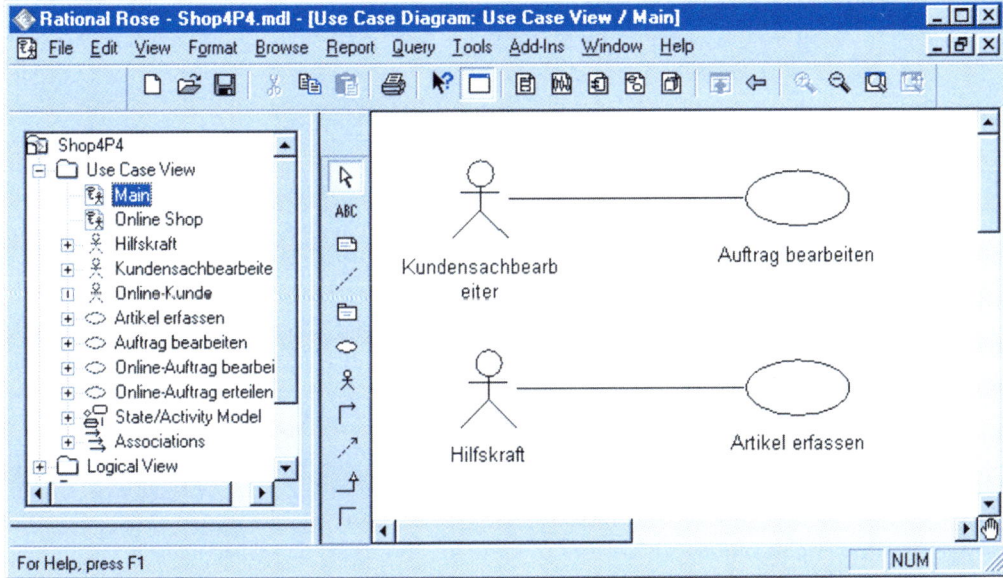

- Schaltfläche *Use Case:* ○
- Schaltfläche *Actor:* ⚥
- Schaltfläche *Association:* ▭

Rational Toolbox
Use Case
Diagram

Jeder *Use Case* muss einen eindeutigen Namen besitzen, der aussagt, was der *Use Case* »macht«. Er soll daher immer ein Verb enthalten. Es ist wichtig, dass *Use Cases* unabhängig von der Benutzungsoberfläche spezifiziert werden. Die Trennung von Funktionalität und Benutzungsoberfläche ist ein Grundprinzip der Modellierung. Benutzungsoberflächen ändern sich aufgrund neuer Techniken schnell und oft muss die Software auf verschiedenen Plattformen laufen.

Tipps zur
Spezifikation

Einfache *Use Cases* können umgangssprachlich beschrieben werden. Auch die Schablone, die in Kapitel 4.1 zur Spezifikation von Geschäftsprozessen eingeführt wurde, kann zur Dokumentation von *Use Cases* eingesetzt werden.

Akteure identifizieren

Methode

- Wer wird das Softwaresystem benutzen?
- Wer gibt Daten in das Softwaresystem ein?
- Wer erhält Daten aus dem Softwaresystem?

Methode   *Use Cases* **identifizieren und spezifizieren**

- Wie werden die Akteure das Softwaresystem nutzen?
- Welches Ergebnis will der Akteur erhalten? Welches Ziel will er erreichen?
- Wann beginnt der *Use Case?* Wann endet er?
- Welche Vorbedingungen müssen erfüllt sein?
- Was ist der Standardfall?
- Welche Alternativen gibt es?
- Welche Erweiterungen sind möglich?

Use Case und
Szenarios

Ein *Use Case* beschreibt im Allgemeinen mehrere Wege durch das System. Jeder Weg wird als ein Szenario bezeichnet. Abb. 4.2-5 zeigt den Zusammenhang zwischen dem *Use Case* und den zugehörigen Szenarios. Für jeden *Use Case* gibt es einen Standard-Ablauf und mehrere alternative Wege.

Szenario –
ein Weg durch
den *Use Case*

Ein *Use Case* ist vergleichbar mit einer Straßenkarte, die Ihnen alle Möglichkeiten zeigt, vom Start zum Ziel zu kommen. Ein Szenario ist genau eine einzige Wegbeschreibung vom Start zum Ziel. Je weiter Start und Ende voneinander entfernt sind und je mehr Straßen es gibt, desto mehr Wegbeschreibungen sind denkbar. Genauso sieht es bei der Modellierung der Funktionalität aus: Während sich für ein Softwaresystem mittlerer Komplexität einige Dutzend *Use Cases* aufstellen lassen, kann es zu jedem *Use Case* wieder Dutzende von Szenarios geben.

Abb. 4.2-5:
Use Case
und Szenarios

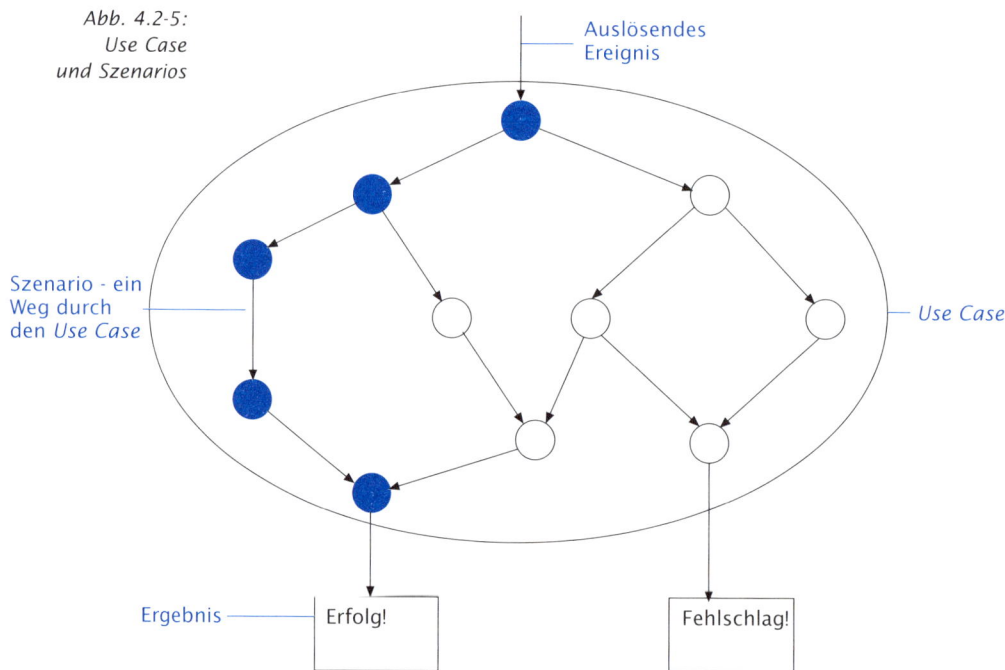

122

Ein **Szenario** *(scenario)* ist eine Sequenz von Funktionen oder Verarbeitungsschritten, die unter bestimmten Bedingungen ausgeführt wird. Das Szenario beschreibt einen konkreten Weg durch den *Use Case* vom Ereignis bis zum Ergebnis.

Szenario – Sequenz von Funktionen

Aus dem *Use Case* Auftrag erfassen lassen sich folgende Szenarios ableiten:

Beispiel Szenarios

1 Ein »alter« Kunde erteilt einen Auftrag und bestellt Artikel, die sich in ausreichender Menge auf Lager befinden.

2 Ein »alter« Kunde, dessen Daten sich geändert haben, erteilt einen Auftrag und bestellt Artikel, die sich in ausreichender Menge auf Lager befinden.

3 Ein Neu-Kunde erteilt einen Auftrag und bestellt Artikel, die sich in ausreichender Menge auf Lager befinden.

Wir betrachten das Szenario 3 genauer (linker Teil der Abb. 4.2-6). Zuerst ist ein neuer – zunächst leerer – Auftrag zu erstellen. Die Kundenbestellung enthält keine Kundennummer. Um zu vermeiden, dass Kunden mehrfach erfasst werden, wird geprüft, ob der Kunde bereits gespeichert ist. Wir gehen davon aus, dass das nicht der Fall ist und erfassen die Daten des Neu-Kunden. Anschließend werden alle Auftragspositionen eingegeben und die gewünschten Artikel ausgewählt. Zum Schluss wird die Rechnung gedruckt.

Dieses Szenario kann fast vollständig mit dem generierten Pilotsystem ausgeführt werden (rechter Teil der Abb. 4.2-6). Es wird zuerst ein Erfassungsfenster für einen neuen Auftrag geöffnet. Aus diesem Fenster heraus wird ein Fenster für die Erfassung eines neuen Kunden geöffnet. Für jede Position wird ein Erfassungsfenster geöffnet, aus dem dann wiederum ein Fenster zum Auswählen des Artikels geöffnet wird.

Das Pilotsystem ermöglicht es Ihnen, eine bessere und konkretere Vorstellung von der Funktionalität der Software zu erhalten. Je nach Anwendungstyp lassen sich oft bis zu 80 oder gar 90 Prozent der Funktionalität durch Verwaltungsfunktionen realisieren. Einige Funktionen – wie bei diesem Beispiel das Drucken der Rechnung – müssen individuell programmiert werden. Im nächsten Kapitel werden Sie mehr dazu erfahren.

Abb. 4.2-6:
Szenario zum
Ausführen eines
Auftrags mit dem
Pilotsystem

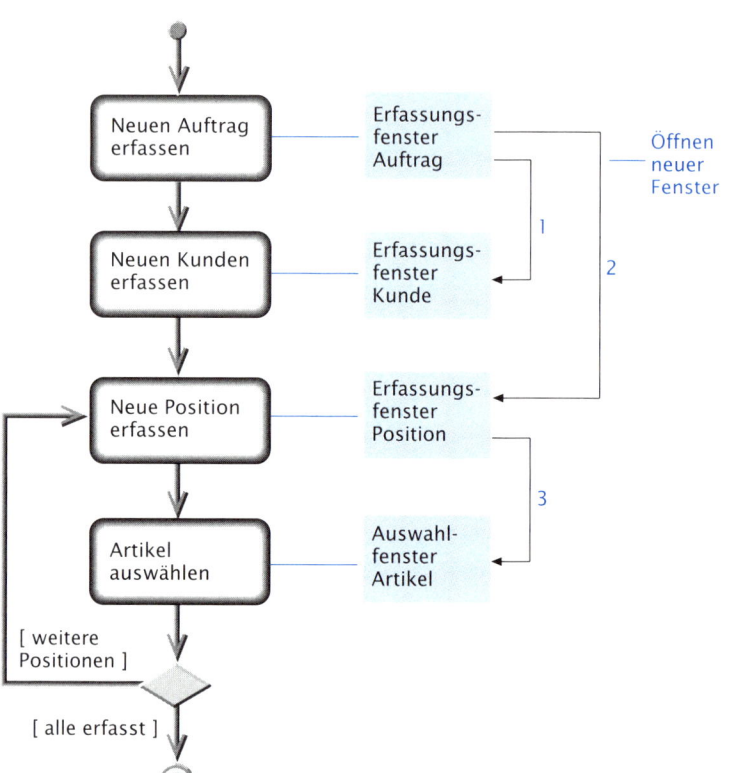

Praxis 5 (Tag 4) Führen Sie das Szenario – wie in Abb. 4.2-6 beschrieben – mit dem
Szenario generierten Pilotsystem aus. Wie Sie bereits wissen, bildet Janus
»durchspielen« alle Assoziationen standardmäßig auf die Oberfläche ab und erzeugt
Shop4P5 jeweils eine Reihe von Symbol-Schaltflächen (z.B. um ein neues
Erfassungsfenster zu öffnen). Eine Übersicht aller generierten Sym-
bol-Schaltflächen und ihrer Bedeutung finden Sie in Abb. 4.2-7.

Assoziationen Um die Arbeitsabläufe mit der generierten Anwendung auszufüh-
vereinfachen ren, sind meistens nicht alle Symbol-Schaltflächen erforderlich.
Überflüssige Schaltflächen sollten Sie entfernen, um die Benutzungsschnittstelle des Pilotsystems zu vereinfachen. Beim »Durchspielen« der Szenarios können Sie einfach feststellen, welche Symbol-Schaltflächen wirklich benötigt werden.

Um für den *Use Case* Auftrag ausführen die Szenarios »durch-
zuspielen«, ist nur ein Teil der generierten Symbol-Schaltflächen
notwendig. Um Symbol-Schaltflächen zu entfernen, öffnen Sie den
Specifier für die jeweilige Klasse und wählen Sie unter *Elements* die
entsprechende Assoziation aus. Dann entfernen Sie auf der Notizbuchseite *Properties* unter den *Generic Actions* alle nicht benötigten
Schaltflächen.

Insgesamt werden folgende Änderungen durchgeführt:

- Auftrag: Neue Kunden erfassen, vorhandene Kunden auswählen und ggf. deren Daten verändern. `Auftrag → Kunde`
  - ☐ *Classes* Auftrag
  - ☐ *Elements* 1 → Besteller <Association>
  - ☐ *Disconnect, Delete* entfernen.
- Auftrag: Neue Positionen erfassen, evtl. nachträglich ändern und löschen. `Auftrag → Position`
  - ☐ *Classes* Auftrag
  - ☐ *Elements* 1..n → to_Position <Association>
  - ☐ *Disconnect, Select* entfernen.
- Kunde: Neue Aufträge erfassen, vorhandene Aufträge prüfen und ggf. deren Daten verändern. `Kunde → Auftrag`
  - ☐ *Classes* Kunde
  - ☐ *Elements* n → Bestellungen <Association>
  - ☐ *Disconnect, Delete, Select* entfernen.
- Position: *Nur* vorhandene Artikel auswählen. `Position → Artikel`
  - ☐ *Classes* Position
  - ☐ *Elements* 1 → to_Artikel <Association>
  - ☐ *Disconnect, Delete, Edit, New* entfernen.

Wenn eine neue Kundenbestellung eintrifft, kann mit der Erfassung also wahlweise beim Auftragsfenster oder beim Kundenfenster begonnen werden. Es ist auch möglich, bereits erfasste Aufträge und/oder Kundendaten zu verändern, für den Fall, dass Eingabefehler vorliegen oder der Kunde eine noch nicht ausgeführte Bestellung nachträglich ändern möchte.

Erstellen Sie ein neues Pilotsystem und prüfen Sie, ob die Szenarios wie gewünscht ausgeführt werden können.

Abb. 4.2-7:
Symbol-Schaltflächen
der Assoziationen
und ihre Bedeutung

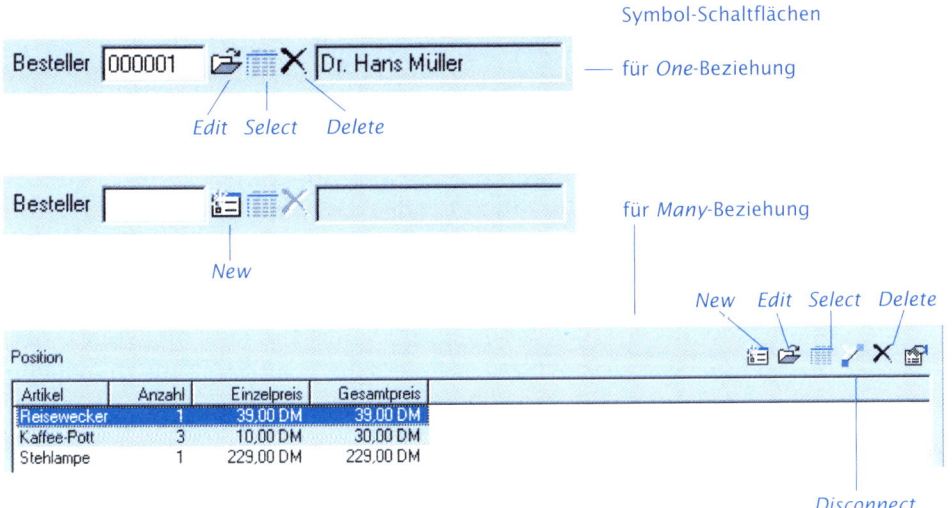

125

Baumstruktur vereinfachen

Die Benutzung des *Shops* kann noch weiter vereinfacht werden. Die Klasse Position besitzt eine untergeordnete Bedeutung, denn Positionen werden immer nur über den Auftrag erfasst. Sie sollten sie daher aus der Baumstruktur entfernen, indem Sie im *Specifier* das Kontrollkästchen *Tree* ausschalten. Obwohl Kunden und Lieferanten im Allgemeinen immer im Zusammenhang mit Aufträgen und Artikeln erfasst werden, bleiben beiden Klassen in der Baumstruktur erhalten. Dann besteht die Möglichkeit, auch mal einen Interessenten in die Kundenliste aufzunehmen und Lieferanten zu erfassen, die – noch – keinen Artikel liefern.

Außerdem können Suchanfragen vorkommen, die direkt vom Kunden bzw. Lieferanten ausgehen. Beispielsweise könnte ein Kunde anrufen und in seiner Bestellung nachträglich etwas ändern wollen.

Abb. 4.2-8 zeigt, wie das Pilotsystem nach diesem Praxisteil aussehen sollte.

Janus Specifier Assoziationen

New: Neues Objekt am Ende der Objektverbindung *(link)* erzeugen und verbinden.
Edit: (Markiertes) Objekt zur Bearbeitung öffnen.
Select: Objekt auswählen und Verbindung dazu aufbauen.
Disconnect: Objektverbindung *(link)* zum (markierten) Objekt entfernen.
Delete: Objekt am Ende der Objektverbindung *(link)* löschen.

Symbol-Schaltflächen bei Assoziationen konfigurieren: Bei *Elements* Assoziation wählen, *Properties/Generic Actions* einstellen. Klasse aus der Baumstruktur entfernen: Kontrollkästchen *Tree* für die Klasse ausschalten.

extend – vom Einfachen zum Komplizierten

Use Cases modellieren die funktionale Struktur der Anwendung auf einer hohen Abstraktionsebene. Bei einem komplexen *Use Case* ist es sinnvoll, zunächst den Basis-*Use Case* zu beschreiben, der dann Stück für Stück erweitert wird. Diese Vorgehensweise besitzt den Vorteil, dass die Standardfunktionalität leicht zu verstehen ist und die Komplexität erst im nächsten Schritt integriert wird.

Die UML bietet für die Modellierung dieser Erweiterungen die **extend-Beziehung** *(extend relationship)* an. Beispielsweise könnten in einer späteren Version des *Shops* auch die Bestellungen beim Lieferanten softwaretechnisch unterstützt werden. Abb. 4.2-9 zeigt, wie diese Erweiterung des ursprünglichen *Use Case* modelliert wird. Der Basis-*Use Case* Auftrag ausführen kann an bestimmten Stellen – die *Extension Points* genannt werden – durch den *Use Case* Artikel bei Lieferant beziehen erweitert werden. Dann kann der Basis-*Use Case* allein ausgeführt werden oder zusätzlich die erweiterte Funktionalität enthalten.

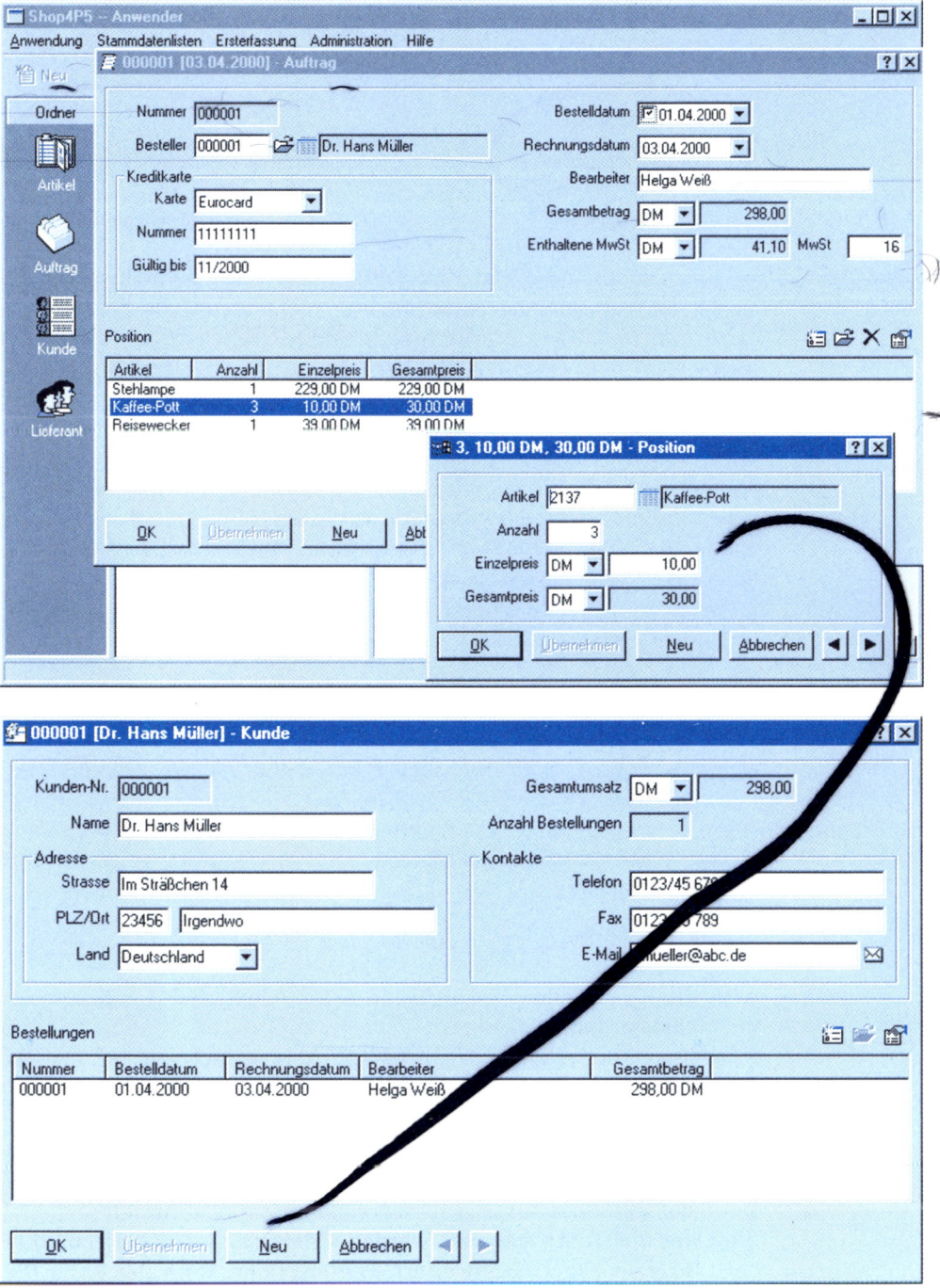

Abb. 4.2-8:
Pilotsystem mit
optimiertem Szenario

127

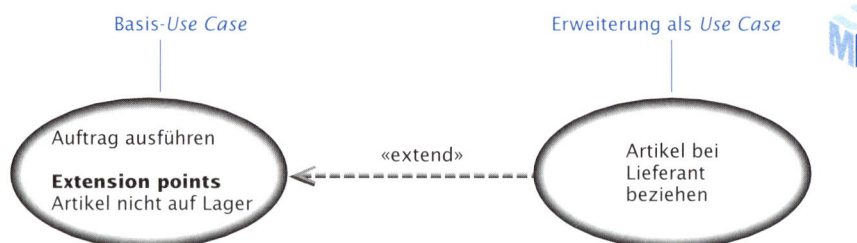

Ein wesentliches Ziel der Modellierung ist – wie beim Programmieren – dass die gleiche Funktionalität nicht mehrmals beschrieben wird und unerwünschte Redundanzen entstehen. Wenn zwei oder mehr *Use Cases* gemeinsames Verhalten besitzen, dann sollte diese Funktionalität durch einen separaten *Use Case* beschrieben werden, der mit der *include*-Beziehung angebunden wird. *Use Cases,* die über die **include**-**Beziehung** *(include relationship)* angebunden werden, können niemals allein existieren, sondern werden immer als Teil eines anderen *Use Case* ausgeführt. In der Abb. 4.2-10 verwenden beide *Use Cases* Wareneingang aus Einkauf bearbeiten und Wareneingang aus Produktion bearbeiten den *Use Case* Ware einlagern.

Abb. 4.2-10:
include-Beziehung

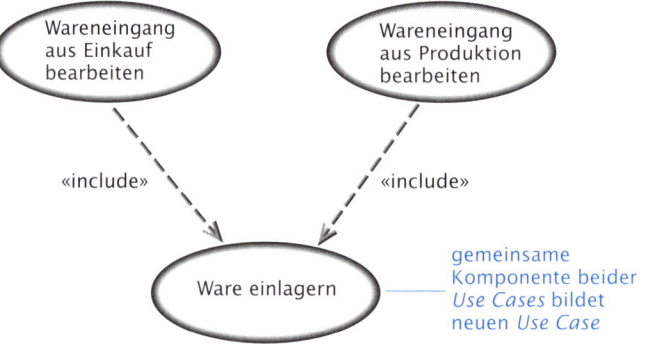

- Akteur erstellen: Schaltfläche *Actor* selektieren, ins Diagramm klicken und benennen.
- *Use Case* erstellen: Schaltfläche *Use Case* selektieren, ins Diagramm klicken und benennen (der Name wird in *Rose* unter das Oval geschrieben).
- Kommunikation eintragen: Schaltfläche *Association* selektieren, dann Akteur wählen und bei gedrückter Maustaste Cursor zu *Use Case* bewegen.
- *Use Case*, Akteur oder Kommunikationslinie im Diagramm löschen: im Diagramm selektieren und Del-Taste.
- *Use Case,* Akteur oder Kommunikationslinie im Modell löschen: im *Browser* selektieren und im *Pop-up*-Menü *Delete* wählen.
- System-Grenzen eintragen: in *Rational Rose* nicht möglich

4.3 Operationen –
die objektorientierten Funktionen

Am zweiten Tag haben wir für die Klassen nur deren Attribute modelliert. Eine wesentliche Eigenschaft der Objektorientierung ist die Kapselung von Daten (Attribute) und zugehörigen Funktionen zu einer Einheit. Die »Funktionen« von Klassen werden als Operationen oder als Methoden bezeichnet.

Eine **Operation** *(operation)* ist eine Dienstleistung, die von einer Klasse zur Verfügung gestellt wird. Alle Objekte einer Klasse verwenden dieselben Operationen. Jede Operation kann auf alle Attribute eines Objekts dieser Klasse direkt zugreifen.

Operation – Funktion in der Objektorientierung

Auf jedes Objekt der Klasse `Auftrag` sind die angegebenen Operationen anwendbar (Abb. 4.3-1). Einige Operationen sind blau eingetragen. Es handelt sich um grundlegende Operationen, die fast jede Klasse benötigt. Sie werden als **Verwaltungsoperationen** bezeichnet.

Verwaltungsoperationen

- `erfassen()`: Erfassen eines neuen Objekts *(new)*.
- `ändern()`: Ändern eines vorhandenen Objekts *(edit)*.
- `löschen()`: Löschen eines Objekts *(delete)*.
- `auswählen()`: Auswählen eines Objekts aus einer Liste und Aufbauen einer Objektverbindung *(select)*.
- `trennen()`: Trennen einer Objektverbindung *(disconnect)*.
- `erstelle Liste()`: Alle Objekte der Klasse anzeigen *(list)*.

Auftrag
erfassen() ändern() löschen() erstelle Liste() drucke Rechnung()

Abb. 4.3-1:
Operationen der
Klasse Auftrag

Operationen werden analog zu den Attributen in das Klassensymbol eingetragen (Abb. 4.3-2). »Normale« Operationen werden auf einzelne Objekte angewendet. Beispielsweise wird für einen Auftrag, d.h. für ein einzelnes Objekt, die Rechnung gedruckt.

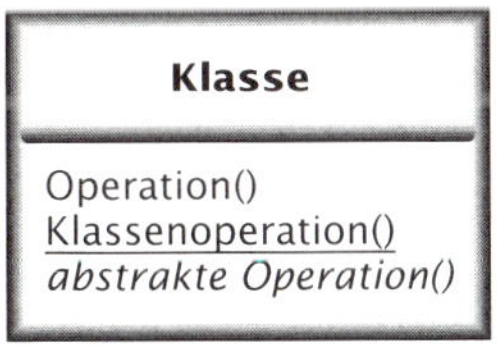

Notation
Operation

Klasse
Operation() <u>Klassenoperation()</u> *abstrakte Operation()*

Abb. 4.3-2:
Notation für
Operation

Weiterhin gibt es Klassenoperationen und abstrakte Operationen. Eine Klassenoperation wird immer auf die Klasse und nicht auf ein einzelnes Objekt angewendet. Abstrakte Operationen sind für Entwurf und Implementierung wichtig. Sie besitzen im Gegensatz zu »normalen« Operationen keinen Operationsrumpf.

Operationsname

Der Operationsname soll ausdrücken, *was* die Operation leistet. Er sollte daher immer ein Verb enthalten, z.B. drucke Rechnung(). Der Name einer Operation muss im Kontext der Klasse eindeutig ein. Außerhalb der Klasse wird die Operation mit Klasse.Operation() bezeichnet.

Beschreibung von Operationen

Jede Operation wird – sofern ihre Funktionsweise nicht bereits aus dem Namen hervorgeht – aus Benutzersicht beschrieben. Bewährt hat sich hier eine umgangssprachliche Formulierung. Die Erfahrung hat gezeigt, dass sich viele Analytiker durch eine formale Spezifikation überfordert fühlen. Im Allgemeinen reicht eine umgangssprachliche Beschreibung auch völlig aus. Komplexe Operationen können auch mit Hilfe des Aktivitätsdiagramms dokumentiert werden.

Praxis 6 (Tag 4)
Operation modellieren
Shop4P6

In das *Rose*-Modell müssen Sie nur die Operation drucke Rechnung() eintragen. Öffnen Sie für die Klasse Auftrag das *Pop-up*-Menü und wählen Sie *New Operation*. Tippen Sie den Operationennamen (ohne Klammern!) ein. Wenn Sie jetzt ein neues Pilotsystem generieren, erhalten Sie im Erfassungsfenster von Auftrag die Schaltfläche »drucke Rechnung«, die natürlich noch keine Wirkung hat, denn der dahinterliegende Programmcode muss individuell in C++ programmiert werden.

Tipps

Wenn Sie OOA-Modelle für Janus erstellen, dann dürfen nur die Anwendungsklassen Operationen besitzen, jedoch *nicht* die elementare Klassen.

Verwaltungsoperationen dürfen ebenfalls *nicht* modelliert werden, weil sie standardmäßig für jede Klasse generiert werden. Auch in Klassendiagrammen, die nicht für Janus bestimmt sind, ist es eine gute Idee, auf Verwaltungsoperationen zu verzichten, weil diese Operationen die Diagramme nur unnötig aufblähen und wenig Informationen liefern.

Vererbung von Operationen

Analog zu Attributen und Assoziationen – wie am dritten Tag beschrieben – werden auch Operationen an die Unterklassen vererbt.

1 Alle Operationen, die auf Objekte von Oberklasse angewendet werden können, sind auch auf Objekte von Unterklasse anwendbar. Die Klassenoperation der Oberklasse ist auch auf die Unterklasse anwendbar.

2 Auf Objekte von Unterklasse (z.B. Objekt2) können OperationA() und OperationB() angewendet werden.

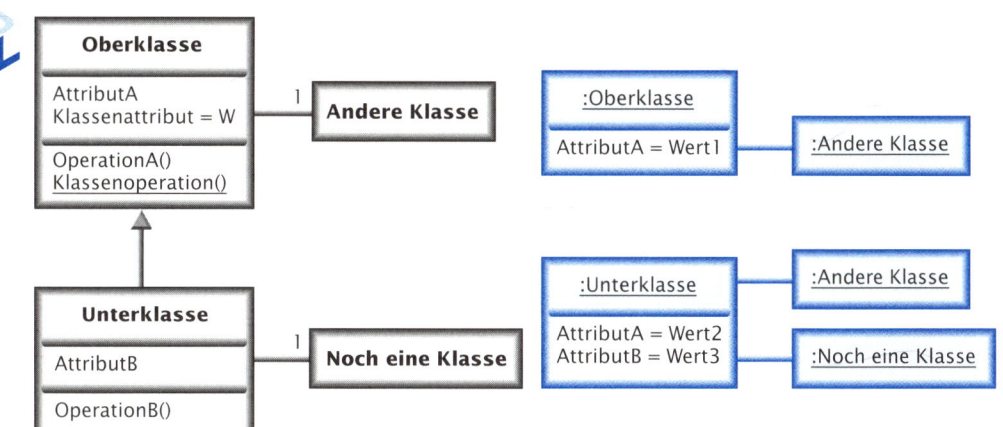

Abb. 4.3-3:
Mechanismus
der Vererbung für
Operationen

In jedem Softwaresystem kommunizieren die Objekte miteinander. Diese Kommunikation wird durch einen Austausch von Botschaften durchgeführt.

Eine **Botschaft** *(message)* ist die Aufforderung eines Senders an einen Empfänger eine Dienstleistung zu erbringen. Der Empfänger interpretiert diese Botschaft und führt eine Operation aus. Da Operationen und Attribute eine Kapsel bilden, können Attribute nur über Operationen gelesen und verändert werden (Abb. 4.3-4).

Botschaft – Operationsaufruf

Abb. 4.3-4:
Objekt als
Datenkapsel

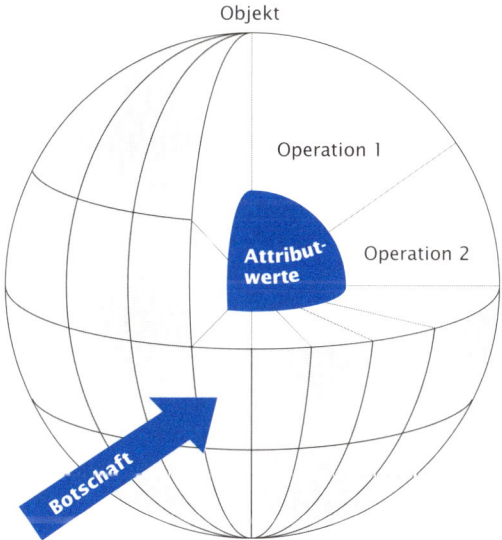

Anstelle des Begriffs *Botschaft* wird in der deutschen objektorientierten Literatur auch *Nachricht* verwendet. Teilweise wird auch von *Operationsaufruf* und *Methodenaufruf* gesprochen. In der englischen Literatur ist der Begriff *message* üblich.

Verwandte
Begriffe

4.4 Sequenzdiagramme –
die Interaktion der Objekte auf der Zeitachse

Wenn ein Objekt Object1 eine Botschaft erhält, kann es selbst eine Botschaft an ein Objekt Object2 schicken und dieses wiederum eine Botschaft an ein Objekt Object3. Dieser »Strom« von Botschaften zwischen Objekten wird als **Sequenz** bezeichnet. Für die Modellierung dieser Sequenzen stellt die UML das Sequenzdiagramm zur Verfügung.

Sequenzdiagramm – Interaktion der Objekte

Das **Sequenzdiagramm** *(sequence diagram)* zeigt, in welcher Reihenfolge Objekte miteinander kommunizieren, um eine bestimmte Aufgabe zu erfüllen. Alle beteiligten Objekte werden in beliebiger Reihenfolge auf der Horizontalen angetragen. Die Vertikale definiert die zeitliche Reihenfolge, in der die Teilaufgaben ausgeführt werden. Das Sequenzdiagramm beschreibt nicht nur die Ausführungsreihenfolge der Operationen, sondern auch die dafür zuständigen Klassen bzw. deren Objekte.

Sequenzdiagramme können dazu verwendet werden, um Szenarios und (einfache) *Use Cases* grafisch darzustellen. Es stellt somit in der UML eine wichtige Verbindung zwischen der Funktionalität und dem Klassendiagramm dar.

Sequenzdiagramm – Szenario grafisch darstellen

Abb. 4.4-1 zeigt, wie ein Szenario durch ein Sequenzdiagramm modelliert wird. Es handelt sich um das Szenario »alter Kunde erteilt einen Auftrag« (Szenario 1 des *Use Case* Auftrag bearbeiten).

Jedes Objekt wird durch ein **Objektsymbol** und eine **Objektlinie** (gestrichelte Linie) dargestellt. Das Objektsymbol zeigt, zu welcher Klasse das Objekt gehört. Die gestrichelte Linie repräsentiert die Lebensdauer des Objekts. Objekte, die erst bei der Ausführung des Szenarios entstehen – hier Auftrag und Position – sind tiefer angeordnet. Objekte, die bereits vor Beginn des Szenarios existieren – hier Kunde und Artikel – werden ganz oben angetragen. Jeder Pfeil symbolisiert eine Botschaft *(message),* die beim Empfängerobjekt eine Verarbeitung auslöst. Erzeugt eine Botschaft ein Objekt im Laufe des Szenarios, dann zeigt der Pfeil direkt auf das Objektsymbol. Bei den Objekten im Sequenzdiagramm handelt es sich im Allgemeinen nicht um spezielle Objekte, sondern sie bilden Stellvertreter für beliebige Objekte der angegebenen Klasse. Die länglichen Rechtecke zeigen die Dauer der jeweiligen Verarbeitung. Ist die Verarbeitung abgeschlossen, dann geht der Kontrollfluss wieder zum rufenden Senderobjekt zurück. Gehören Sender- und Empfängerobjekt zur selben Klasse – wie bei der Botschaft drucke Rechnung() – dann werden die länglichen Rechtecke übereinander »gestapelt«.

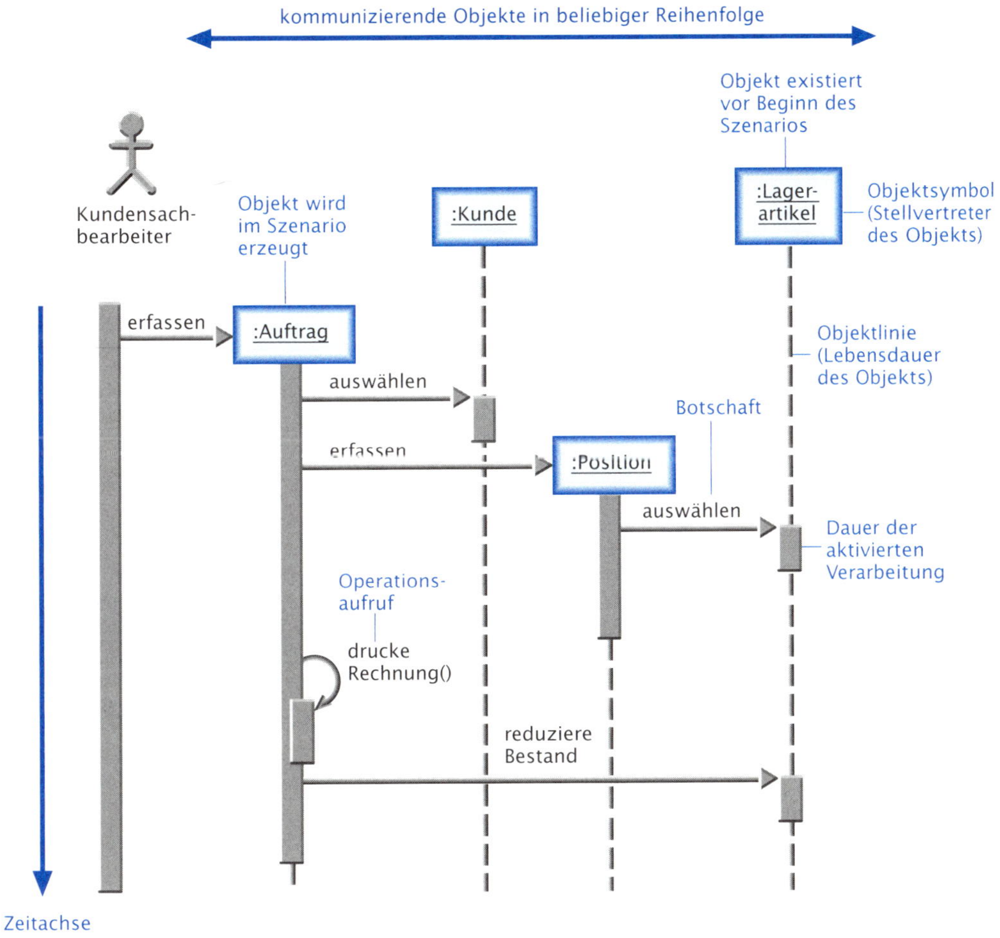

kommunizierende Objekte in beliebiger Reihenfolge

Objekt existiert
vor Beginn des
Szenarios

:Lager-
artikel

Objektsymbol
(Stellvertreter
des Objekts)

Kundensach-
bearbeiter

Objekt wird
im Szenario
erzeugt

:Kunde

erfassen

:Auftrag

Objektlinie
(Lebensdauer
des Objekts)

auswählen

Botschaft

erfassen

:Position

auswählen

Dauer der
aktivierten
Verarbeitung

Operations-
aufruf

drucke
Rechnung()

reduziere
Bestand

Zeitachse

*Abb. 4.4-1:
Sequenzdiagramm
zur Modellierung
von Szenario 1*

Erstellen Sie das Sequenzdiagramm der Abb. 4.4-1 mit *Rational Rose*.
Klicken Sie im *Browser* den *Use Case View* an und öffnen Sie das *Pop-up*-Menü. Wählen Sie *New/Sequence Diagram*. Benennen Sie das neue
Sequenzdiagramm mit »Auftrag bearbeiten Sz1« und öffnen Sie es
mit einem Doppelklick zur Bearbeitung. Ziehen Sie mittels *drag &
drop* den Akteur Kundensachbearbeiter – aus dem *Use Case View* –
in das Sequenzdiagramm. Anschließend verfahren Sie analog mit
den Klassen Auftrag, Kunde, Position und Lagerartikel aus dem
Logical View. *Rational Rose* ordnet alle Objekte – unabhängig davon,
ob sie bereits vor Beginn des Szenarios bestehen oder erst erzeugt
werden – ganz oben an.

Praxis 7 (Tag 4)
Sequenzdiagramm
modellieren
Shop4P7

133

Klicken Sie dann die Symbol-Schaltfläche *Object Message* an. Bewegen Sie den Mauszeiger auf die gestrichelte Linie unter Kundensachbearbeiter und bewegen ihn bei gedrückter Maustaste auf die Objektlinie von Auftrag. *Rational Rose* zeichnet automatisch entsprechende Rechtecke, um die Dauer der aktivierten Operation anzuzeigen. Mit einem Doppelklick auf den Botschaftspfeil öffnen Sie das Fenster *Message Specification* und tippen Sie im Feld *Name* den Text erfassen ein.

Klicken Sie wieder die Schaltfläche *Object Message* an und bewegen Sie die Maus vom Aktivierungsrechteck bei Auftrag zur Objektlinie von Kunde. Bei Kunde trägt *Rose* ein neues Rechteck ein und verlängert automatisch die beiden bestehenden Rechtecke.

Verfahren Sie analog bei allen anderen Botschaften mit Ausnahme vom Drucken der Rechnung. Hier müssen Sie etwas anders vorgehen. Klicken Sie in die Symbol-Schaltfläche *Message to Self* und dann in das Aktivierungsrechteck von Auftrag. *Rose* trägt jetzt einen reflexiven Botschaftspfeil an. Öffnen Sie dafür das *Pop-up*-Menü und wählen Sie die – bereits früher eingetragene – Operation drucke Rechnung() aus.

Ist die Operation noch nicht im Klassendiagramm eingetragen, dann können Sie im *Pop-up*-Menü *<new operation>* wählen. Es öffnet sich das Fenster *Operation Specification*. Tragen Sie im Namensfeld die Operation ein. *Rose* sorgt dann dafür, dass Klassendiagramm und Sequenzdiagramm konsistent sind.

Wie die Abb. 4.4-2 zeigt, trägt *Rose* für Operationen, die durch eine reflexive Botschaft aktiviert werden, keine Aktivierungsdauer an. Daher muss die nächste Botschaft wieder vom Aktivierungsrechteck von Auftrag ausgehen.

Tipp   Beim Erstellen von OOA-Modellen für Janus ist folgende Besonderheit zu berücksichtigen: Aus jeder Operation generiert Janus im Erfassungsfenster automatisch eine entsprechende Schaltfläche, über die der Benutzer diese Funktion aktivieren kann. Das hat für Janus-OOA-Modelle folgende Konsequenz: Nur Funktionen, die auf der Benutzungsoberfläche erscheinen sollen, dürfen im OOA-Modell als Operation eingetragen werden. Daher wurden alle Verwaltungsoperationen – hier erfassen() und auswählen() nur als Botschaften *(Message Specification)* eingetragen. Analoges gilt für reduziere Bestand(), die als interne Operation aufgerufen wird und selbst nicht auf der Oberfläche erscheinen soll.

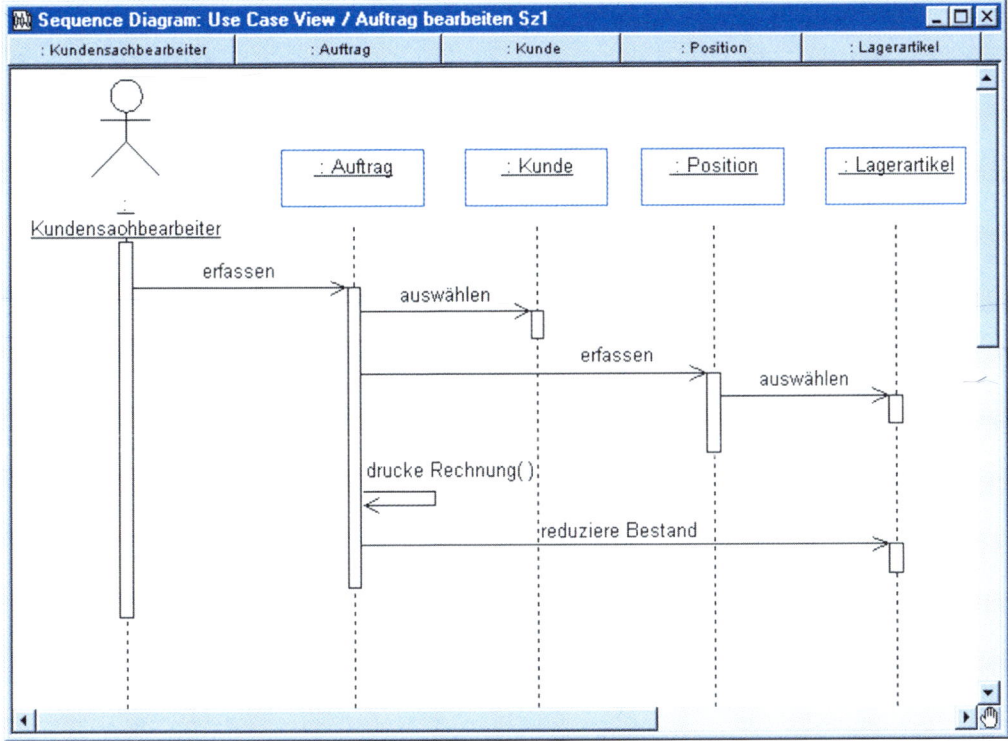

Abb. 4.4-2:
Sequenzdiagramm
zur Modellierung
von Szenario 1
mit Rational Rose

■ Schaltfläche *Object Message:* →
■ Schaltfläche *Message to Self:* ⇄

Rose Toolbox
Sequence
Diagram

Abb. 4.4-3 zeigt das Sequenzdiagramm für das Szenario 3, das in der Abb. 4.2-5 als Aktivitätsdiagramm dargestellt ist. In diesem Szenario wird der Auftrag eines Neu-Kunden bearbeitet.

■ Welche Objekte wirken im Szenario mit?
■ Existieren die Objekte für die gesamte Zeitdauer des Szenarios? (Objektlinie definieren)
■ Mit welcher Botschaft beginnt die Interaktion der Objekte?

Methode
Sequenzdiagramm

Die UML enthält noch zahlreiche andere Notationselemente für Sequenzdiagramme, die vor allem im Entwurf benötigt werden. Für Analysemodelle reichen im Allgemeinen die Basiselementen aus, die in der Abb. 4.4-4 dargestellt sind.

135

Abb. 4.4-3:
Sequenzdiagramm
zur Modellierung
des Szenarios 3

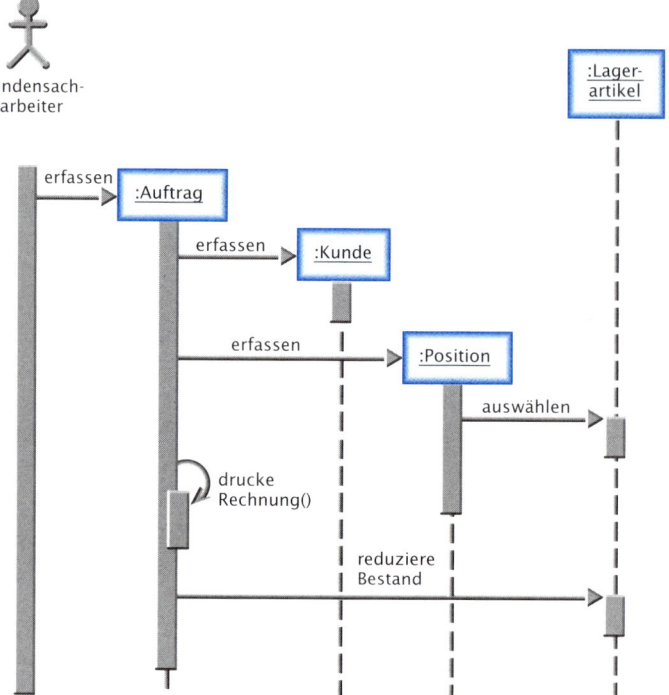

Abb. 4.4-4:
Notation für
Sequenzdiagramm
(Basiselemente)

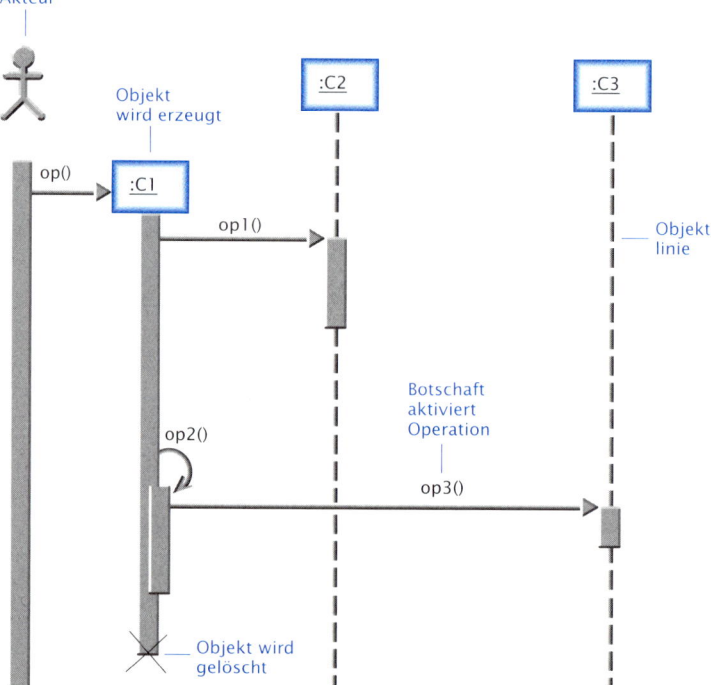

- Akteur eintragen: per *drag & drop* vom *Browser* ins Diagramm ziehen.
- Objekt eintragen: per *drag & drop* vom *Browser* ins Diagramm ziehen.
- Botschaftspfeil eintragen: Schaltfläche *Object Message* selektieren, dann gestrichelte Linie bzw. Aktivierungsrechteck des Senders wählen und bei gedrückter Maustaste Cursor zur gestrichelten Linie des Empfängers bewegen.
- Botschaft benennen: Doppelklick auf Pfeil, dann Name eintragen.
- Vorhandene Operation auswählen: Botschaftspfeil selektieren, im *Pop-up*-Menü Operation auswählen.
- Neue Operation (konsistent mit Klassendiagramm) eintragen: Botschaftspfeil selektieren, im *Pop-up*-Menü *<new operation>* und neue Operation eingeben.
- Akteur oder Objekt im Diagramm löschen: selektieren und Tastenkombination Ctrl + D (ACHTUNG: alle verbundenen Pfeile werden ebenfalls gelöscht, im *Browser* bleiben alle Akteure und Klassen erhalten).
- Botschaft im Diagramm löschen: selektieren und Tastenkombination Ctrl + D (zugehörige Operationen bleiben im Modell erhalten).

Rational Rose
Sequenzdiagramm

Akteur *(actor)* Ein Akteur ist eine Rolle, die ein Benutzer des Systems spielt. Akteure befinden sich immer außerhalb des Systems. Akteure können Personen oder externe Systeme sein.

Aktivitätsdiagramm *(activity diagram)* Das Aktivitätsdiagramm ist ein Ablaufdiagramm, mit dem die einzelnen Schritte in einem →Geschäftsprozess bzw. einem Arbeitsablauf anschaulich modelliert werden können.

Arbeitsablauf → Geschäftsprozess

Botschaft *(message)* Eine Botschaft ist die Aufforderung eines Senders *(client)* an einen Empfänger *(server, supplier)* eine Dienstleistung zu erbringen. Der Empfänger interpretiert diese Botschaft und führt eine →Operation aus.

extend-Beziehung *(extend relationship)* Mit Hilfe der *extend*-Beziehung wird ein →*Use Case* A durch einen *Use Case* B erweitert. Der *Use Case* A beschreibt die Basisfunktionalität, der *Use Case* B spezifiziert Erweiterungen. Der *Use Case* A kann alleine oder mit den Erweiterungen von B ausgeführt werden.

Gabelung *(fork)* Bei einer Gabelung verzweigt der Kontrollfluss im →Aktivitätsdiagramm in mehrere – aus fachlicher Sicht – parallele Pfade. Sie hat immer einen Eingangs- und zwei oder mehr Ausgangspfeile. Gabelung und →Zusammenführung treten immer paarweise auf.

Geschäftsprozess *(workflow)* Ein Geschäftsprozess besteht aus mehreren zusammenhängenden Aufgaben, die durchgeführt werden, um ein Ziel zu erreichen bzw. ein gewünschtes Ergebnis zu erstellen.

Geschäftsprozess-Schablone *(business use case template)* Die Geschäftsprozess-Schablone ermöglicht eine semiformale Spezifikation von →Geschäftsprozessen. Sie enthält folgende Informationen: Name, Ziel, Kategorie, Vorbedingung, Nachbedingung im Erfolgsfall, Nachbedingung bei einem Fehlschlag, Beteiligte, auslösendes Ereignis, Beschreibung des Standardfalls sowie Erweiterungen und Alternativen zum Standardfall.

137

***include*-Beziehung (*include relationship*)** Die gemeinsame Funktionalität von →*Use Cases* A und B kann durch einen *Use Case* C beschrieben werden. Der *Use Case* C kann niemals allein ausgeführt werden, sondern immer nur als Bestandteil von A oder B.

Operation (*operation*) Eine Operation ist eine Dienstleistung, die von einer Klasse zur Verfügung gestellt wird. Alle Objekte einer Klasse verwenden dieselben Operationen. Jede Operation kann auf alle Attribute eines Objekts dieser Klasse direkt zugreifen.

Nachricht →Botschaft

message → Botschaft

Methode →Operation

Schwimmbahn (*swimlane*) Eine Schwimmbahn gruppiert in einem →Aktivitätsdiagramm alle Verarbeitungsschritte, für die eine bestimmte organisatorische Einheit verantwortlich ist. Jeder Verarbeitungsschritt gehört zu exakt einer Schwimmbahn.

Sequenzdiagramm (*sequence diagram*) Das Sequenzdiagramm zeigt, wie Objekte miteinander kommunizieren, um eine bestimmte Aufgabe zu erfüllen. Alle beteiligten Objekte werden in beliebiger Reihenfolge auf der Horizontalen angetragen. Die Vertikale definiert die zeitliche Reihenfolge, in der die Teilaufgaben ausgeführt werden.

Szenario (*scenario*) Ein Szenario ist eine Sequenz von Verarbeitungsschritten, die unter bestimmten Bedingungen auszuführen sind. Ein →*Use Case* wird durch eine Kollektion von Szenarios dokumentiert.

Use Case Ein *Use Case* beschreibt die Funktionalität des Softwaresystems, die ein →Akteur ausführen muss, um ein gewünschtes Ergebnis zu erhalten oder um ein Ziel zu erreichen. *Use Cases* sollen es Ihnen ermöglichen, mit dem zukünftigen Benutzer über die Funktionalität des Softwaresystems zu sprechen, ohne sich gleich in Details zu verlieren.

***Use Case*-Diagramm (*use case diagram*)** Ein *Use Case*-Diagramm beschreibt die Beziehungen zwischen →Akteuren und →*Use Cases* in einem Softwaresystem. Auch Beziehungen zwischen *Use Cases* (→«extend» und →«include») können eingetragen werden.

***Use Case*-Modell (*use case model*)** Die Menge aller *Use Cases* in einem Softwaresystem, d.h. die komplette Funktionalität. Das *Use Case*-Modell ersetzt die traditionelle funktionale Beschreibung.

workflow →Geschäftsprozess

Zusammenführung (*join*) Eine Zusammenführung vereinigt die Kontrollflüsse in einem →Aktivitätsdiagramm. Dementsprechend besitzt sie mehrere Eingangspfeile und einen Ausgangspfeil. →Gabelung und Zusammenführung treten immer paarweise auf.

Ergänzend zu den Daten muss die Funktionalität von Softwaresystemen beschrieben werden. Das zu entwickelnde Softwaresystem existiert nicht allein für sich, sondern ist immer in eine Organisation eingebunden. Um die Funktionalität der Software systematisch zu ermitteln, sollten die Arbeitsabläufe bzw. Geschäftsprozesse die Ausgangsbasis bilden.

Geschäftsprozesse können – je nach Komplexität – einfach umgangssprachlich, mit einer Schablone oder mit Hilfe von Aktivitätsdiagrammen dokumentiert werden. Ein Arbeitsablauf kann ganz oder teilweise durch die Software realisiert werden. Funktionalität, die der Benutzer ausführt, um ein gewünschtes Ergebnis zu erhalten oder ein Ziel zu erreichen, wird als *Use Case* bezeichnet. Jeder *Use Case* wird durch eine Menge von Szenarios dokumentiert, welche die diversen Wege durch den *Use Case* beschreiben. Ein Szenario ist also die konkrete Ausführung eines *Use Case.*

Eine wesentliche Eigenschaft der Objektorientierung ist die Kapselung von Daten (Attributen) und Funktionen zu einer Einheit. Die »Funktionen« von Klassen werden als Operationen bezeichnet.

Um zu zeigen, wie Objekte miteinander kommunizieren, um bestimmte Aufgaben auszuführen, bietet die UML das Sequenzdiagramm an. Es stellt einen Zusammenhang zwischen dem Klassendiagramm, *Use Cases* und Szenarios dar.

Die zentrale Aufgabe für den Aufgabenplaner ist die Erfassung einer neuen Aufgabe. Bei der Erfassung ist zu überlegen, ob der Benutzer der Software diese Aufgabe selbst ausführt oder sie an jemanden delegiert? Wenn Letzteres der Fall ist, dann ist zu prüfen, ob der zuständige Mitarbeiter schon im System erfasst ist. Sind für die Durchführung der Aufgabe irgendwelche Kontaktpersonen notwendig, die aber nicht für die Durchführung zuständig sind? Auch hier ist zu ermitteln, ob diese Personen schon gespeichert sind.

Funktionalität des Aufgabenplaners

- Welche *Use Cases* lassen sich aus der Funktionalität ableiten? Modellieren Sie diese *Use Cases* mit *Rational Rose.*
- Skizzieren Sie die wichtigsten Szenarios in Textform.
- Führen Sie diese Szenarios mit dem generierten Pilotsystem aus und prüfen Sie, wie Sie die Oberfläche vereinfachen können. Geben Sie die notwendigen Einstellungen im *Janus Specifier* an.
- Erstellen Sie zum Schluss für ein beliebiges Szenario ein Sequenzdiagramm mit *Rational Rose.*

Aufgabe

- Welche Aufgaben will der Benutzer des Aufgabenplaners durchführen?

Schritt 1: Use Case modellieren

- Welche verschiedenen »Wege« lassen sich bei den *Use Cases* unterscheiden?

Schritt 2: Szenarios skizzieren

- Wie lässt sich das Pilotsystem vereinfachen?
- Wie wird der Benutzer damit arbeiten?

Schritt 3: Pilotsystem optimieren

- Erstellen Sie für das wichtigste Szenario ein Sequenzdiagramm.

Schritt 4: Sequenzdiagramm modellieren

Quiz of the 4th day
Lösung
Ich gehe, wenn es nicht regnet.

Architekturen –
der Blick hinter die Kulissen

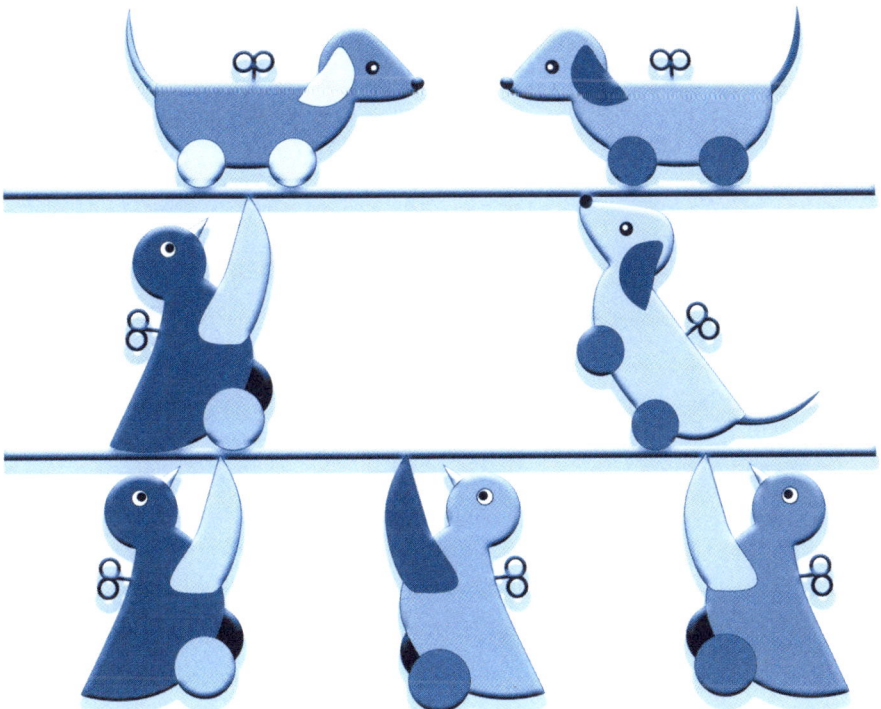

5

Zwei sind ein Paar, drei sind eine Gruppe.
Wie viel sind vier und fünf?

5 Architekturen –
der Blick hinter die Kulissen

 ■ Wissen, wie die UML-Notation in Java abgebildet wird.

■ Erklären können, worin sich objektorientierte Analyse (OOA) und objektorientierter Entwurf (OOD) unterscheiden.

■ Verstehen, was Entwurfsmuster sind und wozu sie benötigt werden.

■ Beobachter-Muster *(observer pattern)* erklären können.

■ Abbildung auf relationale Datenbanken erklären können.

■ Zwei-, Drei- und Mehr-Schichten-Architekturen unterscheiden konnen.

wissen

verstehen

Für das Kapitel 5.3 sind elementare Kenntnisse in relationalen Datenbanksystemen nützlich.

Dieses Kapitel vermittelt Ihnen im Gegensatz zu den ersten vier Tagen, die durch einen großen Praxisanteil geprägt sind, eher theoretisches Wissen. Hier erfahren Sie, wie es nach der objektorientierten Analyse in Entwurf und Implementierung weitergeht und lernen den Stand der Technik der objektorientierten Realisierung kennen.

Software-Architektur Obwohl der Begriff der (Software-)Architektur seit Beginn der ingenieurmäßigen Softwareentwicklung verwendet wird, gibt es interessanterweise keine einheitliche Definition dafür. Ich verwende diesen Begriff wie folgt:

Die **Architektur** eines Softwaresystems bestimmt die Strukturierung des Systems in Komponenten und legt fest, welche Beziehungen zwischen diesen Komponenten existieren und wie sie miteinander interagieren.

Dabei sind nur die *Black-Box*-Eigenschaften der Komponenten von Interesse, d.h. nur diejenigen Informationen, die für die Benutzung der Komponenten benötigt werden. Eine Komponente ist – bei objektorientierten Softwaresystemen – beispielsweise ein Paket oder eine Klasse.

www.sei.cmu.edu/ architecture/ definitions.html Leser, die sich näher mit diesem Begriff beschäftigen wollen, finden weitere Definitionen bei nebenstehender Adresse.

5.1 Analyse und Entwurf – die fachliche und die technische Lösung

Ziel der Analyse Das Ziel der **Analyse** ist es, die Wünsche und Anforderungen eines Auftraggebers an ein neues Softwaresystem zu ermitteln und zu beschreiben. Es muss ein Modell des Fachkonzepts erstellt werden, das konsistent, vollständig, eindeutig und realisierbar ist.

Es ist wichtig, dass bei der Modellbildung in der (System-)Analyse alle Aspekte der Implementierung bewusst ausgeklammert werden, denn Implementierungstechniken ändern sich schnell. Wir abstrahieren von allen technischen Randbedingungen, wie beispielsweise Zugriffszeiten und Speichergröße. Auch die Verteilung der Software auf mehrere Computersysteme betrachten wir vorerst nicht. Es ist auch nicht von Bedeutung, in welcher Form die Daten gespeichert werden. Zusammenfassend können wir sagen: Es ist die Aufgabe fachliche Lösung – Modell der »idealen Welt« des Systemanalytikers, eine **fachliche Lösung** zu modellieren, die durch keine Implementierungstechnik eingeschränkt ist.

Die Systemanalyse gehört zu den anspruchsvollsten Tätigkeiten der Softwareentwicklung, da die Anforderungen des Auftraggebers in der Regel unklar, widersprüchlich sowie fallorientiert sind und sich auf unterschiedlichen Abstraktionsebenen befinden. Das liegt daran, dass der Auftraggeber kein vollständiges Modell des zukünftigen Systems im Kopf hat. Es ist die schwierige Aufgabe des Systemanalytikers, daraus ein konsistentes, vollständiges und eindeutiges Modell zu erstellen, das anschließend realisiert werden kann. Der Systemanalytiker muss sich ganz darauf konzentrieren, was das Softwaresystem später leisten soll, um die Aufgaben des späteren Benutzers optimal zu unterstützen.

Analyse – herausfinden, was der Auftraggeber »meint«

Die Zielsetzung der Analyse ist zunächst unabhängig davon, ob die Analyse umgangssprachlich in Textform, mit strukturierten Analysetechniken oder objektorientiert durchgeführt wird.

Abb. 5.1-1:
Vom Problem zur fachlichen Lösung

Das Ziel der **objektorientierten Analyse** ist es, das zu realisierende Problem zu verstehen und in einem OOA-Modell zu beschreiben (Abb. 5.1-1). Dieses Modell soll die essentielle Struktur und Semantik des Problems, aber noch keine technische Lösung beschreiben. Es darf keinerlei Optimierungen für das verwendete Computersystem oder die benutzte Basissoftware enthalten.

OOA-Modelle sind hochgradig abstrakte, fachliche Lösungen. Sie sind im Allgemeinen nicht geeignet, um mit dem Auftraggeber die fachliche Lösung durchzusprechen. Zum anderen kommen selbst bei erfahrenen Systemanalytikern logische Fehler im OOA-Modell vor, die dann erst bei der Programmierung entdeckt werden.

OOA-Modell – fachliche Lösung in OO-Notation

Aus diesem Grund habe ich für das OOA-Modell des *Shops,* das wir in den ersten vier Tagen erstellt haben, in kurzen Iterationen **Pilotsysteme** erzeugt. Diese Pilotsysteme dienen einerseits dazu, Fehler frühzeitig aufzudecken und zum anderen dienen sie als Basis, um mit dem Auftraggeber die fachliche Lösung zu diskutieren.

Pilotsystem – komplette Anwendung, nur Verwaltungsfunktionen

Wenn ein Werkzeug wie Janus nicht zur Verfügung steht, sollte das OOA-Modell durch einen **Prototyp** der Benutzungsoberfläche visualisiert werden. Das ist ein ablauffähiges Programm, das alle Attribute des OOA-Modells auf die Oberfläche abbildet. Es realisiert weder Anwendungsfunktionen, noch kann es Daten speichern. Der Prototyp besteht aus Fenstern, Dialogen, Menüs usw. Für deren effektive Erstellung gibt es heute zahlreiche Werkzeuge.

Prototyp – Anwendung mit Fenstern, Menüs etc.

Der Systemanalytiker muss herausfinden, was der Auftraggeber wirklich will bzw. was das Softwaresystem können muss, um die Aufgaben der späteren Benutzer optimal zu unterstützen. Um festzustellen, ob alle Wünsche korrekt aufgenommen wurden, muss er das Ergebnis in einer Form dokumentieren, die der Auftraggeber verstehen kann.

Entwurf –
Realisierung auf
hohem Niveau

technische Lösung
– Modell der
»realen Welt«

Abb. 5.1-2:
Objektorientierte
Software-
Entwicklung

Die Aufgabe des **Entwurfs** ist, die fachliche Lösung auf einer Plattform unter den geforderten technischen Randbedingungen zu realisieren, d.h. eine **technische Lösung** zu erstellen. In der Entwurfsphase wird das OOA-Modell unter den Gesichtspunkten von Effizienz und Standardisierung zum OOD-Modell weiterentwickelt. Der **objektorientierte Entwurf** (OOD, *object oriented design*) wird dadurch erheblich vereinfacht, dass von der Analyse zum Entwurf kein Paradigmenwechsel stattfindet. Entwurfs- und Implementierungsphase sind sehr stark miteinander verzahnt. Das bedeutet, dass jede entworfene Klasse direkt implementiert werden kann (Abb. 5.1-2).

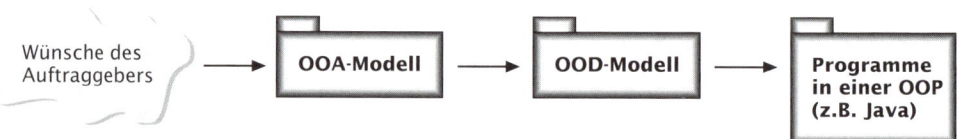

Wünsche des Auftraggebers → **OOA-Modell** → **OOD-Modell** → **Programme in einer OOP (z.B. Java)**

OOD-Modell –
technische Lösung
in OO-Notation

Das **OOD-Modell** ist ein Spiegelbild der objektorientierten Programme und beschreibt diese Informationen auf einem höheren Abstraktionsniveau.

Im Gegensatz zur Analyse zeichnet sich bei Entwurf und Implementierung in der objektorientierten Software-Entwicklung eine immer stärkere Standardisierung ab. Ein ganz wichtiger Aspekt beim Entwicklungsprozess sind die Entwurfsmuster.

5.2 Entwurfsmuster – das Rad nicht immer neu erfinden

Es gibt heute ganze Kataloge über Entwurfsmuster. Ich möchte in diesem Buch an einem der bekanntesten Entwurfsmuster – dem Beobachter-Muster *(observer pattern)* – erläutern, was ein solches Muster ist und wie es verwendet wird.

Praxis 1 (Tag 5)
Beobachter-Muster
im Einsatz

Öffnen Sie in einem neuen *Rose*-Modell zunächst im *Browser* den *Logical View* und erstellen Sie im Diagramm die Klasse Kunde mit den Attributen Nummer und Name. Sie können feststellen, dass die Klasse Kunde ebenfalls im *Browser* angezeigt wird. Expandieren Sie die Klassenansicht im *Browser* (auf + klicken), öffnen Sie im Diagramm für Kunde im *Pop-up*-Menü *Open Specification* und wählen Sie die Notizbuchseite *Attributes*. Alle Änderungen, die Sie in diesem Fenster für die Klasse Kunde durchführen (z.B. Löschen von Attributen) sind – ohne weiteres Zutun Ihrerseits – ebenfalls im Diagramm und im *Browser* sichtbar (Abb. 5.2-1). Analog wirken sich alle Änderungen im *Browser* oder im Diagramm auf die anderen Darstellungen aus.

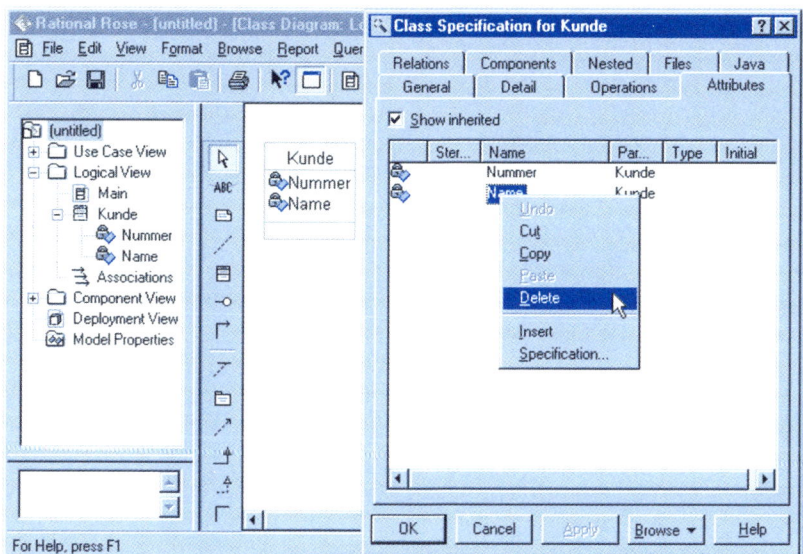

Abb. 5.2-1:
Verschiedene
Präsentationen für
die Modellierung
der Klasse Kunde

Allgemein formuliert: Wenn Sie in einer beliebigen Präsentation der Klasse Kunde Änderungen vornehmen, dann wirken sich diese Änderungen automatisch auf alle anderen Präsentationen dieser Klasse aus. Um derartige Effekte einfach und schnell zu realisieren, verwendet man beim objektorientierten Entwurf das Beobachter-Muster. Ohne automatische Aktualisierung müsste der Benutzer einen Aktualisiere-Befehl eingeben.

Das **Beobachter-Muster** *(observer pattern)* sorgt dafür, dass bei der Änderung eines Objekts alle davon abhängigen Objekte benachrichtigt und automatisch aktualisiert werden.

Beobachter-Muster
– wenn Aktualität
wichtig ist

Wie funktioniert das Beobachter-Muster?

Die Informationen zur Klasse Kunde – den fachlichen Daten – werden durch verschiedene Präsentationen – *Browser*, Diagramm und Fenster *Open Specification* – angezeigt. Zu einem fachlichen Datenobjekt gibt es mehrere Präsentationen, es kann jedoch nicht direkt auf deren Daten zugreifen. Umgekehrt kann jede Präsentation die Daten des fachlichen Objekts lesen oder verändern (Abb. 5.2-2).

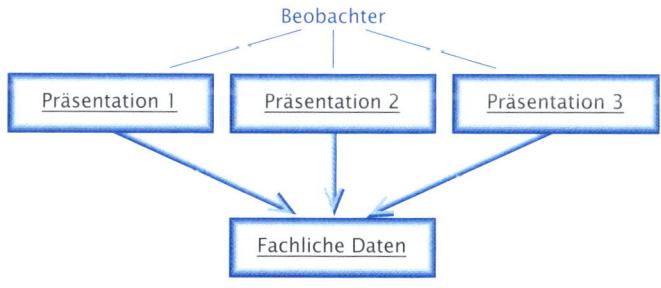

Abb. 5.2-2:
Zum Beobachter-
Muster

Werden beispielsweise Änderungen in der Präsentation 1 durchgeführt, dann läuft Folgendes ab:
- Präsentation 1: aktualisiert die fachlichen Daten.
- Fachliche Daten: informiert alle betroffenen Präsentationen (hier 2 und 3), dass eine Änderung vorliegt; mit anderen Worten: Es sendet die Botschaft »Hallo, meine Daten haben sich geändert«.
- Präsentation 2: holt sich Änderungen vom fachlichen Objekt ab.
- Präsentation 3: holt sich Änderungen vom fachlichen Objekt ab.

Alternative 1   Warum wird das so »umständlich« gemacht? Warum braucht man überhaupt ein Objekt »fachliche Daten«? Warum aktualisiert nicht die Präsentation 1 von sich aus die anderen beiden Präsentationen?

Dann muss jede Präsentation auf alle anderen zugreifen, um sie zu aktualisieren. Da es keinen »*Master*« gibt, entsteht ein komplexes Geflecht von Objekten (Abb. 5.2-3). Diese fehleranfällige Lösung sollte daher auf keinen Fall gewählt werden.

Abb. 5.2-3:
Jeder greift auf
jeden zu – ein kom-
plexes Geflecht

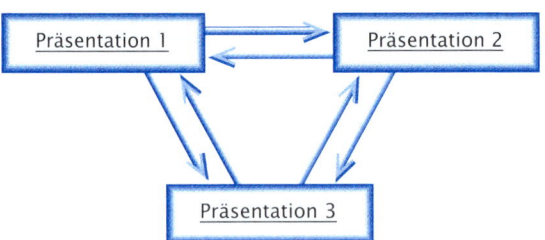

Alternative 2   Das fachliche Objekt ist also nötig. Aber wäre es nicht einfacher, wenn dieses fachliche Objekt die Präsentationen 2 und 3 direkt aktualisiert, sobald es selbst neue Informationen erhält?

Dann besitzt das fachliche Objekt Wissen über die Präsentationsobjekte. Werden die Präsentationen ausgetauscht, geändert oder deren Anzahl erweitert, ist auch immer ein Eingriff in das fachliche Objekt nötig. Dieser Nachteil besteht beim Beobachter-Muster nicht.

Beobachter –
kennen sich nicht   Beim Beobachter-Muster wissen die diversen Beobachter nichts voneinander. So können Präsentationsobjekte hinzugefügt, gelöscht oder geändert werden, ohne dass die vorhandenen Beobachter auch nur im Mindesten betroffen sind. Das Objekt, das die fachlichen Daten verwaltet, kennt alle seine Beobachter dem Namen nach und weiß, dass jeder die Botschaft »Hallo, meine Daten haben sich geändert« versteht. Mehr weiß es nicht!

fachliches Objekt –
informiert
Beobachter

Beobachter –
greift aktiv auf
fachliches Objekt
zu   Die Beobachter können nun die Initiative ergreifen und sich synchronisieren, indem sie aktiv auf das fachliche Objekt zugreifen. Wenn neue Präsentationsobjekte hinzugefügt werden, vorhandene entfernt oder geändert werden, so hat dies keinerlei Auswirkungen auf den Rest der Anwendung, solange die Botschaft »Hallo, meine

Daten haben sich geändert« von allen betroffenen Beobachtern verstanden wird. Die Kommunikation vom fachlichen Datenobjekt zu den Präsentationsobjekten wird auf das absolute Minimum reduziert.

Die Verwendung von Entwurfsmustern ist heute Stand der Technik beim objektorientierten Entwurf. Ein Entwurfsmuster-Katalog gehört auf den Arbeitsplatz eines jeden qualifizierten objektorientierten Softwareentwicklers. Das Standardwerk über Entwurfsmuster wurde von E. Gamma und drei weiteren Autoren /Gamma et al. 95/ verfasst. In der Literatur werden die Autoren dieses Werks auch als GoF *(Gang of Four)* bezeichnet.

GoF – Gang of Four

Q   Wie werden diese Entwurfsmuster dem Software-Entwickler zur Verfügung gestellt? Der Entwurfsmuster-Katalog von GoF enthält mehr als 20 Muster, die alle nach einem einheitlichen Schema beschrieben sind.

Pattern-Katalog – Probleme und deren Lösungen

Nach der Definition des Musters wird erläutert, in welchen Situationen es angewendet werden kann und welche Vorteile sein Einsatz bringt. In einem Klassendiagramm wird die allgemeine Struktur von Klassen, Assoziationen und Vererbungsstrukturen beschrieben. Es enthält die notwendigen Attribute und Operationen und teilweise auch deren Implementierung. Abb. 5.2-4 zeigt das Klassendiagramm für das Beobachter-Muster. Um das dynamische Verhalten zu beschreiben, wird es durch ein Sequenzdiagramm ergänzt. Abb. 5.2-5 beschreibt die Kommunikation zwischen den Objekten. Das Objekt der Klasse Konkretes Subjekt weiß nur, dass es Objekte der Klasse Konkreter Beobachter gibt. Es kennt nur deren Namen und weiß, dass jedes Objekt die Botschaft aktualisiere() interpretieren kann. Sonst hat es keinerlei Wissen über die Beobachter-Objekte, kann auch nicht direkt darauf zugreifen. Der Einfachheit halber werden alle Beobachter über Änderungen informiert, auch derjenige, von dem die Änderung ausging.

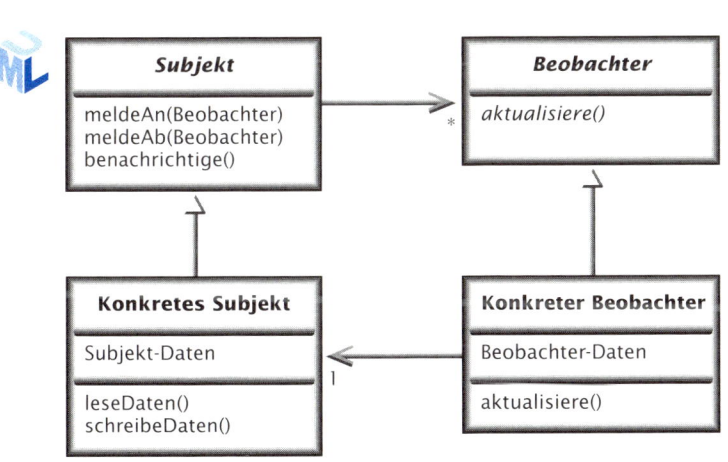

Abb. 5.2-4:
Beobachter-Muster

Abb. 5.2-5:
Interaktionen des
Beobachter-Musters

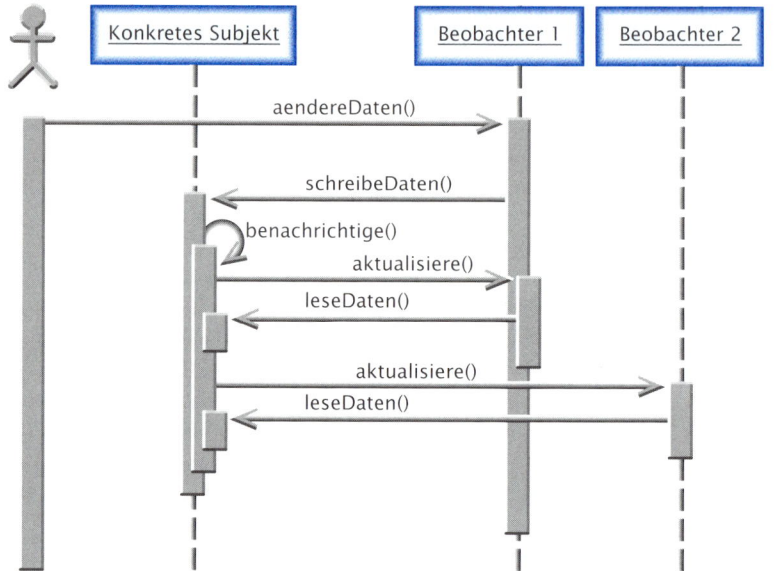

Wie bereits oben erwähnt, ist die Standardisierung beim objektorientierten Entwurf und in der Programmierung sehr hoch. Außer den Entwurfsmustern, die dem Software-Entwickler keinen Programmcode, sondern eher das »gewusst wie« bzw. eine »zündende« Idee für die Lösung von Entwurfsproblemen liefern, sind heute die *Frameworks* von großer Bedeutung, da mit ihrer Hilfe eine hohe Wiederverwendbarkeit erreicht werden kann.

Entwurfsmuster –
»zündende« Idee für
Entwurfsprobleme

Ein **Entwurfsmuster** *(design pattern)* gibt eine bewährte, generische Lösung für ein immer wiederkehrendes Entwurfsproblem an, das in bestimmten Situationen auftritt.

Framework –
vorgefertigter
Programmcode

Ein ***Framework*** besteht aus einer Menge von zusammenarbeitenden Klassen, die einen wiederverwendbaren Entwurf für einen bestimmten Anwendungsbereich implementieren. Es besteht aus konkreten und – insbesondere – aus abstrakten Klassen. Im Allgemeinen wird vom Anwender des *Frameworks* erwartet, dass er Unterklassen definiert, um das *Framework* zu verwenden und anzupassen.

Während Entwurfsmuster einen mehr oder weniger allgemeinen Lösungsansatz aufzeigen, sind *Frameworks* immer spezifisch auf einen Anwendungsbereich ausgelegt. Beispielsweise kann Sie ein *Framework* bei der Erstellung von Finanzsoftware unterstützen. *Frameworks* werden mit Hilfe von Programmiersprachen realisiert. Sie können also ausgeführt und direkt wiederverwendet werden. Sie müssen aber nicht in derselben Sprache geschrieben sein, die der Anwendungsprogrammierer benutzt.

Ein *Framework* bestimmt die Architektur der Anwendung. Es definiert die Struktur der Klassen und Objekte und deren Verantwortlichkeiten, legt fest, wie Klassen und Objekte zusammenarbeiten und wie der Kontrollfluss aussieht. Das *Framework* legt alle diese Entwurfsparameter fest, damit sich der Anwendungsprogrammierer auf die Details der Anwendung konzentrieren kann.

- Durch die Verwendung von *Frameworks* wird die Softwareentwicklung schneller und kostengünstiger, weil vorhandene Ideen und Komponenten übernommen werden.
- Die Qualität wird verbessert und die Wartungskosten werden reduziert, weil alle Anwendungen ähnliche Strukturen besitzen und bestimmte Entwurfsprobleme einheitlich gelöst werden. Die erstellte Software wird dadurch weniger personenabhängig.
- Nachteilig ist natürlich der relativ hohe Einarbeitungsaufwand.
- Außerdem besteht eine Abhängigkeit vom *Framework*-Hersteller.

Vorteile von Frameworks

Nachteile von Frameworks

5.3 Objekt-relationale Abbildung – Verbinden zweier Welten

Objektorientierung gilt heute als Stand der Technik bei der Softwareentwicklung. Andererseits speichern die meisten Firmen ihre Anwendungsdaten in relationalen Datenbanken. Es ist also eine Brücke von der objektorientierten zur relationalen Welt notwendig.

Ich möchte in diesem Kapitel zunächst zeigen, wie die prinzipielle Abbildungssystematik aussieht und dann am Beispiel des *Shops* die konkrete Umsetzung in der Praxis veranschaulichen.

Jede Tabelle wird – unabhängig davon, ob ein fachliches Schlüsselattribut vorhanden ist – um ein **OID-Attribut** erweitert, das die Rolle des Schlüsselattributs spielt. Ein OID-Attribut darf *keinesfalls* eine fachliche Bedeutung besitzen, denn erfahrungsgemäß ändert sich diese Semantik. Würde beispielsweise als OID-Attribut die Kundennummer gewählt und ist eine Erweiterung des Nummernkreises notwendig, dann müssen alle Datensätze, in denen diese Kundennummer als Primär- und Fremdschlüssel vorkommt, aktualisiert werden.

OID-Attribut – Schlüsselattribut ohne fachliche Bedeutung

Sollen objektorientierte Systeme mit relationalen Datenbanken arbeiten, dann ist die Abbildung der OOA-Datentypen auf SQL-Datentypen notwendig.

Typen von OOA zu SQL

Für die Modellierung des Klassendiagramms wurden Janus-Typen verwendet. Die permanente Speicherung der Daten erfolgt mit der Access-Datenbank, die andere Typen verwendet. Daher sind folgende Abbildungen durchzuführen:

151

Janus-Datentyp	Access-Datentyp
Serial	char
String<n>	char/Longtext
Date	Date
Email	char
Currency	Double

Bei Currency-Attributen wird außerdem die aktuell eingestellte Währung in Form einer Code-Nummer gespeichert.

einfachster Fall –
für jede Klasse
eine Tabelle

Im einfachsten Fall wird eine Klasse auf eine Tabelle abgebildet, wobei das OID-Attribut hinzugefügt wird (Abb. 5.3-1).

Abb. 5.3-1:
Abbildung einer
einfachen Klasse
auf eine Tabelle

Kunde

Nummer: Serial
Name: String<30>

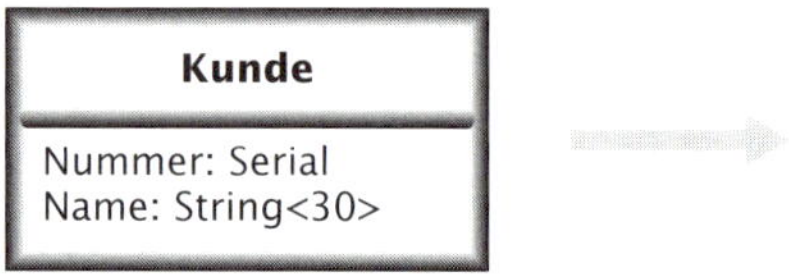

Kunde		
OID	Nummer	Name
2	000001	Dr. Hans Müller
3	000002	Elke Mayer

Strukturen – inte-
grieren oder extra
Tabelle

Ist ein Attribut von einem **Struktur-Typ**, dann gibt es für die Abbildung auf Tabellen zwei Möglichkeiten. Wie Abb. 5.3-2 zeigt, kann das strukturierte Attribut Adresse entweder in die elementaren Komponenten zerlegt und in die Tabelle Kunde integriert oder auf eine eigene Tabelle abgebildet werden. Beim Integrieren in die Tabelle Kunde geht die ursprüngliche Struktur verloren. Bei der anderen Alternative besteht der Nachteil, dass beim Zugriff auf ein Kundenobjekt immer eine zusätzliche Tabellenverknüpfung *(join)* von der Tabelle Kunde zur Tabelle AdresseT durchzuführen ist.

Abb. 5.3-2:
Abbildung eines
strukturierten
Attributs auf eine
oder zwei Tabellen

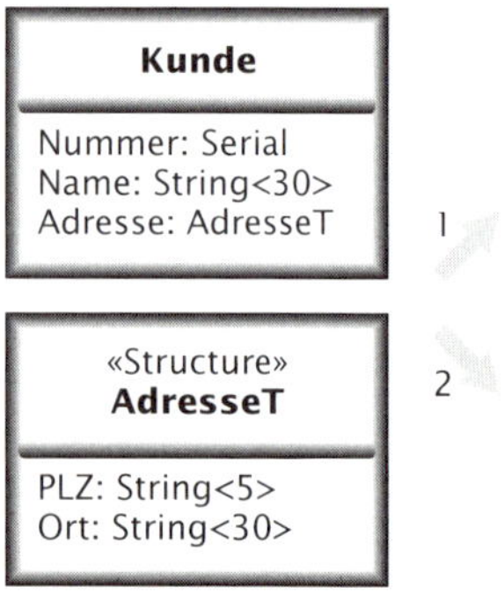

Kunde

Nummer: Serial
Name: String<30>
Adresse: AdresseT

«Structure»
AdresseT

PLZ: String<5>
Ort: String<30>

1

Kunde				
OID	Nummer	Name	Adresse_PLZ	Adresse_Ort
2	000001	Dr. Hans Müller	23456	Irgendwo
3	000002	Elke Mayer	12345	Sonstwo

2

Kunde				AdresseT		
OID	Nummer	Name	AdresseT_OID	OID	PLZ	Ort
2	000001	Dr. Hans Müller	3	3	23456	Irgendwo
4	000002	Elke Mayer	5	5	12345	Sonstwo

Klassenattribut –
eines für alle
Objekte

Klassenattribute sind nur einmal für alle Objekte einer Klasse zu speichern. Daher ist es *nicht* sinnvoll, sie in »normale« Datensätze einer Tabelle zu integrieren, sondern sie werden in eine separate Tabelle eingetragen.

Abbilden der Assoziation

In der objektorientierten Welt »kennen sich « Objekte über ihre Verbindungen *(links)*. Bei relationalen Datenbanken werden diese Verbindungen durch Schlüssel-Fremdschlüssel-Beziehungen realisiert.
Das bedeutet, dass die Tabellen um entsprechende Fremdschlüssel
erweitert werden müssen.

Schlüssel-
Fremdschlüssel-
Beziehung

Betrachten Sie zunächst, wie die 1:m-Assoziation zwischen
Artikel und Lieferant auf Tabellen abgebildet wird. Dabei ist zu
berücksichtigen, dass alle Sätze in einer Tabelle die gleiche Länge
besitzen.

1:m-Assoziation

Soll vom Artikel auf den zugehörigen Lieferanten zugegriffen werden, dann kann zu jedem Artikel die OID des Lieferanten als Fremdschlüssel gespeichert werden (Abb. 5.3-3).

One-Beziehung
integrieren

Die Information, welche Artikel ein bestimmter Lieferant liefert,
kann nicht einfach in eine Tabelle Lieferant integriert werden,
denn zu jedem Lieferanten gibt eine unbekannte Menge von Artikeln. Prinzipiell gibt es zwei Möglichkeiten, um an die gewünschte
Information zu kommen. Man kann alle Sätze der Tabelle Artikel
lesen und alle Artikel des jeweiligen Lieferanten »herausfiltern«.
Die andere Möglichkeit besteht darin, die Beziehungen zwischen
Lieferant und Artikel in einer eigenen Tabelle zu speichern
(Abb. 5.3-3). Diese zweite Alternative ist bei umfangreichen Tabellen
wesentlich effizienter.

Eine separate Tabelle würde eigentlich ausreichen, um auch den
Zugriff in umgekehrter Richtung zu realisieren und damit den
gerade zuvor durchgeführten Fremdschlüsseleintrag in der Tabelle
Artikel überflüssig machen. Wir lassen den Fremdschlüsseleintrag
trotzdem bestehen, denn er erspart beim Zugriff vom Artikel auf

Many-Beziehung
in Tabelle

*Abb. 5.3-3:
Abbildung einer
1:m-Assoziation
auf Tabellen*

153

den Lieferanten den Zugriff auf eine weitere Tabelle *(join)* und ermöglicht daher eine effizientere Lösung.

m:m-Assoziation   Eine **m:m-Assoziation** wird immer auf eine eigene Tabelle abgebildet (Abb. 5.3-4). Sie enthält die Primärschlüssel (OID-Attribute) der beiden beteiligten Tabellen als Fremdschlüssel.

Abb. 5.3-4:
Abbildung einer
m:m-Assoziation
auf Tabellen

Kunde		
OID	Nummer	Name
2	000001	Dr. Hans Müller
3	000002	Elke Mayer

Artikel		
OID	Nummer	Bezeichnung
6	2141	Reisewecker
7	2137	Kaffee-Pott
8	2394	Stehlampe

Kunde_Artikel	
Kunde_OID	Artikel_OID
2	6
2	7
2	8
3	6

Abbildung der Vererbung

Es gibt drei Möglichkeiten, um eine Vererbungshierarchie auf Tabellen abzubilden (Abb. 5.3-5).

eine Tabelle für alle Klassen   Bei der ersten Variante werden alle Objekte aus allen Klassen der Vererbungshierarchie in einer einzigen Tabelle gespeichert. Der Vorteil dieses Ansatzes liegt in seiner Einfachheit. Ein Nachteil ist, dass die entstehende Tabelle »durchlöchert« ist. Beispielsweise können die blauen Felder in der Abb. 5.3-5 niemals einen Wert annehmen. Dieser Nachteil ist jedoch bei Vererbungsstrukturen von geringem Umfang vernachlässigbar.

eine Tabelle für jede konkrete Klasse   Bei der zweiten Variante wird jede konkrete Klasse auf eine Tabelle abgebildet. Sie enthält außer ihren eigenen auch alle Attribute ihrer Oberklassen. Nachteilig ist, dass die Attribute der abstrakten Oberklasse in mehreren Tabellen vorhanden sind. Wenn diese Attribute modifiziert werden, dann sind alle betroffenen Tabellen zu aktualisieren.

eine Tabelle für jede Klasse   Bei der dritten Variante wird jede Klasse – auch eine abstrakte – auf eine Tabelle abgebildet. Die Identität eines Objekts in der Vererbung wird durch die Verwendung eines gemeinsamen OID-Attributs sichergestellt. Der Hauptvorteil dieses Ansatzes ist, dass er am bestem dem objektorientierten Konzept entspricht. Änderungen in der Oberklasse sind mit minimalem Aufwand durchführbar und neue Attribute können in allen Klassen einfach ergänzt werden. Dem stehen jedoch mehrere Nachteile gegenüber. Es entstehen viele Tabellen in der Datenbank, die Zugriffe auf Objekte dauern länger, weil mehrere Tabellen betroffen sind.

Abb. 5.3-5: Abbildung von Vererbungsstrukturen

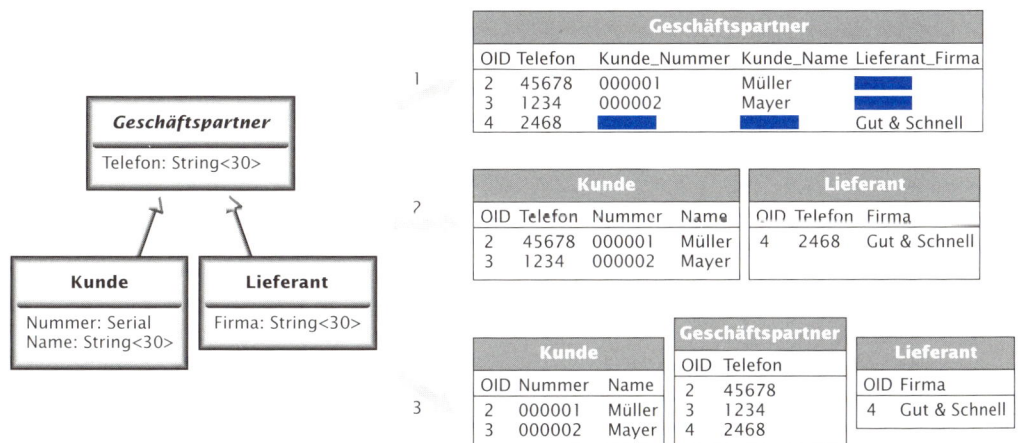

Wenn Sie die Datenbank Microsoft Access 2000 auf Ihrem Computer installiert haben, können Sie sich die objekt-relationale Abbildung von Janus einmal ansehen. Im Verzeichnis, in dem Janus alle generierten Dateien ablegt, befindet sich auch die Access-Datenbank (mit der Endung MDB). Wenn Sie diese Datei mit einem Doppelklick öffnen, werden alle Tabellen der Datenbank angezeigt (Abb. 5.3-6). Sie können jetzt eine beliebige Tabelle – z.B. Artikel – mit einem Doppelklick öffnen (Abb. 5.3-7).

Praxis 2 (Tag 5)
Tabellen in Access

Janus bildet die Vererbungsstruktur auf eine einzige Tabelle ab. Damit der Zusammenhang zwischen Objekt und Klasse nicht verloren geht, wird für jedes Objekt noch eine Klassenidentität in die Tabelle eingetragen. Dann kann beim Zugriff auf die Tabelle Artikel sichergestellt werden, dass nicht versehentlich auf die undefinierten Felder zugegriffen wird.

Sie finden in den Access-Tabellen alle Daten des Pilotsystems wieder. In den vorderen Spalten der Tabelle legt Janus das OID-Attribut (m_oid) und das Attribut für die Klassenidentität (m_cid) ab.

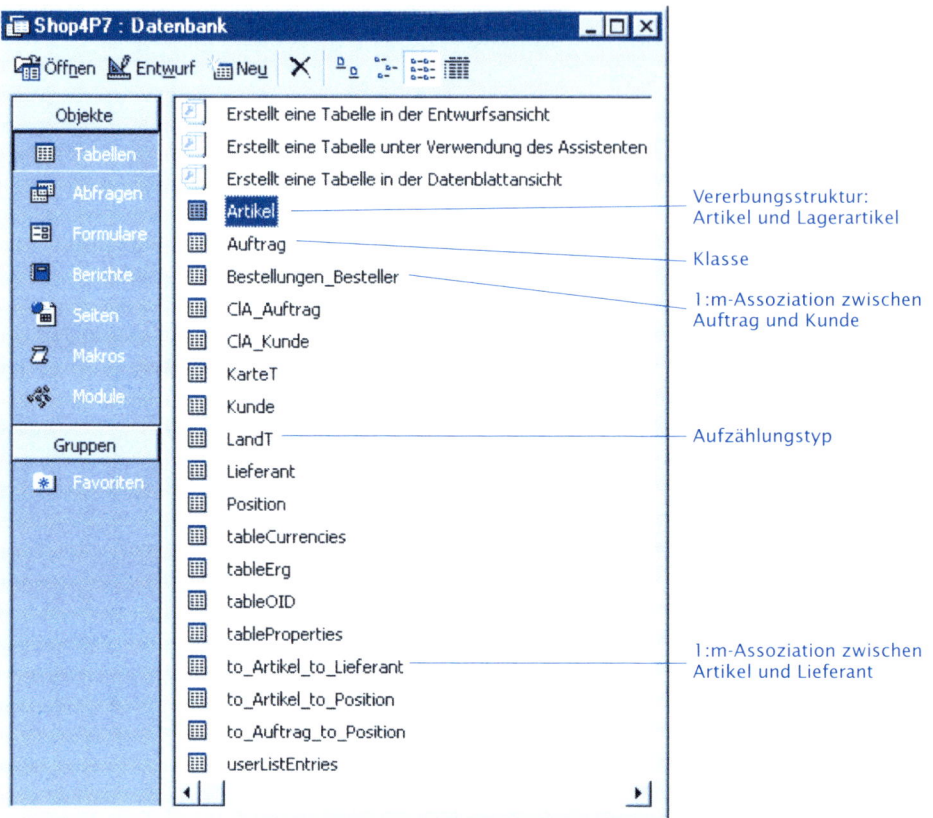

Abb. 5.3-6:
Übersicht über alle
generierten
Access-Tabellen

Abb. 5.3-7:
Tabelle Artikel für die
Vererbungsstruktur

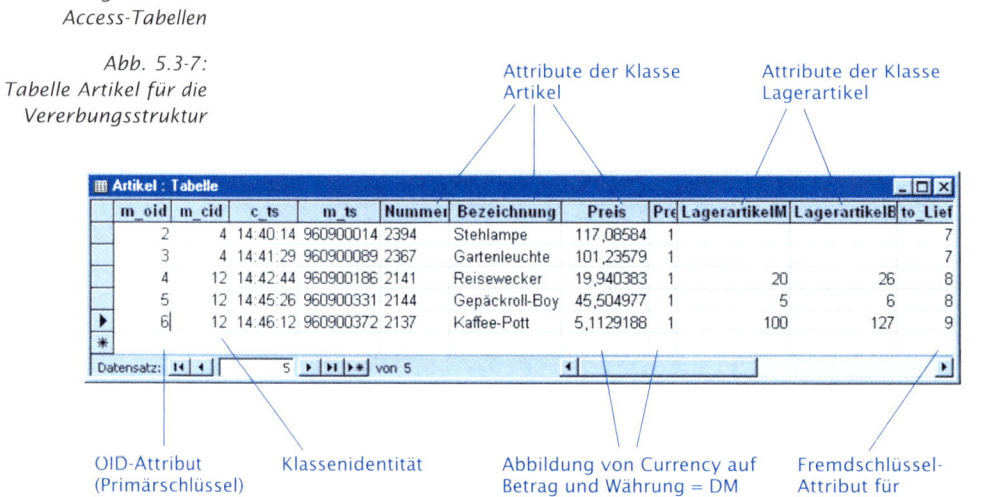

5.4 Schichten-Architekturen – Monolithen sind *out*

Viele der heute »veralteten« Systeme sind bezüglich ihrer anwendungsspezifischen Funktionalität noch ganz »modern«, während ihre Benutzungsoberfläche oder ihre Datenhaltung technologisch veraltet sind. Um die Benutzungsschnittstelle zu aktualisieren, muss oft das ganze System neu geschrieben werden. Ähnlich sieht es aus, wenn eine andere Datenbank verwendet werden soll.

Motivation

Daher ist heute der Stand der Softwaretechnik, Fachkonzept, Benutzungsoberfläche und Datenhaltung weitgehend zu entkoppeln. Änderungen oder gar ein Austausch der Benutzungsoberfläche sollen möglichst wenig Auswirkungen auf das restliche System haben. Analog soll sich eine Anwendung einfach an neue Datenbanken anpassen lassen.

Die meisten Informationssysteme werden heute – mehr oder weniger – in einer **Zwei-Schichten-Architektur** *(two-tier architecture)* entworfen. Sie besteht aus einer Anwendungsschicht, in der die Benutzungsoberfläche und das Fachkonzept in einer einzigen Schicht fest verzahnt sind, und einer Datenhaltungsschicht (Abb. 5.4-1). Bei einer Client/Server-Anwendung befindet sich die Anwendungsschicht auf dem Klienten und die Datenhaltung auf dem Server.

Zwei-Schichten-Architektur – Datenbank und »der Rest«

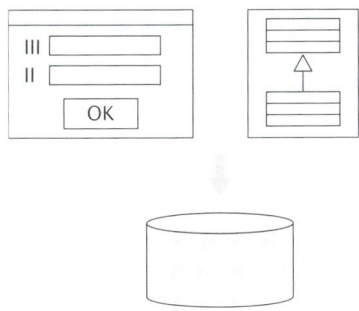 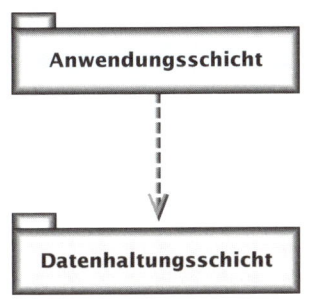

Abb. 5.4-1: Zwei-Schichten-Architektur

Aus dem Entwurfsziel lässt sich direkt die Verwendung einer Drei-Schichten-Architektur ableiten, d.h. wir trennen die Schichten Benutzungsoberfläche, Fachkonzept und Datenhaltung.

Drei-Schichten-Architektur – GUI, Fachkonzept und DB

Die **Drei-Schichten-Architektur** *(three-tier architecture)* besteht aus (Abb. 5.4-2)

- der GUI-Schicht,
- der Fachkonzeptschicht und
- der Datenhaltungsschicht.

Die **GUI-Schicht** realisiert die Benutzungsoberfläche einer Anwendung. Dazu gehören die Dialogführung und die Präsentation aller Daten in Fenstern, Berichten usw. Die **Fachkonzeptschicht** modelliert den funktionalen Kern der Anwendung. Außerdem enthält sie die Zugriffe auf die **Datenhaltungsschicht**, in der die jeweilige Form der Datenspeicherung realisiert wird, z.B. mit einem relationalen Datenbanksystem.

Abb. 5.4-2:
Drei-Schichten-
Architektur

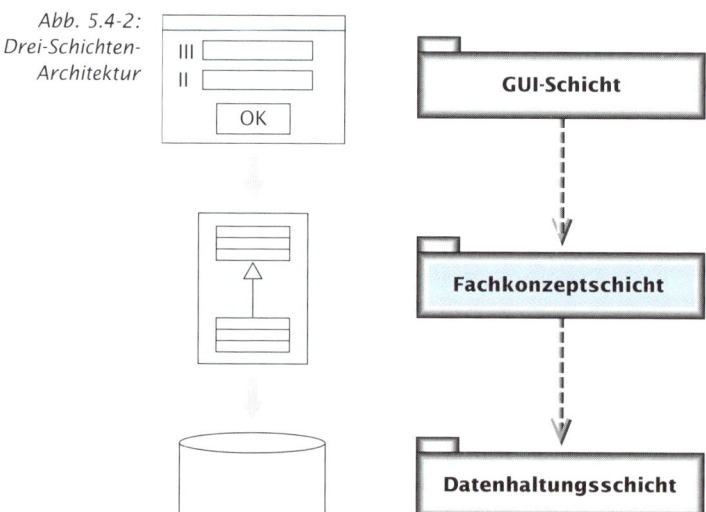

Oft betrachtet man Schichten-Architekturen im Zusammenhang mit Client/Server-Anwendungen. Während bei Letzteren eine Schichten-Architektur unabdingbare Voraussetzung ist, ist sie auch bei *Stand-Alone*-Anwendungen sinnvoll.

Eine grundlegende Idee der Schichten-Architektur ist, dass keine andere Schicht direkt auf die Benutzungsoberfläche – d.h. die GUI-Schicht – zugreifen kann. Das bedeutet, dass keine andere Schicht Wissen über die Benutzungsoberfläche besitzt. Diese konsequente Trennung sorgt dafür, dass die Benutzungsoberfläche später leicht ausgetauscht werden kann.

Weder die Fachkonzeptschicht noch die Datenhaltung dürfen also aktiv auf die GUI-Schicht zugreifen. Wenn die GUI-Schicht trotzdem die aktuellen Daten präsentieren soll, muss sie über alle Veränderungen informiert werden und sich dann selbst die aktuellen Daten von den anderen Schichten »holen«. Man spricht von **indirekter Kommunikation**.

indirekte Kommunikation – kein direkter Zugriff auf GUI

Die indirekte Kommunikation wird mit Hilfe des Beobachter-Musters *(observer pattern)* realisiert. Das Fachkonzeptobjekt besitzt eine Liste aller seiner Beobachter auf der Benutzungsoberfläche. Es schickt diesen Beobachtern eine Botschaft, die das Vorliegen von Änderungen signalisiert. Man spricht auch von Benachrichtigung *(notify)*. Die Beobachter holen sich daraufhin selbstständig die notwendigen Daten.

Die GUI-Schicht erfüllt in einer Drei-Schichten-Architektur zwei unterschiedliche Aufgaben. Das ist einerseits die Präsentation der Information und andererseits die Kommunikation mit der Fachkonzeptschicht. Entsprechend diesen Aufgaben kann eine separate Zugriffsschicht zur Fachkonzeptschicht gebildet werden. Man spricht dann von einer **Mehr-Schichten-Architektur** *(multi-tier architecture)*. Die GUI-Schicht befasst sich dann nur noch mit der Präsentation der Informationen. Normalerweise löst sie ihre Aufgaben mit Hilfe eines GUI-*Frameworks*. Die **Fachkonzept-Zugriffsschicht** ist verantwortlich für alle Zugriffe auf die Fachkonzeptschicht. Die GUI-Schicht arbeitet normalerweise mit einer kleinen Menge von relativ einfachen Typen, während die Fachkonzeptschicht Typen beliebiger Komplexität besitzen kann. Die Zugriffsschicht passt die Daten der Fachkonzeptschicht für die Präsentation durch die GUI-Schicht an. Auf diese Weise verbirgt sie die Komplexität der Fachkonzeptschicht vor der GUI-Schicht.

Mehr-Schichten-Architekturen

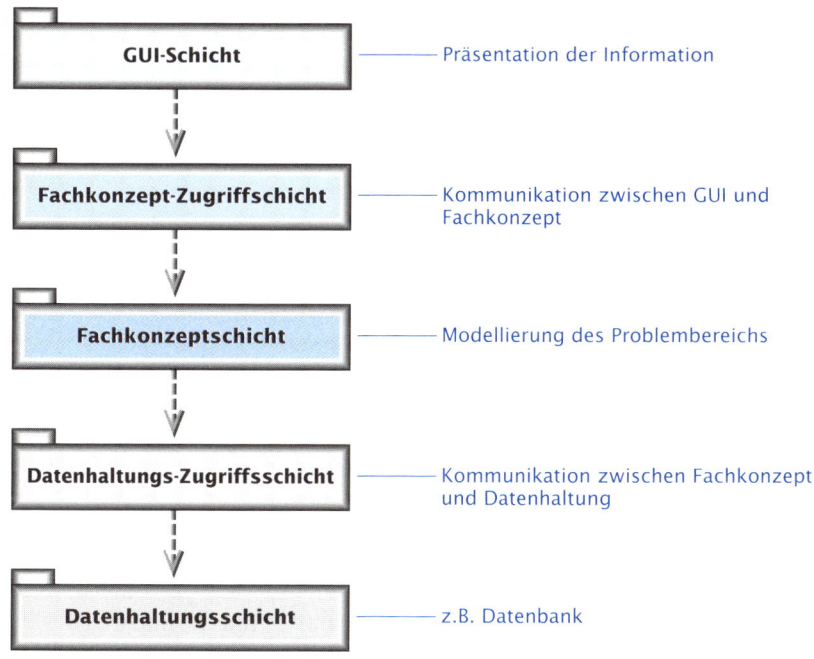

Abb. 5.4-3: Mehr-Schichten-Architektur

- GUI-Schicht — Präsentation der Information
- Fachkonzept-Zugriffschicht — Kommunikation zwischen GUI und Fachkonzept
- Fachkonzeptschicht — Modellierung des Problembereichs
- Datenhaltungs-Zugriffsschicht — Kommunikation zwischen Fachkonzept und Datenhaltung
- Datenhaltungsschicht — z.B. Datenbank

Die Datenhaltung ist am einfachsten zu realisieren, wenn ein objektorientiertes Datenbanksystem verwendet wird. In diesem Fall wird der Datenbankzugriff in die Fachkonzeptschicht integriert. Viele Unternehmen verwenden heute jedoch relationale Datenbanken. Manchmal reichen auch flache Dateien *(flat files)* für die Datenhaltung aus. Prinzipiell muss eine objektorientierte Anwendung mit jeder Form der Datenhaltung zurechtkommen. Dem Zugriff auf die

Datenhaltung

159

Datenhaltung liegt dabei folgende Grundidee zugrunde: Eine Klasse der Fachkonzeptschicht weiß, *wie* sich ihre Objekte in der Datenbank speichern und daraus laden lassen. Wenn ein Objekt auf der Benutzungsoberfläche dargestellt werden soll, dann muss die Fachkonzeptschicht prüfen, ob es bereits im Speicher ist. Falls nicht, dann lädt sie es aus der Datenbank. Aus Sicht der Benutzungsoberfläche ist nicht festzustellen, ob ein Datenbankzugriff stattfindet.

Datenhaltungs-Zugriffsschicht
Eine direkte Verbindung zwischen der Fachkonzeptschicht und der Datenhaltung kann zu Problemen führen. Die Fachkonzeptschicht muss dann neben ihrer eigentlichen Aufgabe – der Modellierung der fachlichen Funktionalität – die Zugriffe auf die Datenhaltung durchführen. Die Lösung liegt in einer separaten **Datenhaltungs-Zugriffsschicht**. Sie füllt die Fachkonzeptobjekte mit Daten aus der Datenbank und aktualisiert die Datenbank bei Änderungen der Fachkonzeptobjekte. Diese Schicht ist der Fachkonzept-Zugriffsschicht ähnlich. Auch hier müssen die Typen der Fachkonzeptschicht gegebenenfalls für die jeweilige Datenhaltung konvertiert werden (Abb. 5.4-3).

verteilte Systeme
Bei Client/Server-Architekturen ist das Softwaresystem zusätzlich auf das Netz zu verteilen. Das bedeutet, dass die Softwarekomponenten den verfügbaren Hardwaresystemen zugewiesen werden. Dieser Prozess unterscheidet sich völlig von der objektorientierten Modellierung. Im Fall einer Verteilung muss das OOD-Modell in ein *Client*-OOD-Modell und ein Server-OOD-Modell unterteilt werden.

Abb. 5.4-4:
Client/Server-Verteilung der drei Schichten

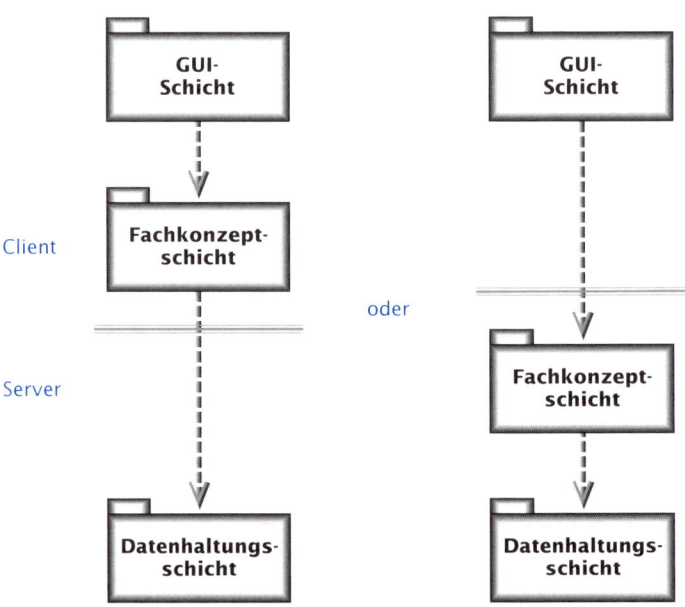

160

Die Benutzungsoberfläche befindet sich immer auf dem Klienten, die Datenhaltung immer auf dem Server (Abb. 5.4-4). Es stellt sich jedoch die Frage, wo sich die Fachkonzeptschicht befinden soll. Bei einem *Client*-basierten Ansatz befindet sie sich auf den *Clients,* was jedoch leistungsfähige Computer auf der *Client*-Seite erfordert. Außerdem müssen Änderungen in der Fachkonzeptschicht eines *Clients* mit allen anderen *Clients* konsistent gehalten werden. Wenn sich die Fachkonzeptschicht auf dem Server befindet, kann die Konsistenz leichter sichergestellt werden. Dabei ist es auch möglich, dass sich Fachkonzeptschicht und Datenbank auf unterschiedlichen Servern befinden.

Für viele der beschriebenen Aufgaben stehen heute Werkzeuge und Klassenbibliotheken zur Verfügung. Beispielsweise kann der Anschluss an relationale Datenbanken durch solche Werkzeuge mehr oder weniger stark unterstützt werden. Andere Werkzeuge unterstützen den Entwerfer bei der Verteilung der Anwendung auf das Netz. *Werkzeuge*

5.5 Von UML zu Java – der problemlose Übergang

Dieses Kapitel soll Ihnen *nicht* die objektorientierte Programmiersprache (OOP) Java beibringen. Die Ziele sind vielmehr, die Umsetzung der objektorientierten Konzepte in eine OOP zu vermitteln und die Durchgängigkeit der objektorientierten Softwareentwicklung von der Analyse bis zur Programmierung zu demonstrieren.

Für viele objektorientierte Konzepte, die Sie kennen gelernt haben, gibt es »Gegenstücke« in Java. Dazu gehören die Klasse mit Attributen und Operationen, die Objekte, das Paket und die Vererbung. Andere Konzepte der Objektorientierung, wie die Assoziation oder das Szenario müssen mit Hilfe der anderen Konzepte »nachgebaut« werden. Die Durchgängigkeit von UML zu Java ist so gut, dass Werkzeuge heute im Allgemeinen diesen Transformationsschritt automatisieren.

UML und Java verwenden teilweise eine unterschiedliche Terminologie. *Terminologie*

UML	**Java**
Klasse *(class)*	Klasse *(class)*
Attribute *(attribute)*	Element *(field)*
Klassenattribut *(class scope attribute)*	*static*-Element
Operation *(operation)*	Methode *(method)*
Vererbung *(generalization)*	Vererbung *(inheritance)*
Paket *(package)*	Paket *(package)*

Klasse, Attribut, Operation

Aus jeder UML-Klasse wird eine Java-Klasse. Für jedes Attribut und jede Operation wird in Java zusätzlich die Sichtbarkeit angegeben. Die Sichtbarkeit private bedeutet, dass nur Operationen dieser Klasse auf das Attribut zugreifen können. Eine public-Operation kann dagegen »von außen«, d.h. von Operationen anderer Klassen aufgerufen werden. Auch in der UML können diese Sichtbarkeiten angegeben werden. Ich habe in meinen OOA-Modellen jedoch der Einfachheit halber darauf verzichtet.

Für die Abbildung von UML-Modellen in Java müssen Sie die Java-Sprachkonventionen einhalten. Attributnamen dürfen beispielsweise weder Umlaute noch Leerzeichen enthalten. Java bietet unter anderem die primitiven Datentypen int (ganze Zahl), short (kurze ganze Zahl) und float (reelle Zahl). Sie beginnen immer mit einem Kleinbuchstaben. String ist kein primitiver Datentyp, sondern wird als Klasse zur Verfügung gestellt. Andere Datentypen aus dem OOA-Modell (z.B. Currency) müssen in Java durch eigene Klassen realisiert werden.

Artikel
Nummer: int Bezeichnung: String Preis: Currency
erfassen() aendern() loeschen()

```
class Artikel
{   private int Nummer;
            //primitiver Datentyp
    private String Bezeichnung;
            //Java-Klasse
    private Currency Preis;
            //eigene Klasse

    public void erfassen()
    { ... }
    public void aendern()
    { ... }
    public void loeschen()
    { ... }
}
```

Objekt

Objekte spielen in einem laufenden Programm natürlich die Hauptrolle, während sie bei der Modellierung mit der UML eher eine untergeordnete Bedeutung besitzen. Java-Objekte sind vergleichbar mit Variablen in einer klassischen Programmiersprache.

einArtikel: Artikel

```
Artikel einArtikel;
        //Referenz auf Objekt
einArtikel = new Artikel();
        //Objekt erzeugen
```

abstrakte Klasse

Abstrakte Klassen werden in Java einfach mit dem Schlüsselwort abstract gekennzeichnet. Von solchen Klassen kann der Programmierer keine Objekte erzeugen. Sie dienen wie in der UML ausschließlich zur Vererbung.

Geschaeftspartner
Telefon: String

```
abstract class Geschaeftspartner
{   private String Telefon;
    ...
}
```

Klassenattribute werden in Java als *static*-Elemente bezeichnet. Sie erhalten den Anfangswert zugewiesen, wenn die Klasse geladen wird.

Klassenattribut

Artikel
Nummer: int Bezeichnung: String Preis: Currency MwSt: short = 16
erfassen() aendern() loeschen()

```
class Artikel
{   private int Nummer;
    private String Bezeichnung;
    private Currency Preis;
    private static short MwSt = 16;
        //Klassenattribut
    ...
}
```

Abgeleitete Attribute werden in Java – wie in anderen OOPs – durch Operationen realisiert. Dadurch ist die Konsistenz zwischen dem ursprünglichen und dem abgeleiteten Wert automatisch sichergestellt.

abgeleitetes Attribut

Artikel
Nummer: int Bezeichnung: String Preis: Currency MwSt: short = 16 /Enthaltene MwSt: Currency
erfassen() aendern() loeschen()

```
class Artikel
{   private int Nummer;
    private String Bezeichnung;
    private Currency Preis;
    private static short MwSt = 16;
        //Klassenattribut
    public Currency enthalteneMwSt()
        //abgeleitetes Attribut
    {...}
    ...
}
```

Assoziationen lassen sich in Java mit Hilfe von Attributen bzw. Elementen *(fields)* realisieren. Sie werden ergänzt durch Operationen bzw. Methoden *(methods)* zum Aufbauen (link()), zum Entfernen (unlink()) und zum Lesen von Objektverbindungen (getlink()).

Assoziation

Für eine *One*-Beziehung reicht ein Element, in dem die Adresse des assoziierten Objekts steht (z.B. wirdGeliefertVon).

Bei einer *Many*-Beziehung wird eine Menge von Elementen benötigt, da ja eine unbekannte Anzahl von Objektadressen gespeichert werden muss. Für die Realisierung dieser *Many*-Beziehung wird in folgendem Programm die Klasse Set verwendet. Das Element gelieferteArtikel kann Adressen beliebig vieler assoziierter Objekte speichern.

```
class Artikel
{   private Lieferant wirdGeliefertVon;
        //One-Beziehung zu Lieferant
    public void link (Lieferant neuerLieferant)
        //baut Objektverbindung auf
    { wirdGeliefertVon = neuerLieferant;
    }
    public void unlink (Lieferant lieferant)
        //entfernt Objektverbindung
    { ...
      wirdGeliefertVon = null;
    }
    public Lieferant getlink ()
        //liest Objektverbindung
    { return wirdGeliefertVon;
    }
}

class Lieferant
{   protected Set gelieferteArtikel;
        //Many-Beziehung zu Artikel
    public void link (Artikel neuerArtikel)
        //baut Objektverbindung auf
    { gelieferteArtikel.addElement (neuerArtikel);
    }
    void unlink (Artikel artikel)
        //entfernt Objektverbindung
    { gelieferteArtikel.removeElement (artikel);
    }
    Artikel getlink (int position)
        //liest Objektverbindung
    { Artikel artikel;
      ...
      artikel= (Artikel) gelieferteArtikel.elementAt (position);
      return artikel;
    }
}
```

Die Vererbung kann exakt aus dem UML-Diagramm in Java übernom-   Vererbung
men werden. Sie wird in Java durch extends gekennzeichnet.

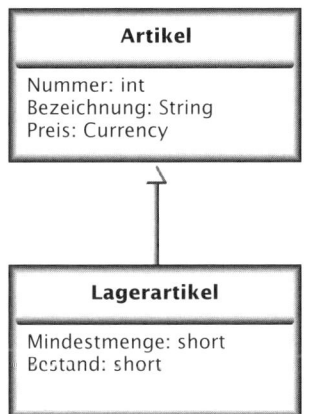

```
class Artikel
{   private int Nummer;
    private String Bezeichnung;
    private Currency Preis;
...
}
class Lagerartikel extends Artikel
{   private short Mindestmenge;
    private short Bestand;
...
}
```

Das Konzept des Pakets ist ebenfalls in Java verfügbar. Die Deklara-   Paket
tion *public* sorgt dafür, dass die im Paket enthaltenen Klassen (hier:
Artikel) außerhalb des Pakets benutzt werden können.

```
package Anwendungsklassen;
public class Artikel {}
```

Viele Werkzeuge ermöglichen die automatische Generierung von   *Forward* und
Programmcode in Java oder C++ aus UML-Modellen. Man spricht in   *Reverse*
diesem Fall von *Forward Engineering*. Analysiert das Werkzeug   *Engineering*
umgekehrt den Quellcode und erstellt daraus wieder ein UML-Modell, so liegt *Reverse Engineering* vor. Auch *Rational Rose* ermöglicht
Forward und *Reverse Engineering*.

Forward Engineering entlastet den Softwareentwickler von der
Routine-Tätigkeit, Klassen aus dem UML-Modell in die Programmiersprache abzubilden. Wichtiger ist das *Reverse Engineering,* denn in
realen Projekten werden kleinere Änderungen im Allgemeinen direkt
in den Programmen durchgeführt. Durch *Reverse Engineering* können anschließend Programm und UML-Modell wieder konsistent
gemacht werden. *Reverse Engineering* ist aber nicht dazu gedacht,
dass Analyse und Entwurf übersprungen werden und direkt mit der
Programmierung in Java oder C++ angefangen wird und anschlie-

165

ßend daraus UML-Modelle erzeugt werden. Auch mit modernen Entwicklungsumgebungen und Sprachen wie Java oder C++ entsteht nur dann Qualitätssoftware, wenn methodisch vorgegangen wird.

Tag5\UMLJava   Wenn Sie mit *Forward* und *Reverse Engineering* selbst ein wenig praktische Erfahrungen sammeln wollen, dann finden Sie ein Beispiel in dem nebenstehenden Verzeichnis.

Architektur *(architecture)* Die Architektur eines Softwaresystems bestimmt die Strukturierung des Systems in Komponenten, und legt fest, welche Beziehungen zwischen diesen Komponenten existieren und wie sie miteinander interagieren. Dabei sind nur die *Black-Box*-Eigenschaften der Komponenten von Interesse, d.h. nur diejenigen Informationen, die für die Benutzung der Komponenten benötigt werden.

Analyse *(analysis)* Aufgabe der Analyse ist die Ermittlung und Beschreibung der Anforderungen eines Auftraggebers an ein Softwaresystem. Das Ergebnis soll die Anforderungen vollständig, widerspruchsfrei, eindeutig, präzise und verständlich beschreiben.

Beobachter-Muster *(observer pattern)* Das Beobachter-Muster ist ein →Entwurfsmuster. Es sorgt dafür, dass bei der Änderung eines Objekts alle davon abhängigen Objekte benachrichtigt und automatisch aktualisiert werden.

Datenhaltungsschicht *(storage tier, database tier)* Die Datenhaltungsschicht realisiert die jeweilige Form der Datenspeicherung, z.B. mit einem objektorientierten oder relationalen Datenbanksystem oder mit flachen Dateien.

Drei-Schichten-Architektur *(three-tier architecture)* Die Drei-Schichten-Architektur besteht aus der →GUI-Schicht (Schicht der Benutzungsoberfläche), der →Fachkonzeptschicht und der →Datenhaltungsschicht.

Entwurf *(design)* Aufgabe des Entwurfs ist – aufbauend auf dem Ergebnis der Analyse – die Erstellung der Softwarearchitektur. Das Ergebnis soll die zu realisierenden Programme auf einem höheren Abstraktionsniveau widerspiegeln.

Entwurfsmuster *(design pattern)* Ein Entwurfsmuster gibt eine bewährte, generische Lösung für ein immer wiederkehrendes Entwurfsproblem an, das in bestimmten Situationen auftritt.

Fachkonzeptschicht *(application logic tier)* Die Fachkonzeptschicht modelliert in einer →Drei-Schichten-Architektur die fachliche Anwendung und die Zugriffe auf die →Datenhaltungsschicht. Das OOA-Modell bildet die erste Version der Fachkonzeptschicht.

Fachliche Lösung Die fachliche Lösung ist ein Modell der »idealen Welt«, das losgelöst von Implementierungstechniken beschrieben wird. In der objektorientierten Welt stellt das →OOA-Modell die fachliche Lösung dar.

Framework Ein *Framework* besteht aus einer Menge von zusammenarbeitenden Klassen, die einen wiederverwendbaren Entwurf für einen bestimmten Anwendungsbereich implementieren. Es besteht aus konkreten und insbesondere aus abstrakten Klassen. Im Allgemeinen wird vom Anwender (=Programmierer) des *Frameworks* erwartet, dass er Unterklassen definiert, um das *Framework* zu verwenden und anzupassen.

GUI-Schicht *(presentation tier)* Die GUI-Schicht ist in einer →Drei-Schichten-Architektur sowohl für die Dialogführung und die Präsentation der fachlichen Daten (z.B. in Fenstern) als auch für die Kommunikation mit der →Fachkonzeptschicht und ggf. mit der →Datenhaltungsschicht zuständig.

Indirekte Kommunikation Die indirekte Kommunikation wird mit Hilfe des →Beobachter-Musters realisiert. Das Fachkonzeptobjekt besitzt eine Liste aller seiner Beobachter. Bei Änderungen benachrichtigt es alle Beobachter. Die Beobachter holen sich daraufhin selbständig die notwendigen Daten.

Mehr-Schichten-Architektur *(multi tier architecture)* Sie entsteht, wenn die →Drei-Schichten-Architektur um weitere Schichten erweitert wird bzw. die vorhandenen Schichten feiner zerlegt werden.

Objektorientierte Analyse *(object oriented analysis)* Ermittlung und Beschreibung der Anforderungen an ein Softwaresystem mittels objektorientierter Konzepte und Notationen. Das Ergebnis ist ein OOA-Modell.

Objektorientierter Entwurf *(object oriented design)* Aufbauend auf dem OOA-Modell erfolgt die Erstellung der Softwarearchitektur und die Spezifikation der Klassen aus Sicht der Realisierung. Das Ergebnis ist das OOD-Modell, das ein Spiegelbild der objektorientierten Programme auf einem höheren Abstraktionsniveau bildet.

OID-Attribut Ein OID-Attribut ist ein Schlüsselattribut in der Tabelle einer relationalen Datenbank, das keinerlei fachliche Bedeutung besitzt.

OOA-Modell Das OOA-Modell ist eine →fachliche Lösung des zu realisierenden Systems, die in einer objektorientierten Notation modelliert wird.

OOD-Modell Das OOD-Modell ist die →technische Lösung des zu realisierenden Systems, die in einer objektorientierten Notation modelliert wird. Das OOD-Modell ist ein Abbild des späteren objektorientierten Programms.

Pilotsystem Ein Pilotsystem ist ein Softwaresystem, das eine komplette Anwendung realisiert, also einschließlich Benutzungsoberfläche und Datenhaltung. Es bietet jedoch nicht die volle Funktionalität, sondern nur die elementaren Verwaltungsfunktionen. Im Gegensatz zum →Prototypen kann das Pilotsystem zu einer einsatzfähigen Anwendung weiterentwickelt werden.

Prototyp Ein Prototyp ist ein Softwaresystem, das bestimmte Aspekte eines – später zu entwickelnden Systems – vorweg nimmt. Häufig werden Prototypen der Benutzungsoberfläche eingesetzt, die nur aus Fenstern, Dialogen, Menüs etc. bestehen. Andere Prototypen dienen beispielsweise zur Evaluierung der technischen Datenbankanbindung. Prototypen werden im Gegensatz zu Pilotsystem im Allgemeinen »weggeworfen«.

Technische Lösung Die technische Lösung realisiert die →fachliche Lösung für konkrete Computer-Umgebungen.

Zwei-Schichten-Architektur *(two-tier architecture)* Bei einer Zwei-Schichten-Architektur sind die Benutzungsoberfläche und das Fachkonzept fest in einer Schicht verzahnt. Die zweite Schicht realisiert die Datenhaltung.

 Analyse und Entwurf sollen bei der objektorientierten Entwicklung präzise getrennt werden. Das ist besonders wichtig, wenn diese Aufgaben in einem Unternehmen von unterschiedlichen Teams durchgeführt werden oder wenn ein Unternehmen nur das OOA-Modell erstellt und die Realisierung (Entwurf und Programmierung) an eine externe Firma vergibt.

Entwurfsmuster sollten heute zum Basiswissen eines jeden objektorientierten Programmierers gehören. Sie ermöglichen elegante und standardisierte Lösungen immer wiederkehrender Entwurfsprobleme.

Von der objektorientierten Softwareentwicklung muss eine Brücke zu den relationalen Datenbanken gebaut werden. Daher ist eine objekt-relationale Abbildung notwendig.

Moderne Entwurfsarchitekturen zeichnen sich durch mehrere Schichten aus. Als Standard kann die Drei-Schichten-Architektur angesehen werden.

Einer der größten Vorteile der objektorientierten Entwicklung ist die perfekte Durchgängigkeit von der Analyse bis zur Implementierung. Von UML zu Java ergibt sich hier ein idealer Übergang.

Aufgabe   Sie können heute bei Ihrem Aufgabenplaner einen Blick hinter die Kulissen werfen und sich mit folgenden Teilaufgaben beschäftigen.

Schritt 1:
Klassen auf
Tabellen abbilden

■ Bilden Sie zunächst das Klassendiagramm des Aufgabenplaners von Tag 3 (Abb. A3-1 der Lösungen) auf Tabellen einer relationalen Datenbank ab.

Schritt 2:
Begründen der ge-
wählten Abbildung

■ Überlegen Sie, welche Möglichkeiten für die Abbildung zur Verfügung stehen und begründen Sie die gewählte Alternative.

Quiz of the 5th day
Lösung
Vier und fünf sind neun.

Servlets –
der Schritt zur Web–Anwendung

6

Welche Frau ist am 20. Februar
geboren, feiert aber
ihren Geburtstag seit 50 Jahren
immer im Sommer?

6 *Servlets* –
der Schritt zur Web-Anwendung

- Wissen, was CORBA ist.
- Wissen, was HTML und XML sind.
- Wissen, wofür JavaScript verwendet wird.
- Wissen, was CGI bedeutet.
- Wissen, was unter ASP zu verstehen ist.
- Wissen, was unter *Applets, Servlets, Java Beans* und *Java Server Pages* zu verstehen ist.
- Verstehen, was eine Client/Server-Anwendung ist.
- Verstehen, was eine Web-Anwendung ist.
- Verstehen, mit welchen Techniken Web-Anwendungen realisiert werden können.
- Verstehen, wie eine Web-Anwendung mit *Servlets* realisiert wird.

wissen

verstehen

Das Ziel dieses Kapitels ist, dass Sie Ihren *Shop* zu einem *Online Shop* weiterentwickeln können. Damit Sie die verwendeten Techniken besser einordnen können, führe ich in diesem Kapitel viele Techniken ein, die im Zusammenhang mit Web-Anwendungen wichtig sind.

6.1 Verteilung im Netz – Klienten und ihre Server

Eine wichtige Aufgabe der Software-Entwicklung besteht darin, verteilte objektorientierte Anwendungen auf heterogenen und vernetzten Systemen zu entwickeln. Statt von verteilten Anwendungen spricht man häufig von Client/Server-Anwendungen. Bei einer **Client/Server-Anwendung** ist jeder Prozess entweder ein Klient oder ein Server.

Client/Server-Anwendung

Der **Server** ist eine Softwareeinheit, die Dienstleistungen zur Verfügung stellt. Von ihm werden alle Datenbankzugriffe geregelt.

Server

Der **Klient** *(client)* ist eine Softwareeinheit, die Dienstleistungen von Servern benutzt. Aus objektorientierter Sicht benutzt der Klient Operationen von Objekten auf dem Server. Mit einer **Anfrage** *(request)* fordert der Klient das Objekt zur Ausführung einer Operation auf.

Klient

Abb. 6.1-1 zeigt den *Shop* als Client/Server-Anwendung. Auf den Klienten befindet sich die Benutzungsoberfläche der Anwendung, d.h. die GUI-Schicht. Alle Klienten greifen auf die zentrale *Shop*-Datenbank des Servers zu.

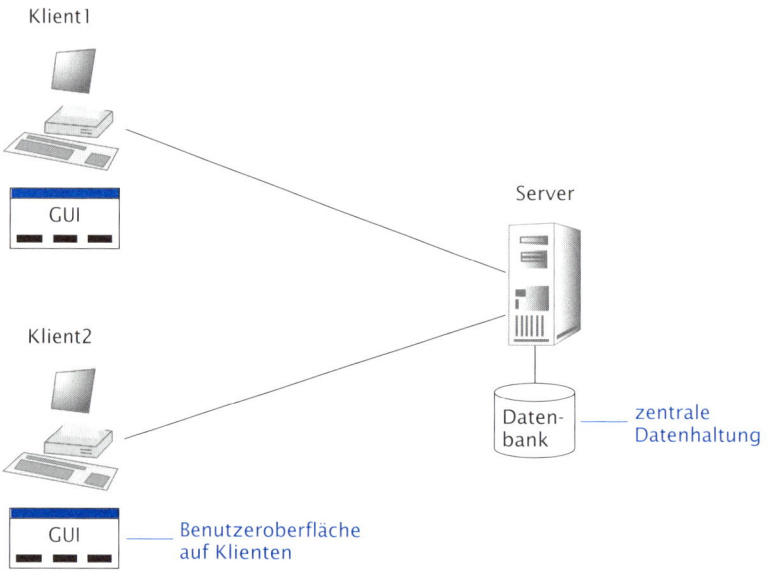

Abb. 6.1-1: Shop als Client/Server-Anwendung

Klient1

GUI

Server

Klient2

Daten-bank

GUI

zentrale Datenhaltung

Benutzeroberfläche auf Klienten

Die Begriffe »Server« und »Klient« bezeichnen häufig auch die Hardware-Systeme, die in einem vernetzten Computersystem einge-setzt werden. Im Allgemeinen muss man aus dem Kontext entneh-men, ob von Hardware oder von Software die Rede ist. Ein bestimm-ter Computer kann – in Abhängigkeit von seiner Software-Konfigura-tion – sowohl Klient als auch Server sein.

Eine Client/Server-Anwendung können Sie mit Janus ganz einfach generieren, indem Sie bei *Janus/Settings* für *Mode* die Alternative *Client/Server* wählen. Bei der Einstellung *Source + Compile + Run* wird automatisch das Fenster *Server – Shop6P1* geöffnet. Es zeigt an, dass der Server aktiv ist. Anschließend wird automatisch der erste Klient gestartet.

Praxis 1 (Tag 6)
Client/Server-Anwendung generieren
Shop6P1

Bei Client/Server-Anwendungen erzeugt Janus in dem aktuellen Verzeichnis die beiden Unterverzeichnisse server und client. In server befinden sich die Server-Anwendung Shop6P1.exe, die Daten-bank und alle generierten Server-Programme. Das Verzeichnis client

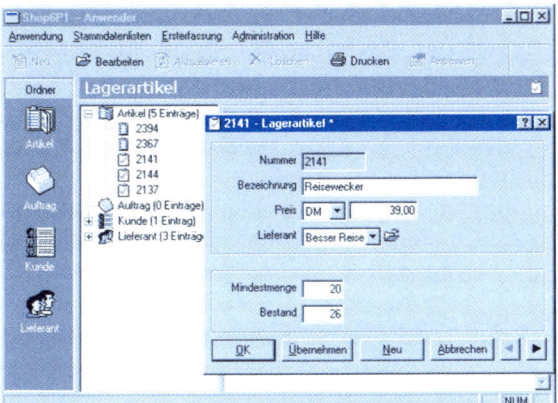

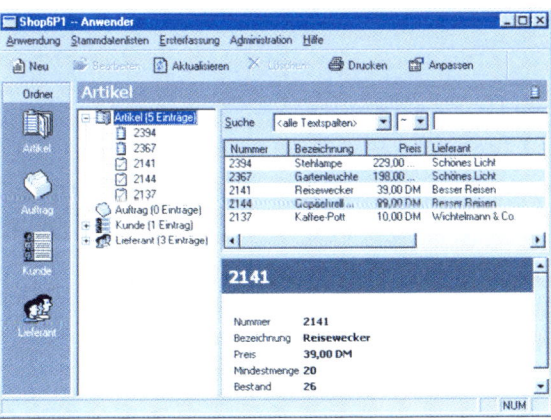

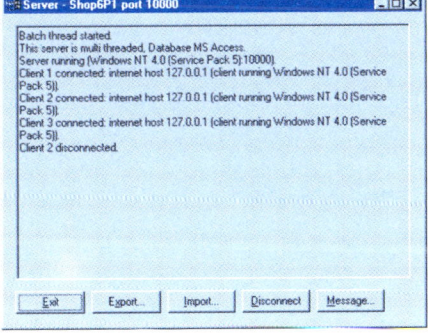

*Abb. 6.1-2:
Generierte Client/
Server-Anwendung*

enthält die Klienten-Anwendung Shop6P1.exe und alle generierten Klienten-Programme.

Sie können die beiden Anwendungen auch direkt mit einem Doppelklick aktivieren. Der erste Schritt ist immer der Start des Servers. Dann können Sie beliebig viele Klienten starten. Abb. 6.1-2 zeigt zwei Klienten und das Server-Fenster, in dem alle Aktivitäten protokolliert werden. Alle Daten, die Sie mit dem ersten Klienten erfassen, sind auch im zweiten Klienten sichtbar. Der von Janus generierte Programmcode sorgt dafür, dass beim Zugriff mehrerer Benutzer auf die Access-Datenbank keine Konflikte auftreten.

Klienten und Server befinden sich bei einer »echten« Anwendung auf verschiedenen Computern und benutzen für die Kommunikation TCP/IP-Sockets. Wir führen der Einfachheit halber Klient und Server auf demselben Hardwaresystem aus. In diesem Fall verbinden sich die Klienten automatisch mit dem Server.

Praxis 2 (Tag 6)
Benutzerverwaltung generieren
Shop6P2

Bei einer Client/Server-Anwendung soll häufig festgelegt werden, welche Personen auf die Datenbank zugreifen dürfen. Janus ermöglicht es, eine einfache Benutzerverwaltung automatisch zu generieren. Wählen Sie dazu im *Specifier* den *Logical View* und stellen dann für *Multi User Support* den Wert True ein. Wenn Sie jetzt ein neues Pilotsystem generieren, dann erhalten Sie zuerst das Fenster Anmelden, in dem Sie sich als Administrator identifizieren müssen. Der einzig gültige Erstzugang ist der Benutzername admin mit dem leeren Kennwort. Als Administrator dürfen Sie im Menü *Administration/Neuer Benutzer* beliebig viele neue Benutzer hinzufügen (Abb. 6.1-3). Wenn Sie anschließend einen neuen Klienten starten, können Sie sich als der neu angelegte Benutzer identifizieren.

Abb. 6.1-3:
Generierte
Benutzerverwaltung

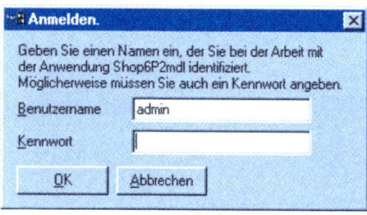
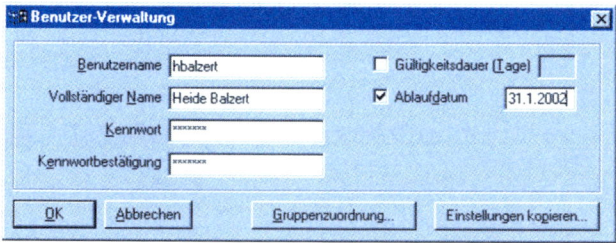

CORBA – macht lokale und entfernte Objekte gleich

Wenn Computer unterschiedlicher Hersteller zusammenwirken müssen, ist ein Standard unerlässlich. **CORBA** *(Common Object Request Broker Architecture)* ist ein internationaler Standard für verteilte Anwendungen, der 1990 entwickelt wurde. Er ermöglicht Operationsaufrufe verteilter Objekte, die sich irgendwo in einem Netzwerk befinden, als ob es sich um lokale Objekte handeln würde. Das bedeutet, dass Objekte miteinander kommunizieren können, unabhängig von der verwendeten Programmiersprache und ebenfalls unabhängig von der Systemplattform, auf der sie sich befinden.

174

Klient und Server-Objekt müssen nicht wissen, wo sich jeweils der andere Partner befindet.

Die wichtigste Komponente von CORBA ist der **ORB** *(Object Request Broker)*, der die Kommunikation zwischen Klient und Server durchführt. Der ORB ist vergleichbar mit einer Telefonvermittlung, die das Anrufen anderer Teilnehmer (Server-Objekte) und das Entgegennehmen von Anrufen (Operationsaufrufen) realisiert. Seine Hauptaufgabe ist es, Operationsaufrufe vom Klienten an das entfernte Server-Objekt zu übermitteln und die Ergebnisse zurückzugeben.

ORB – »Telefonvermittlung« von CORBA

Wenn eine verteilte Anwendung ausschließlich in Java programmiert wird, bietet sich Java RMI an. **Java RMI** *(Java Remote Method Invocation)* ermöglicht es dem Programmierer, verteilte Java-Architekturen zu realisieren. Entfernte Objekte können wie »normale« Java-Objekte verwendet werden. Sie können sich Java RMI wie ein »einfaches CORBA« ausschließlich für Java Programme vorstellen.

Java RMI

6.2 *World Wide Web* – das weltweite Netz der Netze

Das *World Wide Web* (weltweites Netz), kurz Web, W3 oder WWW genannt, ist ein verteiltes *Hypermedia*-Informationssystem. Das WWW basiert auf der *Hypertext*-Technik. Die Informationen sind weltweit verteilt und können auf Computersystemen unterschiedlicher Hersteller mit unterschiedlichen Betriebssystemen liegen. Die Software, mit der man die Dienste des WWW in Anspruch nehmen kann, bezeichnet man als **Web-*Browser*** oder kurz als *Browser*. Weit verbreitete *Browser* sind *Internet Explorer* und *Netscape Communicator*.

Im *Browser* werden die Informationen in Websites dargestellt. Eine **Website** *(web site)* besteht aus einer oder mehreren Seiten, die Text, Grafik, Bilder, Ton usw. enthalten und in einer sinnvollen Weise über *Hyperlinks* miteinander verbunden sind.

Website

Web-Server ermöglichen es, Informationen im Internet bereitzustellen. Sie akzeptieren Anfragen von den Web-*Browsern* und geben den *Browsern* entsprechende Websites zurück. Während der Web-Server nur für das Erstellen von Websites verantwortlich ist, wird die eigentliche Funktionalität der Anwendung vom **Anwendungs-Server** *(application server)* ausgeführt. Web-Server und Anwendungs-Server können auf demselben Computer oder auf verschiedenen Computern laufen. Oft wird nur von einem Server gesprochen und man muss aus dem Kontext entnehmen, ob ein Web-Server oder ein Anwendungs-Server gemeint ist.

Web-Server

Auf dem Markt sind zahlreiche Web-Server verfügbar. Einen guten Überblick gibt die nebenstehende Website. Weit verbreitet ist der Apache Web-Server für Unix- und Windows-Plattformen, der von *The Apache Group* kostenlos zur Verfügung gestellt wird.

serverwatch. internet.com/ webservers.html

175

Im Gegensatz zu Websites, in denen Informationen mehr oder minder aufwändig dargestellt sind, geht es in diesem Kapitel um **Web-Anwendungen** *(web applications)*. Sie können als eine Weiterentwicklung von Websites aufgefasst werden, wobei die Abgrenzung zwischen beiden problematisch ist. In diesem Buch wird unter einer Web-Anwendung eine »richtige« Anwendung verstanden, bei der die Benutzungsoberfläche – im Unterschied zu Client/Server-Anwendungen – in einem *Browser* angezeigt wird. Eine Web-Anwendung benutzt sozusagen eine Website als *Front End*. Im Allgemeinen besitzen Web-Anwendungen ebenso wie Client/Server-Anwendungen eine Datenbank, auf die alle Web-Klienten zugreifen können.

Web-Anwendung

Viele klassische Websites (z.B. Firmen-Präsentationen) sind inzwischen so komplex geworden, dass sie zur Web-Anwendung ausgebaut werden müssen, um den Pflegeaufwand zu senken.

Web-Anwendungen sind nicht auf das Internet beschränkt, sondern können auch alternativ zu Client/Server-Anwendungen im Intranet eingesetzt werden. Sie besitzen den Vorteil, dass sich die komplette Anwendung auf dem Server befindet und der Klient als *Front End* immer einen *Browser* verwendet. Auf dem Klienten muss außer dem *Browser* keinerlei Software installiert werden und alle Benutzer haben die neueste Version der Software zur Verfügung, die nur zentral bereit gestellt werden muss. Dagegen befindet sich bei Client/Server-Anwendungen ein Teil der Anwendung (meist die GUI-Schicht) auf den Klienten.

komplett auf Server

Bei einer Client/Server-Anwendung wird die Verbindung zwischen einem Klienten und dem Server aufgebaut und bleibt bestehen, bis der Klient die Anwendung beendet. Es besteht also eine feste 1:1-Verbindung zwischen Klient und Server. Wie Sie beispielweise in der Abb. 6.1-2 sehen, protokolliert der Server, wann sich Klienten an und abmelden.

Bei einer Web-Anwendung sieht das ganz anders aus. Der Grund hierfür liegt darin, dass bei Web-Anwendungen die Kommunikation zwischen Klient und Server mit Hilfe von **HTTP** *(Hypertext Transfer Protocol)* durchgeführt wird. Ein Zugriff läuft wie folgt ab: Wenn vom Server eine bestimmte Website verlangt wird, dann baut der *Browser* eine TCP-Verbindung mit dem entsprechenden Web-Server auf. Sobald die Verbindung besteht, sendet der Klient seine Anfrage, der Server schickt die Website und schließt die Verbindung wieder. Dieser Prozess läuft für jede Anfrage des Web-*Browsers* ab. HTTP wird daher als verbindungsloses Protokoll bezeichnet. Die neue HTTP-Version 1.1 bietet eine Verbesserung, indem sie die Verbindung zwischen Klient und Server für eine bestimmte Anzahl von Anfragen aufrecht erhält und auf diese Weise eine Steigerung der *Performance* erreicht.

keine feste Verbindung zum Server

Weil HTTP ein verbindungsloses Protokoll ist, weiß der Web-Server nicht, ob mehrere Anfragen von ein- und demselben *Browser* stammen. Für kommerzielle Anwendungen, wie beispielsweise *Online*

Cookies

176

Shops ist aber die Zuordnung mehrerer Anfragen zu einem Klienten wichtig. Sonst würde beispielsweise nach einem umfangreichen Einkauf im Internet nur der zuletzt ausgewählte Artikel im Warenkorb liegen. Für die Identifizierung eines Klienten müssen daher klientenspezifische Informationen zwischen *Browser* und Web-Server hin- und hergeschickt werden. Man spricht hier von **Cookies**.

Unter einer **Session** versteht man eine Folge von zusammengehörenden Anfragen und Antworten zwischen *Browser* und Web-Server. Die einzelnen Anfragen können mit *Cookies* verbunden werden. Der Web-Server erzeugt bei der ersten Anfrage des *Browsers* ein *Cookie,* das an den *Browser* auf dem Klienten geschickt wird. Bei jeder weiteren Anfrage sendet der *Browser* dieses *Cookie* wieder zurück an den Server. Das *Cookie* enthält eine eindeutige *Session*-ID, die für jede neue *Session* auf dem Server erzeugt wird. Anhand dieser ID kann der Web-Server alle weiteren Anfragen eindeutig der gleichen *Session* zuordnen.
Session

Im Folgenden stelle ich einige Sprachen und Techniken vor, die für klassische Websites und für Web-Anwendungen verwendet werden. Sie werden in Abhängigkeit davon, ob sie auf dem Klienten oder auf dem Server ausgeführt werden, in serverseitige und in klientenseitige Techniken unterschieden. Klientenseitige Techniken (z.B. *Applets)* sind für die Präsentation der Daten im *Browser* und für die Interaktion mit dem Benutzer zuständig. Serverseitige Techniken (z.B. *Servlets*) erzeugen bei der Ausführung auf dem Server HTML-Seiten, die dann zum *Browser* übertragen werden. Das bedeutet, dass der *Browser* nur HTML-Code erhält.
klientenseitig, serverseitig

Was ist eigentlich ...?
API: *Application Programming Interface*
ASP: *Active Server Pages*
VB: *Visual Basic*
CGI: *Common Gateway Interface*
COM: *Component Object Model*
CORBA: *Common Object Request Broker Architecture*
DHTML: Dynamisches HTML
DTD: *Document Type Definition*
HTML: *Hyper Text Markup Language*
HTTP: *Hyper Text Transfer Protocol*
JDK: *Java Development Kit*
JSWDK: *Java Server Web Development Kit*
JSP: *Java Server Pages*
JVM: *Java Virtual Machine*
ORB: *Object Request Broker*
PERL: *Practical Extraction and Report Language*
RMI: *Remote Method Invocation*
WWW: *World Wide Web*
XML: *eXtensible Markup Language*
XSL: *eXtensible Stylesheet Language*

Web-Abkürzungen

HTML

Der Aufbau und die Struktur von Websites wird mit der Sprache **HTML** *(Hyper Text Markup Language)* beschrieben. HTML ist eine Seitenauszeichnungssprache und bietet die Möglichkeit, inhaltliche Kategorien von Seiten durch HTML-Befehle zu kennzeichnen.

tags

Jede inhaltliche Kategorie wird zwischen entsprechende HTML-Formatierungsbefehle *(tags)* – z.B. <head> und </head> – geschrieben. Beim Laden einer HTML-Seite formatiert der *Browser* die Seite und stellt sie entsprechend dar. Abb. 6.2-1 zeigt eine einfache HTML-Seite.

HTML-Seiten enthalten ausschließlich Text. Andere Medien wie Grafiken, Bilder, Audio und Video können im Unterschied zu einem komfortablen Textverarbeitungssystem nicht direkt in das Dokument eingebunden werden. An der gewünschten Stelle wird vielmehr eine Referenz *(Hyperlink)* auf die entsprechende Datei gesetzt. HTML-Seiten können – unter Angabe aller *tags* durch den Benutzer – mit einem einfachen Texteditor oder komfortablen HTML-Editoren erstellt werden.

Kommunikation
Klient – Server

HTML-Seiten liegen auf dem Server. Wenn der Klient eine HTML-Seite vom Server anfordert, dann überträgt der Server die Daten zum Klienten. Im *Browser* des Klienten werden die Daten dann grafisch präsentiert.

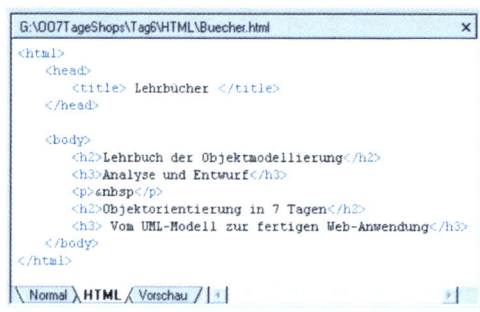

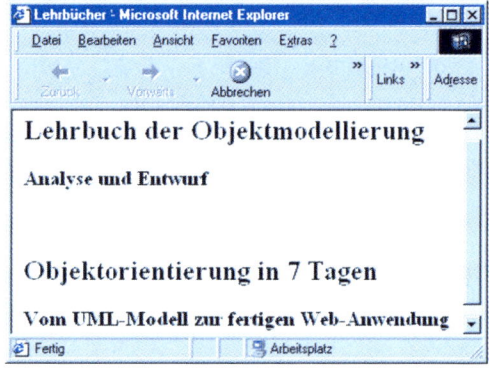

Abb. 6.2-1:
HTML im Editor
und im Browser

Praxis 3 (Tag 6)
HMTL-Ansicht
ändern

Beim generierten Pilotsystem wird für jedes Objekt außer dem Erfassungsfenster und der Liste eine HTML-Ansicht erzeugt. Sie zeigt standardmäßig alle Attributnamen mit den jeweiligen Werten des Objekts. Unter der Menüoption *Administration/HTML-Ansicht* können Sie sich den HTML-Code ansehen, der diese Ansicht erzeugt. Für <%eAttribut%> wird der Attributname angezeigt, für <%aAttribut%> der Attributwert der selektierten Objekts.

Die generierte HTML-Schablone können Sie beliebig ändern. Als Beispiel möchte ich die Darstellung der Kundendaten verwenden. Wählen Sie dazu die Menüoption *Administration/HTML-Ansicht.* In der Auswahlliste wählen Sie die Klasse Kunde und ändern Sie den

178

HTML-Code wie in Abb. 6.2-2 angegeben. Wenn Sie den HTML-Code nicht selbst eingeben wollen, können Sie ihn auch aus nebenstehender Datei kopieren. Nach dem Schließen des Fensters stellt sich der selektierte Kunde wie in Abb. 6.2-3 dar. Natürlich können Sie die HTML-Ansicht auch anders gestalten.

Tag6\HTML\Kunde

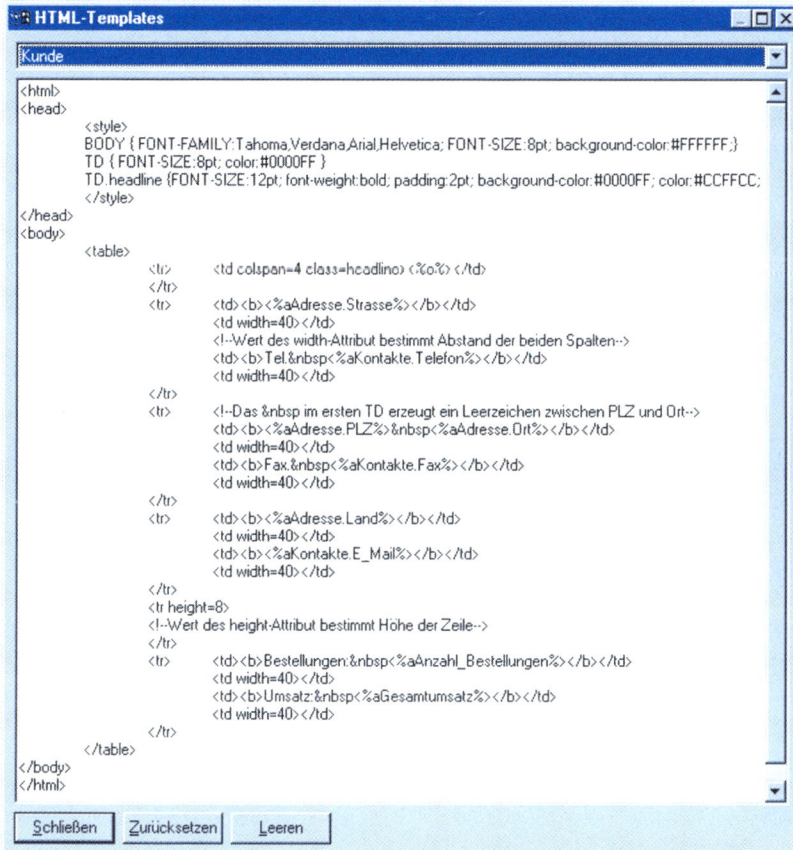

Abb. 6.2-2:
HTML-Code für die veränderte Ansicht der Kundendaten

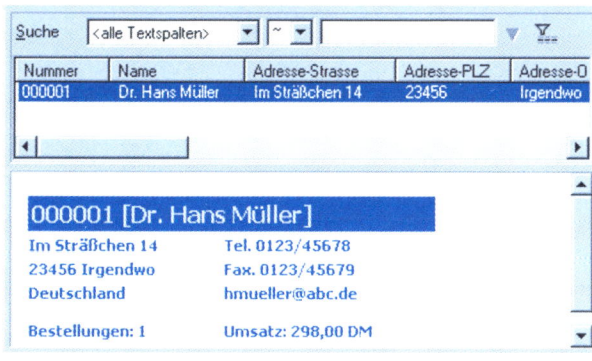

Abb. 6.2-3:
Veränderte HTML-Ansicht der Kundendaten

dynamisches
HTML

Dynamisches HTML oder kurz **DHTML** ermöglicht es, eine Website zu jedem Zeitpunkt – auch nachdem der Klient sie geladen hat – zu verändern. Beispielsweise kann ein Text die Farbe ändern, wenn sich der Mauszeiger darauf befindet. Kurz gesagt: alles was mit HTML erstellt wurde, kann mit DHTML nach dem Laden der Seite geändert werden. DHTML ist weder eine neue Sprache noch eine Erweiterung von HTML. Stattdessen werden unter dem Begriff DHTML verschiedenartige Techniken zusammengefasst. Eine oft verwendete Technik, um dynamisches HTML zu erzeugen, ist beispielsweise JavaScript.

XML

XML *(eXtension Markup Language)* besitzt Ähnlichkeiten mit HTML, enthält aber auch signifikante Unterschiede. Wie in HTML werden *tags* verwendet, die in XML frei definierbar sind. Ein großer Vorteil von XML ist, dass Inhalt und Präsentation strikt voneinander getrennt sind, während sie in HTML in einer Datei miteinander vermengt sind. Dadurch ist es in XML mit geringem Aufwand möglich, bestimmte Informationen auf verschiedene Arten darzustellen.

XML unterscheidet drei Arten von Dateien. Die XML-Datei enthält den Inhalt des Dokuments. Sie benötigt dazu die DTD-Datei *(Document Type Definition)*, in der die Struktur des Inhalts definiert ist. In welcher Form der Inhalt präsentiert wird, bestimmt die XSL-Datei *(eXtensible Stylesheet Language)*. XSL-Dateien sind ebenfalls XML-Dokumente und unterliegen denselben Regeln.

Hier liegt also im Gegensatz zu HTML nicht ein einziges Dokument vor, in dem alle Informationen gespeichert sind, sondern es gibt eines für den Inhalt, eines für die Struktur und eines für die äußere Form des Dokuments. Dieses grundlegende Konzept unterstützt optimal den Datenaustausch zwischen verschiedenen Plattformen und Anwendungen. Daher gilt XML als der Standard für Datenaustauschformate.

XML-Beispiel

Abb. 6.2-4 zeigt die XML-Datei, in der die Informationen über die beiden Lehrbücher stehen. Die Datei Buch.dtd der Abb. 6.2-5 defi-

Abb. 6.2-4:
XML-Datei zur
Definition des
Inhalts

```
<?xml version="1.0" encoding="UTF-8"?>
<!-- edited with XML Spy v3.0 NT (http://www.xmlspy.com) by Heide Balzert -->
<!DOCTYPE Lehrbuecher SYSTEM "Buch.dtd">
<Lehrbuecher>
    <Buch>
        <Titel>Lehrbuch der Objektmodellierung</Titel>
        <Untertitel>Analyse und Entwurf</Untertitel>
    </Buch>
    <Buch>
        <Titel>Objektorientierung in sieben Tagen</Titel>
        <Untertitel>Vom UML-Modell zur fertigen Web-Anwendung</Untertitel>
    </Buch>
</Lehrbuecher>
```

Buch   Buchbeispiel   Buch   Buch

niert, welche Elemente in der Datei Buch.xml vorkommen dürfen. Aus diesen Dateien kann eine HTML-Seite für die Darstellung im *Browser* generiert werden. Wird das *Stylesheet* der Abb. 6.2-6 verwandt, dann sieht das Ergebnis wie in Abb. 6.2-7 aus. Falls Sie selbst mit XML experimentieren wollen, dann finden Sie das vollständige Beispiel in nebenstehendem Verzeichnis.

Tag6\XML

```
<?xml version="1.0" encoding="UTF-8"?>
<!ELEMENT Lehrbuecher (Buch+)>
<!ELEMENT Buch (Titel, Untertitel)>
<!ELEMENT Titel (#PCDATA)>
<!ELEMENT Untertitel (#PCDATA)>
```

 🖹 Buch   🖹 Buchbeispiel 🖹 Buch   🖹 Buch

Abb. 6.2-5:
DTD-Datei zur
Definition
der Struktur

```
<xsl:stylesheet version="1.0" xmlns:xsl="http://www.w3.org/1999/XSL/Transform">
<xsl:template match="Lehrbuecher">
    <html>
        <head>
            <title>Buchbeispiel</title>
        </head>
        <body>
            <table border="1" align="center">
                <th>Titel</th>
                <th>Untertitel</th>
                <xsl:for-each select="Buch">
                    <tr>
                        <td> <h2> <xsl:value-of select="Titel"/> </h2> </td>
                        <td> <xsl:value-of select="Untertitel"/> </td>
                    </tr>
                </xsl:for-each>
            </table>
        </body>
    </html>
</xsl:template>
</xsl:stylesheet>
```

 🖹 Buch   🖹 Buchbeispiel 🖹 Buch   🖹 Buch

Abb. 6.2-6:
XSL-Datei als Style-
sheet zur Darstel-
lung der XML-Datei

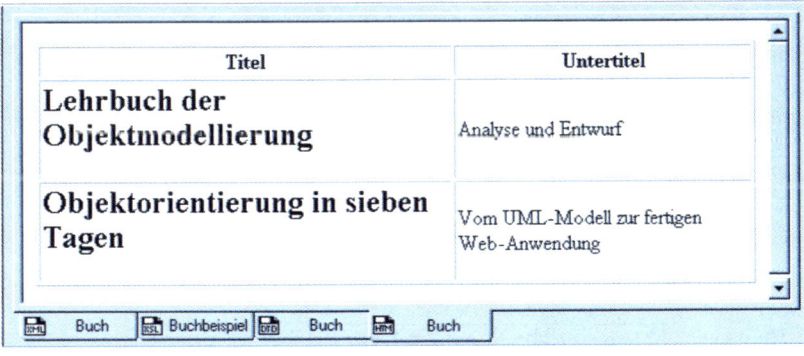

Abb. 6.2-7:
Generiertes HTML-
Dokument

181

www.xmlspy.com   Verwendet wurde hier der XML-Editor XMLSpy, von dem sich auf der CD-ROM eine Testversion befindet.

Bei der Programmierung von Web-Anwendungen werden häufig Skriptsprachen verwendet.

Skriptsprache   Mit einer **Skriptsprache** *(scripting language)* ist es möglich, Interaktionen zwischen Anwendungen zu »programmieren«. Die Idee, Skriptsprachen zu verwenden, stammt ursprünglich vom Betriebssystem UNIX. Dort ist es seit jeher möglich, mehrere kleine Programme, wie beispielsweise *find, more* oder *grep* miteinander zu kombinieren und in Form von *Shell Scripts* eigene Programme zu schreiben. Unter Windows ist es prinzipiell möglich, Skripte *(scripts)* in einer beliebigen Programmiersprache zu schreiben, vorausgesetzt, es steht ein Interpreter zur Verfügung. Standardmäßig bietet Windows VBScript *(Visual Basic Script)* und JScript an.

Perl   **Perl** *(Practical Extraction and Report Language)* ist eine Skriptsprache, die auf fast allen Betriebssystemen zur Verfügung steht. Von der Syntax her besitzt sie Ähnlichkeit mit der Programmiersprache C.

JavaScript –
Funktionalität für
Klienten   **JavaScript** wurde von der Firma Netscape als Skriptsprache entwickelt. Die Syntax von JavaScript lehnt sich teilweise an C++ bzw. Java an. JavaScript ist aber nicht – wie der Name vielleicht vermuten lässt – eine Teilmenge von Java.

JavaScript ermöglicht es, HTML-Dokumente dynamisch zu verändern. Es wird als Quellcode direkt in HTML-Dokumente integriert. Die JavaScript-Befehle werden vom *Browser* vollständig interpretiert.

JavaScript wird von den meisten *Browsern* (insbesondere *Netscape Navigator* und *Internet Explorer)* unterstützt und erfreut sich daher großer Beliebtheit.

JavaScript kann Funktionalität auf dem Klienten ausführen und so den Server von diesen Aufgaben entlasten. Es kann *nicht* aus dem *Browser* auf den Server zugreifen, um beispielsweise Daten aus Datenbanken zu lesen.

JavaScript-Beispiel   In diesem Beispiel wird JavaScript benutzt, um einen Eingabedialog zu programmieren. Für den Fall, dass der Benutzer ein Muss-Feld vergisst, wird mit Hilfe von JavaScript eine Hilfetext generiert. Wenn alle Eingaben vollständig sind, dann werden die Daten an den Server übertragen, wo sie weiterverarbeitet werden. Das einfache Beispiel der Abb. 6.2-8 überprüft, ob im Eingabefeld »Benutzer« Text eingegeben wurde. Lässt der Benutzer das Feld leer, dann wird ein Mitteilungsfenster geöffnet. Eine inhaltliche Prüfung, ob der Benutzername gültig ist, findet *nicht* statt. Der JavaScript-Code wird direkt in die HTML-Datei eingetippt und muss vom *Browser* interpretiert werden. Sie finden die HTML-Datei in nebenstehendem Verzeichnis.

Tag6\JavaScript

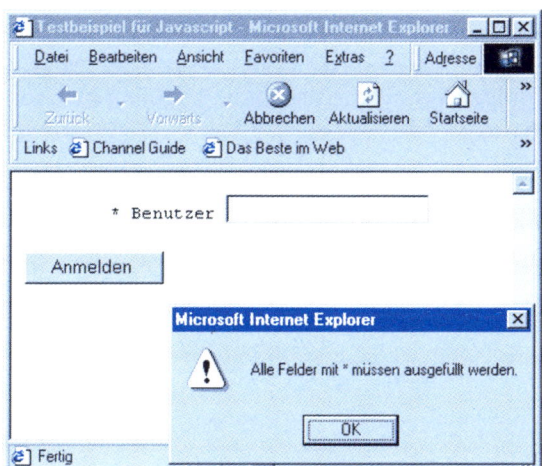

*Abb. 6.2-8:
JavaScript in der
HTML-Datei und im
Browser*

```
G:\007TageShops\Tag6\JavaScript\JavaScript.html                    [x]
<html>
<head>
<title> Testbeispiel für Javascript </title>
<script language ="Javascript">
<!--
    function pruefe()
    {  with (document.frmEingabe)
       if (txtBenutzer.value == "")
       {  alert ("Alle Felder mit * müssen ausgefüllt werden.")
       }
    }
//-->
</script>
 </head>
 <body>
   <form Name = frmEingabe>
      <pre>  * Benutzer <input Type=Text Name=txtBenutzer>   </pre>
      <input Type=Button Name=btnAnmelden Value=" Anmelden  " onClick="pruefe()">
   </form>
 </body>
</html>
\ Normal \ HTML / Vorschau / | ◄|                                    ►|
```

Für die Dateneingabe wird bei diesem Beispiel im HTML-Code ein **Formular** *(form)* verwendet. Es wurde bei obigen HTML-Beispielen nicht verwendet, weil sich die Beispiele nur auf Ausgabedaten bezogen.

Sollen Daten der Web-Klienten auf dem Server weiterverarbeitet werden, dann ist eine serverseitige Programmierung notwendig. Diese Programmierung kann beispielsweise mit Hilfe von CGI erfolgen. **CGI** *(Common Gateway Interface)* definiert ein Protokoll, das *Browser* und Server als Basis für die Kommunikation verwenden. Ein CGI-Programm wird immer auf dem Server ausgeführt. CGI-Programme sind häufig in Perl oder C/C++ geschrieben.

Formular

CGI –
serverseitige
Programmierung

183

Kommunikation
Klient – Server
Wie läuft die Kommunikation zwischen dem *Browser* auf dem Klienten und dem Server ab? Der *Browser* sendet eine CGI-Anfrage an den Web-Server. Auf der Serverseite wird ein CGI-Skript als eigenständiger Prozess gestartet, dem sämtliche Daten der Anfrage zur Verfügung gestellt werden. Dieser Prozess wird ausgeführt und nachdem er beendet ist, werden die erhaltenen Ergebnisse an den *Browser* zurückgegeben. Dann schließt der Server die Verbindung und wartet auf die nächste Anfrage. Für alle weiteren Anfragen des Klienten an den Server startet der Server einen eigenständigen Prozess. Das gilt auch dann, wenn das gleiche Programm mehrmals verlangt wird (Abb. 6.2-9). Sind Datenbankzugriffe notwendig, muss die Datenbank-Verbindung bei jeder CGI-Anfrage neu aufgebaut werden.

Bewertung CGI
CGI stammt aus den Anfängen der Web-Entwicklung. Weil für jede Anfrage ein neuer Prozess erzeugt und anschließend wieder beseitigt werden muss, wird der Server stark belastet. Das kann dazu führen, dass der Server mehr mit der Verwaltung der Prozesse beschäftigt ist, als mit der eigentlichen Bearbeitung der Anfragen.

Fast CGI
Eine Verbesserung dieser Probleme ist durch die Einführung von *Fast* CGI erreicht worden. Hier ist es nicht mehr notwendig, für jede Anfrage einen eigenständigen Prozess zu starten. Datenbanken-Verbindungen müssen nicht mehr für jede Anfrage aufgebaut werden.

Abb. 6.2-9:
Ausführung von
CGI-Skripten

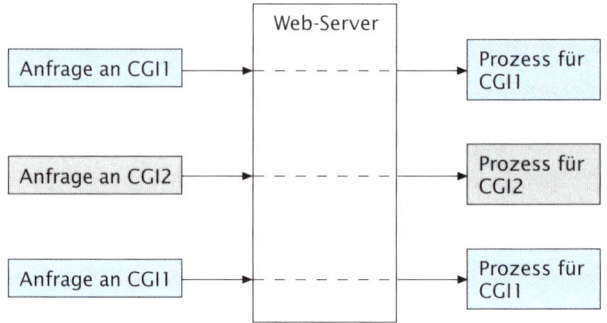

ASP – Server-Seiten
von Microsoft
ASP *(Active Server Pages)* wurde entwickelt, um die Erstellung interaktiver Websites als Teil einer Web-Anwendung zu unterstützen. ASP ermöglicht es, Skripte in HTML-Seiten zu integrieren. Die meisten ASP-Anwendungen sind in VBScript (Teilmenge von Visual Basic) geschrieben. Alternativ dazu kann JScript, die Microsoft-Implementierung von JavaScript, verwendet werden.

ASP erweitert die Skriptsprachen um spezielle Objekte und um Komponenten. Mit Hilfe der Objekte wird die Schnittstelle zwischen Web-Server und Skriptsprache hergestellt. Eines dieser Objekte ist beispielsweise das *Session*-Objekt, in dem Informationen über die aktuelle Sitzung mit Hilfe von *Cookies* gespeichert werden. Die ASP-

Komponenten basieren auf der ActiveX-Technologie. Beispielweise wird der Datenbankzugriff mit einer ActiveX-Komponente durchgeführt.

Da ASP eine serverseitige Technik ist, werden ASP-Skripte auf dem Server ausgeführt. Wenn der *Browser* eine ASP-Seite anfordert, dann startet der Web-Server die ASP-*Engine* und führt die ASP-Skripte aus. Der Web-Server erstellt eine HTML-Seite, die er an den Klienten schickt. Der *Browser* erhält also immer nur reine HTML-Befehle. Abb. 6.2-10 zeigt den prinzipiellen Ablauf bei serverseitigen Techniken.

Kommunikation
Klient – Server

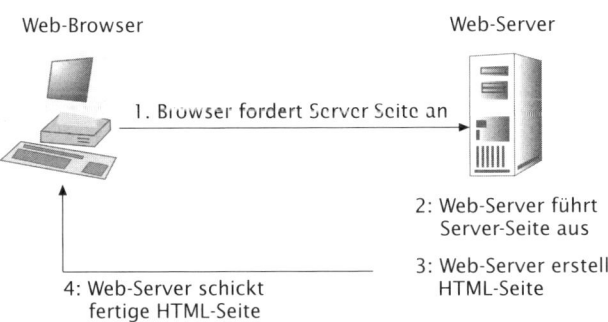

Web-Browser   Web-Server

1. Browser fordert Server Seite an

2: Web-Server führt
Server-Seite aus

3: Web-Server erstellt
HTML-Seite

4: Web-Server schickt
fertige HTML-Seite

Abb. 6.2-10:
Kommunikation
bei serverseitigen
Techniken

Beim obigen Eingabedialog wurde JavaScript vom Web-*Browser* interpretiert und ausgeführt. Man spricht daher auch von klientenseitigem JavaScript. Sein Vorteil besteht darin, dass es den Server entlastet. Die Skriptsprache muss jedoch vom *Browser* unterstützt werden, was bei JavaScript für die meisten *Browser* zutrifft. Wenn der Benutzer im *Browser* JavaScript ausgeschaltet hat, funktioniert dieses Beispiel nicht. Man ist also von den Fähigkeiten und Einstellungen des *Browsers* abhängig.

klientenseitige
und serverseitige
Skripte

Im Gegensatz dazu werden bei ASP die Skripte auf dem Server ausgeführt. Man spricht von serverseitigen Skripten. Damit ist sichergestellt, dass der Benutzer mit einem beliebigen *Browser* arbeiten kann und nicht nur mit demjenigen, der die verwendete Skriptsprache interpretieren kann. Beispielsweise könnte VBScript auch klientenseitig eingesetzt werden, wird dort aber nur vom *Internet Explorer* unterstützt.

Damit die verschiedenen Techniken zur Realisierung von Web-Anwendung nicht nur graue Theorie bleiben, verwende ich das folgende einfache Beispiel, das ich mit den verschiedenen Techniken realisiere, um Ihnen den Vergleich zu erleichtern.

Durchgängiges
Beispiel:
Anmelden

Bei dem folgenden Anmelde-Beispiel gibt der Benutzer einen Namen ein (Abb. 6.2-11). Im Unterschied zum – klientenseitigen – JavaScript-Beispiel, bei den nur die Plausibilitätsprüfung auf dem Klienten durchgeführt wurde, erfolgt hier ein Zugriff auf den Server, da ASP für diese Zwecke entwickelt wurde.

Abb. 6.2-11:
Beispiel zum
Anmelden eines
Benutzers mit ASP

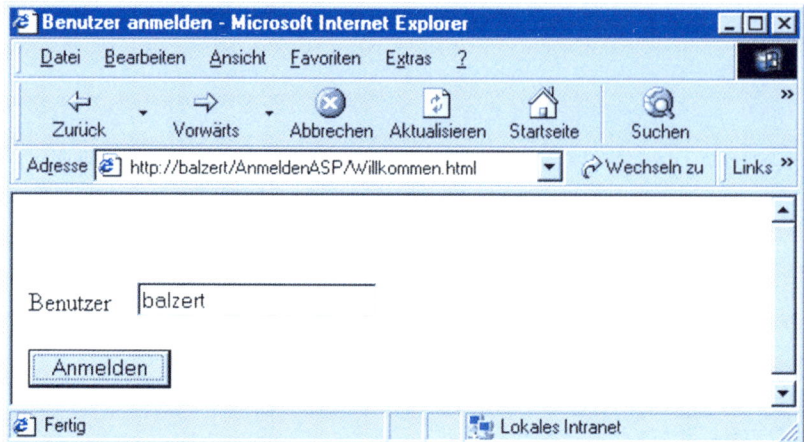

Wenn der Benutzer die Schaltfläche Anmelden betätigt, wird der eingegebene Name an den Web-Server übertragen und dort geprüft, ob es sich um den autorisierten Benutzer handelt. Bei einer »echten« Anwendung würde eine Liste der gültigen Benutzernamen in einer Datenbank auf dem Server abgelegt. Hier gehe ich der Einfachheit halber nur von einem einzigen autorisierten Benutzernamen (balzert) aus, der bei diesem vereinfachten Beispiel im Server-Programm »gespeichert« wird. Stimmt der eingetippte Benutzername mit dem gespeicherten Namen überein, dann wird der Text »Schön, dass Sie wieder da sind« ausgegebenen. Ist der Name falsch, dann erscheint die Meldung »Tut mir leid«.

Anmelden mit ASP   Abb. 6.2-12 zeigt, wie das Anmeldebeispiel mit ASP realisiert werden kann. Die HTML-Datei Willkommmen.html enthält das Formular und aktiviert die ASP-Datei Anmelden.asp, in der die Prüfung des Benutzernamens und die Ausgabe des Ergebnistextes erfolgt. Anschließend erfolgt wieder ein Rücksprung zur HTML-Datei. Die HTML-Datei Willkommen.html wird im *Browser* – wie in Abb. 6.2-11 angegeben – gestartet. Es wäre auch möglich gewesen, das ganze Beispiel in eine ASP-Datei zu schreiben.

ASP-Skripte werden einfach zwischen HTML-Code geschrieben. Im einfachsten Fall können Sie eine ASP-Datei erstellen, indem Sie bei einer HTML-Datei die Endung html in asp ändern. Skript-Befehle werden immer durch <% und %> geklammert. Als Skriptsprache wird hier VBScript verwendet.

ASP-Dateien können mit einem einfachen Texteditor oder komfortabler mit *Microsoft Frontpage* bzw. *Microsoft Visual Interdev* erstellt werden. Falls Sie selbst mit ASP Erfahrung sammeln wollen, Tag6\ASP finden Sie dieses Beispiel im nebenstehenden Verzeichnis. Sie benötigen dazu den *Personal Web Server* von Microsoft, der eine einfach zu bedienende Entwicklungs- und Testumgebung bereitstellt.

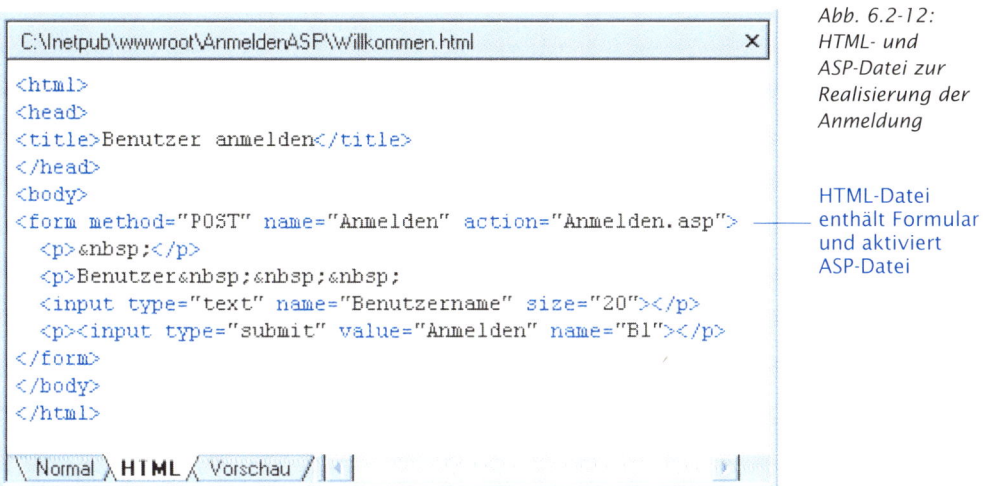

Abb. 6.2-12:
HTML- und
ASP-Datei zur
Realisierung der
Anmeldung

HTML-Datei
enthält Formular
und aktiviert
ASP-Datei

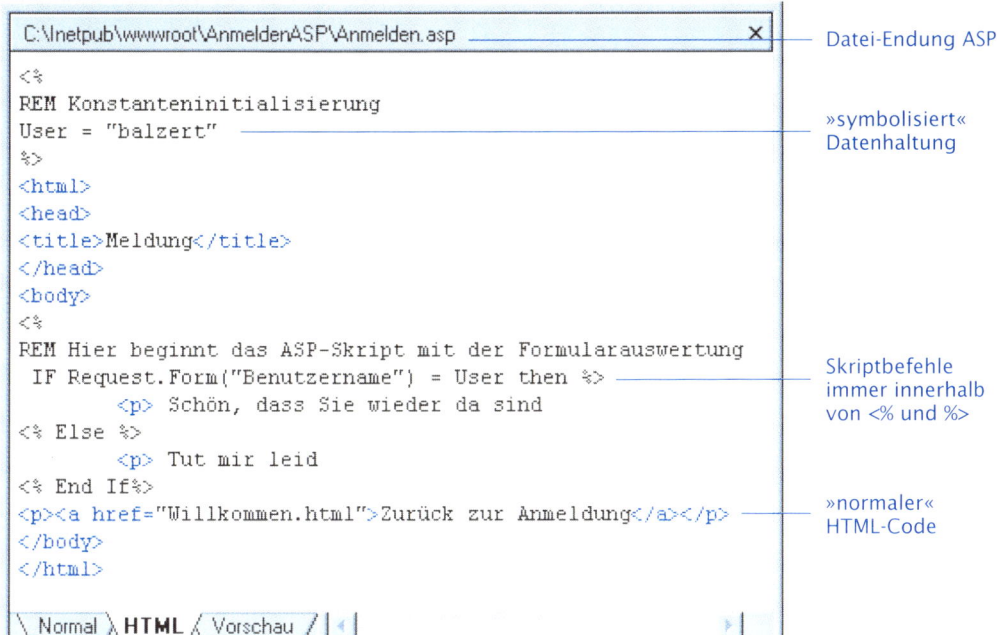

Datei-Endung ASP

»symbolisiert«
Datenhaltung

Skriptbefehle
immer innerhalb
von <% und %>

»normaler«
HTML-Code

Der große Vorteil von ASP ist sicher die einfache Erlernbarkeit. Es   Bewertung ASP
besteht jedoch die Gefahr, dass eine unübersichtliche Mischung von
HTML- und Skriptbefehlen entsteht. Ein weiterer Nachteil ist, dass
ASP außer auf den Web-Servern von Microsoft (*Personal Web Server,*
Internet Information Server) nur auf wenigen anderen Web-Servern
verfügbar ist.

187

In den nächsten Kapiteln lernen Sie weitere Techniken zur Entwicklung von Web-Anwendungen kennen. Diese Techniken basieren auf der objektorientierten Programmiersprache Java und ermöglichen es, Java als durchgängige Sprache für die komplette Web-Anwendung zu verwenden.

6.3 Java – eine Sprache mit vielen Facetten

wie alles begann

Java ist wie keine andere Programmiersprache mit dem Internet verwoben. Das Fundament für Java wurde Anfang der 90er-Jahre gelegt. Bei der Firma *Sun* entwickelte ein Team eine plattform-unabhängige, robuste und sichere Programmiersprache, die zunächst *Oak* (Eiche) genannt wurde. Im Januar 1995 wurde *Oak* in Java umbenannt. Sun erkannte frühzeitig das Potential dieser Sprache für das Internet.

plattform-unabhängig

Wie wird die Plattform-Unabhängigkeit bei Java erreicht? Traditionelle Programmiersprachen benötigen für jede Plattform einen Compiler, der Quellprogramme direkt in die jeweilige Maschinensprache übersetzt. Bei Java wurde ein anderer Weg beschritten. Es ist nur ein einziger Compiler für alle Plattformen notwendig. Dieser Java-Compiler übersetzt ein Java-Quellprogramm in sogenannten **Bytecode**, der unabhängig von bestimmten Prozessortypen ist. Damit dieser Bytecode ausgeführt werden kann, wird ein Interpreter benötigt, der den Bytecode schrittweise analysiert und direkt ausführt (Abb. 6.3-1). Dieser Interpreter wird als **virtuelle Maschine** von Java oder **JVM** (*Java Virtual Machine*) bezeichnet. Natürlich muss es für jeden Prozessortyp eine eigene JVM geben.

Abb. 6.3-1:
Übersetzen von
Java-Programmen

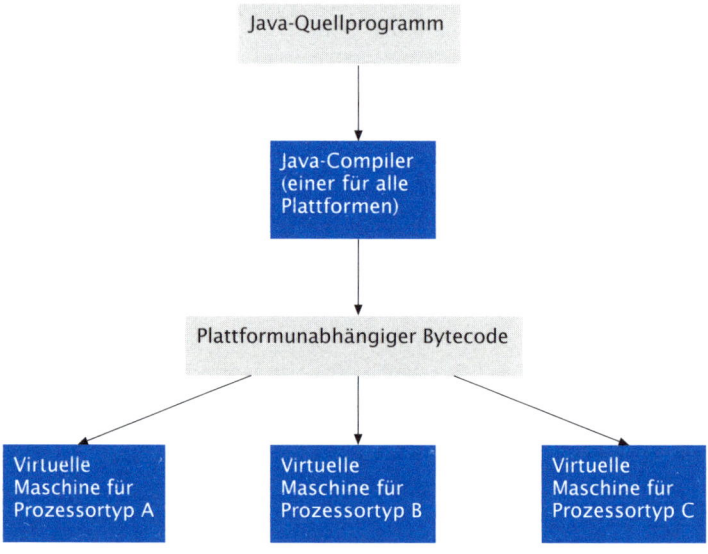

Diese historische Entwicklung macht einige Besonderheiten von Java verständlich. Man kann in dieser Sprache auf verschiedene Arten Programme schreiben:

- als *Application,*
- als *Applet,*
- als *Servlet,*
- als *Java Bean.*

Eine *Application* ist eine »normale« Anwendung, die selbständig auf einem Computer ausgeführt wird. Traditionell ist das erste Programm, das ein Programmierer schreibt, wenn er eine neue Programmiersprache lernt, das Programm »HelloWorld«.

Application

```
//HelloWorld.java       //Dateiname der Java-Quelldatei
class HelloWorld         //Klassenname
{  public static void main (String args[])
                         //Klassenoperation in Java
    { System.out.print ("Hello World!");
                         //Ausgabeanweisung in Java
    }
}
```

HelloWorld
als *Application*

Java-Programme können mit dem JDK *(Java Development Kit)* von *Sun* übersetzt und ausgeführt werden oder mit einem Compiler eines anderen Herstellers. Wir verwenden hier das JDK 1.2.2, das offiziell als Java2 SDK 1.2.2 *(Java 2 Software Development Kit)* bezeichnet wird. Das Java2 SDK 1.2.2 befindet sich in der Vollversion auf der beiliegenden CD-ROM. Sie können sich die aktuelle JDK-Version unter der nebenstehenden Adresse auch über das Internet laden.

Praxis 4 (Tag 6)
Application
ausführen
Tag6\Application

java.sun.com

Auf der CD-ROM zum Buch finden Sie in der Datei Tag6\readmeJDKInstall.htm zusätzliche Tipps zur Installation von JDK auf Ihrem Computer. Um zu prüfen, ob das JDK – das Sie später noch zum Erstellen von Web-Anwendungen benötigen – korrekt installiert ist, können Sie HelloWorld einmal ausführen. Achten Sie auf korrekte Groß-/Kleinschreibung und darauf, dass der Name der Klasse mit dem Dateinamen übereinstimmt. Abb. 6.3-2 zeigt die prinzipielle Vorgehensweise zum Übersetzen und Ausführen von Java-Programmen.

Speichern Sie das Programm HelloWorld in der Datei HelloWorld.java. JDK wird über die MS-DOS-Eingabeaufforderung gestartet (Abb. 6.3-3). Zuerst verzweigen Sie in das Verzeichnis, in dem die Datei HelloWorld.java steht. Mit javac HelloWorld.java wird das Programm übersetzt und der Bytecode in der Datei HelloWorld.class erzeugt. Die Anweisung java HelloWorld führt das Programm aus. Sie sollten jetzt den Text »Hello World!« im DOS-Fenster sehen.

Abb. 6.3-2:
Übersetzen und
Ausführen eines
Java-Programms

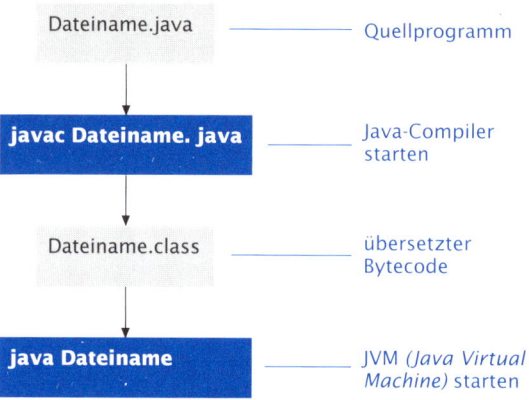

Dateiname.java	Quellprogramm
javac Dateiname. java	Java-Compiler starten
Dateiname.class	übersetzter Bytecode
java Dateiname	JVM *(Java Virtual Machine)* starten

Abb. 6.3-3:
Ergebnis der
Application
`HelloWorld`

```
Eingabeaufforderung                              _ □ ✕

G:\007TageShops\TAG6\Application>javac HelloWorld.java

G:\007TageShops\TAG6\Application>java HelloWorld
Hello World!

G:\007TageShops\TAG6\Application>_
```

Applets **Applets** werden über das Internet von einem Web-Server geladen und in einem *Browser* auf dem Klienten ausgeführt. Auf lokale Daten des Klienten können *Applets* in der Regel nicht zugreifen. *Applets* können Sie im Internet betrachten und bei Bedarf laden und www.jars.com in eigene Websites integrieren. Auf der nebenstehenden Website erhalten Sie einen Überblick über die besten *Applets*.

Kommunikation   *Applets* befinden sich als Bytecode (class-Dateien) auf dem Server. Klient – Server Fordert der Klient ein *Applet* an, dann wird die class-Datei vom Server auf den Klienten übertragen. Der *Browser* führt dann den Bytecode des *Applets* in der JVM *(Java Virtual Machine)* aus.

Applets können eingesetzt werden, um Websites mit animierten Grafiken zu versehen. Werden große *Applets* über das Internet geladen, kommt es aber zu unzumutbaren Wartezeiten. Sie sind daher eher für den Einsatz im Intranet geeignet.

`Hello World` als   Wird `HelloWorld` als *Applet* geschrieben, dann erfolgt die Inter-
Applet aktion mit dem Benutzer ausschließlich über eine grafische Benutzungsoberfläche. Bei einer *Application* können Sie dagegen wahlweise eine grafische oder zeichenorientierte Benutzungsoberfläche verwenden.

```
// HelloApp.java
import java.awt.*;
import java.applet.*;
public class HelloApp extends Applet
{
```

```
java.awt.TextField textField;      //Attribut
public void init()                 //Operation
{  setLayout(null);
   setSize(300,200);
   setFont(new Font("Dialog", Font.BOLD, 20));
   textField = new java.awt.TextField();
   textField.setEditable(false);
   textField.setText("Hello World!");
   textField.setBounds(50,50,200,50);
   textField.setForeground(new Color(255));
   textField.setBackground(new Color(12632256));
   add(textField);
}
}
```

Damit das *Applet* ausgeführt werden kann, wird noch eine geeignete HTML-Seite benötigt. Folgende HTML-Seite startet das *Applet* HelloApp:

HTML startet *Applet*

```
<html>
   <head>
      <title>Testbeispiel für Applets</title>
   </head>
   <body>
      <applet code="HelloApp.class" width=400 height=200></applet>
   </body>
</html>
```

Speichern Sie das *Applet* in der Datei HelloApp.java und die HTML-Seite in der Datei AppletDemo.html. Übersetzen Sie die Datei HelloApp.java mit JDK in den Bytecode (Befehl: javac HelloApp.java), der in der Datei HelloApp.class abgelegt wird.

Praxis 5 (Tag 6)
Applet ausführen
Tag6\Applet

Wenn Sie dann im *Browser* die HTML-Datei AppletDemo.html öffnen, wird das *Applet* ausgeführt. Damit das möglich ist, muss der *Browser* automatisch die JVM *(Java Virtual Machine)* starten. Abb. 6.3-4 zeigt das gewünschte Ergebnis.

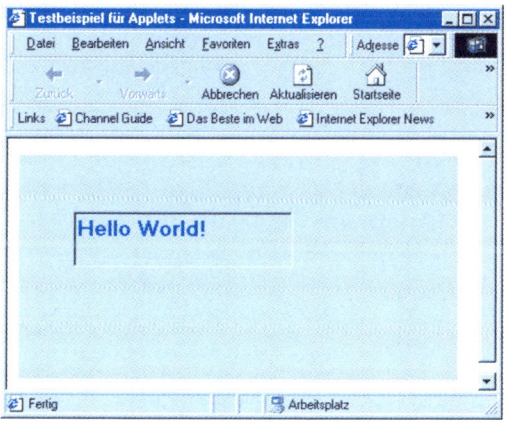

Abb. 6.3-4:
Ergebnis des Applets HelloApp

Servlet –
»Applet« auf
Server

Ein **Servlet** ist ein kleines Java-Programm, das auf einem Web-Server läuft und dazu dient, Anfragen von Klienten zu bearbeiten. *Servlets* sind für Server, was die *Applets* für die *Browser* sind. Sie besitzen im Gegensatz zu *Applets* keine grafische Benutzungsoberfläche. Diese serverseitigen Java-Programme erstellen dynamische HTML-Seiten, deren Inhalt beispielsweise aus Datenbankabfragen resultieren kann.

Kommunikation
Klient – Server

Servlets liegen als Bytecode (class-Dateien) auf dem Server. Fordert der Klient den Dienst eines *Servlets* an, dann wird das *Servlet* auf dem Server ausgeführt, d.h. es werden dynamische HTML-Seiten erzeugt, und an den Klienten geschickt. Im *Browser* des Klienten werden diese HTML-Seiten ausgeführt. Im Gegensatz zum *Applet* wird hier also nicht die class-Datei zum Klienten übertragen, sondern nur die vom *Servlet* erstellten HTML-Seiten.

Servlet Engine

Ein *Servlet* ist eine Java-Klasse. Diese Klasse wird in der JVM *(Java Virtual Machine)* durch einen Dienst ausgeführt, der als *Servlet Engine* bezeichnet wird. Die *Servlet Engine* lädt die *Servlet*-Klasse, wenn das *Servlet* zum ersten Mal von Klienten verlangt wird oder optional beim Start der *Servlet Engine*. Das *Servlet* bleibt in der *Servlet Engine* geladen, bis es explizit entfernt oder die *Servlet Engine* beendet wird. Während dieser Zeit kann das *Servlet* beliebig viele Anfragen von Klienten bearbeiten (Abb. 6.3-5). Einige Web-Server besitzen eine integrierte *Servlet Engine*. Andere Web-Server, z.B. Apache, erfordern eine zusätzliche *Servlet Engine*.

Abb. 6.3-5:
Ausführen von
Servlets

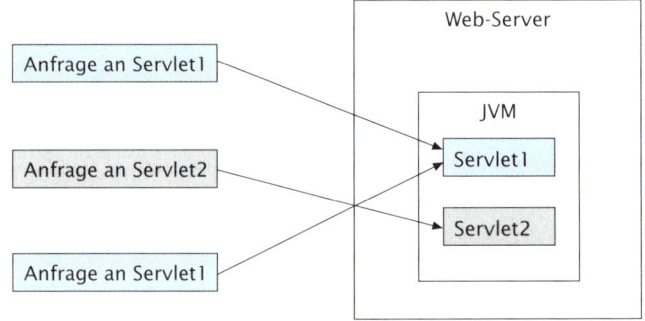

Anmelden mit
Servlets

Wir realisieren das gleiche Beispiel wie bei ASP nun mit *Servlets.* Der Benutzer gibt einen Namen ein. Dieser Name wird dann an den Web-Server übertragen und dort geprüft, ob es sich um den autorisierten Benutzer handelt. Der Name des gültigen Benutzers wird auch hier der Einfachheit halber im Server-Programm »gespeichert«. Er symbolisiert Informationen, die bei einer echten Anwendung in einer Datenbank gespeichert werden.

Das *Servlet* Anmelden.java vergleicht den eingegebenen mit dem gespeicherten Benutzernamen und erzeugt HTML-Befehle für die entsprechende Meldung. Die Darstellung der Benutzungsoberfläche (Eingabefeld, Schaltfläche) wird von der HTML-Datei `Willkommen.html` übernommen. In dieser HTML-Datei wird das *Servlet* aktiviert.

```
<html>                                                Willkommen.html
<head>
<title>Benutzer anmelden </title>
</head>
<form name="Anmeldung" method="post"
        action="http://localhost:8080/servlet/Anmelden">
<p> Benutzer   
<input type="text" name="benutzername">
</p>
<p><input type="submit" value="Anmelden"></p>
</form>
</html>
```

```
import java.io.*;                                      Anmelden.java
import javax.servlet.*;
import javax.servlet.http.*;
public class Anmelden extends HttpServlet
{
    public void doPost(HttpServletRequest req,
        HttpServletResponse res) throws ServletException,IOException
    {   String autorisierterBenutzer = "balzert";
        res.setContentType("text/html");
        PrintWriter out = res.getWriter();
        String benutzername = req.getParameter("benutzername");

        if(benutzername.equals(autorisierterBenutzer))
        {   out.println("Sch&ouml;n, dass Sie wieder da sind.");
        }
        else
        {   out.println("Tut mir leid.");
        }
        out.close();
    }
}
```

Wir verwenden für die Arbeit mit *Servlets* das *Java Server Web Development Kit* (JSWDK)1.0.1, das sich auf der beiliegenden CD-ROM befindet. Es ermöglicht nicht nur mit *Servlets* zu arbeiten, sondern auch mit *Java Server Pages.* Das JSWDK enthält einen kleinen Web-Server mit integrierter *Servlet-Engine.* JSWDK installiert sich automatisch in das Verzeichnis `jswdk-1.0.1`. Tipps zur Installation finden Sie auf der CD-ROM zum Buch in der Datei `Tag6\readme JSWDKInstall.htm`.

Praxis 6 (Tag 6)
Servlet ausführen
`Tag6\servlets`

Das *Servlet* zur Anmeldung befindet sich in der Quelldatei `Anmelden.java`. Diese Datei wird – z.B. mit JDK durch den Befehl `javac Anmelden.java` – übersetzt. Der übersetzte Bytecode wird in der Datei `Anmelden.class` abgelegt. Damit die *Servlet Engine* das

Servlet findet, müssen Sie die Datei `Anmelden.class` in das Unterverzeichnis `jswdk-1.0.1/webpages/Web-inf/servlets` kopieren.

Starten Sie den Web-Server, indem Sie die Datei `startserver.bat` im Verzeichnis `jswdk1.0.1` ausführen.

Aktivieren Sie dann den *Browser* für die Datei `willkommen.html`. Das Anmeldebeispiel sollte sich jetzt wie in der Abb. 6.2-11 präsentieren. Wenn Sie sich im *Browser* den Quellcode anzeigen lassen, dann sehen Sie, dass er immer reinen HTML-Code enthält. Zum Schluss beenden Sie den Web-Server durch Aufruf der Datei `stopserver.bat`.

Bei diesem Beispiel wurde analog zu ASP die Programmlogik auf HTML-Datei und *Servlet* aufgeteilt. Alternativ können Sie auch das ganze Beispiel durch *Servlets* realisieren.

Sessions   Das JSWDK bietet mit den HTTPSession-Objekten eine integrierte *Session*-Verwaltung an. Diese nutzt standardmäßig *Cookies*. Das hat den Vorteil, dass sich der *Servlet*-Programmierer nicht selbst um die korrekte Benutzung von *Cookies* kümmern muss.

Bewertung *Servlets* müssen nur einmal, und nicht für jede Anfrage *(request)*
Servlets eines Klienten geladen werden. Auch die Verbindung zur Datenbank
effizient wird *nicht* für jede Anfrage, sondern nur ein einziges Mal aufgebaut. Diese Vorteile wiegen den Nachteil, dass Java-Code etwas langsamer als beispielsweise C-Code ist, reichlich auf.

plattform-   Ein weiterer Vorteil ist, dass *Servlets* – da es sich ja um Java-Klas-
unabhängig   sen handelt – plattform-unabhängig sind und ohne Veränderung auf jeder Plattform ablaufen können. Perl-Skripte können im Allgemeinen auch auf anderen Plattformen ausgeführt werden, aber CGI-Skripte, die beispielsweise in C geschrieben sind, müssen jeweils angepasst werden.

einfach   *Servlets* werden vollständig in Java programmiert. Es ist daher einfach, »gute« Programme zu schreiben. Außerdem ist für die Programmierung von *Servlets* nur eine Teilmenge von Java erforderlich, was die Einarbeitung erleichtert. *Servlets* erlauben eine schnelle Entwicklung der Web-Anwendung und eine einfache Wartbarkeit.

Java Beans – Java-   **Java Beans** sind unabhängige, wiederverwendbare Java-Kompo-
Komponenten   nenten. Ein *Bean* ist eine Java-Klasse mit bestimmten Eigenschaften.

Das in Abb. 6.3-6 dargestellte *Java Bean* greift das Anmeldebeispiel wieder auf. Es prüft, ob der eingegebene Name mit dem eingetragenen Benutzernamen `userBalzert` übereinstimmt und gibt ein entsprechendes Ergebnis zurück. Auch hier erfolgt die »Speicherung« der Daten der Einfachheit halber nur im Programm, d.h. als Attribut der Klasse `LoginBean`. Dieses *Java Bean* wird später von *Java Server Pages* verwendet.

194

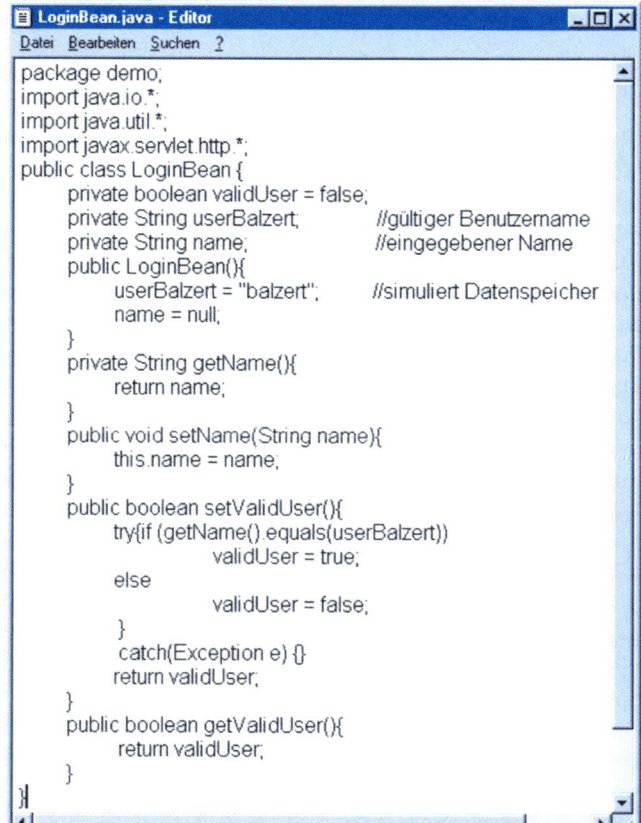

Abb. 6.3-6:
Java Bean zum
Prüfen des Benut-
zernamens

***Java Server Pages* (JSP)** sind eine Weiterentwicklung und Ergänzung der *Servlet*-Technologie. Eine JSP-Seite besteht aus HTML und JSP *tags*. Während die HTML-Befehle zur Gestaltung der Websites dienen, sind die JSP *tags* für die dynamische Komponente der Seite verantwortlich. JSP-Seiten können Java-Einschübe enthalten. Diese kleinen Bereiche werden *Scriptlets* genannt.

JSP – HTML mit
Java Beans

In *Java Server Pages* können *Java Beans* als Komponenten eingebunden werden. Mittels verschiedener JSP *tags* kann die JSP-Seite auf die *Beans* zugreifen. Mit dem *tag* `<jsp:useBean>` wird beispielweise ein neues *Bean*-Objekt erzeugt oder auf ein bereits existierendes zugegriffen.

Wird eine JSP-Seite aus einem *Browser* heraus aufgerufen, dann wird geprüft, ob diese JSP-Seite zum erstenmal angesprochen wurde. Ist dies der Fall, so wird sie in ein *Servlet* übersetzt und auf dem Server gespeichert. Andernfalls wird geprüft, ob das *Servlet* bereits geladen ist. Dann kann es direkt ausgeführt werden. Sonst muss es erst noch geladen werden.

Kommunikation
Klient – Server

195

Beim Übersetzen einer JSP-Seite werden statische HTML-Befehle in Java-Strings und JSP *tags* und *Scriptlets* in dynamischen Java-Code transformiert. Aus dem *Servlet* wird dann wiederum HTML-Code erzeugt, der dem *Browser* geschickt wird.

Anmelden mit JSP

Um Ihnen einen ersten Eindruck von JSP zu vermitteln, greife ich wieder auf das Anmeldebeispiel zurück. Abb. 6.3-7 zeigt die JSP-Programme, die das *Java Bean* aus der Abb. 6.3-6 benutzen. Die Datei Willkommen.jsp zeigt das Eingabeformular an und ruft Anmelden.jsp auf. Diese JSP-Datei aktiviert LoginBean.java der Abb. 6.3-6. In dem JSP *tag* <jsp: useBean> wird festgelegt, dass das *Bean*-Objekt in der JSP-Datei unter den Namen log angesprochen wird.

JSP-Seiten und *Java Bean* müssen natürlich Daten austauschen können. In diesem Beispiel wird der eingetippte Benutzername in den JSP-Seiten als username benannt und im *Java Bean* an das Attribut name übergeben. Dazu wird das JSP *tag* <jsp: setProperty> verwendet.

Abb. 6.3-7: JSP-Dateien für einfache Anmeldeprozedur

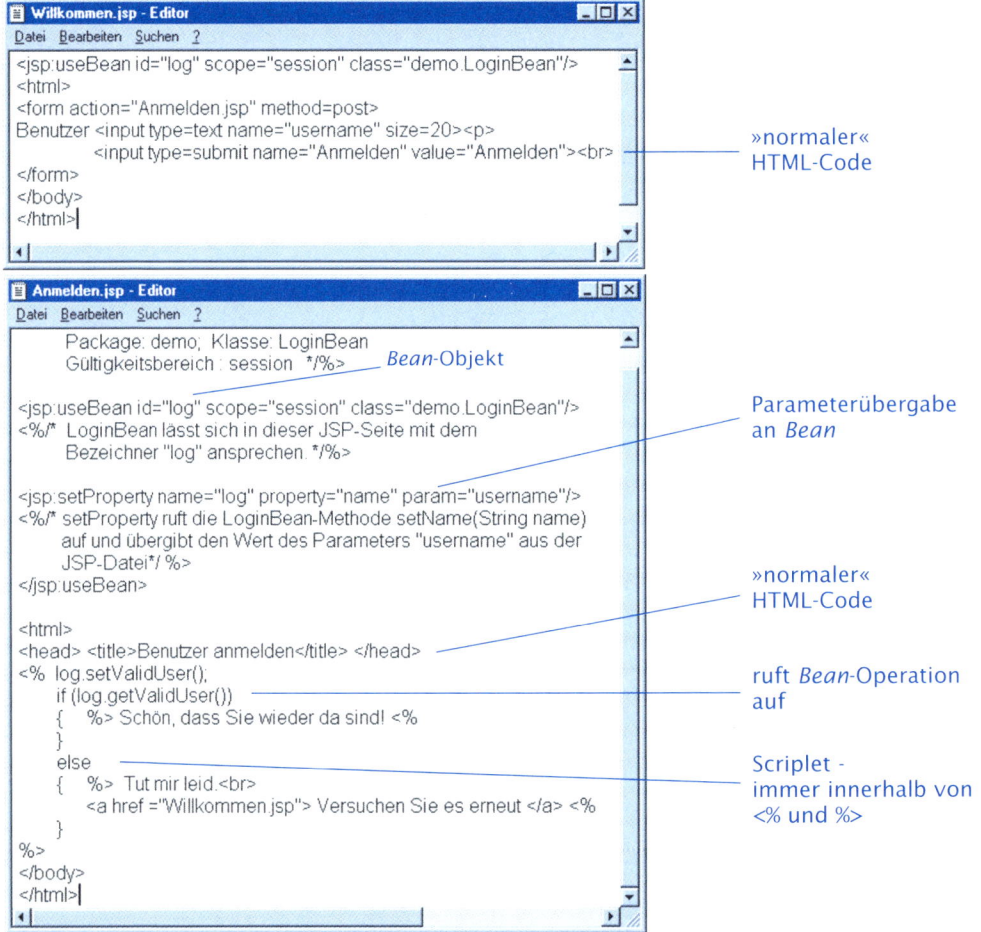

»normaler« HTML-Code

Bean-Objekt

Parameterübergabe an *Bean*

»normaler« HTML-Code

ruft *Bean*-Operation auf

Scriplet - immer innerhalb von <% und %>

Das *Java Bean* prüft, ob der Name des autorisierten Benutzers eingegeben wurde, und gibt mit der Operation getValidUser() das Ergebnis zurück.

Wenn Sie mit JSP ein wenig praktische Erfahrungen sammeln wollen, dann können Sie dieses Beispiel mit Hilfe des JSWDK ausführen. Alle Programme finden Sie auf der CD-ROM zum Buch im nebenstehenden Verzeichnis.

Tag6\JSP

Java Server Pages (JSP) bieten die Möglichkeit, Websites zu erstellen, die sowohl plattform-unabhängig als auch server-unabhängig sind. JSP unterstützt eine optimale Arbeitsteilung der folgenden Art: Einige Java-Programmierer erstellen plattform-unabhängige *Java Beans*, andere Entwickler erstellen entsprechende JSP *tags*. Die Website-Gestalter konzentrieren sich auf die HTML-Befehle und benutzen dabei die bereitgestellten *Java Beans* und JSP *tags*. Ein kleiner Nachteil von JSP-Seiten besteht darin, dass beim *ersten* Zugriff auf eine JSP-Seite zuvor ein *Servlet* erzeugt werden muss.

Bewertung JSP

Wie Sie gesehen haben, kann das Konzept der Klasse in Java für verschiedene Techniken verwendet werden (Abb. 6.3-8).

Java *family*

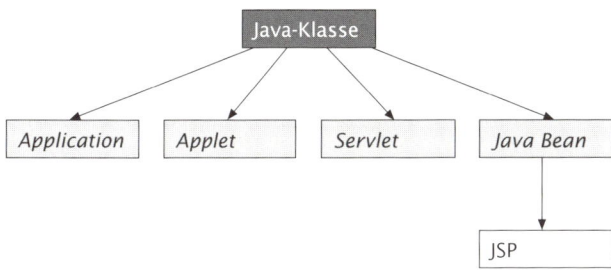

Abb. 6.3-8:
Verschiedene
Möglichkeiten, mit
Java zu program-
mieren

6.4 Web-Anwendung mit *Servlets* – die einfache und effiziente Lösung

In diesem Kapitel wird der *Shop* zunächst zur Web-Anwendung und dann zum *Online Shop* weiterentwickelt. Als Web-Anwendung bietet der *Shop* die gleiche Funktionalität wie die klassische Client/Server-Anwendung. Die Benutzeroberfläche wird jedoch nicht mit Fenstertechnik, sondern im *Browser* dargestellt. Die Web-Anwendung besitzt den Vorteil, dass die Sachbearbeiter an einen beliebigen Ort mit einem beliebigen Computer arbeiten können.

Mit Janus können Sie Web-Anwendungen einfach generieren. In der Menüoption *Settings* ist für *Mode* die Alternative *Client/Server* zu wählen und zusätzlich das Kontrollkästchen *Servlets* anzukreuzen.

Praxis 7 (Tag 6)
Web-Anwendung
generieren
Shop6P7

Janus generiert wie bei einer Client/Server-Anwendung einen Server, der im Fenster *Server – Shop6P7* angezeigt wird und den normalen Klienten, der in einem Fenster mit Windows-Oberfläche geöffnet wird. Wie bei einer Client/Server-Anwendung erstellt Janus die Unterverzeichnisse server und client. Zusätzlich erzeugt Janus das Unterverzeichnis Web-Inf. In diesem Unterverzeichnis legt Janus die Datei Shop6P7.xml ab. Sie wird verwendet, um dem Web-Server mitzuteilen, dass die neue Web-Anwendung *Shop6P7* vorliegt. Abb. 6.4-1 zeigt die generierte Verzeichnisstruktur im Überblick.

Voraussetzung für die Generierung von *Servlets* ist, dass sowohl das JDK 1.2.2 als auch das JSWDK1.0.1 korrekt installiert sind. Zusätzlich müssen Sie hier nur noch die Umgebungsvariable JSWDK_HOME = <Installationspfad von JSWDK> setzen.

Abb. 6.4-1:
Generierte Verzeichnisstruktur für Web-Anwendungen

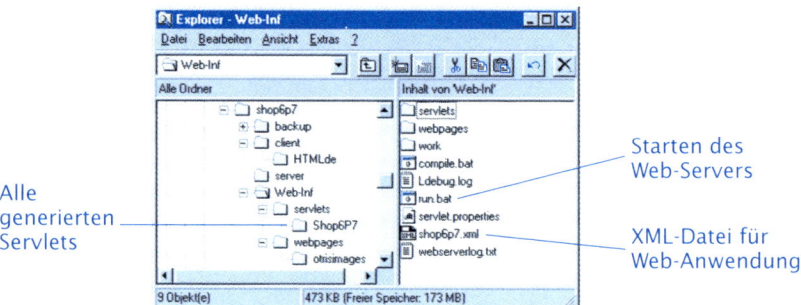

Alle generierten Servlets

Starten des Web-Servers

XML-Datei für Web-Anwendung

Um mit den generierten *Servlets* zu arbeiten, müssen Sie folgendes tun:

- Starten Sie den Web-Server des JSWDK durch Doppelklick auf die Datei run.bat im Verzeichnis Web-Inf.
- Um einen Web-Klienten zu starten, rufen Sie im Unterverzeichnis webpages die Datei index.html auf. Sie startet den *Browser* mit der Web-Anwendung des *Shops*.

Die Web-Klienten besitzen ähnliche Listen- und Erfassungsfenster wie die Windows-Klienten, jedoch in einer etwas einfacheren Form. Beispielsweise sind Muss-Felder durch einen fett geschriebenen Führungstext gekennzeichnet. Alle Seiten werden von den *Servlets* dynamisch erzeugt und enthalten nur HTML-Code und JavaScript.

Menüs anpassen   Bei den Windows-Klienten habe ich eine Baumstruktur verwendet, um auf Listen und einzelne Objekte zuzugreifen. Alternativ kann eine Menüauswahl verwendet werden, auf die ich nicht weiter eingegangen bin. Bei generierten Web-Anwendungen ist nur diese Menüauswahl möglich.

Analog zur Baumstruktur soll im Menü die Klasse Position nicht angezeigt werden, da deren Erfassung immer über Auftrag erfolgt. Wählen Sie daher im *Specifier* für die Klasse Position bei *Properties/ Main Menu Entry* die Einstellung None.

Auch bei dieser Web-Anwendung wird eine Benutzerverwaltung generiert, wobei das Menü _Administration_ aus Sicherheitsgründen nicht im Web-Klienten angeboten wird.

Wenn Sie Ihr Pilotsystem jetzt ausführen, dann sehen Sie, dass im Windows-Klienten und im Web-Klienten die gleiche Basis-Funktionalität zur Verfügung steht.

Abb. 6.4-2:
Pilotsystem mit
Web-Klient und
Windows-Klient

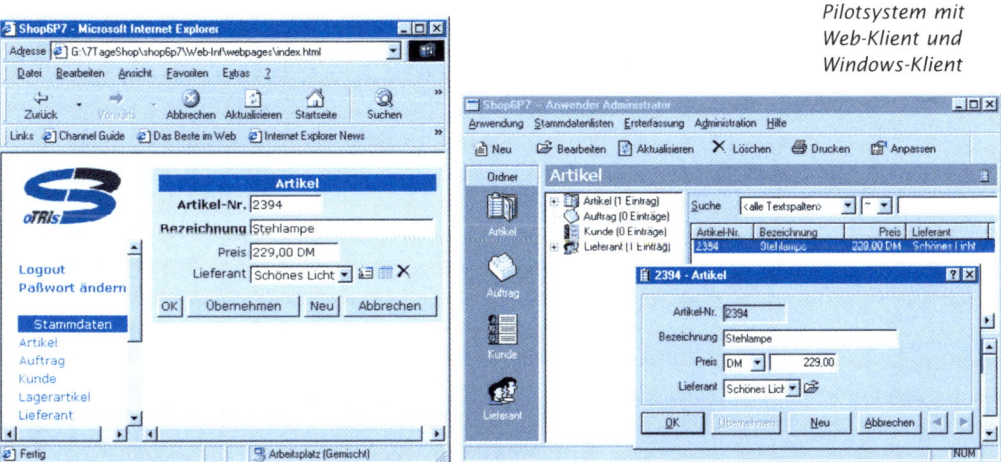

Der _Online Shop_

Soll der generierte _Shop_ zum _Online Shop_ weiterentwickelt werden, dann müssen Sie die Benutzungsoberfläche für das Einkaufen im Internet selbst programmieren. Im Folgenden zeige ich, wie diese Benutzungsschnittstelle mit _Servlets_ realisiert werden kann. Dazu sind Programmierkenntnisse in Java nötig. Da Java eine Sprache ist, die das Programmieren einfach macht und für _Servlets_ nur Teile aus der gesamten Programmierumgebung von Java benötigt werden, hält sich der Aufwand für die eigene Programmierung in Grenzen.

Damit Sie bei diesem Buch ohne Programmierkenntnisse auskommen, finden Sie alle »handprogrammierten« _Servlets_ auf der CD-ROM zum Buch. Mein Ziel ist, dass Sie auch als Nicht-Programmierer eine klare Vorstellung davon bekommen, wie die _Servlet_-Technologie funktioniert und wie selbst programmierte _Servlets_ mit der generierten _Shop_-Anwendung verbunden werden.

Arbeitsteilung:
generieren und
programmieren

Die Kombination von Janus und eigener _Servlet_-Programmierung erlaubt es, Web-Anwendungen schnell und trotzdem individuell zu erstellen, wobei folgende Arbeitsverteilung gilt:

■ Janus generiert alles, was der _Online_-Benutzer _nicht_ sieht und bietet dafür eine schnelle und sichere Lösung.

■ _Servlet_-Programmierer realisieren alles, was der _Online_-Benutzer sieht und benutzen die von Janus bereitgestellte Funktionalität.

Use Cases für
Online Shop

Wie Sie am vierten Tag gesehen haben, sind im *Online Shop* zwei zusätzliche *Use Cases* auszuführen. Um Ihnen eine bessere Vorstellung vom Ablauf dieser *Use Cases* zu geben, illustriere ich jede Beschreibung durch entsprechende Bildschirmabzüge. Streng genommen soll ein *Use Case* nur die Funktionalität, d.h. die Benutzerfunktionen ohne einen Bezug zur konkreten Oberfläche, beschreiben.

Use Case
Online-Auftrag
erteilen

Der *Use Case* Online-Auftrag erteilen beschreibt das Einkaufen im Internet. Der *Online*-Kunde soll einen möglichst umfassenden Überblick über das Artikelsortiment erhalten und so vielleicht auch Artikel finden, nach denen er eigentlich nicht sucht. Daher sind auf der linken Seite der Abb. 6.4-3 alle verfügbaren Artikelkategorien sichtbar. Für jede gewählte Kategorie zeigt der *Shop* die verfügbaren Artikel an.

Zusätzlich bietet der *Shop* eine Suchfunktion (rechts oben in Abb. 6.4-3). Hier kann der *Online*-Kunde beliebige Suchbegriffe eingeben. Die Suchfunktion zeigt alle Artikel an, bei denen diese Zeichenfolge in der Artikelzeichnung enthalten ist.

Abb. 6.4-3:
Artikelangebot im
Online Shop

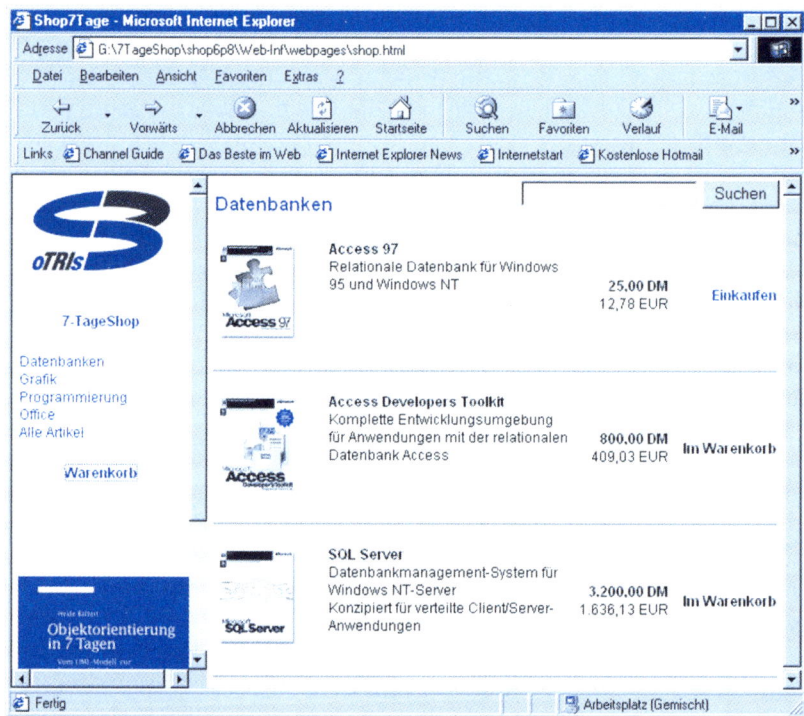

Bei einer »klassischen« Bestellung per Fax oder Telefon hat der Kunde einen Katalog zur Verfügung, aus dem er die gewünschten Artikel auswählt. Bei einem Einkaufsbummel im Internet ist das

Abb. 6.4-4:
Warenkorb des
Online Shops

meistens nicht der Fall. Der Katalog muss sozusagen *online* vorhanden sein. Daher werden für jeden Artikel die Bezeichnung, der Preis, ein Bild und eine Beschreibung angezeigt.

Jeder Artikel kann per Klick bestellt werden (Abb. 6.4-3). Er wird dann in der Anzahl 1 in den Warenkorb eingetragen. Diesen Warenkorb kann der Kunde jederzeit ansehen und verändern (Anzahl ändern, Artikel löschen). Nach jeder Veränderung muss mit der Schaltfläche neu berechnen der aktuelle Gesamtpreis berechnet werden (Abb. 6.4-4). Erst wenn der Kunde zur Kasse geht, wird aus dem Warenkorb eine Bestellung. Der »Gang zur Kasse« wird im *Online Shop* durch Drücken der Schaltfläche Bestellen realisiert. Anschließend muss der Kunde seine Adressdaten angeben (Abb. 6.4-5). Hat der Kunde schon früher Bestellungen aufgegeben, dann kann er sich durch die Kundennummer und ein Passwort identifizieren. Nach erfolgreicher Übertragung der Bestellung zum Server erhält der Kunde eine Bestätigung mit der Kundennummer und der Auftragsnummer (Abb. 6.4-6).

Der zweite *Use Case* für den *Online Shop* ist Online-Auftrag bearbeiten, der durch den Kundensachbearbeiter in der jeweiligen Firma ausgeführt wird. *Online*-Aufträge und »normale« Aufträge werden zusammen verwaltet. Am leeren Feld Bearbeiter erkennt der Kundensachbearbeiter, dass es sich um einen *Online*-Auftrag handelt (Abb. 6.4-7). Er trägt dann seinen Namen ein, und druckt die Rechnung als Lieferauftrag für das Lager aus.

Use Case
Online-Auftrag
bearbeiten

Für das Einkaufen im Internet muss das OOA-Modell des *Shops* etwas erweitert werden.

Klassendiagramm
Online Shop

Die Klasse Artikel wird um die Attribute Bild und Beschreibung erweitert. Bilder müssen im jpg- oder gif-Format in einer Datei vorliegen. Im Klassendiagramm wird der Dateiname als Typ modelliert. Für einen informativen Text ist eine mehrzeilige Beschreibung sinnvoll. Wir verwenden daher den Attributtyp String<1000>.

Klasse Artikel

Abb. 6.4-5:
Eingeben der
Kundendaten oder
Identifizieren über
Kundennummer
mit Passwort

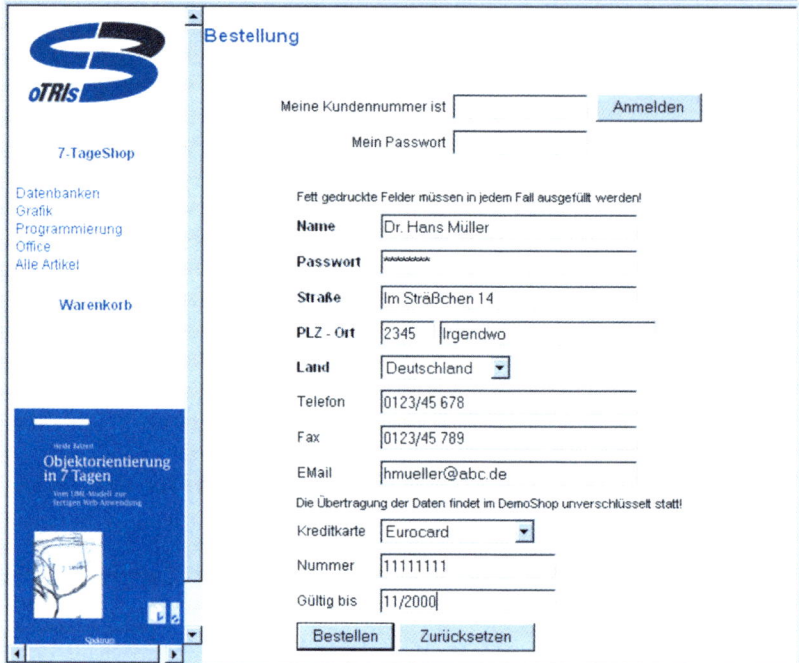

Abb. 6.4-5:
Eingeben der
Kundendaten oder
Identifizieren über
Kundennummer
mit Passwort

Abb. 6.4-6:
Bestätigen der
Bestellung

Abb. 6.4-7:
Fenster zum
Bearbeiten von
Online-Bestellungen

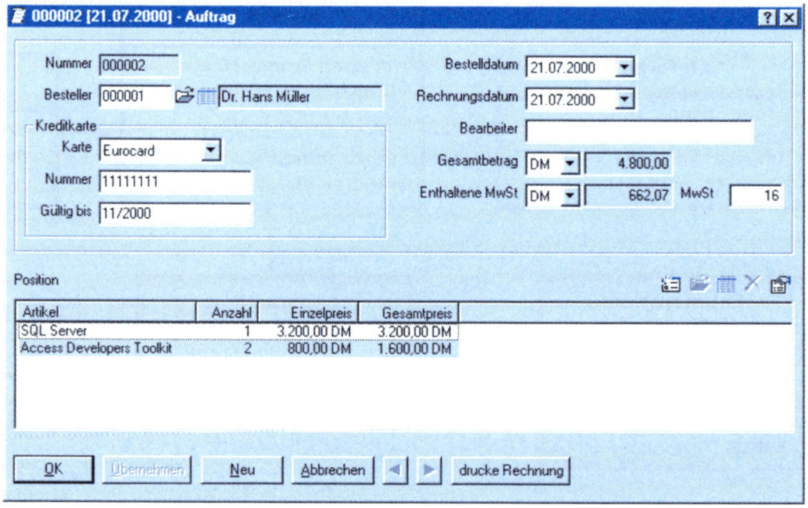

Außerdem wird die Klasse `Artikel` um das Attribut `Kategorie` vom Typ `KategorieT` erweitert. `KategorieT` ist ein Aufzählungstyp, der nur vom Administrator bearbeitet werden kann.

Ein gekaufter Artikel wird in der Anzahl 1 in den Warenkorb gelegt. Daher wird das Attribut `Position.Anzahl` mit 1 initialisiert.

Klasse Position

Beim klassischen *Shop* wird die Rechnung am Tag der Auftragserfassung erstellt und deshalb `Rechnungsdatum` mit `current` initialisiert. Das Bestelldatum wird vom Kunden handschriftlich in ein Formular eingetragen und liegt deswegen zeitlich oft vor dem Rechnungsdatum. Beim *Online Shop* erfolgt die Auftragserfassung sozusagen vom Kunden. Daher wird `Bestelldatum` mit `current` initialisiert. Da die Rechnungsschreibung meistens noch am gleichen Tag erfolgt, bleibt auch der Anfangswert von `Rechnungsdatum` bestehen.

Klasse Auftrag

Die Klasse `Kunde` wird um das Attribut `Passwort` erweitert, das der Einfachheit halber im Windows-Klienten sichtbar ist.

Klasse Kunde

Abb. 6.4-8 zeigt das erweiterte Klassendiagramm für den *Online Shop*.

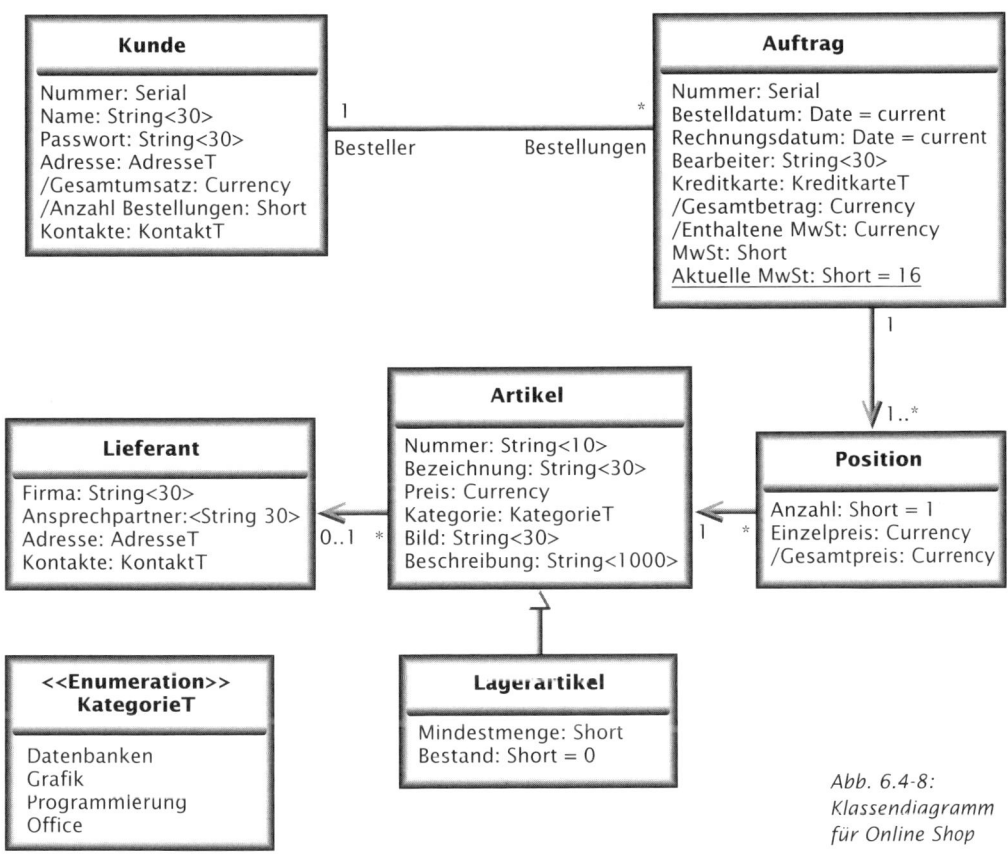

Abb. 6.4-8: Klassendiagramm für Online Shop

Praxis 8 (Tag 6)
Online Shop
modellieren
Shop6P8

Erweitern Sie Ihr OOA-Modell wie in der Abb. 6.4-8 angegeben. Auch im *Specifier* müssen Sie noch einige Einstellungen vornehmen. Für die elementare Klasse KategorieT wird *Select Min* = 0 und *Extensibility* = Extensible by Administrator gewählt. Der Dialog für Artikel und Lagerartikel soll wie bisher einspaltig sein. Daher wählen Sie für die Anwendungsklasse Artikel bei *Advanced/Layout* die Einstellung 1-Column. An die Unterklasse Lagerartikel wird diese Einstellung vererbt.

Generieren Sie ein neues Pilotsystem, um die Korrektheit Ihrer Angaben zu prüfen.

Programmieren der *Servlets*

Die Web-Oberfläche, die in den Abb. 6.4-3 bis 6.4-6 dargestellt wird, muss individuell in Java programmiert werden. Im Einzelnen sind es folgende Dateien:

- Menu.java
- Katalog.java
- Warenkorb.java
- Bestellung.java
- shopEnv.java

Servlet
Menu.java

Das Menu-*Servlet* prüft, welche Artikelkategorien es gibt und führt sie alle auf. Sobald der Benutzer eine Kategorie auswählt (Abb. 6.4-3), wird das Katalog-*Servlet* mit dieser Kategorie aufgerufen. Wenn der Benutzer den Warenkorb auswählt, erfolgt der Aufruf des Warenkorb-*Servlets*.

Servlet
Katalog.java

Das Katalog-*Servlet* zeigt alle Artikel der gewählten Kategorie an. Auf einer Bildschirmseite werden maximal vier Artikel dargestellt. Daher muss das Katalog-*Servlet* auch ein Blättern zu anderen Seiten der gleichen Kategorie ermöglichen. Es stellt auch die Funktion für die Suche über alle Kategorien zur Verfügung. Der Klick auf Einkaufen erzeugt im Warenkorb eine neue Position.

Servlet
Warenkorb.java

Das Warenkorb-*Servlet* zeigt alle gekauften Artikel an. Die Anzahl kann geändert werden. Artikel können auch aus dem Warenkorb entfernt werden. Nach jeder Veränderung ist mit der Schaltfläche neu berechnen die Anzeige zu aktualisieren. Mit der Schaltfläche Bestellen wird das Bestellung-*Servlet* aufgerufen.

Servlet
Bestellung.java

Dieses *Servlet* ermöglicht es, dass sich Stammkunden per Kundennummer (mit führenden Nullen!) und Passwort identifizieren können. Alle Kundendaten werden angezeigt. Änderungen, die der *Online*-Kunde durchführt, werden in der Datenbank des *Shops* gespeichert. Neu-Kunden müssen ihre Daten und das gewünschte Passwort eingeben. Anschließend erhalten sie die Kundennummer.

Klasse
shopEnv.java

Bei dieser Datei handelt es sich nicht um ein *Servlet*, sondern um eine Klasse. Sie ermöglicht beispielsweise die Farbeinstellungen für den *Shop* und stellt Standardfunktionen zur Verfügung.

Die selbstprogrammierten *Servlets* haben prinzipiell zwei Aufgaben:

■ Sie führen die Kommunikation mit dem »Rest« der Anwendung durch.

■ Sie erzeugen HTML-Befehle.

Als Beispiel für die Kommunikation mit der generierten Anwendung möchte ich die Operation storeProduct() des Katalog-*Servlets* anführen. Diese Operation speichert ein neues Objekt der Klasse Position auf dem Server. Alle Kommentare sind der besseren Übersicht halber blau gedruckt. Um mit dem *Application Server* zu kommunizieren, muss der *Servlet*-Programmierer die von Janus zur Verfügung gestellte Funktionalität benutzen.

*Servlet
kommuniziert mit
Anwendung*

```
public class Katalog extends HttpServlet
{ ...
   private void storeProduct(HttpSession ses, PDClass pdc,
                  PDObject auftrag, String productId)
   { try
     { StringBuffer value = new StringBuffer();

       //neues Positionsobjekt anlegen
       PDObject oi = pdc.newObject("Position",true,true);

       //OID des Artikelobjekts auf dem Server ermitteln
       PDObject prod = pdc.ptr(productId);

       //Verbindung von Position zum Artikelobjekt aufbauen
       oi.connect("to_Artikel",prod);

       //Verbindung von Auftrag zu Positionsobjekt aufbauen
       auftrag.connect("to_Position",oi);

       oi.getAttribute("Einzelpreis",value);
       if("".equals(value.toString()))
          oi.setAttribute("Einzelpreis", "0 DM");

       //Artikel auf dem Server aus dem Speicher entfernen
       prod.release();
     }
     catch (Exception e)
     {     e.printStackTrace();
     }
   }
...
}
```

Servlet *Servlets* werden aber auch verwendet, um einfache HTML-Befehle zu
erzeugt HTML erzeugen. Als Beispiel führe ich die Operation `printNoOrderForm()`
des *Servlets* Bestellung auf, die immer dann aufgerufen wird, wenn
der *Online*-Kunde einen leeren Warenkorb öffnet.

```java
public class Bestellung extends HttpServlet
{ ...
    private void printNoOrderForm(HttpServletRequest req,
                HttpServletResponse res, ClientInfo ci)
    { try
       { PrintWriter out = res.getWriter();
          res.setContentType("text/html");
          ShopEnv.printHeader(out, "Bestellung");
          out.println("<body bgcolor=\" " + bgColor+ "\" >");
          out.println("<div>");
          ShopEnv.printHeadline(out,"Bestellung");
          out.println("<center>");
          out.println("<br><p>");
          out.println
             ("<b class=\"big\">Ihr Warenkorb ist noch leer!</b><br>");
          out.println("<p>Bitte kaufen Sie erst ein</b>");
          out.println("</center>");
          out.println("</div>");
          ShopEnv.printFooter(out);
       }
       catch (Exception e)
       {    e.printStackTrace();
       }
    }
...
}
```

Praxis 9 (Tag 6) In diesem Praxisteil erstellen Sie einen funktionsfähigen *Online*
Online Shop *Shop*. Alle notwendigen Dateien finden Sie im nebenstehenden
erstellen Verzeichnis.
`Tag6\OnlineShop` Im Praxisteil 8 haben Sie bereits den *Online Shop* als Web-Anwendung generiert. Ergänzen Sie die generierten Dateien folgenderma-
ßen:

Shop Das Unterverzeichnis `Shop` enthält alle »handprogrammierten«
Java-Klassen und deren Bytecode-Dateien. Kopieren Sie dieses Verzeichnis in das generierte Verzeichnis `Web-Inf\servlets`.

shop.html Die Datei `shop.html` ist in das Verzeichnis `Web-Inf\webpages` zu
kopieren. Mit dieser Datei können Sie später den *Online Shop* starten. Als Name für das *Rose*-Modell und das generierte Verzeichnis
wurde hier `Shop6P8` verwendet (Abb. 6.4-9). Wenn Sie einen anderen
Namen verwenden, müssen Sie in dieser Datei die Zeichenkette
»Shop6P8« durch den jeweiligen Namen ersetzen.

shopimages Im Verzeichnis `shopimages` befinden sich außer dem oTRIs-Logo
und dem *Cover* dieses Buchs einige Artikelbilder für den *Online
Shop*. Kopieren Sie dieses Unterverzeichnis in das Verzeichnis

Web-Inf\webpages. Alle weiteren Artikelbilder, die Sie in Ihrem *Online Shop* anzeigen wollen, müssen Sie in diesem Verzeichnis ablegen.

Abb. 6.4-9:
Anpassen der
Startdatei

Starten Sie zuerst den (Anwendungs-) Server des *Online Shops* (Datei Shop6P8.exe im Verzeichnis server) und einen Windows-Klienten (Datei Shop6P8.exe im Verzeichnis client). Identifizieren Sie sich als Benutzer admin (ohne Passwort). Erfassen Sie einige Artikel für den *Online Shop*. Im Feld *Bild* müssen Sie den exakten Dateinamen des jeweiligen Bildes im Verzeichnis shopimages angeben (Abb. 6.4-10).

Außerdem ist im Menü *Administration/Neuer Benutzer* noch der Benutzer shop (ohne Passwort) einzutragen.

Starten Sie zum Schluss durch einen Doppelklick auf run.bat im Verzeichnis Web-Inf den Web-Server des JSWDK.

Online-Verkauf
vorbereiten

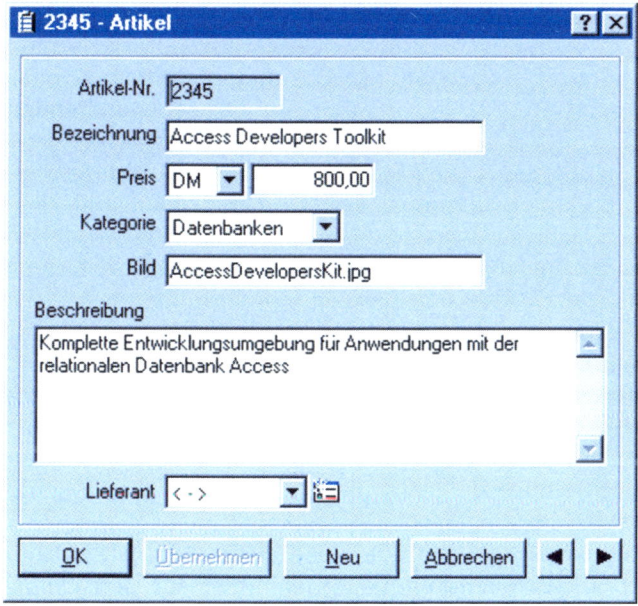

Abb. 6.4-10:
Erfassen der Artikel
für den Online Shop

Online-Verkauf
starten

www.otris.de/
OO7Tage

Wenn Sie dann den *Browser* für die Datei `shop.html` öffnen, können Sie in Ihrem eigenen *Online Shop* einkaufen gehen. Alle durchgeführten Bestellungen können Sie sich anschließend im Windows-Klienten anzeigen lassen. Sie können sich den »fertigen« *Shop* auch unter nebenstehender Adresse ansehen.

Anfrage (request) Mit einer Anfrage fordert der →Klient ein Objekt auf dem →Server zur Ausführung einer Operation auf.

Anwendungs-Server (application server) Er ist zuständig für die Ausführung der fachlichen Funktionalität einer →Web-Anwendung. Er kann sich auf demselben Computer wie der →Web-Server befinden.

Applet *Applets* sind Java-Programme, die von einem →Web-Server geladen und in einem →*Browser* auf dem →Klienten ausgeführt werden. Auf lokale Daten des →Klienten können *Applets* in der Regel nicht zugreifen.

ASP (Active Server Pages) ASP ermöglicht es, →HTML, Skripte und wiederverwendbare ActiveX-Komponenten in dynamischen Websites zu kombinieren. Die Verarbeitung von ASP-Skripten erfolgt auf dem →Server. Im →*Browser* erscheint nur →HTML.

Browser Die Software, mit der man die Dienste des WWW in Anspruch nehmen kann, bezeichnet man als *Browser*.

Bytecode Der Java-Compiler übersetzt ein Java-Quellprogramm in so genannten Bytecode, der unabhängig von bestimmten Prozessortypen ist.

CGI (Common Gateway Interface) CGI definiert ein Protokoll, das →*Browser* und →Server als Basis für die Kommunikation verwenden. Auf der Serverseite wird für jede →Anfrage des *Browsers* ein eigenständiger Prozess gestartet und anschließend wieder entfernt.

Client/Server-Anwendung Bei dieser Anwendung ist jeder Prozess entweder ein →Klient oder ein →Server. Die Benutzungsoberfläche befindet sich auf den →Klienten und die Datenbank auf den→Servern.

Cookie Ein *Cookie* ist eine kleine Textinformation, die ein →Web-Server an einen →*Browser* schickt und die der *Browser* unverändert zurückschickt,

wenn dieselbe →Website später wieder geladen wird.

CORBA (Common Object Request Broker Architecture) CORBA ist ein internationaler Standard für verteilte Anwendungen. Er ermöglicht Operationsaufrufe verteilter Objekte, die sich irgendwo in einem Netzwerk befinden, als ob es sich um lokale Objekte handeln würde. Objekte können miteinander kommunizieren, unabhängig von der verwendeten Programmiersprache und ebenfalls unabhängig von der Systemplattform.

Dynamisches HTML (DHTML) Dynamisches HTML ermöglicht es, eine Website zu jedem Zeitpunkt – auch nachdem der Web-Benutzer sie geladen hat – zu verändern. DHTML ist weder eine neue Sprache noch eine Erweiterung von HTML. Stattdessen werden unter dem Begriff DHTML verschiedenartige Techniken zusammengefasst.

HTML (Hyper Text Markup Language) Mit HTML wird der Aufbau und die Struktur von Web-Dokumenten beschrieben.

HTTP (Hyper Text Transfer Protocol) HTTP ist ein Protokoll, das für die Kommunikation zwischen Web-Klienten und Web-Servern verwendet wird. Der →*Browser* baut für jede →Anfrage eine TCP-Verbindung auf. Sobald der →Server die verlangte →Website übertragen hat, schließt er die Verbindung wieder. Bei HTTP1.1 wird die Verbindung über mehrere Anfragen hinweg aufrecht erhalten.

Java Bean *Java Beans* sind unabhängige, wiederverwendbare Java-Komponenten. Ein *Bean* ist eine Java-Klasse mit bestimmten Eigenschaften.

Java RMI RMI ermöglicht es dem Programmierer, verteilte Java-Architekturen zu realisieren und entfernte Objekte wie »normale« Java-Objekte zu verwenden.

JavaScript JavaScript ist eine Skriptsprache, die für die Programmierung auf →Klienten eingesetzt wird. Sie ermöglicht es, →HTML-Dokumente dynamisch zu verändern. JavaScript wird als Quellcode direkt in HTML-Seiten integriert.

JSP → *Java Server Pages*

Java Server Pages (JSP) Sie bestehen aus →HTML und JSP *tags.* Während die HTML-Befehle zur Gestaltung der Websites dienen, sind die JSP *tags* für die dynamische Komponente der Seite verantwortlich. In *Java Server Pages* können →*Java Beans* als Komponenten eingebunden werden. Mittels verschiedener JSP *tags* kann die JSP-Seite auf die *Beans* zugreifen.

JVM → Virtuelle Maschine von Java.

Klient *(client)* Der Klient ist eine Softwareeinheit, die eine Operation eines Objekts auf einem entfernten →Server benutzen möchte.

Perl *(Practical Extraction and Report Language)* Perl ist eine interpretierte Sprache, die auf fast allen Betriebssystemen zur Verfügung steht. Von der Syntax her besitzt sie Ähnlichkeit mit der Programmiersprache C.

RMI → Java RMI

Server Der Server ist eine Softwareeinheit, die Dienstleistungen zur Verfügung stellt.

Servlet Ein *Servlet* ist ein Java-Programm, das auf einem →Web-Server läuft und dazu dient, →Anfragen von →Klienten zu bearbeiten. *Servlets* erstellen HTML-Seiten, die dann im →*Browser* ausgeführt werden.

Virtuelle Maschine Die virtuelle Maschine ist ein Interpreter, der den →Bytecode, der vom Java-Compiler erstellt wurde, analysiert und auf dem jeweiligen Prozessor direkt ausführt.

Web-Anwendung *(web application)* Anwendungen, bei denen die →Klienten einen →*Browser* benutzen.

Web-Browser → *Browser*

Web-Server Er ermöglicht es, mit Hilfe von →HTML Informationen im Internet bereitzustellen. Web-Server akzeptieren Anfragen von den Web-*Browsern* und geben den →*Browsern* entsprechende HTML-Dokumente zurück.

Website *(web site)* Sie besteht aus einer oder mehreren Seiten, die Text, Grafik, Bilder, Ton usw. enthalten und in einer sinnvollen Weise über *Hyperlinks* miteinander verbunden sind.

World Wide Web Das *World Wide Web* (WWW) ist ein verteiltes Hypermedia-Informationssystem. Das WWW basiert auf der *Hypertext*-Technik.

XML *(eXtension Markup Language)* In XML besteht – im Gegensatz zu →HTML – die Möglichkeit eigene *tags* zu definieren. XML unterscheidet drei Arten von Dateien. Die XML-Datei enthält den Inhalt des Dokuments. Sie benötigt dazu die DTD-Datei *(Document Type Definition),* in der die Struktur des Inhalts definiert ist. In welcher Form der Inhalt präsentiert wird, bestimmt die XSL-Datei *(eXtensible Stylesheet Language).*

 Viele Softwaresysteme werden heute bereits als Client/Server-Anwendungen realisiert. Sie bestehen aus einem oder mehreren Servern und einer variablen Anzahl von Klienten. Das bedeutet in der objektorientierten Welt, dass die Objekte über verschiedene Plattformen hinweg kommunizieren müssen. CORBA ist ein Standard, der festlegt, wie diese Kommunikation ablaufen kann. Für reine Java-Anwendungen bietet sich Java RMI an Standard an.

Das *World Wide Web* ermöglicht auf einfache Art eine Kommunikation rund um den Globus, z.B. Einkaufen im *Online Shop* unabhängig von Zeit und Ort. Web-Server und Anwendungs-Server können sich irgendwo befinden. Die Web-Klienten greifen über einen *Browser* auf die Web-Server zu. Die *Browser* arbeiten mit HTML und neuerdings auch mit XML. Auf den Klienten kann HTML mit JavaScript erweitert werden. Um auf Daten auf dem Web-Server zuzugreifen, sind serverseitige Techniken wie CGI oder ASP verfügbar. Die Programmiersprache Java bietet sich insbesondere für die Entwicklung objektorientierter Web-Anwendungen an. Außer *Applets* zählen *Servlets* und *Java Server Pages* mit *Java Beans* zu den wichtigen Techniken.

Lernziel: Mehrbenutzer-Web-Anwendung des Aufgabenplaners. /
Entwickeln Sie Ihren Aufgabenplaner zur Web-Anwendung weiter. Gehen Sie davon aus, das der Administrator als *Super User* den Windows-Klienten benutzt. Alle Mitarbeiter besitzen nur über den *Browser* einen Zugang. Sie können alle Aufgaben sehen und hier Änderungen durchführen, z.B. den Status verändern.

Schritt 1: ■ Welche Einstellung sind für die Web-Anwendung notwendig?
Janus ■ Welche Einstellungen sind für die Benutzerverwaltung notwen-
Einstellungen dig?

Schritt 2: Führen Sie mit dem Pilotsystem zuerst die Rolle des *Super Users* und
Pilotsystem dann im *Browser* die Rolle eines Mitarbeiters aus.
validieren

Quiz of the 6th day
Lösung
Eine Frau, die seit 50 Jahren in der südlichen Hemisphäre lebt.

Prozessmodelle –
Softwareentwicklung mit Methode

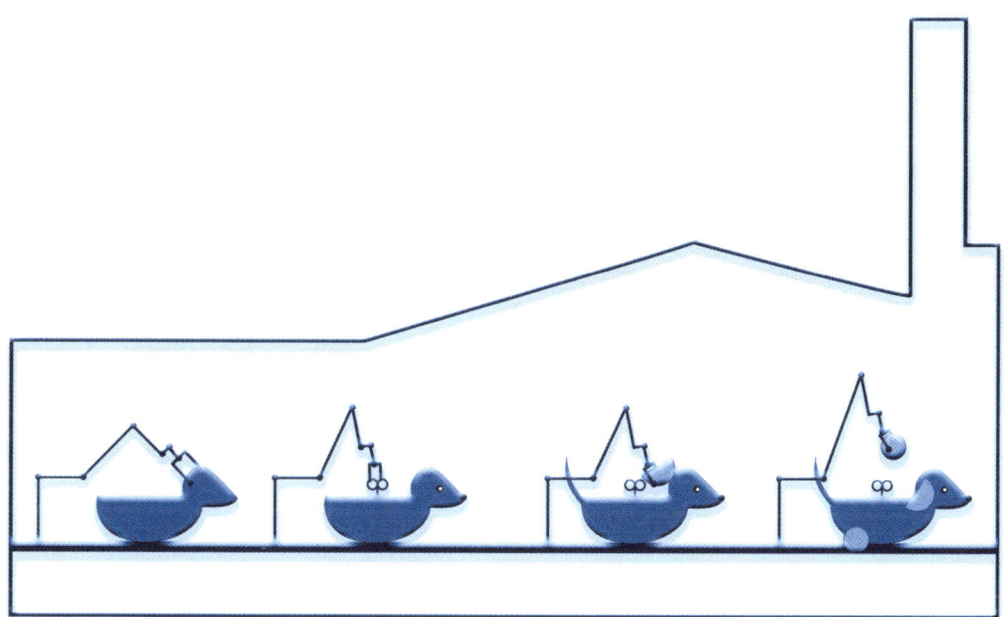

7

Um Mitternacht fällt starker
Regen.
Wie groß ist die Wahrschein-
lichkeit, dass in 72 Stunden die
Sonne scheint?

7 Prozessmodelle – Softwareentwicklung mit Methode

- Erklären können, was ein Prozessmodell ist.
- Verstehen, warum das Wasserfallmodell nicht funktioniert.
- Verstehen, was unter *Unified Process* zu verstehen ist
- Verstehen, wie das OOA-Modell durch ein Pflichtenheft ergänzt wird.
- Pflichtenhefte erstellen können.

verstehen

anwenden

7.1 Prozessmodelle – ganz ohne Formalismus geht es nicht

Sie haben in den vergangenen sechs Tagen Schritt für Schritt ein Softwaresystem entwickelt. Mit anderen Worten: Sie haben einen Entwicklungsprozess praktisch durchlaufen. Dabei wurden die einzelnen Schritte so gewählt, dass Sie sich Stück für Stück mit den objektorientierten Konzepten, der UML und den Werkzeugen *Rose* und Janus vertraut machen konnten. Heute geht es nun darum, wie eine objektorientierte Softwareentwicklung unter industriellen Randbedingungen ablaufen soll.

Jede Softwareentwicklung soll in einem festgelegten organisatorischen Rahmen erfolgen. Ein Prozessmodell beschreibt einen solchen Rahmen.

Prozessmodell – regelt Softwareentwicklung

Prozessmodelle – auch **Vorgehensmodelle** genannt – regeln den gesamten Prozess der Softwareentwicklung. Sie definieren, welche Aktivitäten auszuführen sind und legen fest, was die Ergebnisse dieser Aktivitäten sind. Außerdem bestimmen sie die Reihenfolge, in der die Aktivitäten abzuarbeiten sind.

Die Einführung eines Prozessmodells ist besonders bei großen Projekten eine Notwendigkeit. Es bildet die Basis für eine präzise Projektplanung und eine erfolgreiche Projektkontrolle. Das Gegenstück zu einem Prozessmodell ist eine *Ad-hoc*-Vorgehensweise. Hier überlegt sich der Entwickler die Anforderungen »im Kopf«. Anschließend wird so lange programmiert, getestet, korrigiert und angepasst, bis das Projekt für beendet erklärt wird.

Aktivität – Tätigkeit im Projekt

Aktivitäten sind definierte Tätigkeiten im Projekt. Sie werden durch Mitarbeiter ausgeführt. Für die Durchführung von Aktivitäten werden Erfahrungen, Kenntnisse und Fähigkeiten benötigt, die durch **Rollen** beschrieben werden, z.B. Analytiker, Programmierer, Qualitätssicherer. Für die Durchführung der Aktivität werden in der Regel vorgegebene Werkzeuge eingesetzt.

Artefakt – Zwischenergebnis

Die Zwischenergebnisse, die im Laufe der Softwareentwicklung entstehen, werden **Artefakte** *(artifacts)* genannt. Sie werden auch als Produkte bezeichnet. Ausgehend von einem oder mehreren gegebenen Artefakten werden neue Artefakte erstellt oder vorhandene Artefakte geändert. Artefakte werden nach einer **Artefakt-Schablone** *(template)* erstellt, die Inhalt und Layout festlegt.

Abb. 7.1-1 zeigt, dass ein Projektmitarbeiter in seiner Rolle X eine Aktivität Y ausführt. Er ist in dieser Rolle verantwortlich für die Erstellung des Artefakts Z.

214

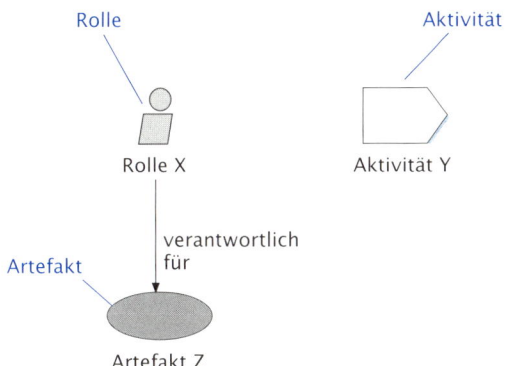

Abb. 7.1-1:
Rollen, Aktivitäten
und Artefakte

Die Softwareentwicklung wird klassischerweise in verschiedene **Phasen** unterteilt. Für jede Phase sind folgende Festlegungen zu treffen:

Phasen

- Ziele der Phase
- Durchzuführende Aktivitäten
- Rollenzuordnung zu den Aktivitäten
- Zu erstellende Artefakte
- Zu verwendende Artefakt-Schablonen
- Zu beachtende Methoden, Richtlinien, Konventionen und Checklisten
- Einzusetzende Werkzeuge und Sprachen

Unabhängig vom verwendeten Prozessmodell hat sich bei der Softwareentwicklung folgende Vorgehensweise etabliert:

allgemeine Vorgehensweise

Software wird im Allgemeinen dafür eingesetzt, bestimmte Geschäftsprozesse in einem Unternehmen zu unterstützen. Falls diese Geschäftsprozesse nicht bekannt sind, müssen sie zunächst ermittelt und modelliert werden. Darauf aufbauend werden die Anforderungen an das neue Softwaresystem spezifiziert. Die Anforderungen lassen sich grob unterteilen in die funktionalen Anforderungen, d.h. die Funktionalität, die das Softwaresystem für den Benutzer anbieten muss und die nicht-funktionalen Anforderungen. Diese Anforderungen bilden die Basis für das Analysemodell, d.h. die Erstellung der fachlichen Lösung. Im Entwurfsmodell wird die technische Lösung entwickelt, die dann implementiert wird. Anschließend wird das System getestet und beim Kunden eingeführt. Zusammengefasst ergibt sich also folgende Vorgehensweise:

- Geschäftsprozesse modellieren
- Anforderungen spezifizieren
- Analysemodell erstellen
- Entwurfsmodell erstellen

215

- Implementierung durchführen
- Test durchführen
- Auslieferung des Softwaresystems

Ziel – »gelebtes« Prozessmodell

Bei jeder Software-Entwicklung muss versucht werden, den richtigen Mittelweg zwischen Standardisierung und Freiheit zur Kreativität zu finden. Die obersten Ziele sollten daher lauten:

- So wenig Phasen, Artefakte und Rollen, wie unbedingt nötig.
- Aufbau der Artefakte so, dass sie den Standardfall abdecken.
- Optimale Werkzeugunterstützung.
- Jedes Artefakt wird durch die Qualitätssicherung überprüft.

Durch diese Ziele soll erreicht werden, dass ein definiertes Prozessmodell auch konsequent »gelebt wird«. Denn nur ein »gelebter« Software-Prozess nützt den Mitarbeitern, dem Unternehmen und den Kunden, indem er dafür sorgt, dass auf produktive Weise qualitativ hochwertige Software entsteht.

Wasserfallmodell

Es gibt zahlreiche Prozessmodelle. Jeder Softwareentwickler kennt wohl das **Wasserfallmodell**. Dieses Vorgehensmodell orientiert sich ausschließlich am Faktor Zeit. Das bedeutet, dass für das komplette Softwaresystem, das zu entwickeln ist, zuerst die Geschäftsprozesse modelliert werden. Dann werden die Anforderungen für das komplette Softwaresystem spezifiziert usw. (Abb. 7.1-2). Erst am Ende des Projekts werden alle erstellten Programme zu dem Gesamtsystem zusammengefügt und getestet, ein Vorgang der aus gutem Grund als *Big Bang* bezeichnet wird.

Abb. 7.1-2: Wasserfall-Modell

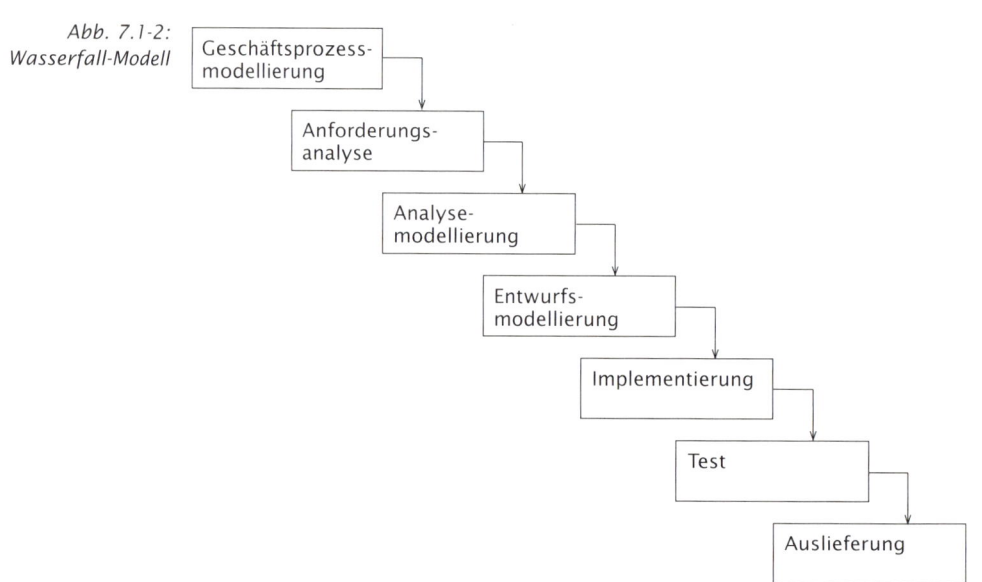

Das Wasserfallmodell geht davon aus, dass die Anforderungen an ein Softwaresystem konstant bleiben und einmal getroffene Entscheidungen nicht mehr geändert werden. Leider stimmt diese Prämisse – wie jeder Softwareentwickler weiß – nicht mit der Realität überein. Es ist in der Praxis *nicht* möglich, stabile Anforderungen zu definieren. Die Wünsche des Auftraggebers ändern sich, der Auftraggeber lernt mit der Zeit, seine Wünsche besser auszudrücken, die verfügbaren Technologien ändern sich, auf dem Markt sind neue und bessere Konkurrenzprodukte verfügbar. Diese Liste ließe sich noch weiter fortsetzen. Es ist in der Praxis unmöglich, alle Anforderungen eindeutig aufzuschreiben, so dass sie eine verbindliche Grundlage für das weitere Vorgehen bilden.

Irrtum Nr. 1 – Anforderungen bleiben konstant

Fazit: Die Anforderungen ändern sich ständig. Ein gutes Prozessmodell muss die Entwickler darin unterstützen, die sich ständig ändernden Anforderungen zu handhaben.

Die Annahme, dass das zukünftige Softwaresystem vollständig und »richtig« modelliert werden kann, bevor mit der Programmierung begonnen wird, ist ein weiteres Problem des Wasserfallmodells. Auch diese Idee scheitert in der Praxis, weil die Komplexität heutiger Software es unmöglich macht, Modelle auf Papier zu spezifizieren und wirklich keine Details und unerwarteten Nebeneffekte zu übersehen. Außerdem zwingt der ständige technische Wandel die Entwickler, sich laufend mit neuen Technologien auseinander zu setzen und beim Erstellen der Modelle ist oft nicht bekannt, ob die geplante Lösung auch wirklich funktioniert. Auch diese Liste ließe sich noch weiter fortsetzen.

Irrtum Nr. 2 – sofort die »richtige« Lösung modellieren

Fazit: Alle Artefakte entstehen kontinuierlich und müssen ständig verbessert, aktualisiert und erweitert werden. Ein gutes Prozessmodell muss diese Variabilität zu seiner Leitidee machen.

Die Nachteile des Wasserfallmodells in seiner reinsten Form wurden schon sehr früh erkannt und es wurde eine iterative Softwareentwicklung angestrebt. Das bedeutet, dass die Entwicklungsphasen nicht für das komplette Softwaresystem, sondern zunächst nur für einen kleinen Teil davon durchlaufen werden. Am Ende einer Iteration liegt immer ein fertig getestetes Teilsystem vor, das beim nächsten Durchgang verbessert und erweitert wird. Ein großer Vorteil der iterativen Entwicklung ist, dass falsch verstandene Anforderungen sehr viel früher erkannt werden können als beispielsweise beim Wasserfallmodell.

iterative Entwicklung – viele kleine »Wasserfälle«

Die iterative Softwareentwicklung ist heute ein Eckpfeiler aller modernen Prozessmodelle. Einer der wichtigsten Vorteile der iterativen Vorgehensweise ist die Möglichkeit, Risiken im Projekt frühzeitig zu erkennen, und ihnen begegnen zu können.

Das Wasserfallmodell gilt heute als überholt und wurde hier nur vorgestellt, um die Probleme deutlich zu machen. Wichtige Prozessmodelle sind das Spiralmodell, das V-Modell und das Modell des *Uni-*

fied Process, das wegen seiner Aktualität im Folgenden näher erläutert wird.

7.2 *Unified Process –* der objektorientierte Entwicklungsprozess

Der *Unified Process* ist ein Software-Entwicklungsprozess, der von der Firma *Rational* als Ergänzung zur UML entwickelt und speziell für die objektorientierte Entwicklung konzipiert wurde. Wie Sie wissen, ist die UML *(Unified Modeling Language)* nur eine objektorientierte Notation. Die methodische Unterstützung, um die UML effektiv einzusetzen, ist Bestandteil des *Unified Process.* Er wird häufig als RUP *(Rational Unified Process)* bezeichnet.

www.rational. com/products/ rup

Der *Unified Process* ist in der angegebenen Literatur ausführlich beschreiben. Von der Firma *Rational* wird er auch als Produkt angeboten. Bei nebenstehender Adresse kann kostenlos eine Multimedia-CD angefordert werden, die den RUP näher beschreibt. Auf der CD-ROM zu diesem Buch befindet sich eine Voll-Version des *Rational Unified Process 2000.*

RUP – Bewährtes mit Neuem kombiniert

Viele Konzepte, die dem *Unified Process* zugrunde liegen, sind nicht neu, sondern anerkannte Vorgehensweisen einer erfolgreichen Softwareentwicklung. Der *Unified Process* fasst diese Ideen unter *Best Practices* zusammen. Wichtige Eckpfeiler bilden beispielsweise die iterative Softwareentwicklung und die Tatsache, dass die Dokumentation – durch UML-Diagramme – visuell dargestellt wird.

RUP – so gut wie seine Anpassung

Der RUP ist ein Standard-Entwicklungsprozess, der für die erfolgreiche Einführung in einem Unternehmen individuell angepasst werden muss. Bei dieser Anpassung ist die aktuelle Entwicklungsphilosophie behutsam mit den Ideen des RUP zu verschmelzen. Beispielsweise sollen vorhandene Begriffe für Rollen oder Artefakte, die sich bewährt haben, beibehalten werden. Auch Schablonen für Artefakte, die nicht in Konflikt zum RUP stehen, können hier sinnvoll integriert werden.

In diesem Kapitel beschreibe ich den *Unified Process* in groben Zügen, stelle jedoch immer wieder den Bezug zu den durchgeführten Aktivitäten in den vorangegangenen Tagen her. Als Basis für dieses Kapitel verwende ich den *Rational Unified Process 2000.* Alle Bildschirmabzüge sind direkt daraus entnommen.

Der *Unified Process* verwendet die in Abb. 7.2-1 dargestellten Elemente. Im Zentrum befinden sich die Rollen, die Aktivitäten und die Artefakte.

Rolle – who is who im Projekt

Jede **Rolle** *(worker)* definiert die Verantwortlichkeiten und Verhaltensweisen der Projektmitarbeiter. Rollen werden nicht 1:1 auf die Mitarbeiter des Projekts abgebildet. Normalerweise »spielt« ein Mitarbeiter mehrere Rollen im Projekt.

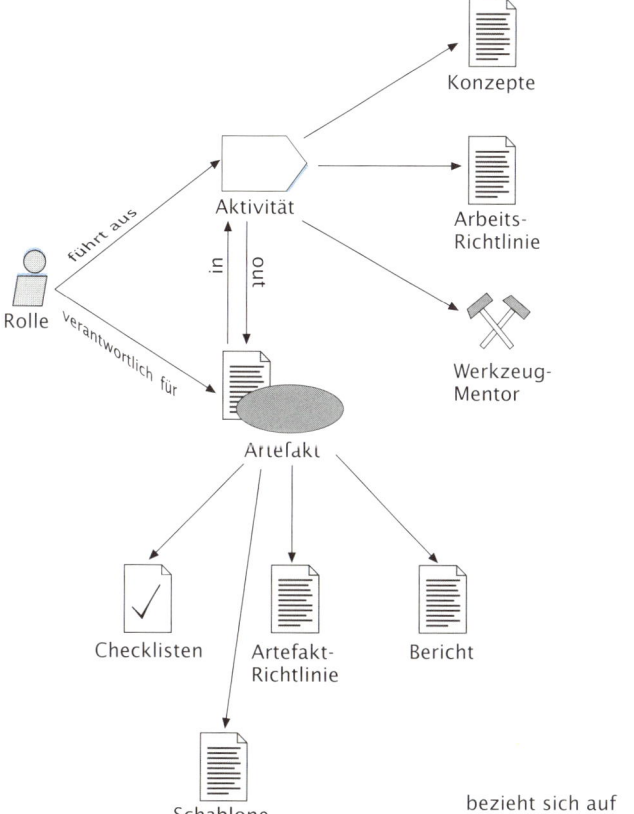

Abb. 7.2-1:
Basiskonzepte des
Unified Process

Eine Rolle ist beispielsweise die des Systemanalytikers *(system analyst)*, der die Erstellung der Anforderungen plant und koordiniert und für das *Use Case*-Modell verantwortlich ist. Eine weitere Rolle ist die des *Use Case*-Spezifizierers, der für die detaillierte Spezifikation der *Use Cases* verantwortlich ist.

Aktivitäten *(activities)* bilden immer Arbeitseinheiten, die von einem Mitarbeiter ausgeführt werden. Aktivitäten sollen einen idealen Umfang für die Projektplanung und -verfolgung besitzen, also weder zu groß noch zu klein sein. Jede Aktivität hat eine definierte Zielsetzung und wird einer Rolle zugeordnet. Sie ist eine in sich abgeschlossene Folge von Tätigkeiten, deren Unterbrechung kein sinnvolles Ergebnis liefern würde. Eine Aktivität gilt also erst dann als beendet, wenn ein neues Artefakt entstanden ist. Verantwortlich für die Durchführung der Aktivität und für die Qualität des entstehenden Artefakts ist der Mitarbeiter – in der entsprechenden Rolle – der diese Aktivität bearbeitet.

Aktivität –
Arbeitseinheit

Eine Aktivität ist beispielsweise das Identifizieren von Akteuren und *Use Cases*. Im RUP sind für jede Aktivität der Nutzen, die durchzuführenden Schritte, die notwendigen Artefakte, die zu erstellenden Artefakte, die verantwortlichen Rollen, zu verwendende Arbeits-Richtlinien und nützliche Werkzeug-Mentoren beschrieben. Abb. 7.2-2 zeigt, wie der RUP diese Unterstützung anbietet. Der Leser erfährt erst den Nutzen *(purpose)* dieser Aktivität und kann sich dann über die *Hyperlinks* mit den durchzuführenden Schritten *(steps)* auseinandersetzen.

Artefakt – Ergebnis der Aktivität

Bei der Ausführung der Aktivitäten »produzieren« die Projektmitarbeiter entsprechende **Artefakte** *(artifacts),* die dann im Rahmen anderer Aktivitäten weiterverarbeitet werden. Artefakte können sein:

- Dokumente, z.B. ein *Use-Case*-Diagramm,
- Modelle, z.B. ein *Use Case*-Modell und
- Modellelemente, z.B. ein *Use Case*.

Abb. 7.2-2: Aktivität: Identifizieren von Akteuren und Use Cases

Artefakte sind sowohl Ausgaben einer Aktivität als auch Eingaben für andere Aktivitäten.

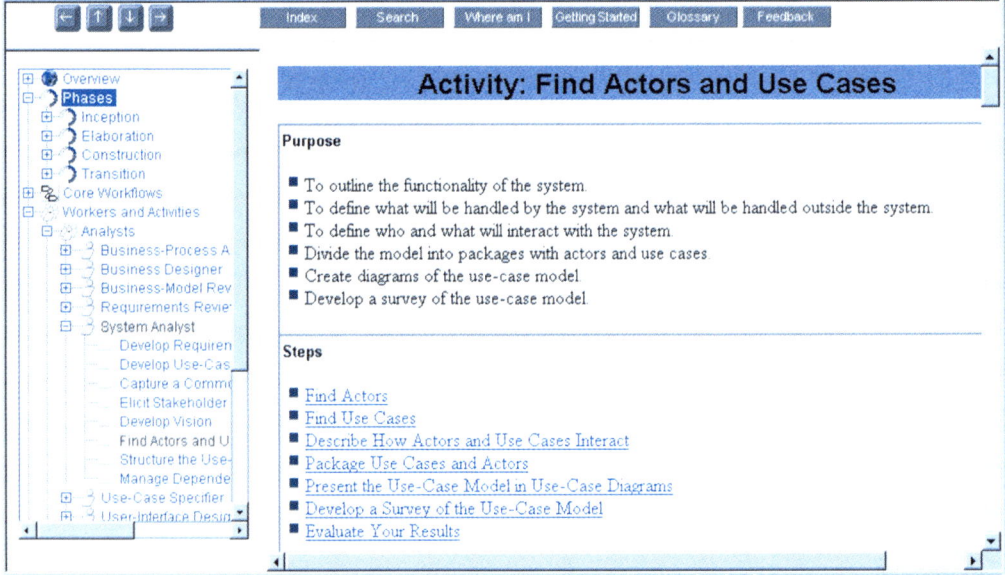

Arbeitsrichtlinien – regeln die Organisation

Um die Mitarbeiter bei der Durchführung ihrer Aktivitäten und Erstellung der Artefakte zu unterstützen, enthält der *Unified Process* eine Vielzahl von Richtlinien. Die **Arbeitsrichtlinien** *(work guidelines)* beschreiben die Vorgehensweise auf einer globaleren Ebene. Beispielsweise beschreibt eine Arbeitsrichtlinie, wie eine *Brainstorming*-Sitzung zur Ermittlung von *Use Cases* zu organisieren ist.

Artefakt-Richtlinien _(artifact guidelines)_ unterstützen den Pro- · Artefakt-Richtli-
jektarbeiter darin, die konkreten Artefakte zu erstellen. Zum Arte- · nien – sorgen für
fakt _Use Case_-Modell gibt es beispielsweise die Artefakt-Richtlinie · Einheitlichkeit
»_Use Case_-Modell«. Sie enthält Informationen, was ein _Use-Case_-
Modell ist und wie es erstellt wird (Abb. 7.2-3).

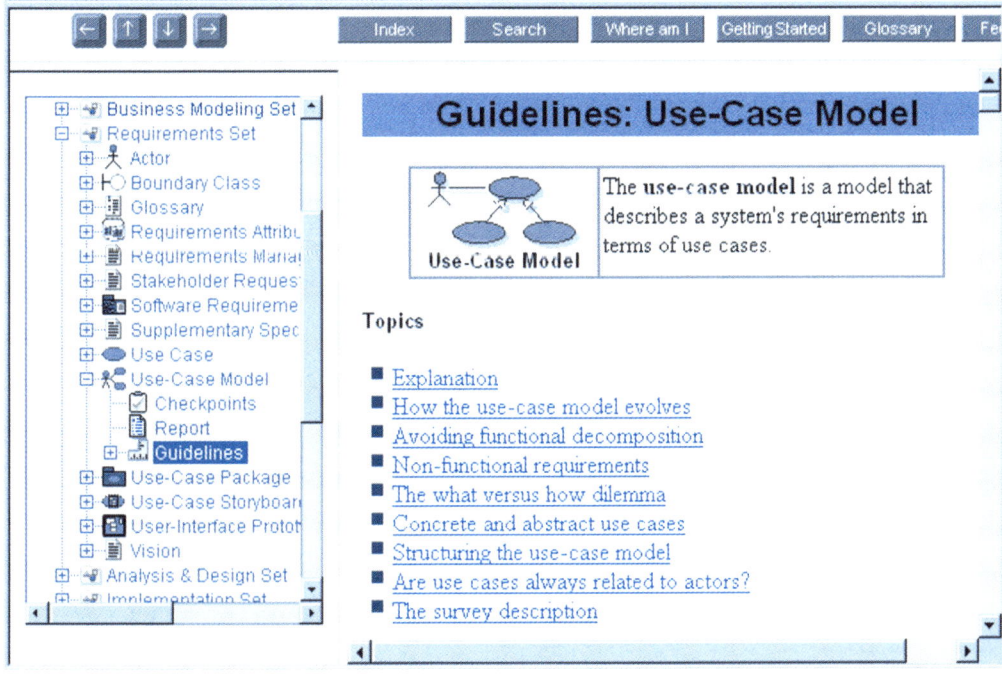

Abb. 7.2-3:
Artefakt-Richtlinie
für das
Use Case-Modell

Damit alle Artefakte einheitlich in Layout und Inhalt sind, verwen- · Schablone –
det man die **Artefakt-Schablonen** _(templates)_. Abb. 7.2-4 zeigt die · definiert Layout
Use Case-Schablone, die festlegt, wie die Spezifikation eines _Use_ · und Inhalt
Case aufgebaut sein soll.

Durch die Verwendung von Schablonen und Artefakt-Richtlinien
wird die Einheitlichkeit aller Artefakte eines Typs erreicht.

Artefakt-Richtlinien werden durch **Checklisten** _(checkpoints)_ · Checklisten – zur
ergänzt. Sie ermöglichen eine systematische Qualitätsprüfung der · Qualitätskontrolle
erstellten Artefakte. Abb. 7.2-5 zeigt einen Ausschnitt der Checklisten für _Use Cases._ Die Checklisten sind ein wichtiges Instrument der
Projektkontrolle. Damit kann einfacher sichergestellt werden, dass
zu den definierten Kontrollpunkten im Projekt nichts Wichtiges vergessen wurde bzw. bei einem Artefakt keine gravierenden Qualitäts-
mängel vorhanden sind.

Abb. 7.2-4:
Use Case-Schablone

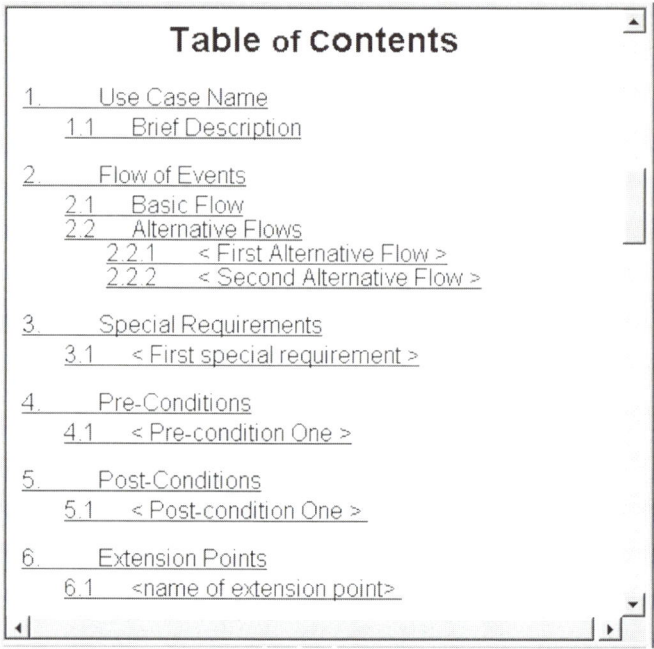

Abb. 7.2-5:
Checkliste für
Use Cases

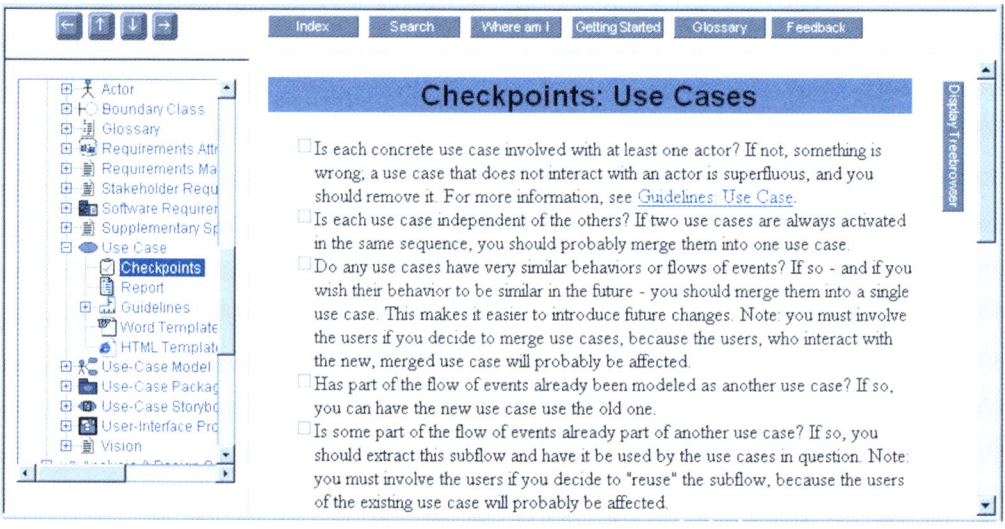

Werkzeug-Mentoren *(tool mentors)* unterstützen die Projektmitarbeiter bei der effektiven Benutzung der Werkzeuge. Beispielsweise kann dieses Buch als Werkzeug-Mentor für die Einführung in *Rose* und Janus angesehen werden.

Der *Unified Process* umfasst vier Phasen, welche die Zeitachse eines Projekts bilden (Abb. 7.2-6). Der Umfang der einzelnen Phasen ist unterschiedlich, da sie in der Länge und in der Menge der benötigten Ressourcen (z.B. Projektmitarbeiter) variieren.

Phasen – zeitlicher Projektverlauf

- Konzeptphase *(inception)*
- Spezifikationsphase *(elaboration)*
- Konstruktionsphase *(construction)*
- Einführungsphase *(transition)*

*Abb. 7.2-6:
Kernprozesse und
Phasen des RUP*

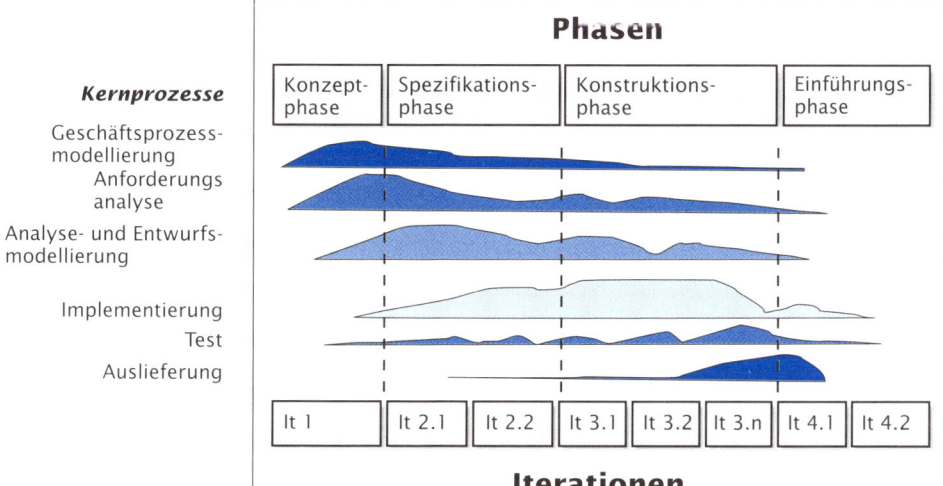

Das Ziel der **Konzeptphase** *(inception)* ist es, in einer ersten Niederschrift die »Vision« des zu erstellenden Softwaresystems festzuhalten. Das bedeutet, dass alle Geschäftsprozesse zu definieren und alle *Use Cases* zu identifizieren sind. Die wichtigsten *Use Cases* sollen auch spezifiziert werden. Bei Beendigung der Konzeptphase ist das *Use Case*-Modell üblicherweise zu 10 bis 20% fertiggestellt. In dieser Phase kann auch ein einfacher Prototyp erstellt werden, der dazu dient, die Vorstellung aller Projektbeteiligten über das zu entwickelnde System genauer abzuklären. Außerdem werden die Grundlagen für die Projektkalkulation erstellt. Am Ende der Konzeptphase steht die *Stop or go*-Entscheidung für das Projekt an.

Konzeptphase

Aufgaben der **Spezifikationsphase** *(elaboration)* sind die Analyse des Problembereichs, die Erstellung der grundlegenden Architektur und die Präzisierung des Projektplans. Die wichtigsten Ergeb-

Spezifikationsphase

223

nisse dieser Phase sind das *Use Case*-Modell, in dem ca. 80% der *Use Cases* komplett spezifiziert sind und ein erstes OOA-Modell, das zum OOD-Modell weiterentwickelt und realisiert wird. Dieses OOA-Modell soll den stabilen Kern der Architektur für das gesamte System bilden.

Konstruktions-
phase

In der **Konstruktionsphase** *(construction)* werden die Anforderungen und die Basis-Architektur erweitert und verfeinert. Am Ende dieser Phase sollen alle Anforderungen analysiert, entworfen, programmiert und getestet sein.

Einführungsphase

In der **Einführungsphase** *(transition)* wird die erstellte Software an die zukünftigen Benutzer übergeben. Sie beginnt im Allgemeinen mit dem *Beta Release* der Software. Eine andere Aufgabe dieser Phase ist beispielsweise die Schulung der zukünftigen Benutzer. Soll die neue Software ein altes System ablösen, kann auch ein Parallelbetrieb alter und neuer Software in der Einführungsphase enthalten sein.

Kernprozesse

Außer den Phasen enthält der *Unified Process* sogenannte Kernprozesse. Sie definieren die inhaltliche Gliederung aller Entwicklungsaktivitäten. Ein **Kernprozess** *(core process workflows)* besteht aus einer Sequenz von Aktivitäten, die in einer organisatorischen Umgebung durchgeführt werden, um ein definiertes Ergebnis zu erzielen. Folgende Kernprozesse werden im *Unified Process* unterschieden:

- Geschäftsprozessmodellierung *(Business Modeling)*
- Anforderungsanalyse *(Requirements)*
- Analyse- und Entwurfsmodellierung *(Analysis and Design)*
- Implementierung *(Implementation)*
- Test *(Test)*
- Auslieferung *(Deployment)*

Beim Wasserfallmodell fallen Phasen und Kernprozesse zusammen, da davon ausgegangen wird, dass jeder Kernprozess abgeschlossen wird, bevor der nächste beginnt. Zeit und durchzuführende Aktivitäten fallen zusammen. Daher ergibt sich beim Wasserfallmodell nur eine Dimension. Dagegen besitzt der *Unified Process* zwei Dimensionen: Zeit und Kernprozesse. Abb. 7.2-6 zeigt, dass alle Kernprozesse über mehrere Phasen hinweg durchgeführt werden. Beispielsweise beginnt der Test-Prozess schon sehr früh in der Konzeptphase. Hier werden beispielsweise Testfälle aufgestellt, wobei die *Use Cases* als Basis dienen.

Kernprozess
Geschäftsprozess-
modellierung

Geschäftsprozesse beschreiben immer die Organisation. Sie können auf verschiedenen Abstraktionsebenen existieren. Auf oberster Ebene handelt es sich um Unternehmensziele und die Aktivitäten, die zu deren Erreichen notwendig sind. Auf untergeordneter Ebene sind es organisatorische Arbeitsabläufe, die von den Mitarbeitern ausgeführt werden, um definierte Ziele zu erreichen oder Ergebnisse zu erstellen.

Für die Spezifikation der Geschäftsprozesse bietet die UML unter anderem die Aktivitätsdiagramme an. Auch reine Textbeschreibungen – wie bei der verwendeten Schablone am vierten Tag – werden in der Praxis erfolgreich eingesetzt. Die Modellierung von Geschäftsprozessen ist nicht immer notwendig. Sie kann beispielsweise entfallen, wenn ein neues Softwaresystem realisiert werden soll, das ein bestehendes ablöst und an der zugrundeliegenden Organisation nichts geändert werden soll.

Am vierten Tag haben wir beispielsweise für unseren *Shop* den Geschäftsprozess zum Ausführen eines Auftrags – vom Eingang der Bestellung bis zum Versand der Ware an den Kunden – beschrieben.

Der Zweck eines jeden Softwaresystems ist es, die Benutzer bei ihrer Arbeit zu unterstützen. In den Anforderungen wird festgehalten, *was* der Auftraggeber bzw. der spätere Benutzer von dem zukünftigen Softwaresystem erwartet.

Kernprozess Anforderungsanalyse

Die Anforderungen bilden die Basis für eine konkrete Projektplanung. Das Ergebnis wird als *Software Requirements Specification* (SRS) oder als »Pflichtenheft« bezeichnet. Ganz grob lassen sich funktionale und nicht-funktionale Anforderungen unterscheiden. Die funktionalen Anforderungen werden in der UML mit Hilfe der *Use Cases* beschrieben. Die *Use Case*-Diagramme geben einen Überblick über die Funktionalität. Zur weiteren Spezifikation können Aktivitätsdiagramme, Sequenzdiagramme und einfacher Text verwendet werden.

Die nicht-funktionalen Anforderungen betreffen alle Anforderungen, die nichts mit der Funktionalität zu tun haben. Dazu gehören Qualitätseigenschaften, Forderungen nach der *Performance* oder Forderungen, dass bestimmte Datenbank-Schnittstellen realisiert werden sollen.

Am vierten Tag haben Sie durch die Modellierung der *Use Cases* die funktionalen Anforderungen für den *Shop* und auch für den *Online Shop* definiert. Die kompletten Anforderungen werden in einem Artefakt definiert, das hier als »Pflichtenheft« bezeichnet wird. Ich gehe im Kapitel 7.3 genauer darauf ein.

Kernprozess Analyse- und Entwurfsmodellierung

Der RUP fasst Analyse und Entwurf zu einem Kernprozess zusammen. Es sind jedoch unterschiedliche Aktivitäten auszuführen. Wenn die Erstellung von fachlicher und technischer Lösung in einem Unternehmen getrennt ist, dann müssen bei der Anpassung des RUP zwei getrennte Kernprozesse für Analyse und Entwurf definiert werden. Bei meinen Projekten hat sich diese Trennung bewährt und wird generell durchgeführt.

Das **Analysemodell** dient dazu, aus den Anforderungen eine fachliche Lösung zu entwickeln. Ausgehend von den *Use Cases* werden Klassendiagramme modelliert, Pakete definiert und die *Use Cases* durch Sequenzdiagramme detaillierter beschrieben. Dabei ist es wichtig, sich zunächst auf die essentiellen *Use Cases* zu konzentrieren, d.h. für die einzelnen *Use Cases* müssen Prioritäten gesetzt werden. Weil die *Use Cases* die Basis für das weitere Vorgehen bilden, spricht man davon, dass der RUP *use case*-gesteuert ist. Das wichtigste Artefakt in der Analyse ist das Analysemodell *(analysis model)*.

RUP ist *use case*-gesteuert

Bei der Entwicklung unseres *Shops* haben wir uns also nicht an den *Unified Process* gehalten. Wir sind sozusagen gleich in die Analyse »eingestiegen«. In den ersten drei Tagen haben Sie sich ausschließlich mit dem Klassendiagramm befasst und haben sich erst am vierten Tag mit den Geschäftsprozessen und den funktionalen Anforderungen auseinandergesetzt. Dieser Weg ist sinnvoll, um objektorientierte Konzepte und Notationen zu lernen. Bei einer »echten« Softwareentwicklung sollte der Einstieg aber immer und ohne Ausnahme über die *Use Cases* erfolgen. Wenn die organisatorischen Abläufe nicht klar vorgegeben sind, ist es auch keine schlechte Idee, diejenigen Geschäftsprozesse zu modellieren, die von der Software – komplett oder teilweise – unterstützt werden sollen.

Im **Entwurfsmodell** wird die fachliche Lösung zur technischen Lösung weiterentwickelt. Hier geht es beispielsweise um die Wahl geeigneter Entwurfsarchitekturen und die Anbindung an die verwendete Datenbank. Auch im Entwurf werden Klassendiagramme, Paketdiagramme und Sequenzdiagramme erstellt. Die Pakete dienen nicht nur zur Modellierung von Teilsystemen, sondern auch zur Darstellung der verschiedenen Schichten. Insbesondere die Sequenzdiagramme sind im Entwurf von besonders großer Bedeutung. Sie ermöglichen eine übersichtliche Beschreibung der komplexen Kommunikation zwischen den Objekten, die anhand des Programmcodes nur schwer nachzuvollziehen ist.

Janus hat für Sie nicht nur Programmcode generiert, sondern auch eine standardisierte Entwurfsarchitektur erzeugt. Diese Architektur kann von Softwareentwicklern beliebig weiterentwickelt werden. Beispielsweise haben wir am sechsten Tag beim *Online Shop* die generierte Anwendung um *Servlets,* d.h. um Java-Klassen, ergänzt.

Aktivitätsdiagramme

Kernprozesse beschreiben – wie die am vierten Tag eingeführten Geschäftsprozesse – Arbeitsabläufe. Daher können Sie auch mit Hilfe von Aktivitätsdiagrammen beschrieben werden. Abb. 7.2-7 zeigt ein Aktivitätsdiagramm für den Kernprozess der Analyse- und Entwurfsmodellierung. Im RUP sind alle Kernprozesse durch Aktivitätsdiagramme beschrieben.

Kernprozess Implementierung

In der Implementierung wird die technische Lösung schließlich in einer konkreten Programmiersprache, z.B. Java, programmiert.

Den größten Anteil der Implementierung haben wir Janus überlassen, da Janus den C++-Programmcode automatisch generiert. Janus

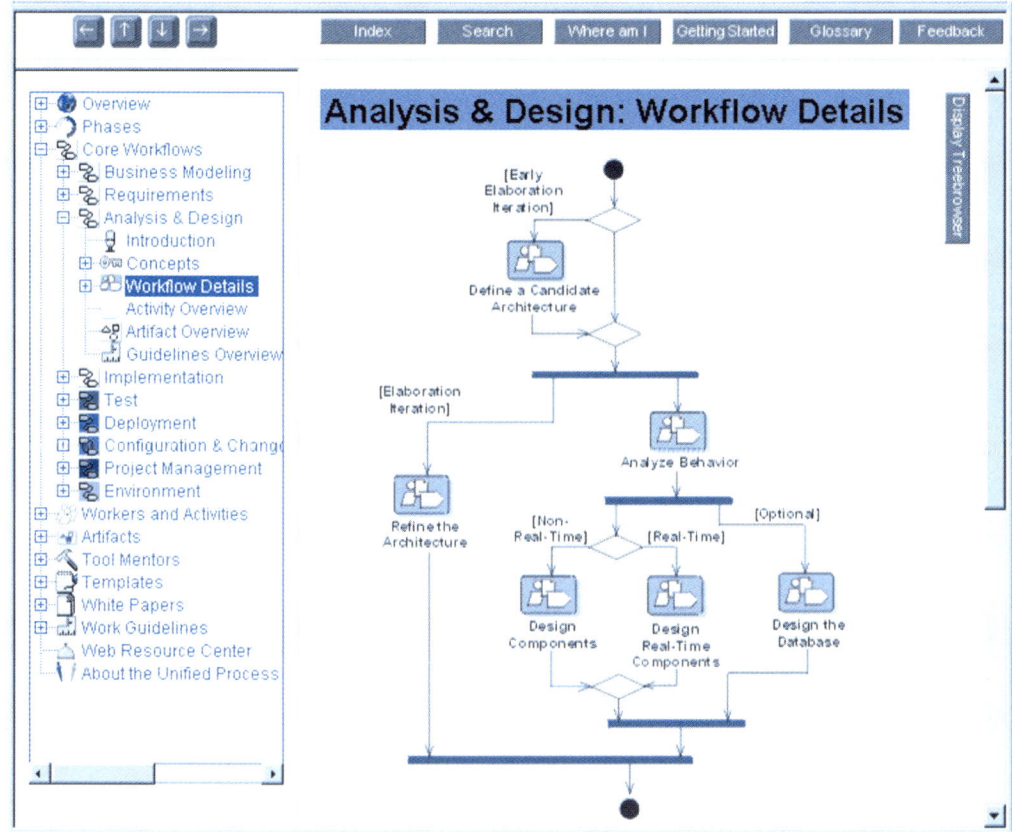

Abb. 7.2-7:
Aktivitätsdiagramm
zum Kernprozess
Analyse- und
Entwurfsmodellierung

ist so konzipiert, dass der Entwickler an bestimmten Stellen – *User Code*-Bereiche genannt – seine selbstprogrammierten Benutzerfunktionen integrieren kann. Auch bei der Entwicklung von Web-Anwendungen kann der Entwickler die selbsterstellten Java-*Servlets* mit dem generierten Programmcode verbinden.

Wie die Abb. 7.2-6 zeigt, ist das Testen über alle Phasen des *Unified Process* verteilt. Schon in der Anfangsphase werden die Tests geplant und entworfen. Parallel zur Implementierung werden fertiggestellte Klassen frühzeitig integriert. Dadurch wird der abschließende Test des fertigen Softwaresystems nicht zum *Big Bang*, sondern der erfolgreiche Abschluss der projektbegleitenden Testaktivitäten. Die *Use Cases* und die Sequenzdiagramme bilden eine gute Grundlage für die praktische Testdurchführung. Jeder *Use Case* definiert einen Testfall. Diese Vorgehensweise ermöglicht präzisere Aus-

Kernprozess
Test

227

sagen über den Testfortschritt. Beispielsweise können Angaben der Art »Die Software ist zu 80% – von einer unbekannten Größe! – getestet« durch »80% aller *Use Cases* sind erfolgreich getestet« ersetzt werden.

Kernprozess
Auslieferung

Auch wenn die letzte Zeile in der Dokumentation geschrieben und alle Tests durchgeführt sind, ist bei einem Softwareentwicklungsprojekt noch nicht alles getan. Der *Unified Process* trägt dem Rechnung, indem in diesem Kernprozess alle Aktivitäten definiert werden, die nach der »eigentlichen Fertigstellung« durchzuführen sind. Dazu gehören beispielsweise die Installation der Software, die Schulung der Benutzer und die Migration bestehender Daten in die neue Software.

iterative Entwicklung

Innerhalb jeder Phase des *Unified Process* finden Iterationen statt. Das Ergebnis einer jeden Iteration ist ein neues *Release*. Bei einem **Release** muss es sich noch nicht um ein ablauffähiges Softwaresystem handeln. Es ist jedoch ein wichtiges Ergebnis auf dem Weg dorthin. Ein *Release* kann intern oder extern sein. Ein internes *Release* wird nur als Projektmeilenstein oder zur Demonstration beim Auftraggeber oder zukünftigen Benutzern verwendet. Ein externes *Release* wird immer an den End-Kunden ausgeliefert.

Bei einem »normalen« Projekt sind die folgenden Iterationen notwendig:

- Konzeptphase: 1 Iteration,
- Spezifikationsphase: 2 Iterationen,
- Konstruktionsphase: 2 Iterationen,
- Übergangsphase: 1 Iteration.

Der *Unified Process* vermeidet durch eine iterative Entwicklung und die kontinuierliche Integration fertiggestellter Produkte den *Big Bang* am Ende eines Projekts. Er verwendet wie andere Prozessmodelle Meilensteine zur Überprüfung des Projektfortschritts. Haupt-Meilensteine liegen jeweils am Ende einer Phase. Teil-Meilensteine sind am Ende jeder Iteration.

Reflektion der Praxis

Iteration 1: Tage 1
und 2

Auch Sie sind bei der Entwicklung des *Shops* iterativ vorgegangen. Man könnte sagen, dass die erste Iteration derjenige Teil des *Shops* ist, den Sie am ersten und zweiten Tag entwickelt haben.

Iteration 2: Tag 3

Er wurde dann am dritten Tag in einer weiteren Iteration durch Einführung der Vererbung um Lagerartikel und Lieferanten ergänzt.

Iteration 3: Tage 3
und 4

In einer dritten Iteration wurde die Benutzungsoberfläche für eine Präsentation beim Auftraggeber optimiert. Sie können das Ergebnis dieser Iteration als Prototyp für eine effektive Kommunikation mit dem Auftraggeber verwenden. Ein großer Vorteil bei der Benutzung von Janus ist, dass Sie am Ende einer Iteration immer automatisch ein ausführbares Softwaresystem haben.

Am sechsten Tag wurde die *Stand-Alone*-Anwendung schließlich zu einer Client/Server- und einer Web-Anwendung weiterentwickelt. Am Ende dieser Iteration liegt ein externes *Release* vor, das beim End-Kunden installiert werden kann. Der *Shop* kann – zunächst noch ohne Komponente für den Internet-Einkauf – bereits in Betrieb genommen werden und die Einführungsphase kann beginnen. Durch den Einsatz von Janus haben sich natürlich die Kernprozesse Entwurf und Implementierung drastisch verkürzt.

Iteration 4: Tag 6

Mit Hilfe von selbst programmierten *Servlets* wurde der *Shop* am sechsten Tag um eine Komponente ergänzt, die das Einkaufen im Internet ermöglicht, d.h. er wurde zum *Online Shop* ausgebaut. Es können weiterhin Bestellungen, die auf konventionellen Weg eingehen, bearbeitet und erfasst werden. Das Ergebnis ist ebenfalls ein externes *Release,* das beim End-Kunden installiert werden kann.

Iteration 5: Tag 6
(Online Shop)

In weiteren Iterationen kann der *Online Shop* erweitert werden, z.B. mit sicherer Übertragung für sensible Informationen, mit automatischem Kreditkarten-*Clearing* oder mit einer automatisierten Schnittstelle für die Übernahme von Artikeldaten aus anderen Softwaresystemen.

7.3 Pflichtenheft –
was vor dem OOA-Modell kommt

Viele Unternehmen, die seit Jahren klassische Software-Entwicklung praktizieren, erstellen zu Beginn des Entwicklungsprozesses ein Dokument, in welchem die Anforderungen an die zu erstellende Software festgehalten werden. Die Bezeichnungen für dieses Dokument (Fachkonzept, Grobkonzept, Logisches Konzept usw.) sind so vielfältig wie die Gliederungsschemata. Bei näherem Hinsehen enthalten diese Dokumente jedoch alle mehr oder weniger die gleichen Informationen. Ich möchte daher an dem gewählten Beispiel zeigen, wie dieses Ergebnis der konventionellen Softwareentwicklung in die objektorientierte Modellierung integriert werden kann. Außerdem ist es ein Beispiel für die individuelle Anpassung des RUP.

Das Artefakt, in dem laut RUP die Anforderungen an ein Softwaresystem festgehalten werden, wird hier als »Pflichtenheft« bezeichnet. Ich verwende diesen Begriff seit vielen Jahren und will auch bei Anwendung des *Unified Process* nicht darauf verzichten. Das **Pflichtenheft** ist eine – überwiegend umgangssprachliche – Beschreibung dessen, *was* das zu realisierende System leisten soll.

Aufgabe: Das Pflichtenheft beschreibt in knapper Form alle Basisanforderungen, die das zu entwickelnde Software-Produkt aus der Sicht des Auftraggebers erfüllen muss. »Basisanforderungen« bedeutet eine bewusste Konzentration auf die fundamentalen Eigen-

Pflichtenheft

schaften des Produkts und ihre Beschreibung auf einem hinreichend hohen Abstraktionsniveau, das die Anforderungen präzise beschreibt, ohne sich in Details zu verlieren.

Adressaten: Auftraggeber (extern oder intern, z.B. Marketing), sowie Auftragnehmer repräsentiert durch den Projektleiter und die Anwendungsspezialisten.

Inhalt: Bewusste Konzentration auf die fundamentalen Eigenschaften des Produktes. Beschreibung des »Was«, nicht des »Wie«.

Form: Vorgegebenes, standardisiertes, grobes Gliederungsschema mit festgelegten Inhalten.

Sprache: Beschreibung auf angepasstem Abstraktionsniveau durch Text und Grafik.

Didaktik: Das Gliederungsschema ist so aufgebaut, dass das Pflichtenheft gut lesbar ist.

Zeitpunkt der Erstellung: Wird immer vor der objektorientierten Modellierung erstellt.

Umfang: So knapp wie möglich, aber umfassend genug, um festzulegen, was der Auftraggeber will.

Im Folgenden präsentiere ich die Pflichtenhefte für den *Shop* und für den daraus entwickelten *Online Shop*. Das Erstellen eines Pflichtenhefts muss in der Projektpraxis immer vor dem Modellieren der fachlichen Lösung erfolgen. Den Kern des Pflichtenhefts bildet die Funktionalität, die von der Software zur Verfügung gestellt werden soll. Dafür können – wie hier praktiziert – *Use-Case*-Diagramme und *Use-Case*-Spezifikationen vorteilhaft eingesetzt werden. Alternativ kann die Funktionalität auch umgangsprachlich beschrieben werden.

Das Pflichtenheft bildet die Grundlage für eine *Stop-or-go*-Entscheidung bei der Durchführung des Projekts.

klassischer Shop   **Pflichtenheft für den klassischen *Shop***

welche Ziele?   **1 Zielbestimmung**

Formulieren Sie Ziele, und *nicht* die für deren Erreichung notwendigen Funktionen. Ein Ziel ist beispielsweise, dass die Software automatisch den Mindestbestand von Artikeln sicherstellt. Dies wird durch eine Funktion realisiert, die Bestellvorschläge für Artikel erstellt, deren Mindestbestand unterschritten ist und diese Artikel automatisch beim Lieferanten bestellt.

1.1 Muss-Kriterien

Welche Ziele muss das Softwaresystem unbedingt erfüllen? Kann ein Ziel nicht realisiert werden, dann ist das ganze System für den vorgesehenen Zweck nicht einsetzbar.

- Mit dem *Shop* sollen Bestellungen, die per Telefon, Fax oder Brief eingehen, einfach erfasst und gespeichert werden.
- Für alle erfassten Bestellungen wird automatisch eine Rechnung erstellt. Für diese Rechnung soll die Mehrwertsteuer betragsmäßig ausgewiesen werden.
- Jeder Kunde soll nur einmal – auch bei mehreren erteilten Bestellungen – gespeichert werden.

1.2 Kann-Kriterien

Hier sind alle Ziele aufzuführen, welche das Produkt erfüllen soll, die aber nicht Grundvoraussetzung für den Produkteinsatz sind. Diese Abgrenzung ist ein wichtiges Instrument der Projektplanung. Bei Terminproblemen ist somit eine Konzentration auf die Muss-Kriterien möglich.

- Der *Shop* soll nicht nur Lagerartikel verwalten, sondern auch Artikel, die erst beim Lieferanten bestellt oder selbst hergestellt werden.
- Der *Shop* soll *Multi-User*-Betrieb ermöglichen.
- Sachbearbeiter sollen den *Shop* sowohl lokal als auch mit Hilfe des Web-*Browsers* benutzen können.

1.3 Abgrenzungskriterien

Welche Ziele sollen mit dem Produkt bewusst *nicht* erreicht werden, die in vergleichbaren Anwendungen durchaus vorkommen?

- Nicht vorhandene Artikel werden *nicht* automatisch beim Lieferanten bestellt.
- Der *Shop* soll nur den vollen Mehrwertsteuersatz berücksichtigen. Bücher können beispielsweise nicht verkauft werden.

2 Einsatz

wo eingesetzt?

Die Analyse des Einsatzes liefert wichtige Informationen für die Benutzungsoberfläche und die Qualitätsanforderungen des zukünftigen Systems.

2.1 Anwendungsbereiche

Der *Shop* kann von kleineren Firmen zur Auftragsabwicklung von bestellten Waren eingesetzt werden.

2.2 Zielgruppen

Sachbearbeiter

2.3 Betriebsbedingungen

keine besonderen

welche Einsatz-
umgebung?

3 Umgebung

3.1 Software

Welche Systeme (einschließlich Versionsnummern) müssen für den Einsatz der Software zur Verfügung stehen?

- Windows NT 4.0
- Access-Datenbank 2000 (empfohlen)
- JSWDK 1.0.1
- Web-*Browser*

3.2 Hardware

Welche Hardware-Voraussetzungen müssen für den Betrieb erfüllt sein?

- Windows-NT-Server
- beliebige Klienten beim Web-*Browser*

3.3 Orgware

Welche organisatorischen Schritte müssen durchgeführt werden, damit das Softwaresystem eingesetzt werden kann?

Vor Inbetriebnahme ist eine Ersterfassung der Artikel notwendig. Später sind regelmäßige Aktualisierungen notwendig.

was ist zu tun?

4 Funktionalität

Die Funktionalität kann sowohl in reinem Text beschrieben als auch in UML-Notation durch *Use-Case*-Diagramme und *Use-Case*-Schablonen dargestellt werden. Bei einfachen *Use Cases* mag auch eine reine umgangssprachliche Spezifikation ausreichen.

Use Case-Diagramm

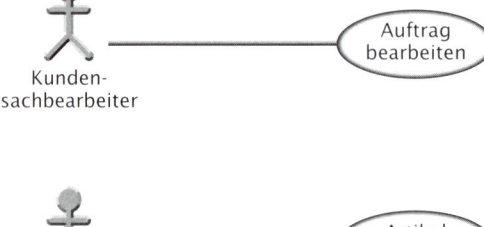

Use Case: Auftrag bearbeiten
- Kunden können einen oder mehrere Artikel per Fax, Telefon oder per Post bestellen.
- Häufig verlangte Artikel sind im Lager vorhanden. Selten verlangte Artikel werden erst beim Eingang von Kundenbestellungen beim Lieferanten bestellt. Einige Artikel werden selbst hergestellt, wenn eine Bestellung vom Kunden eintrifft.
- Eingehende Bestellungen – aus Sicht des *Shops* handelt es sich um Aufträge – werden erfasst.
- Bezahlt werden die Bestellungen per Kreditkarte.
- Alle Aufträge müssen nachvollziehbar im System gespeichert bleiben, auch wenn sich die ursprünglichen Artikelpreise ändern.
- Für jeden Auftrag wird eine Rechnung erstellt.

Use Case: Artikel erfassen
- Alle Artikel sind einschließlich ihres Lieferanten zu erfassen.
- Bei Lagerartikeln ist der Mindestbestand und ggf. der aktuelle Lagerbestand festzulegen.

5 Daten

welche Datenmenge?

Welche Daten sind langfristig zu speichern? Mit welchem Datenvolumen ist zu rechnen? Diese Angaben liefern später wichtige Informationen für den technischen Entwurf der Datenbank und die Durchführung von Lasttests.
- ca. 500 Artikel.
- ca. 500 Kunden.
- ca. 100 Lieferanten.

6 Leistungen

wie schnell?

Welche zeitlichen Anforderungen gelten? Quantifizieren Sie alle Angaben, z.B. max. 2 Sekunden. Formulierung wie »möglich effiziente Realisierung« haben hier nichts zu suchen, denn diese Angaben können nicht objektiv geprüft werden.
nicht relevant

7 Benutzungsoberfläche

wie ist der *look?*

Welche grundlegenden Anforderungen soll die Benutzungsoberfläche erfüllen? Berücksichtigen Sie die jeweiligen Eigenschaften der zukünftigen Benutzer und die voraussichtliche Art der Benutzung.
- Das System soll auch für Benutzer mit wenig Erfahrung leicht bedienbar sein.
- Für die Klienten wird eine standardisierte Oberfläche nach Windows-Technologie angeboten.
- Im Web-*Browser* soll sich die Oberfläche möglichst ähnlich wie die Windows-Oberfläche präsentieren.

welche Qualität?

8 Qualitätsziele

Welche Qualität soll das neue Softwaresystem besitzen? Beispielsweise wird eine hohe Portabilität benötigt, wenn das Softwaresystem auf verschiedenen Plattformen laufen soll. Bei den meisten Produkten sind Änderbarkeit und Wartbarkeit wichtige Qualitätsziele. Auch Anforderungen an die Zuverlässigkeit gehören in dieses Kapitel. Hohe Zuverlässigkeit ist beispielsweise dann wichtig, wenn die Software »rund um die Uhr« laufen muss und alle Ausfälle zu hohen Folgekosten führen.

- Der *Shop* soll zu einem *Online Shop* erweitert werden. Daher sind gute Änderbarkeit und Erweiterbarkeit notwendige Qualitätsziele.
- Für die Daten wird eine relationale Standard-Datenbank genutzt, d.h. die Daten können später mit geringem Aufwand in andere Anwendungen übernommen werden.

was ist noch zu sagen?

9 Ergänzungen

Bei Bedarf können Sie die angegebene Gliederung erweitern oder diese Informationen unter diesem Punkt zusammenfassen.

Formeln für die Berechnung der MwSt für 16%:

- MwSt = Netto * 16/100
- Brutto = Netto + MwSt = Netto + (Netto * 16/100)
- Netto = Brutto * 100 /(100 + 16)
- MwSt = Brutto * 16/(100 + 16)

Das folgende Pflichtenheft beschreibt, wie der *Shop* zum *Online-Shop* erweitert wird. Aus Gründen der Übersichtlichkeit sind alle Anforderungen des klassischen *Shops* schwarz und alle Anforderungen für das Einkaufen im Internet blau geschrieben.

Online Shop

Pflichtenheft für den *Online Shop*

welche Ziele?

1 Zielbestimmung
1.1 Muss-Kriterien

- Mit dem *Shop* sollen Bestellungen, die per Telefon, Fax oder Brief eingehen, einfach erfasst und gespeichert werden.
- Für alle erfassten Bestellungen wird automatisch eine Rechnung erstellt. Für diese Rechnung soll die Mehrwertsteuer betragsmäßig ausgewiesen werden.
- Jeder Kunde soll nur einmal – auch bei mehreren erteilten Bestellungen – gespeichert werden.
- Der *Online Shop* soll das Warensortiment einer Firma im Internet anbieten.
- Der Kunde soll durch den Artikelbestand geführt werden, um einen möglichst umfassenden Überblick über alle angebotenen Artikel zu bekommen, auch über diejenigen, nach denen er –

beim aktuellen Einkauf – eigentlich nicht sucht. Um den *Online*-kunden durch den Artikelbestand zu führen, ist es notwendig, die Artikel in Kategorien zu unterteilen.

- Der Warenkorb ist jederzeit einsehbar und änderbar.
- Erst nach Füllen des Warenkorbs muss der Käufer seine Daten eingeben und bestellen.
- Bereits erfasste Kunden sollen sich über ihre Kundennummer und ein Passwort identifizieren können.
- Bestellungen werden mit Kreditkarte bezahlt.
- Alle eingehenden Bestellungen werden gesammelt und verwaltet.

1.2 Kann-Kriterien

- Der *Shop* soll nicht nur Lagerartikel verwalten, sondern auch Artikel, die erst beim Lieferanten bestellt oder selbst hergestellt werden.
- Der *Shop* soll *Multi-User*-Betrieb ermöglichen.
- Sachbearbeiter sollen den *Shop* sowohl lokal als auch mit Hilfe des Web-*Browsers* benutzen können.
- Bei Bestellungen per Fax oder Telefon hat der Kunde einen Katalog zur Verfügung, aus dem die gewünschten Artikel ausgewählt werden. Beim Einkaufen im Internet liegt dieser Katalog nicht unbedingt vor. Das bedeutet, dass dem Kunden zusätzliche Informationen zur Verfügung gestellt werden müssen. Daher wird jeder Artikel um eine Textbeschreibung und ein Bild erweitert.
- Eine direkte Suche nach Artikeln über alle Kategorien hinweg soll möglich sein.

1.3 Abgrenzungskriterien

- Nicht vorhandene Artikel werden *nicht* automatisch beim Lieferanten bestellt.
- Der *Shop* soll nur den vollen Mehrwertsteuersatz berücksichtigen.
- Es erfolgt keine sichere Übertragung von Kreditkarten-Informationen.
- Keine automatische Übernahme von Artikeldaten aus vorhandener Software.

2 Einsatz   wo eingesetzt?
2.1 Anwendungsbereiche

- Der *Shop* kann von kleineren Firmen zur Auftragsabwicklung von bestellten Waren eingesetzt werden.
- Der *Online*-Shop wird im Endkunden-Bereich eingesetzt.

2.2 Zielgruppen

- Sachbearbeiter
- Kunden, die per Internet bestellen

2.3 Betriebsbedingungen
keine besonderen

welche Einsatz-
umgebung?

3 Umgebung
3.1 Software
- Windows NT 4.0
- Access-Datenbank 2000 (empfohlen)
- Web-*Browser*
- JSWDK 1.0.1

3.2 Hardware
- Windows-NT-Computer
- beliebige Klienten für Web-*Browser*

3.3 Orgware
Vor Inbetriebnahme ist eine Ersterfassung der Artikel notwendig. Später sind regelmäßige Aktualisierungen notwendig.

was ist zu tun?

4 Funktionalität
Use-Case-Diagramm

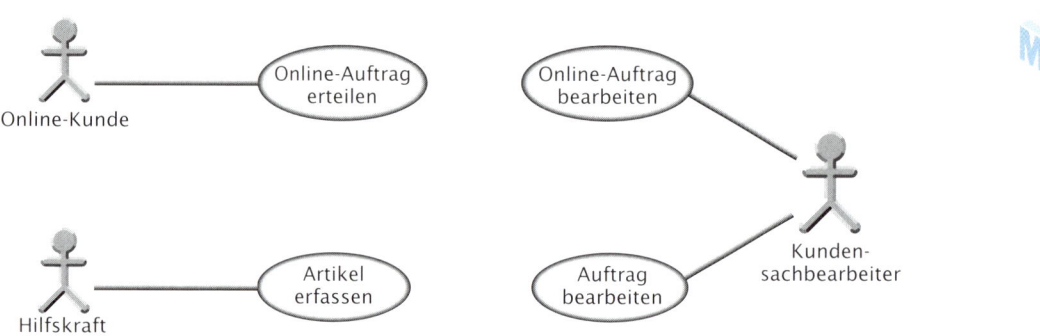

Use Case: Auftrag bearbeiten
Kunden können einen oder mehrere Artikel per Fax, Telefon oder per Post bestellen.

- Häufig verlangte Artikel sind im Lager vorhanden. Selten verlangte Artikel werden erst beim Eingang von Kundenbestellungen beim Lieferanten bestellt. Einige Artikel werden selbst hergestellt, wenn eine Bestellung vom Kunden eintrifft.
- Eingehende Bestellungen – aus Sicht des *Shops* handelt es sich um Aufträge – werden erfasst.
- Bezahlt werden die Bestellungen per Kreditkarte.
- Alle Aufträge müssen nachvollziehbar im System gespeichert bleiben, auch wenn sich die ursprünglichen Artikelpreise ändern.
- Für jeden Auftrag wird eine Rechnung erstellt.

Use Case: Artikel erfassen
- Alle Artikel sind einschließlich ihres Lieferanten zu erfassen.
- Bei Lagerartikeln ist der Mindestbestand und ggf. der aktuelle Lagerbestand festzulegen.
- Für jeden Artikel sind zusätzlich die Kategorie und die Beschreibung zu erfassen. Außerdem ist ein Bild abzuspeichern.

Use Case: Online-Auftrag erteilen
Die Artikel werden nach Kategorien geordnet angeboten.
Für jeden Artikel sind darzustellen: Bezeichnung, Bild, Artikelbeschreibung, Brutto-Preis.
Jeder Artikel kann per Klick in den Warenkorb gelegt werden. Er wird immer in der Anzahl 1 in den Warenkorb eingetragen. Der Benutzer kann den Warenkorb ändern (Anzahl ändern, Artikel löschen). Auf Wunsch wird immer der aktuelle Gesamtpreis berechnet.
Bei der Bestellung soll der Benutzer die Möglichkeit haben, sich über seine Kundennummer und Passwort zu identifizieren.

Use Case: Online-Auftrag bearbeiten
Alle Online-Bestellungen werden als Aufträge gesammelt und bearbeitet. Der Kundensachbearbeiter kann sich die neu eingegangenen *Online*-Bestellungen auflisten lassen. Sie sind daran erkennbar, dass kein Bearbeiter eingetragen ist.

5 Daten

welche Datenmenge?

- ca. 500 Artikel.
- ca. 500 Kunden.
- ca. 100 Lieferanten.

Das Mengengerüst der Daten liefert wichtige Informationen für den *Online Shop*. Bei 500 Artikeln reicht eine einfache Kategorien-Bildung aus. Sollte der *Online Shop* dagegen 50000 Artikel anbieten, dann müsste eine entsprechende Baumhierarchie realisiert werden, damit der Benutzer den Artikelbestand durchstöbern kann. Auch eine Such-Funktion wäre in diesem Fall ein Muss-Kriterium, denn der *Online*-Kunde soll einkaufen und nicht frustriert aufgeben, weil der gewünschte Artikel nicht gefunden wird.

6 Leistungen

wie schnell?

nicht relevant

7 Benutzungsoberfläche

wie ist der *look?*

- Das System soll auch für Benutzer mit wenig Erfahrung leicht bedienbar sein.
- Für die Klienten wird eine standardisierte Oberfläche nach Windows-Technologie angeboten.

- Im Web-*Browser* soll sich die Oberfläche für den Kundensachbearbeiter möglichst ähnlich wie die Windows-Oberfläche präsentieren.
- Für den Online-Kunden sollen Artikel seitenweise angeboten werden. Auf jeder Seite sind sie untereinander angeordnet.
- Für die Bearbeitung von *Online*-Aufträgen wird eine standardisierte Oberfläche nach Windows-Technologie angeboten.

welche Qualität?

8 Qualitätsziele

- Der *Shop* soll später zum *Online Shop* erweitert werden. Daher sind gute Änderbarkeit und Erweiterbarkeit notwendige Qualitätsziele.
- Für die Daten wird eine relationale Standard-Datenbank genutzt, d.h. die Daten können später mit geringem Aufwand in andere Anwendungen übernommen werden.
- Robust für den Endbenutzer, d.h. durch fehlerhafte Eingaben kann nichts kaputt gemacht werden.
- Die Oberfläche auf den Web-Klienten kann leicht geändert werden.
- Das System ist portabel, kann also leicht auf andere Server übertragen werden.
- Leicht bedienbar für den DV-Laien.

was ist noch zu sagen?

9 Ergänzungen

Formeln für die Berechnung der MwSt für 16%:

- MwSt = Netto * 16/100
- Brutto = Netto + MwSt = Netto + (Netto * 16/100)
- Netto = Brutto * 100 /(100 + 16)
- MwSt = Brutto * 16/(100 + 16)

Aktivität *(activity)* Tätigkeit, die bezogen auf ihr Ergebnis (→Artefakt) und ihre Durchführung genau beschrieben werden kann.

Arbeitsrichtlinie *(work guidelines)* Diese Richtlinien regeln die Projektorganisation, d.h. sie beschreiben die Vorgehensweisen auf einer globalen Ebene.

Artefakt *(artifact)* Artefakte sind Zwischenergebnisse, die im Laufe der Softwareentwicklung entstehen. Artefakte werden von Mitarbeitern erzeugt, geändert und benutzt, wenn sie →Aktivitäten ausführen.

Artefakt-Richtlinien *(artifact guidelines)* Sie unterstützen den Projektarbeiter darin, die konkreten →Arte-fakte zu erstellen und sorgen für deren einheitlichen Aufbau.

Artefakt-Schablone *(template)* Die Schablone legt die Struktur, den Inhalt und das Layout eines →Artefakts fest. Sie kann durch Richtlinien oder implizit durch Werkzeuge definiert werden.

Einführungsphase *(transition)* In dieser Phase wird das fertige Softwareprodukt an die zukünftigen Benutzer übergeben.

Kernprozess *(core process workflow)* Sequenz von Aktionen, die in einem Softwareentwicklungsprozess durchgeführt werden, um ein definiertes Projektergebnis zu erzielen.

Konstruktionsphase *(construction)* Ziele dieser Phase sind, die Anforderun-

238

gen und die Basis-Architektur der Spezifikationsphase zu erweitern und zu verfeinern. Am Ende dieser Phase sollen alle Anforderungen analysiert, entworfen, programmiert und getestet sein.

Konzeptphase *(inception)* Das Ziel dieser Phase ist es, in einer ersten Niederschrift die »Vision« des zu erstellenden Softwaresystems festzuhalten. Außerdem werden die Grundlagen für die Projektkalkulation erstellt. Am Ende der Konzeptphase steht die *Stop or go*-Entscheidung für das Projekt an.

Phase *(phase)* Zusammenfassung von →Aktivitäten der Software-Entwicklung nach zeitlichen, begrifflichen, technischen und/oder organisatorischen Kriterien.

Prozessmodell *(process)* Allgemeiner Entwicklungsplan, der das generelle Vorgehen beim Entwickeln eines Software-Produkts festlegt. Das Prozessmodell wird auch Vorgehensmodell genannt.

Release Das Ergebnis einer jeden Iteration ist ein neues *Release*. Ein *Release* kann intern oder extern sein. Ein internes *Release* wird nur als Meilenstein oder zur Demonstration beim Auftraggeber oder zukünftigen Benutzer verwendet. Ein *externes* Release wird immer an den End-Kunden ausgeliefert.

Rolle *(worker)* Die Rolle beschreibt die notwendigen Erfahrungen, Kenntnisse und Fähigkeiten, über die ein Mitarbeiter verfügen muss, um eine bestimmte →Aktivität durchzuführen.

RUP →Unified Process

Spezifikationsphase *(elaboration)* Aufgaben dieser Phase sind die Analyse des Problembereichs, die Modellierung der grundlegenden Architektur und die Präzisierung des Projektplans.

Unified Process Softwareentwicklungsprozess, der als Ergänzung zur UML entwickelt wurde und die objektorientierte Entwicklung optimal unterstützt. Der *Unified Process* unterscheidet zwischen →Phasen und →Kernprozessen.

Vorgehensmodell →Prozessmodell

Wasserfallmodell *(waterfall)* Dieses →Vorgehensmodell orientiert sich ausschließlich am Faktor Zeit. Das bedeutet, dass für das komplette Softwaresystem zuerst die Geschäftsprozesse modelliert werden. Dann werden die Anforderungen für das komplette Softwaresystem spezifiziert usw. Im Gegensatz zum →*Unified Process* fallen beim Wasserfallmodell →Phasen und →Kernprozesse zusammen.

Werkzeug-Mentor *(tool mentor)* Ein Werkzeug-Mentor unterstützt die Projektmitarbeiter bei der effektiven Benutzung eines Werkzeugs.

 Prozessmodelle, auch Vorgehensmodelle genannt, legen fest, in welcher Abfolge die Aktivitäten der Software-Entwicklung durchzuführen sind, um definierte Artefakte zu erstellen oder zu ändern. Mehrere Softwareentwicklungsaufgaben werden in der Regel zu Phasen zusammengefasst. Das Wasserfallmodell orientiert sich nur an der fortschreitenden Zeit. Moderne Prozessmodelle realisieren dagegen eine iterative Softwareentwicklung. Für eine objektorientierte Softwareentwicklung mit der UML bietet sich der *Unified Process* bzw. RUP an. Er unterscheidet Phasen und Kernprozesse. Der RUP sollte für die Einführung in einem Unternehmen immer individuell an die bestehende Softwareentwicklungs-Landschaft angepasst werden. Die Anforderungen an ein neues Softwaresystem müssen – wie auch bei klassischer Softwareentwicklung – definiert werden. Hier wird als Artefakt-Schablone ein Pflichtenheft verwendet.

Aufgabe   Eigentlich hätte die Erstellung des Pflichtenhefts für den Aufgabenplaner ja am Anfang stehen sollen. In diesem Fall gehen wir umgekehrt vor.

Erstellen Sie ein Pflichtenheft für den Aufgabenplaner. Damit es
nicht zu trivial wird, sollten Sie noch die folgenden Erweiterungen
berücksichtigen.

- Es gibt einen *Super User,* der die Aufgaben verteilt.
- Jeder Mitarbeiter, an den Aufgaben delegiert werden, erhält eine
  Liste aller für ihn anstehenden Aufgaben. Aufgaben der anderen
  Mitarbeiter sieht er nicht.
- Jeder Mitarbeiter kann wiederum selbst neue Aufgaben in den Pla-
  ner eintragen und sie Kontaktpersonen zuordnen. Allerdings
  kann er keine Aufgaben an andere Mitarbeiter delegieren.

**Quiz of the 7ᵗʰ day
Lösung**

Die Wahrscheinlichkeit ist gleich Null, denn in 72 Stunden
ist wieder Mitternacht und daher dunkel.

Anhang 1: Lösungen

Vollständige Problembeschreibung des Aufgabenplaners

Für jede Aufgabe sind einzutragen: Datum der Erfassung, Beschreibung der Aufgabe, Priorität (A, B oder C), Kategorie (z.B. Beruf, Verwaltung, Haushalt, Garten), geplantes Datum der Fertigstellung und der Status (Nicht begonnen, In Bearbeitung, Wartet auf jemand anderen, Zurückgestellt, Erledigt).

Eine Aufgabe kann sich auf eine oder mehrere Kontaktpersonen beziehen. Eine Kontaktperson kann bei mehreren Aufgaben eingetragen werden. Für jede Kontaktperson ist deren Name, Firma, Telefonnummer und E-Mail-Adresse zu speichern.

Eine Aufgabe kann an einen Mitarbeiter delegiert werden. Für jeden Mitarbeiter ist dessen Name, Firma, Telefon, E-Mail, Bezeichnung der Tätigkeit und der Beginn der Tätigkeit zu speichern. Ein Mitarbeiter kann mehrere Aufgaben bearbeiten. Ein Mitarbeiter kann auch Kontaktperson sein. Der Name von Kontaktpersonen und Mitarbeitern soll eindeutig sein.

Gehen Sie – vorläufig – davon aus, dass der Aufgabenplaner nur von einer Person benutzt wird.

Lösung zum 1. Tag:
Klassen identifizieren und Attribute spezifizieren

Identifizieren der Klassen

Die wichtigste Klasse ist offensichtlich die Aufgabe. Ihre Attribute sind:

Schritt 1:
Identifizieren

- Beschreibung,
- Priorität mit den Werten A, B und C,
- Kategorie mit Werten, die der Benutzer beliebig wählen kann,
- Status mit den Werten: Nicht begonnen, In Bearbeitung, Wartet auf jemand anderen, Zurückgestellt, Erledigt.
- Erfasst am,
- Geplante Fertigstellung.

Eine weitere Klasse ist Kontaktperson mit den Attributen Name, Telefon und E-Mail. Die dritte Klasse ist Mitarbeiter mit den Attributen Name, Telefon, E-Mail, Bezeichnung und Beginn der Tätigkeit.

241

Schritt 2:
Modellieren
Planer1S2

Modellieren der Klassen in *Rational Rose*

Im nächsten Schritt werden Klassen und Attribute mit deren Typen in *Rational Rose* modelliert. Abb. A1-1 zeigt die Klassen im UML-Notation. Anschließend können Sie mit Janus bereits ein Pilotsystem generieren.

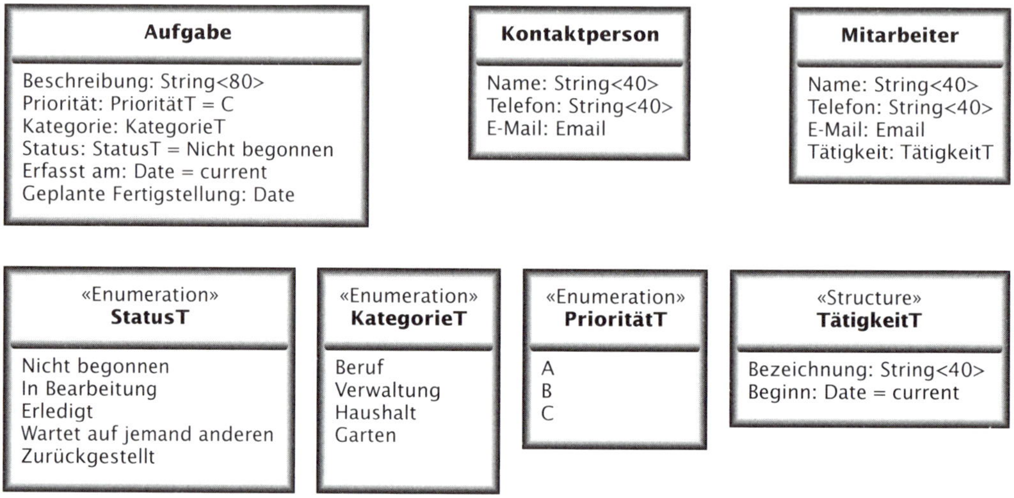

Aufgabe
Beschreibung: String<80>
Priorität: PrioritätT = C
Kategorie: KategorieT
Status: StatusT = Nicht begonnen
Erfasst am: Date = current
Geplante Fertigstellung: Date

Kontaktperson
Name: String<40>
Telefon: String<40>
E-Mail: Email

Mitarbeiter
Name: String<40>
Telefon: String<40>
E-Mail: Email
Tätigkeit: TätigkeitT

«Enumeration» **StatusT**
Nicht begonnen
In Bearbeitung
Erledigt
Wartet auf jemand anderen
Zurückgestellt

«Enumeration» **KategorieT**
Beruf
Verwaltung
Haushalt
Garten

«Enumeration» **PrioritätT**
A
B
C

«Structure» **TätigkeitT**
Bezeichnung: String<40>
Beginn: Date = current

*Abb. A1-1:
Identifizierte
Klassen des
Aufgabenplaners*

Schritt 3:
Spezifizieren
Planer1S3
Aufgabe

Vollständiges Spezifizieren der Attribute mit *Janus/Specifier*

- Das Attribut Beschreibung soll ein Muss-Feld sein. Daher ist das Kontrollkästchen *Mandatory* anzukreuzen.
- Das Datum Erfasst am wird gleich vom System gesetzt. Eine spätere Änderung dieses Werts ist nicht erwünscht. Daher wird *not Changeable* gewählt.

PrioritätT
- Die drei Werte für die Priorität sind vorgeben: A = wichtig und dringend, B = wichtig oder dringend, C = keines von beiden. Da ein Wert immer zutrifft, handelt es sich um ein Muss-Attribut. Der Wert C kann als Voreinstellung angegeben werden. Die Voreinstellungen der Klasse PrioritätT können also unverändert übernommen werden.

KategorieT
- Bei der Klasse KategorieT handelt es sich um eine Liste, die der Benutzer individuell erweitern soll. Die angegebenen Werte haben nur Beispielcharakter. Die Eingabe ist optional. Im *Janus Specifier* sind daher zu ändern: *Select Min = 0, Extensibility = globally Extensible by User.*

StatusT
- Bei der Klasse StatusT ist analog zu KategorieT zu verfahren.

Kontaktperson, Mitarbeiter
- Bei den Klassen Kontaktperson und Mitarbeiter wird das Attribut Name jeweils als *Key* gekennzeichnet. Es ist dann automatisch ein Muss-Attribut.

Wer will, kann die Benutzeroberfläche durch Wahl geeigneter Pikto- gramme noch ein wenig verschönern. Bei der Beispielanwendung wurden gewählt: Für die Aufgaben `Misc.ico` und `MiscFolder.ico`, für Kontaktpersonen `Customer2.ico` und `Customer2Folder.ico` und für Mitarbeiter `Person.ico` und `PersonFolder.ico`.

Piktogramme

Am einfachsten können Sie die Korrektheit der Spezifikation prü- fen, wenn Sie wieder ein Pilotsystem generieren. Dann sollten die drei Erfassungsfenster wie in Abb. A1-2 aussehen.

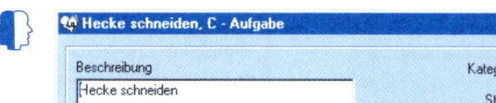
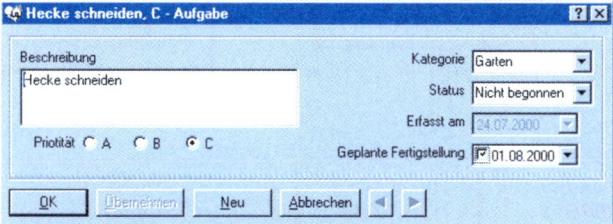

Abb. A1-2: Erfassungsfenster für die Klassen Aufgabe, Kontakt- person und Mit- arbeiter

Lösung zum 2. Tag: Assoziationen modellieren

Identifizieren der Assoziationen

Zwei Assoziationen lassen sich identifizieren:

Schritt 1: Identifizieren

- Assoziation zwischen `Aufgabe` und `Kontaktperson`, die festhält, welche Kontaktpersonen zur Durchführung einer bestimmten Aufgabe benötigt werden.
- Assoziation zwischen `Aufgabe` und `Mitarbeiter`, die beschreibt, an welchen Mitarbeiter eine Aufgabe delegiert wird, bzw. welcher Mitarbeiter der zuständige Bearbeiter ist.

Modellieren der Assoziationen

Abb. A2-1 zeigt die Assoziationen im Klassendiagramm. Eine Auf- gabe kann unabhängig von Kontaktpersonen und Mitarbeitern ein- getragen werden. Daher werden auf der »gegenüberliegenden Seite« der Assoziationen zu `Kontaktperson` und `Mitarbeiter` die Kardinalitä- ten »*« und »0..1« gewählt. Umgekehrt können jedem Mitarbeiter und jeder Kontaktperson beliebig viele Aufgaben zugeordnet wer- den (jeweils Kardinalität »*«).

Schritt 2: Modellieren

Planer2S2

243

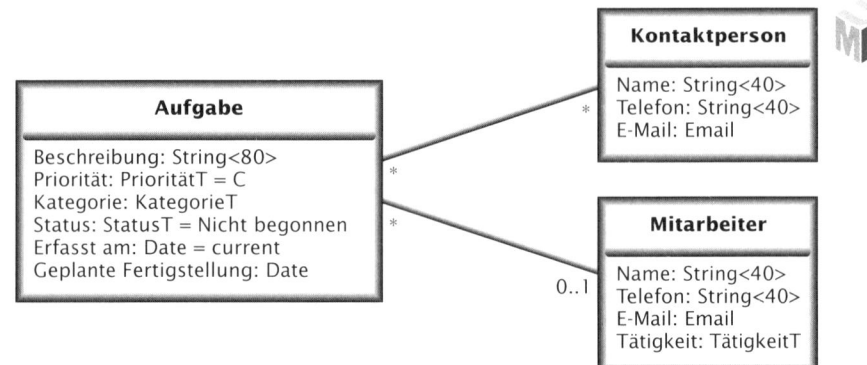

Schritt 3:   **Vollständiges Spezifizieren der Assoziationen**

Spezifizieren   Wir beginnen mit der Assoziation zwischen Aufgabe und Mitarbeiter.

Planer2S3   Sie soll beschreiben, von welchem Mitarbeiter eine Aufgabe bearbeitet wird. Diese Information wird durch den Rollennamen Bearbeiter ausgedrückt. Alternativ käme auch Verantwortlicher oder ein ähnlicher Begriff in Betracht. Auf der gegenüberliegenden Seite kann zusätzlich der Rollenname Bearbeitete Aufgaben gewählt werden.

Rollen   Für die Klasse Kontaktperson wird der allgemeinere Klassenname Person gewählt, weil sie – genau genommen – nur die allgemeinen Eigenschaften von Personen besitzt und nur in Bezug auf die Klasse Aufgabe die Rolle der Kontaktpersonen spielt. Wenn dieses Modell später erweitert wird, könnten von der Klasse Person ja auch noch weitere Assoziationen zu anderen Klassen ausgehen, in denen die Klasse Person eine andere Rolle spielt.

Navigation   Für jede Aufgabe soll erkennbar sein, welche Kontaktpersonen benötigt werden und ob sie an einen Mitarbeiter delegiert wird. Umgekehrt sind für jeden Mitarbeiter alle Aufgaben sichtbar, für die er verantwortlich ist. Es ist aber nicht notwendig, für eine Kontaktperson alle zugehörigen Aufgaben zu sehen. Daher wird die Assoziation von Aufgabe zu Person als unidirektionale und die Assoziation zwischen Aufgabe und Mitarbeiter als bidirektionale Assoziation modelliert (Abb. A2-2).

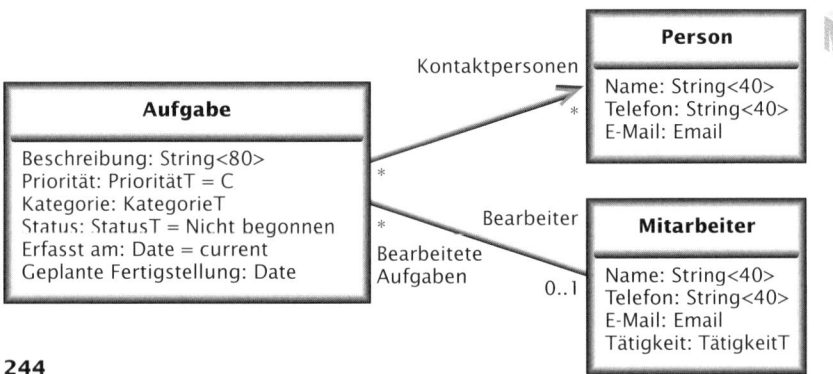

Optimieren der Assoziationen für den Benutzer

Schritt 4:
Assoziationen für
Benutzer optimieren

In diesem Schritt können Sie die Darstellung der Assoziationen auf der Benutzungsoberfläche noch ein wenig verbessern.

Planer2S4

Für jeden Mitarbeiter werden alle bearbeiteten Aufgaben angezeigt. Allerdings ist es nicht notwendig, alle Attribute einer Aufgabe im Erfassungsfenster des Mitarbeiters aufzuführen. Wählen Sie daher für Mitarbeiter das Element n→Bearbeitete Aufgaben <Association> und geben Sie für *GUI Control* Table (Standard) die folgenden *Columns* ein: Beschreibung, Status, Geplante_Fertigstellung.

Um einen besseren Überblick zu haben, für welche Aufgaben ein Mitarbeiter zuständig ist, wird die *Many*-Beziehung von Mitarbeiter zu Aufgabe in die Baumstruktur übernommen. Dazu wird im *Specifier* für die Klasse Mitarbeiter und das Element n→Bearbeitete Aufgaben <Assoziation> das Listenfeld *Tree* = True gewählt.

Im Erfassungsfenster der Aufgabe soll der zuständige Bearbeiter als *Dropdown*-Listenfeld angezeigt werden. Wählen Sie dazu im *Specifier* für die Klasse Aufgabe und das Element 0..1→Bearbeiter<Association> für *GUI Control* = Dropdownlist Reference.

Wenn Sie ein Pilotsystem generieren, sollte es wie in der Abb. A2-3 aussehen.

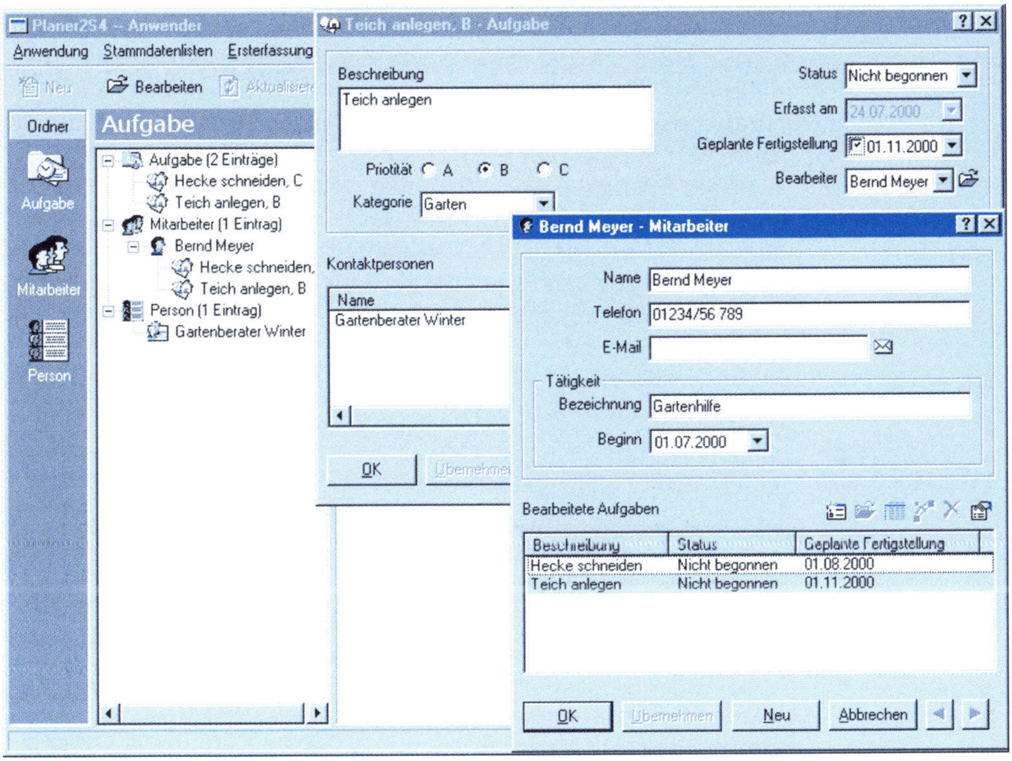

*Abb. A2-3:
Aufgabenplaner
mit Klassen und
Assoziationen*

![Screenshot des Aufgabenplaners Planer2S4 mit mehreren Fenstern: Baumstruktur mit Aufgabe, Mitarbeiter und Person; Erfassungsfenster "Teich anlegen, B - Aufgabe"; Fenster "Bernd Meyer - Mitarbeiter" mit bearbeiteten Aufgaben.]

Lösung zum 3. Tag: Vererbungsstrukturen und Pakete modellieren

Schritt 1:
Identifizieren

Identifizieren der Vererbung

Es lässt sich eine Vererbungsstruktur zwischen Person und Mitarbeiter aufstellen, weil jeder Mitarbeiter, zusätzlich zu den Attributen, die in der Klasse Person modelliert werden, eigene Attribute enthält.

Schritt 2:
Modellieren

Planer3S2

Modellieren der Vererbung

Abb. A3-1 zeigt die Vererbung im Klassendiagramm. Zeichnen Sie die Vererbung ein und löschen Sie in der Klasse Mitarbeiter alle Attribute bis auf Tätigkeit.

Abb. A3-1:
Klassen, Assozia-
tionen und
Vererbung für den
Aufgabenplaner

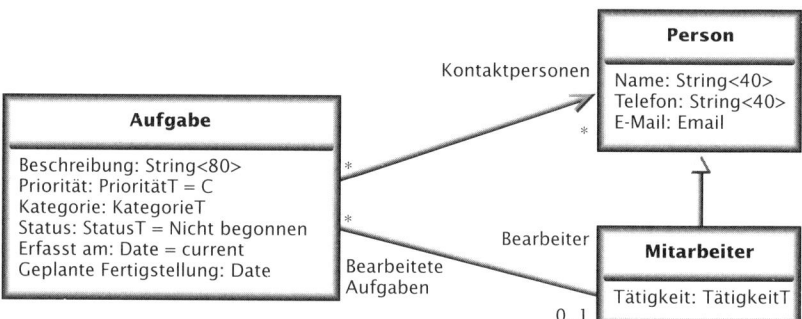

Schritt 3:
Validieren

Validieren der Vererbung mittels Pilotsystem

Abb. A3-2 zeigt das Erfassungsfenster für den Mitarbeiter. Es enthält zuerst die geerbten Attribute, dann die eigenen Attribute und die eigene Assoziation. Da die Navigationsrichtung von Person zu Aufgabe in der Oberklasse ausgeschaltet wurde, wird sie weder im Erfassungsfenster von Person noch von Mitarbeiter dargestellt.

Eine Forderung der Aufgabenstellung lautete: Ein Mitarbeiter kann auch Kontaktperson sein. Die Baumstruktur der Abb. A3-2 zeigt, dass diese Forderung durch das Modell realisiert wird, denn der Mitarbeiter »Bernd Meyer« wird auch in der Liste der Personen aufgeführt.

Unter Person werden alle (Kontakt-)Personen und alle Mitarbeiter aufgeführt. Jeder erfasste Mitarbeiter ist automatisch immer auch mögliche (Kontakt-) Person.

Schritt 4:
Modell
strukturieren

Planer3S4

Pakete bilden

Erstellen Sie zuerst zwei Pakete Anwendungsklassen und Elementare Klassen und ziehen Sie die vorhandenen Klassen und Assoziationen auf das entsprechende Paket. Ziehen Sie jedes Paket ins Diagramm *Main* und erstellen Sie ein separates *Main*-Diagramm für jedes Paket.

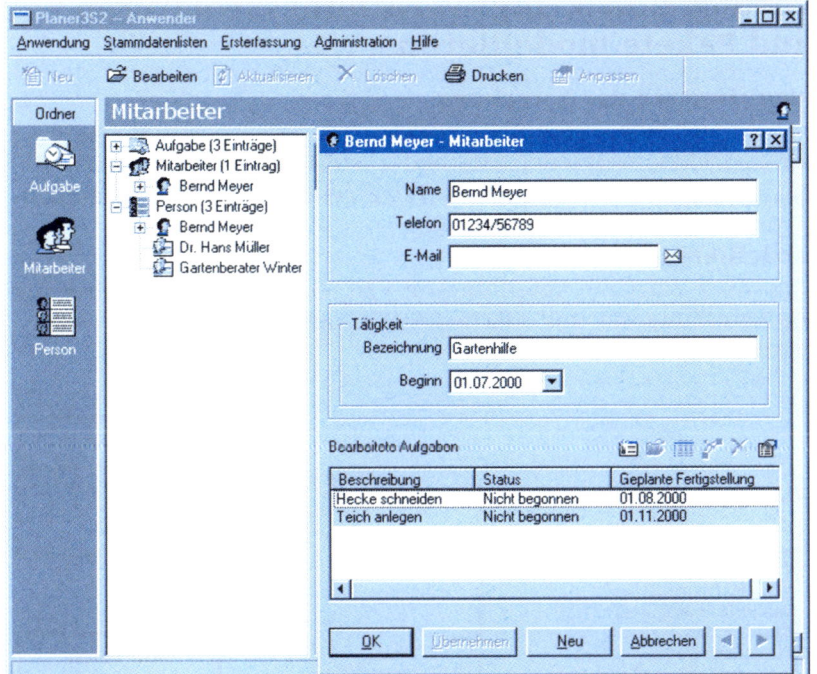

Abb. A3-2:
Abbildung der
Vererbung

Ziehen Sie alle Klassen einschließlich der Assoziationen in das zugehörige *Main*-Diagramm und lassen Sie mit der Menüoption *Select Compartment Items* alle in den Paketen enthaltenen Klassen anzeigen.

Zum Schluss löschen Sie alle Klassen per Del-Taste aus dem »obersten« *Main*-Diagramm. Ihr *Rose*-Modell sollte dann wie in der Abb. A3-3 aussehen.

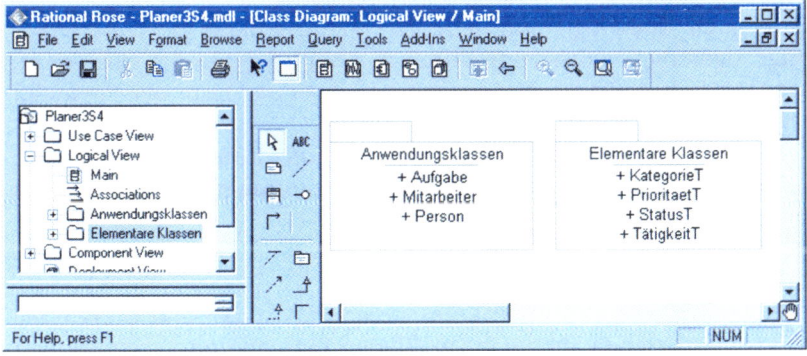

Abb. A3-3:
Paketbildung
für den
Aufgabenplaner

Schritt 5:
Pilotsystem
gestalten

Planer3S5

Gestalten der Erfassungsfenster

Bei dieser kleinen Problemstellung sind die Möglichkeiten zur Gestaltung eher gering. Übungshalber verschieben wir im Erfassungsfenster einer Aufgabe den Bearbeiter. Er soll in der zweiten Spalte ganz oben stehen. Das erreichen Sie, indem Sie für das Element 0..1→Bearbeiter <Association> auf der Notizbuchseite *Properties* bei *Layout Position* = Status und bei *Order* = Before wählen. Abb. A3-4 zeigt das Ergebnis Ihrer Arbeit

Abb. A3-4:
Erfassungsfenster
für Aufgabe

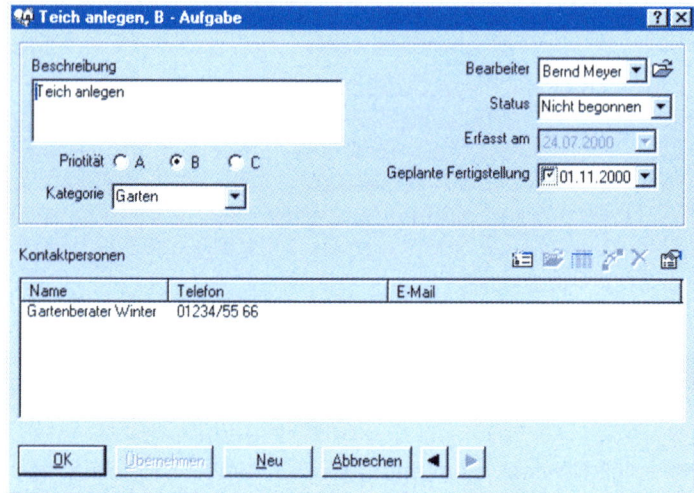

Lösung zum 4. Tag:
Funktionalität modellieren

Schritt 1:
Use Case
modellieren

Planer4S1

Use Case identifizieren und modellieren

Bei dieser sehr kleinen Problemstellung ergibt sich nur ein einziger *Use Case* (Abb. A4-1). Die in der Problemstellung angesprochenen Varianten bilden verschiedene Szenarios dieses *Use Case*. Da der Aufgabenplaner von beliebigen Benutzern verwendet werden kann, wird der Akteur einfach als Benutzer bezeichnet.

Tragen Sie das *Use Case*-Diagramm im *Main*-Diagramm des *Use Case View* ein.

Abb. A4-1:
Use Case des Auf-
gabenplaners

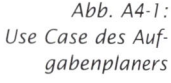 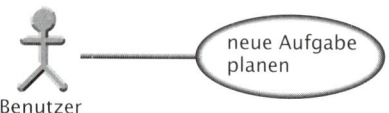

Benutzer

248

Szenarios identifizieren und umgangsprachlich formulieren

Aus dem *Use Case* lassen sich folgende Szenarios ableiten:

1 Planen einer Aufgabe, die selbst auszuführen sind. Notwendige Kontaktpersonen sind zuzuordnen und gegebenenfalls neu zu erfassen.

2 Planen einer Aufgabe, die an einen vorhandenen Mitarbeiter delegiert wird. Notwendige Kontaktpersonen sind zuzuordnen und gegebenenfalls neu zu erfassen.

3 Planen einer Aufgabe, die an einen neuen Mitarbeiter delegiert wird, der noch nicht erfasst ist. Notwendige Kontaktpersonen sind zuzuordnen und gegebenenfalls neu zu erfassen.

Schritt 2:
Szenarios
skizzieren

Entfernen überflüssiger Symbol-Schaltflächen

Ausgangspunkt ist das Erfassungsfenster der Klasse Aufgabe. Von hier aus werden Kontaktpersonen und Mitarbeiter zugeordnet bzw. bei Bedarf neu erfasst. Zuordnen bedeutet, dass Verbindungen zu vorhandenen Objekten aufgebaut oder entfernt werden (Abb. A4-2). Es werden also für beide Assoziationen die Schaltflächen *Disconnect, Select* und *New* benötigt.

Für die Assoziation zum Bearbeiter wurde am zweiten Tag ein *Dropdrown*-Listenelement gewählt, das nur den Namen des jeweiligen Mitarbeiters enthält. Um einen schnellen Zugriff auf die anderen Daten des Mitarbeiters, z.B. E-Mail-Adresse, zu haben, soll dessen Erfassungsfenster von hier aus geöffnet werden können. Daher wird auch die Schaltfläche *Edit* benötigt.

Führen Sie folgende Änderungen im *Janus Specifier* durch:

- *Classes* Aufgabe, *Elements* n→Kontaktpersonen<Association>: Bei *Properties/Generic Actions* sind *Delete* und *Edit* zu entfernen.
- *Classes* Aufgabe, *Elements* 0..1→Bearbeiter<Association>: Bei *Properties/Generic Actions* ist *Delete* zu entfernen.

Schaut sich der Benutzer bestimmte Mitarbeiterdaten an, dann sollen alle Aufgaben angezeigt werden, die von dem betreffenden Mitarbeiter bearbeitet werden. Es sollen aber keine Veränderungen möglich sein (Abb. A4-2).

Daher wird folgende Einstellung vorgenommen:

- *Classes* Mitarbeiter, *Elements* n→Bearbeitete Aufgaben <Association>: Bei *Properties/Generic Actions* sind alle Schaltflächen zu entfernen.

Die Assoziationsrichtung von Person zu Aufgabe wurde bereits am zweiten Tag von der Oberfläche entfernt.

Schritt 3:
Pilotsystem
optimieren

Planer4S3

Szenario als Sequenzdiagramm modellieren

Erstellen Sie ein neues Sequenzdiagramm und benennen Sie es mit »neue Aufgabe planen«. Ziehen Sie Akteur und Objekte per *drag & drop* vom *Browser* in das Diagramm.

Schritt 4:
Sequenzdiagramm
modellieren

Planer4S4

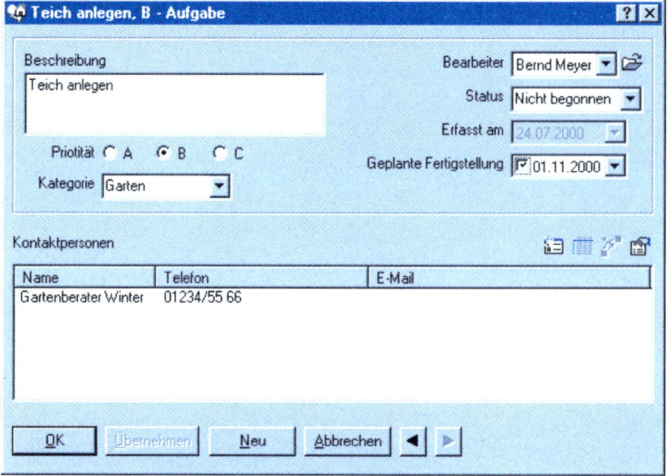

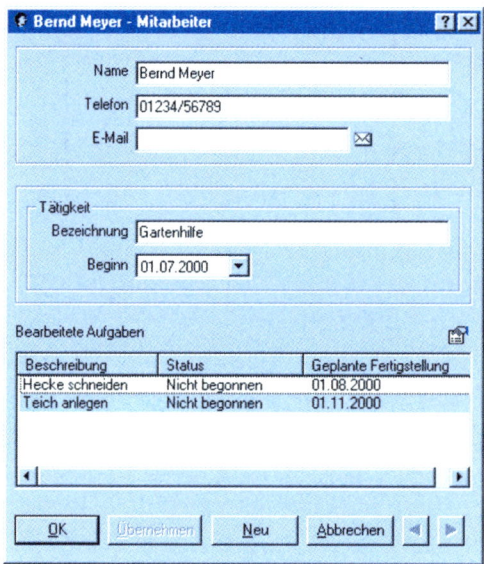

Objektnamen können Sie eintragen, wenn Sie im Diagramm einen Doppelklick auf dem Objektsymbol durchführen. Es öffnet sich das Fenster *Object Specification*. Im Feld *Name* kann der Objektname eingetragen werden.

Um Botschaften einzutragen, öffnen Sie das Fenster *Message Specification* durch einen Doppelklick auf den Pfeil.

Abb. A4-3 zeigt das Sequenzdiagramm in UML-Notation.

Benutzer

:Person

Abb. A4-3:
Sequenzdiagramm
für Szenario 3
(neue Aufgabe
planen)

erfassen → :Aufgabe

erfassen → neuer:Mitarbeiter

auswählen

erfassen → :neue Person

Lösung zum 5. Tag:
Objekt-relationale Abbildung

Schritt 1:
Klassen auf
Tabellen abbilden

Tabellen erstellen

Person					
OID	Name	Telefon	E-Mail	Tätigkeit_Bezeichnung	Tätigkeit_Beginn
1	Bernd Meyer	1234/56789		Gartenhilfe	1.07.2000
2	Dr. Hans Müller	0123/45678	hmueller@abc.de		
6	Gartenberater Winter	01234/55 66			

Mitarbeiter

Person

Aufgabe							
OID	Beschreibung	Priorität	Kategorie	Status	Erfasst am	geplante_Fertigstellung	Bearbeiter. Person_OID
3	Hecke schneiden	C	Garten	Nicht begonnen	24.7.2000	1.8.2000	1
4	ISDN-Karte installieren	A	Beruf	In Bearbeitung	24.7.2000	30.7.2000	
5	Teich anlegen	B	Garten	Nicht begonnen	24.7.2000	1.11.2000	1

Aufgabe_Kontaktpersonen	
Aufgabe_OID	Person_OID
4	2
5	6

m:m-Assoziation zwischen Aufgabe und Person

One-Beziehung zu Mitarbeiter

BearbeiteteAufgaben_Bearbeiter	
Aufgabe_OID	Person_OID
3	1
5	1

1:m-Assoziation zwischen Aufgabe und Mitarbeiter

Abb. A5-1:
Tabellen für
Aufgabenplaner

Abbildung begründen

Schritt 2:
Begründen
der gewählten
Abbildung

- Die komplette Vererbungsstruktur wird auf eine einzige Tabelle Person abgebildet, weil die Unterklasse Mitarbeiter nur wenige Attribute hinzufügt. Bei Kontaktpersonen bleiben die Spalten Taetigkeit_Bezeichnung und Taetigkeit_Beginn immer leer (blaue Felder der Abb. A5-1).

- Die *One*-Beziehung von Aufgabe zu Mitarbeiter (1:m-Assoziation) wird als Fremdschlüssel in die Tabelle Aufgabe integriert, um einen schnellen Zugriff zu ermöglichen.

- Für die umgekehrte Richtung von Mitarbeiter zu Aufgabe (1:m-Assoziation) wird eine separate Tabelle (BearbeiteteAufgaben_Bearbeiter) benötigt.

- Die m:m-Assoziation zwischen Aufgabe und Person wird auf eine separate Tabelle (Aufgabe_Kontaktpersonen) abgebildet.

252

Lösung zum 6. Tag:
Aufgabenplaner als Web-Anwendung

Einstellungen für Web-Anwendung

Um eine Web-Anwendung zu erstellen, wählen Sie bei *Janus/Settings* als *Mode* die Einstellung `Client/Server` und kreuzen das Kontrollkästchen *Servlets* an.

Um eine Benutzerverwaltung zu realisieren, wählen Sie im *Specifier* den *Logical View* und für *Multi User Support* = `True`.

Starten Sie den Web-Server (Datei: `Web-Inf\run.bat`) und aktivieren Sie für die Datei `index.html` den *Browser*. Sie können Ihre Aufgabenplanung nun als Web-Anwendung durchführen.

Schritt 1: Janus-Einstellungen

Aufgabenplaner als Web-Anwendung ausführen

Starten Sie zuerst als Administrator einen Windows-Klienten.

Geben Sie Kontaktpersonen und einige Mitarbeiter ein. Dann erfassen Sie eine Reihe von Aufgaben, die Sie an Ihre Mitarbeiter delegieren wollen. Außerdem sollten Sie einen neuen Benutzer eintragen.

Schlüpfen Sie dann in die Rolle des neuen Benutzers und starten Sie den Aufgabenplaner im Web-*Browser*. Setzen Sie bei einer Aufgabe den Status auf »erledigt« (Abb. A6-1). Als Administrator können Sie im Windows-Klienten sehen, dass die Aufgabe erledigt ist (Abb. A6-2).

Schritt 2: Pilotsystem validieren

Planer6S2

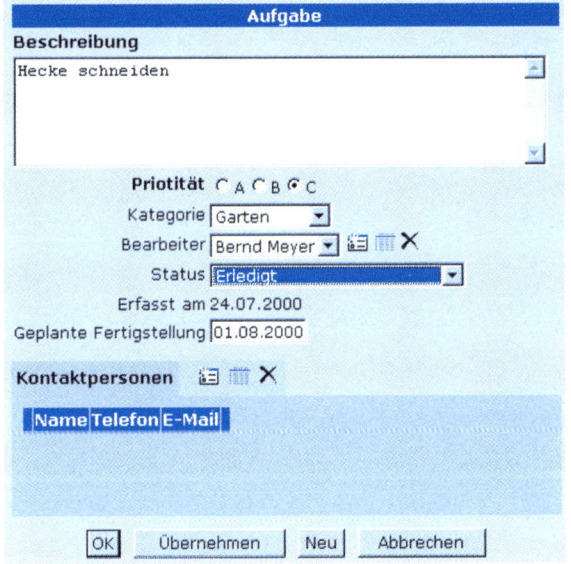

Abb. A6-1: »Erfassungsfenster« für Aufgabe im Browser

Abb. A6-2:
Erfassungsfenster
für Aufgabe im
Windows-Klienten

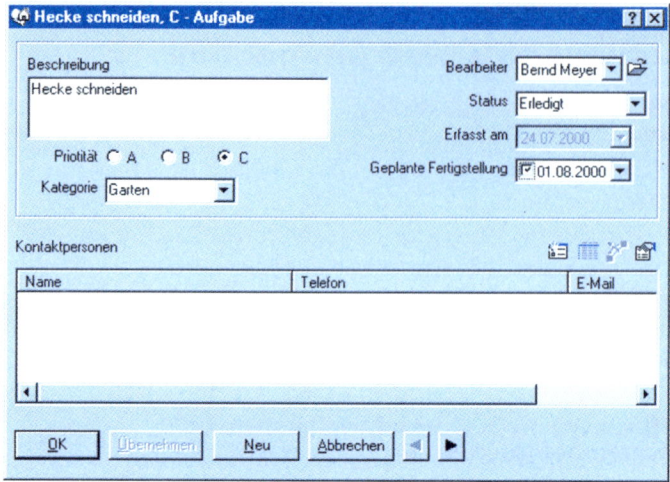

Lösung zum 7. Tag: Pflichtenheft erstellen

Pflichtenheft für einen erweiterten Aufgabenplaner

1 Zielbestimmung

1.1 Muss-Kriterien

- Einfaches Eintragen von Aufgaben.
- Das System erlaubt nur einen (1!) Planungsverantwortlichen *(Super User)*, der Aufgaben delegieren kann.
- Alle Bearbeiter können ihre eigenen Aufgaben erfassen und Kontaktpersonen eintragen, aber nicht an andere Mitarbeiter delegieren.
- Jeder Bearbeiter sieht bei der Anmeldung im System alle Aufgaben, die für ihn zur Bearbeitung anstehen.
- Zugang über Windows-Klienten und über Web-*Browser.*

1.2 Kann-Kriterien

- Jeder Bearbeiter erhält Warnungen für alle Aufgaben, deren Fertigstellungsdatum überschritten ist.

1.3 Abgrenzungskriterien

- Keine Meilensteinplanung.
- Mehrere Planungsverantwortliche sind nicht möglich.

2 Einsatz

2.1 Anwendungsbereiche

Anwendung im Bürobereich und im privaten Bereich.

2.2 Zielgruppen

Für Benutzer aller Zielgruppen.

2.3 Betriebsbedingungen
Keine besonderen.

3 Umgebung
3.1 Software
- Windows
- Web-*Browser*
- JSWDK

3.2 Hardware
Windows-NT-Server
Beliebige Computer für Klienten

3.3 Orgware
Keine besonderen Anforderungen.

4 Funktionalität
Use-Case-Diagramm

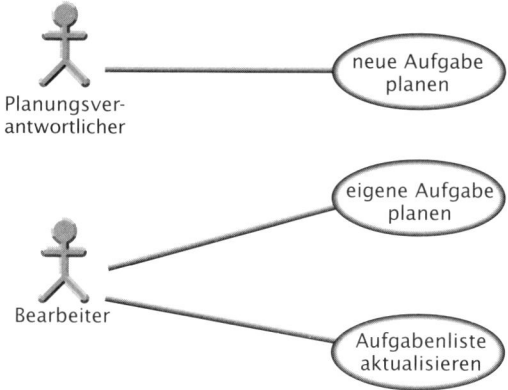

Use Case: neue Aufgabe planen
- Nur der Planungsverantwortliche *(Super User)* darf diese Funktion ausführen. Dazu benötigt er ein Passwort.
- Aufgabe erfassen und Bearbeiter und evtl. Kontaktpersonen eintragen.
- Jede Aufgabe kann an höchstens einen (1!) Mitarbeiter delegiert werden. Wird sie nicht delegiert, so bedeutet dies, dass sie vom Planungsverantwortlichen des Systems selbst bearbeitet wird.
- Für jede Aufgabe können beliebig viele Kontaktpersonen eingetragen werden.

Use Case: eigene Aufgabe planen
- Aufgabe erfassen und evtl. Kontaktpersonen eintragen.
- Aufgabe kann *nicht* delegiert werden.

Use Case: Aufgabenliste aktualisieren
- Für jeden Bearbeiter soll im *Browser* sichtbar sein, welche Aufgaben von ihm zu bearbeiten sind.
- Dazu muss sich jeder Bearbeiter mit Name und Passwort identifizieren.
- Er kann nur den Bearbeitungsstatus seiner Aufgaben ändern, z.B. als erledigt kennzeichnen.
- Aufgaben anderer Bearbeiter sieht er nicht.

5 Daten
- bis 1000 Kontaktpersonen
- bis 50 Mitarbeiter
- bis 200 Aufgaben pro Mitarbeiter

6 Leistungen
nicht relevant

7 Benutzungsoberfläche
- Die Software soll intuitiv bedienbar sein.
- Standardisierte Oberfläche nach Windows-Technologie.

8 Qualitätsziele
Gute Änderbarkeit, um den Aufgabenplaner später nach Bedarf zu erweitern.

9 Ergänzungen
Keine besonderen

Hinweis Um dieses Pflichtenheft zu realisieren, muss die generierte Funktionalität für die Darstellung im *Browser* mit selbstprogrammiertem *Servlets* ergänzt werden.

Anhang 2:
UML, *Rose* und Janus kurzgefasst

Aktivitätsdiagramme

Start — Notation

Aktivität 1 —— Verarbeitungsschritt (*state*)

—— Reihenfolge (*state transition*)

Aktivität 2

—— Verzweigung Anfang (*decision*)

[Bedingung 1]   [Bedingung 2]

Aktivität 3   Aktivität 4

—— Verzweigung Ende (*merge*)

—— Gabelung (*fork*)

Aktivität 5   Aktivität 6

—— Zusammenführung (*join*)

Ende

- Verarbeitungsschritt (Aktivität) erstellen: Schaltfläche *State* selektieren, ins Diagramm klicken und Name eintippen.
- Start eintragen: Schaltfläche *Start State* selektieren, ins Diagramm klicken.
- Ende eintragen: Schaltfläche *End State* selektieren, ins Diagramm klicken.

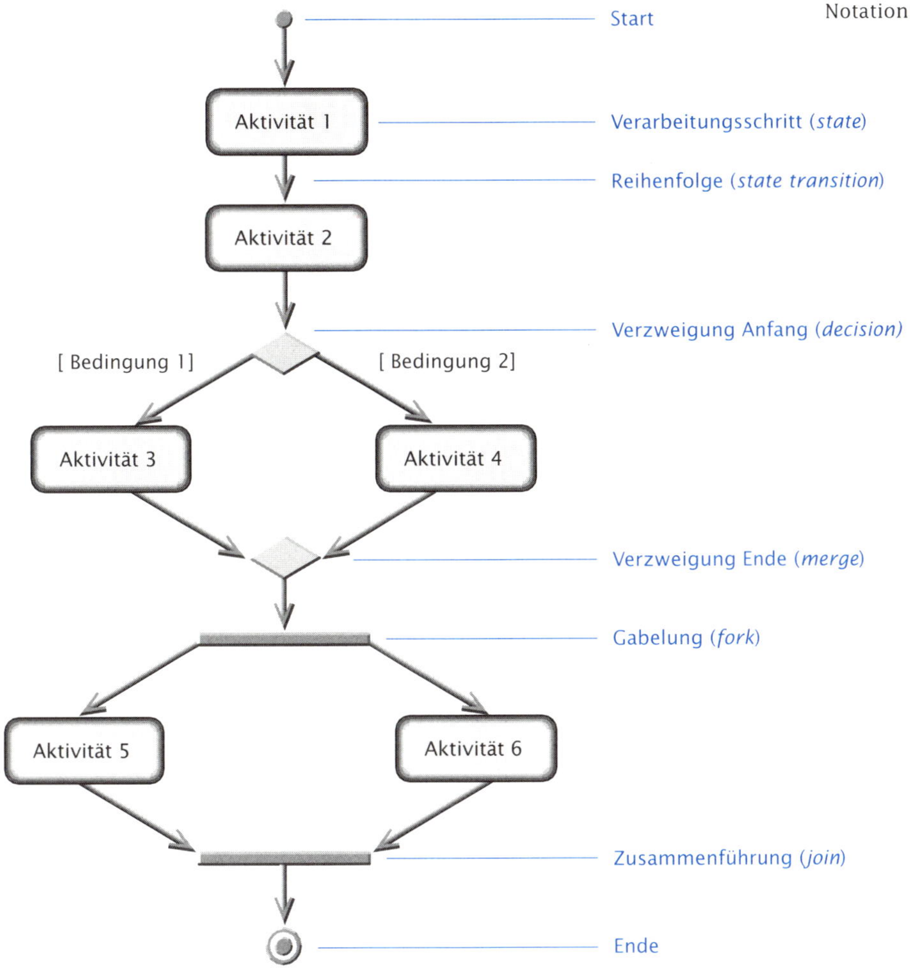

Aktivitätsdiagramm in *Rose*

257

- Reihenfolge festlegen: Schaltfläche *State Transition* selektieren, dann ersten Verarbeitungsschritt (oder Start) wählen und bei gedrückter Maustaste Cursor zum nächsten Verarbeitungsschritt (oder Ende) bewegen.
- *join* oder *fork* eintragen: Schaltfläche *Horizontal Synchronisation* oder *Vertical Synchronisation* selektieren, ins Diagramm klicken. Dann mit Verarbeitungsschritten verbinden.
- Raute eintragen: Schaltfläche *Decision* selektieren, ins Diagramm klicken. Dann mit Verarbeitungsschritten verbinden.
- Verarbeitungsschritt, Start oder Ende im Diagramm löschen: im Diagramm selektieren und Del-Taste drücken.
- Verarbeitungsschritt, Start oder Ende im Modell löschen: im *Browser* selektieren und im *Pop-up*-Menü *Delete* wählen.
- *join, fork* oder Raute im Diagramm (und gleichzeitig im Modell) löschen: im Diagramm selektieren und Del-Taste drücken. ACHTUNG: alle verbundenen Pfeile werden ebenfalls gelöscht
- Pfeil *(State Transition)* im Modell löschen: im Diagramm selektieren, dann Ctrl + D.

Toolbox
Activity Diagram
- Schaltfläche *Start State:* •
- Schaltfläche *End State:* ◉
- Schaltfläche *State:* ▢
- Schaltfläche *State Transition:* ↗
- Schaltfläche *Decision:* ◇
- Schaltfläche *Synchronisation:* −
- Schaltfläche *Swimlane:* ▫

Assoziationen

Notation

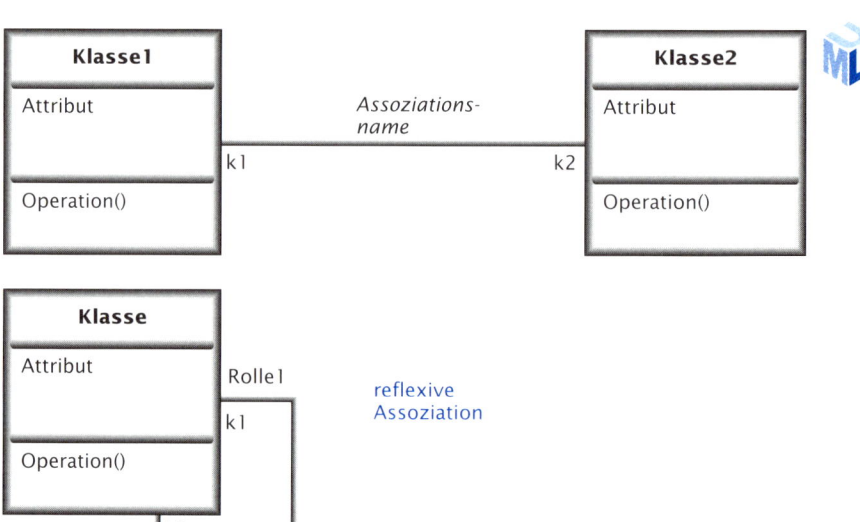

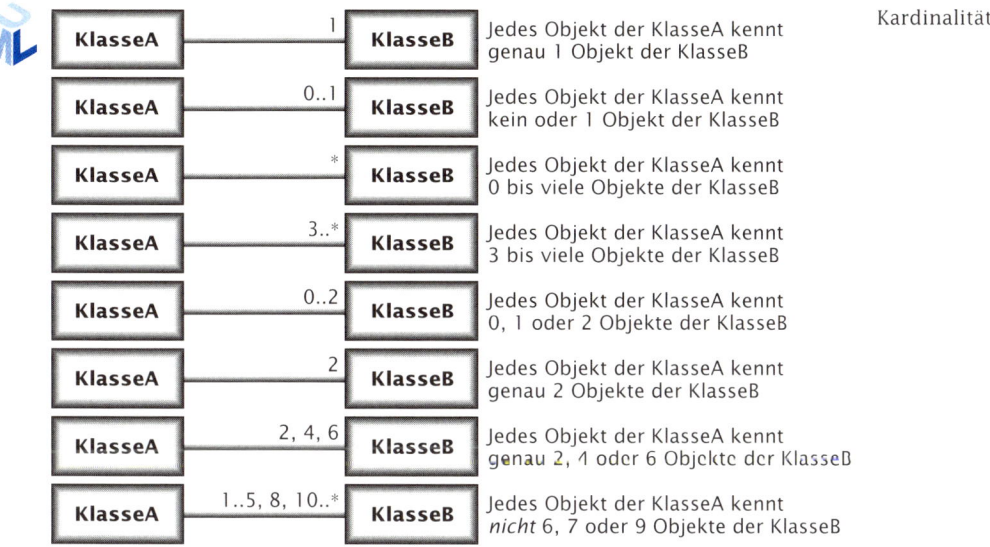

Kardinalität

Jedes Objekt der KlasseA kennt genau 1 Objekt der KlasseB

Jedes Objekt der KlasseA kennt kein oder 1 Objekt der KlasseB

Jedes Objekt der KlasseA kennt 0 bis viele Objekte der KlasseB

Jedes Objekt der KlasseA kennt 3 bis viele Objekte der KlasseB

Jedes Objekt der KlasseA kennt 0, 1 oder 2 Objekte der KlasseB

Jedes Objekt der KlasseA kennt genau 2 Objekte der KlasseB

Jedes Objekt der KlasseA kennt genau 2, 4 oder 6 Objekte der KlasseB

Jedes Objekt der KlasseA kennt *nicht* 6, 7 oder 9 Objekte der KlasseB

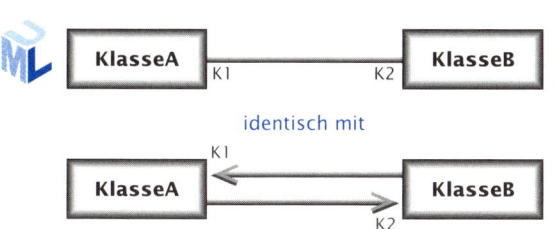

Navigation

identisch mit

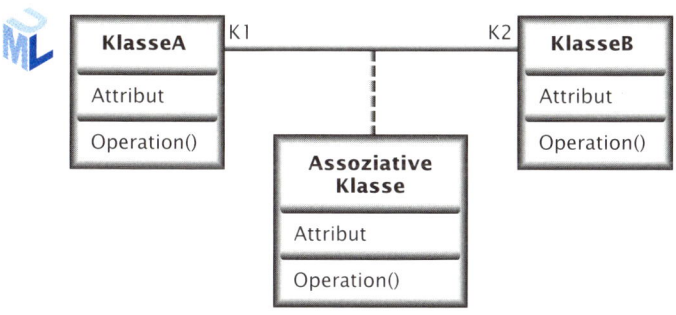

assoziative Klasse

■ Assoziation erstellen: Schaltfläche *Association* selektieren, dann erste Klasse wählen und bei gedrückter Maustaste den Cursor zur zweiten Klasse bewegen.

■ Kardinalität eintragen: Assoziationslinie in Klassennähe selektieren, im *Pop-up*-Menü *Multiplicity* wählen.

Assoziationen in *Rose*

- Rollenname eintragen: Assoziationslinie in Klassennähe selektieren, im *Pop-up*-Menü *Role name* wählen.
- Assoziationsname eintragen: Doppelklick auf Assoziationslinie, Name eintragen.
- Assoziative Klasse erstellen: Assoziation eintragen, assoziative Klasse als »normale« Klasse erstellen, Schaltfläche *Association Class* selektieren, assoziative Klasse und Assoziationslinie verbinden.
- Navigation eintragen: Assoziationslinie in Nähe der Klasse selektieren, zu der *keine* Navigationsrichtung bestehen soll, im *Pop-up*-Menü *Navigable* ausschalten (Voreinstellung ist Navigation in beiden Richtungen).
- Assoziation im Modell löschen: Assoziation im *Browser* selektieren und im *Pop-up*-Menü *Delete* wählen. Alternativ: Assoziation im Diagramm selektieren, Ctrl- und D-Taste drücken.
- Assoziation im Diagramm löschen: Assoziation selektieren und Del-Taste drücken.
- Wiedereinfügen einer Assoziation vom Modell ins Diagramm: mittels *drag & drop*.

Toolbox
Class Diagram
- Schaltfläche *Association:* ⌐
- Schaltfläche *Unidirectional Association:* ⌐
- Schaltfläche *Association Class:* ⌐

Assoziationen
im *Janus/Specifier*
- *One*-Beziehung mit Schlüsselattribut und beschreibendem Attribut: *GUI Control* = Keyed Object Reference, *Info* = %aAttribut%.
- *One*-Beziehung mit *Dropdown*-Listenfeld: *GUI Control* = Dropdownlist Reference.
- *Many*-Beziehung mit festgelegten Tabelleneinträgen: *Table* wählen und *Columns* eingeben.
- Assoziation im Baum darstellen: *Tree* = True wählen.
- Assoziation positionieren: Notizbuchseite *Properties*, bei *Layout Position* Referenzattribut wählen, bei *Order* Before (davor) oder After (danach) wählen.
- Symbol-Schaltflächen bei Assoziationen konfigurieren: Bei *Elements* Assoziation wählen, *Properties/Generic Actions* einstellen.
- ☐ *New:* Neues Objekt am Ende der Objektverbindung *(link)* erzeugen und verbinden.
- ☐ *Edit:* (Markiertes) Objekt zur Bearbeitung öffnen.
- ☐ *Select:* Objekt auswählen und Verbindung dazu aufbauen.
- ☐ *Disconnect:* Objektverbindung *(link)* zum (markierten) Objekt entfernen.
- ☐ *Delete:* Objekt am Ende der Objektverbindung *(link)* löschen.

Attribute

```
┌─────────────────────────────────┐
│            Klasse               │
├─────────────────────────────────┤
│ Attribut1: Typ                  │
│ Attribut2: Typ                  │
│ Attribut3: Typ = Anfangswert    │
│ Klassenattribut: Typ            │
│ /abgeleitetesAttribut: Typ      │
└─────────────────────────────────┘
```

Zeichenketten	**String**	ohne Feldlängenangabe	Attributtypen
	String<40>	mit Feldlängenangabe	für Janus
Numerische	**Short, UShort**	Kurze ganze Zahl	
Datentypen	**Long, ULong**	Lange ganze Zahl	
	Float	Gleitkomma /Festkommazahl	
	Boolean	Wahrheitswert	
Business-	**Date**	Datum	
Komponenten	**Time**	Zeit	
	Timestamp	Datum + Zeit (Zeitstempel)	
	Currency	Währungsangaben	
	Serial	Seriennummern, die auto- matisch inkrementiert werden	
	Document	Spezielle Datentypen, die mit	
	URL	*Windows Office*-Paketen	
	Email	verknüpft sind	

- Attribut erstellen: Klasse selektieren, im *Pop-up*-Menü *New Attri-bute* wählen.
- Attribut ändern: Klasse selektieren, Attribut anklicken und ändern.
- Attribut löschen: Attribut im *Browser* selektieren und im *Pop-up*-Menü *Delete* wählen.
- Attributreihenfolge ändern: Klasse selektieren, im *Pop-up*-Menü *Open Specification/Attributes* wählen, dann Attribut mittels *drag & drop* verschieben.

Attribute in *Rose*

- *default:* Hier wird der Wert eingegeben, mit dem das Objekt beim Erzeugen initialisiert wird.
- *class attribute:* Es liegt ein Klassenattribut vor.
- *derived:* Es liegt ein abgeleitetes Attribut vor.
- *key:* Das Attribut ist Teil des Primärschlüssels der Klasse.
- *mandatory:* Es liegt ein Muss-Attribut vor.
- *read only:* Das Attribut kann auf der Benutzungsoberfläche nicht editiert werden.
- *changeable:* Das Attribut kann nach seiner Ersterfassung beliebig geändert werden.

Attribut-spezifikation im *Janus/Specifier*

Attribute
im *Janus/Specifier*

- Führungstext ändern: Notizbuchseite *Documentation, GUI Label* eintragen.
- Attribute nebeneinander in einer Spalte: Notizbuchseite *Properties, Same Line as*
- Attribut der zweiten Spalte an erster Spalte ausrichten: Notizbuchseite *Properties, Right of*
- Spalten zuordnen: Notizbuchseite *Properties,* bei *Form Column* Spalte 1 oder 2.

Restriktionen
für Attribute
im *Janus/Specifier*

- Formulierung von Ableitungsregeln von abgeleiteten Attributen: Auf der Notizbuchseite *Advanced* im Feld *Constraints/Restrictions* ohne geschweifte Klammern Restriktion angeben, z.B. Einzelpreis * Gesamtpreis.
- Ableiten von Anfangswerten für Attribute: Unter *Attribute Properties* im Feld *Default (Expression)* die Restriktion mit geschweiften Klammern angeben, z.B. {to_Artikel.Preis}.

Klassen

Notation

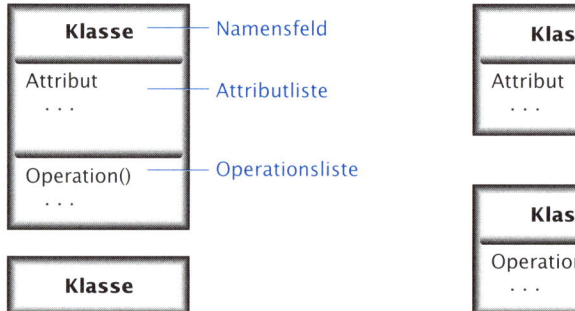

Klassen
in *Rose*

- Klasse erstellen: In der *Toolbox* die Symbol-Schaltfläche *Class* selektieren, dann ins Klassendiagramm klicken.
- Klassenname ändern: Klasse selektieren, Klassenname anklicken und ändern.
- Klasse im Modell löschen: Klasse im *Browser* selektieren und im *Pop-up*-Menü *Delete* wählen; alternativ: im Klassendiagramm Klasse selektieren, dann Ctrl- und D-Taste gleichzeitig drücken.
- Klasse im Diagramm löschen: Klasse selektieren und Del-Taste drücken.

Toolbox
Class Diagram

- Schaltfläche *Class:* ▤

Klassen
im *Janus/Specifier*

- Klasse aus der Baumstruktur entfernen: Kontrollkästchen *Tree* für die Klasse ausschalten.
- Klasse aus dem Menü entfernen: bei *Properties/Main Menu Entry* die Einstellung None wählen.

Objekt

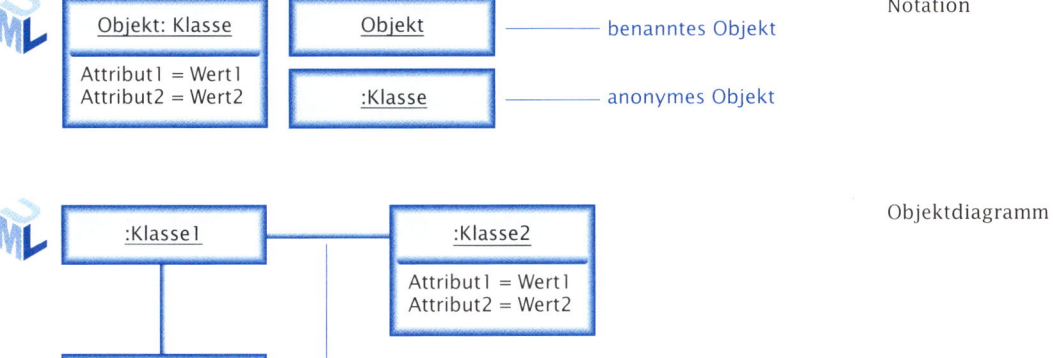

- Retten der Daten: Im alten Pilotsystem *Anwendung/Exportieren* aufrufen.
- Laden der alten Daten: Im neuen Pilotsystem *Anwendung/Importieren* aufrufen.

Operationen

- Operation erstellen: Klasse selektieren, im *Pop-up*-Menü *New Operation* wählen.
- Operation ändern: Klasse selektieren, Operation anklicken und ändern.
- Operation löschen: Operation im *Browser* selektieren und im *Pop-up*-Menü *Delete* wählen.
- Operationsreihenfolge ändern: Klasse selektieren, im *Pop-up*-Menü *Open Specification/Operations* wählen, dann Operation mittels *drag & drop* verschieben.

Pakete

Notation

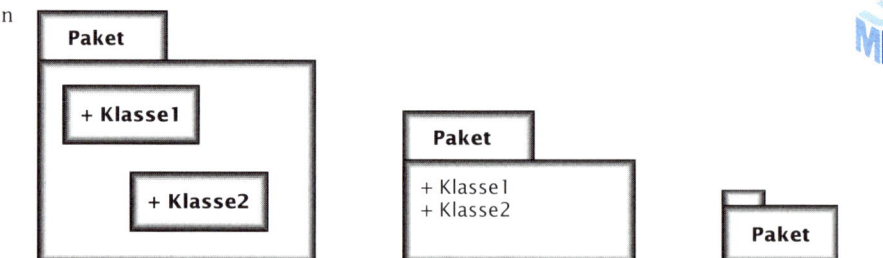

Pakete
in Rose

- Paket im *Browser* anlegen: Für *Logical View* das *Pop-up*-Menü öffnen, *New/Package* wählen und Paket benennen.
- Klassen einem Paket zuordnen: Klassen im *Browser* mittels *drag & drop* auf Paket ziehen.
- *Main*-Paketdiagramm erstellen: Paketsymbol im Diagramm mit einem Doppelklick öffnen.
- Pakete im Paketdiagramm darstellen: Pakete im *Browser* selektieren und mittels *drag & drop* in Paketdiagramm ziehen.
- Paket im Modell löschen: Im *Browser* selektieren und im *Pop-up*-Menü *Delete* wählen. ACHTUNG! Alle darin enthaltenen Klassen werden ebenfalls gelöscht.
- Paket im Diagramm löschen: Im Diagramm selektieren und Del-Taste drücken.
- Klassen im Paketdiagramm anzeigen: Für Paket *Pop-up*-Menü öffnen, *Select Compartment Items* und *S*chaltfläche *All* wählen.

Toolbox
Class Diagram

- Schaltfläche *Package:*

264

Sequenzdiagramme

   Akteur   Notation

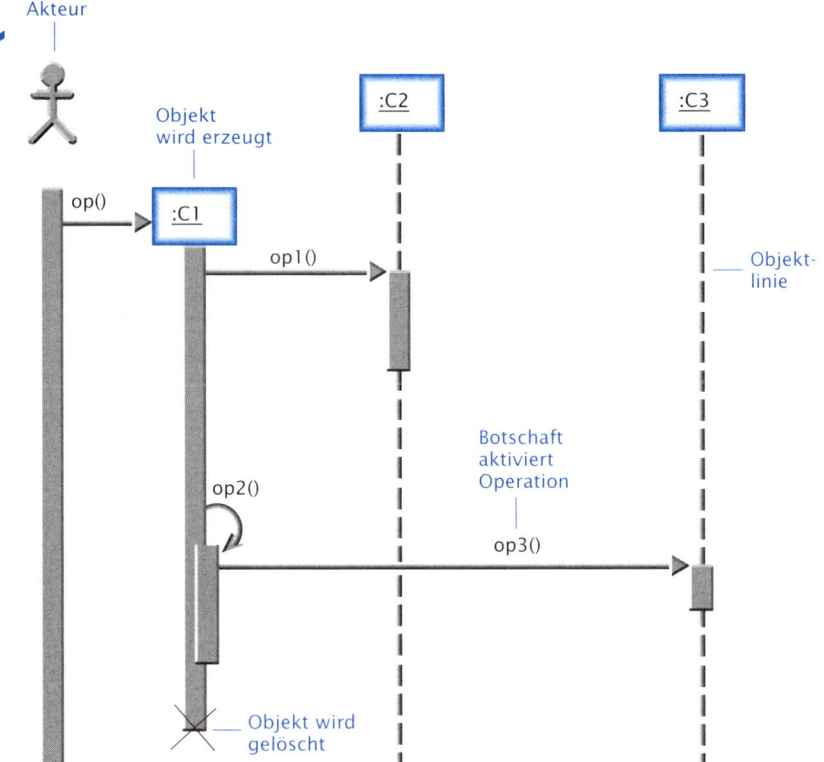

Akteur
Objekt
wird erzeugt
op()
:C1
:C2
:C3
op1()
Objekt-
linie
Botschaft
aktiviert
Operation
op2()
op3()
Objekt wird
gelöscht

- Akteur eintragen: per *drag & drop* vom *Browser* ins Diagramm ziehen.
- Objekt eintragen: per *drag & drop* vom *Browser* ins Diagramm ziehen.
- Botschaftspfeil eintragen: Schaltfläche *Object Message* selektieren, dann gestrichelte Linie bzw. Aktivierungsrechteck des Senders wählen und bei gedrückter Maustaste Cursor zur gestrichelten Linie des Empfängers bewegen.
- Botschaft benennen: Doppelklick auf Pfeil, dann Name eintragen.
- Vorhandene Operation auswählen: Botschaftspfeil selektieren, im *Pop-up*-Menü Operation auswählen.
- Neue Operation (konsistent mit Klassendiagramm) eintragen: Botschaftspfeil selektieren, im *Pop-up*-Menü *<new operation>* wählen und neue Operation eingeben.
- Akteur oder Objekt im Diagramm löschen: selektieren und Tastenkombination Ctrl + D (ACHTUNG: alle verbundenen Pfeile werden ebenfalls gelöscht, im *Browser* bleiben alle Akteure und Klassen erhalten).

Sequenzdiagramm
in *Rose*

265

■ Botschaft im Diagramm löschen: selektieren und Tastenkombination Ctrl + D (zugehörige Operationen bleiben im Modell erhalten).

Toolbox
Sequence Diagram

■ Schaltfläche *Object Message:* →
■ Schaltfläche *Message to Self:* ⇄

Use Case-Diagramm

Notation

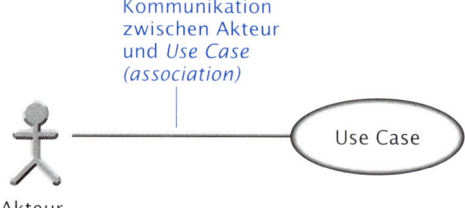

Kommunikation zwischen Akteur und *Use Case* (*association*)

Use Case

Akteur

Use Case-
Diagramm
in Rose

■ Akteur erstellen: Schaltfläche *Actor* selektieren, ins Diagramm klicken und benennen.
■ *Use Case* erstellen: Schaltfläche *Use Case* selektieren, ins Diagramm klicken und benennen (der Name wird in *Rose* unter das Oval geschrieben).
■ Kommunikation eintragen: Schaltfläche *Association* selektieren, dann Akteur wählen und bei gedrückter Maustaste den Cursor zu *Use Case* bewegen.
■ *Use Case*, Akteur oder Kommunikationslinie im Diagramm löschen: im Diagramm selektieren und Del-Taste drücken.
■ *Use Case*, Akteur oder Kommunikationslinie im Modell löschen: im *Browser* selektieren und im *Pop-up*-Menü *Delete* wählen.
■ System-Grenzen eintragen: in *Rational Rose* nicht möglich.

Toolbox
Use Case Diagram

■ Schaltfläche *Use Case:* ◌
■ Schaltfläche *Actor:* ⚲
■ Schaltfläche *Association:* ⌐

Vererbung

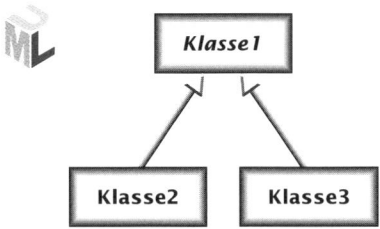

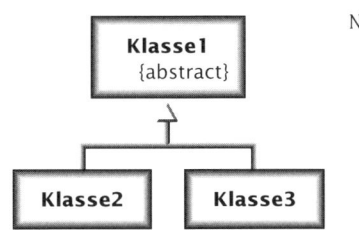

- Attribute von Unter- in Oberklasse verschieben: im *Browser* mittels *drag & drop*.
- Abstrakte Klasse kennzeichnen: Klasse selektieren, im *Pop-up*-Menü *Open Specification/Detail* das Kontrollkästchen *Abstract* ankreuzen.
- Vererbungspfeil eintragen: Schaltfläche *Generalization* selektieren, dann Unterklasse wählen und bei gedrückter Maustaste zur Oberklasse bewegen.
- Vererbungspfeil im Modell löschen: Pfeil im Diagramm selektieren und Tasten Ctrl + D drücken.

- Schaltfläche *Generalization:*

Anhang 3: Gesamtglossar

Abgeleitete Assoziation *(derived association)*

Eine abgeleitete Assoziation liegt vor, wenn die gleichen Abhängig-keiten bereits durch andere Assoziationen beschrieben werden. Sie ist immer redundant.

Abgeleitetes Attribut *(derived attribute)*

Der Wert eines abgeleiteten Attributs kann jederzeit aus anderen Attributwerten berechnet werden. Wenn sich die ursprünglichen Werte ändern, dann ändert sich auch der Wert des abgeleiteten Attri-buts.

Abstrakte Klasse *(abstract class)*

Von einer abstrakten Klasse können keine Objekte erzeugt werden. Die abstrakte Klasse spielt eine wichtige Rolle in Vererbungsstruktu-ren, wo sie die Gemeinsamkeiten einer Gruppe von Unterklassen definiert. Damit eine abstrakte Klasse verwendet werden kann, muss von ihr zunächst eine Unterklasse abgeleitet werden.

Aggregation *(aggregation)*

Die Aggregation ist ein Sonderfall der Assoziation. Sie liegt dann vor, wenn zwischen den Objekten der beteiligten Klassen eine Beziehung vorliegt, die sich als »ist Teil von« oder »besteht aus« beschreiben lässt.

Akteur *(actor)*

Ein Akteur ist eine Rolle, die ein Benutzer des Systems spielt. Akteure befinden sich immer außerhalb des Systems. Akteure kön-nen Personen oder externe Systeme sein.

Aktivität *(activity)*

Eine Aktivität ist eine Tätigkeit, die bezogen auf ihr Ergebnis (Arte-fakt) und ihre Durchführung genau beschrieben werden kann.

Aktivitätsdiagramm *(activity diagram)*

Das Aktivitätsdiagramm ist ein Ablaufdiagramm, mit dem die einzel-nen Schritte in einem Geschäftsprozess bzw. einem Arbeitsablauf anschaulich modelliert werden können.

Analyse *(analysis)*

Aufgabe der (System-)Analyse ist die Ermittlung und Beschreibung der Anforderungen eines Auftraggebers an ein Softwaresystem. Das Ergebnis soll die Anforderungen vollständig, widerspruchsfrei, eindeutig, präzise und verständlich beschreiben.

Anfrage *(request)*

Mit einer Anfrage fordert der Klient ein Objekt auf dem Server zur Ausführung einer Operation auf.

Anwendungsklassen *(problem domain classes)*

Anwendungsklassen sind diejenigen Klassen eines OOA-Modells, die zur Modellierung des fachlichen Konzepts bzw. des Problembereichs dienen. Die Objekte von Anwendungsklassen können erfasst und gespeichert werden. Anwendungsklassen werden auf eigenständige Erfassungs- und Listenfenster abgebildet.

Anwendungs-Server *(application server)*

Der Anwendungs-Server ist zuständig für die Ausführung der fachlichen Funktionalität einer Web-Anwendung. Er kann sich auf demselben Computer wie der Web-Server befinden.

Applet

Applets sind Java-Programme, die von einem Web-Server geladen und in einem Web-*Browser* auf dem Klienten ausgeführt werden. Auf lokale Daten des Klienten können *Applets* in der Regel nicht zugreifen.

Arbeitsablauf

→Geschäftsprozess

Arbeitsrichtlinie *(work guidelines)*

Dies Arbeitsrichtlinien regeln die Projektorganisation, d.h. sie beschreiben die Vorgehensweise auf einer globalen Ebene.

Architektur *(architecture)*

Die Architektur eines Softwaresystems bestimmt die Strukturierung des Systems in Komponenten, und legt fest, welche Beziehungen zwischen diesen Komponenten existieren und wie sie miteinander interagieren. Dabei sind nur die *Black-Box*-Eigenschaften der Komponenten von Interesse, d.h. nur diejenigen Informationen, die für die Benutzung der Komponenten benötigt werden.

Artefakt *(artifact)*

Artefakte sind Zwischenergebnisse, die im Laufe der Softwareentwicklung entstehen. Artefakte werden von Mitarbeitern erzeugt, geändert und benutzt, wenn sie Aktivitäten ausführen.

Artefakt-Richtlinien *(artifact guidelines)*

Artefakt-Richtlinien unterstützen den Projektarbeiter darin, die konkreten Artefakte zu erstellen und sorgen für deren einheitlichen Aufbau.

Artefakt-Schablone *(template)*

Die Artefakt-Schablone legt die Struktur, den Inhalt und das Layout eines Artefakts fest. Sie kann durch Richtlinien oder implizit durch Werkzeuge definiert werden.

ASP *(Active Server Pages)*

ASP ermöglicht es, HTML, Skripte und wiederverwendbare ActiveX-Komponenten in dynamischen Websites zu kombinieren. Die Verarbeitung von ASP-Skripten erfolgt auf dem Server. Im *Browser* erscheint nur HTML.

Assoziation *(association)*

Eine Assoziation modelliert Verbindungen zwischen Objekten einer oder mehrerer Klassen. Binäre Assoziationen verbinden zwei Objekte. Eine Assoziation zwischen Objekten einer Klasse heißt reflexiv. Jede Assoziation wird beschrieben durch Kardinalitäten und einen optionalen Assoziationsnamen oder Rollennamen. Eine Assoziation kann bidirektional oder unidirektional sein.

Assoziative Klasse *(association class)*

Besitzt eine Assoziation selbst wieder Attribute und ggf. Operationen und Assoziationen zu anderen Klassen, dann wird sie zur assoziativen Klasse. Assoziative Klassen können nach einem festen Schema in »normale« Klassen transformiert werden.

Attribut *(attribute)*

Attribute beschreiben Daten, die von den Objekten der Klasse angenommen werden können. Alle Objekte einer Klasse besitzen dieselben Attribute, jedoch im Allgemeinen unterschiedliche Attributwerte. Jedes Attribut ist von einem bestimmten Typ und kann einen Anfangswert *(default)* besitzen. Bei der Implementierung muss jedes Objekt Speicherplatz für alle seine Attribute reservieren. Der Attributname ist innerhalb der Klasse eindeutig. Abgeleitete Attribute lassen sich aus anderen Attributen berechnen.

Attributspezifikation *(attribute specification)*

Ein Attribut wird durch folgende Angaben spezifiziert: Name, Typ, Anfangswert *(default)*, Restriktion *(constraint)*, Klassenattribut *(class attribute)*, abgeleitetes Attribut *(derived)*, Muss-Attribut *(mandatory)*, Schlüssel *(key)*, Attributwert ist nach der Ersteingabe nicht mehr änderbar *(not changeable)*, Attributwert ist auf der Benutzungsoberfläche nicht änderbar *(read only)*.

Beobachter-Muster *(observer pattern)*

Das Beobachter-Muster ist ein Entwurfsmuster. Es sorgt dafür, dass bei der Änderung eines Objekts alle davon abhängigen Objekte benachrichtigt und automatisch aktualisiert werden.

Bidirektionale Assoziation

Die Objektverbindungen *(links)* können in beiden Richtungen durchlaufen werden.

Botschaft *(message)*

Eine Botschaft ist die Aufforderung eines Senders *(client)* an einen Empfänger *(server, supplier)* eine Dienstleistung zu erbringen. Der Empfänger interpretiert diese Botschaft und führt eine Operation aus.

Browser

Die Software, mit der man die Dienste des WWW in Anspruch nehmen kann, bezeichnet man als *Browser*.

Bytecode
Der Java-Compiler übersetzt ein Java-Quellprogramm in so genannten Bytecode, der unabhängig von bestimmten Prozessortypen ist.

CGI *(Common Gateway Interface)*
CGI definiert ein Protokoll, das *Browser* und Server als Basis für die Kommunikation verwenden. Auf der Serverseite wird für jede Anfrage des *Browsers* ein eigenständiger Prozess gestartet und anschließend wieder entfernt.

Client/Server-Anwendung
Bei einer Client/Server-Anwendung ist jeder Prozess entweder ein Klient oder ein Server. Die Benutzungsoberfläche befindet sich auf den Klienten und die Datenbank auf den Servern.

Cookie
Ein *Cookie* ist eine kleine Textinformation, die ein Web-Server an einen *Browser* schickt und die der *Browser* unverändert zurückschickt, wenn dieselbe Website später wieder geladen wird.

CORBA *(Common Object Request Broker Architecture)*
CORBA ist ein internationaler Standard für verteilte Anwendungen. Er ermöglicht Operationsaufrufe verteilter Objekte, die sich irgendwo in einem Netzwerk befinden, als ob es sich um lokale Objekte handeln würde. Objekte können miteinander kommunizieren, unabhängig von der verwendeten Programmiersprache und ebenfalls unabhängig von der Systemplattform.

Datenhaltungsschicht *(storage tier, database tier)*
Die Datenhaltungsschicht realisiert die jeweilige Form der Datenspeicherung, z.B. mit einem objektorientierten oder relationalen Datenbanksystem oder mit flachen Dateien.

Drei-Schichten-Architektur *(three-tier architecture)*
Die Drei-Schichten-Architektur besteht aus der GUI-Schicht (Schicht der Benutzungsoberfläche), der Fachkonzeptschicht und der Datenhaltungsschicht.

Dynamisches HTML (DHTML)
Dynamisches HTML ermöglicht es, eine Website zu jedem Zeitpunkt – auch nachdem der Web-Benutzer sie geladen hat – zu verändern. DHTML ist weder eine neue Sprache noch eine Erweiterung von HTML. Stattdessen werden unter dem Begriff DHTML verschiedenartige Techniken zusammengefasst.

Einfachvererbung *(single inheritance)*
Bei der Einfachvererbung besitzt jede Unterklasse genau eine direkte Oberklasse. Es entsteht eine Baumstruktur.

Einführungsphase *(transition)*
In der Einführungsphase wird das fertige Softwareprodukt an die zukünftigen Benutzer übergeben.

Elementare Klasse *(support class)*

Wird der Typ eines Attributs wieder durch eine Klasse realisiert, dann spricht man von einer elementaren Klasse.

Entwurf *(design)*

Aufgabe des Entwurfs ist – aufbauend auf dem Ergebnis der Analyse – die Erstellung der Softwarearchitektur. Das Ergebnis soll die zu realisierenden Programme auf einem höheren Abstraktionsniveau widerspiegeln.

Entwurfsmuster *(design pattern)*

Ein Entwurfsmuster gibt eine bewährte, generische Lösung für ein immer wiederkehrendes Entwurfsproblem an, das in bestimmten Situationen auftritt.

extend-Beziehung *(extend relationship)*

Mit Hilfe der *extend*-Beziehung wird ein *Use Case* A durch einen *Use Case* B erweitert. Der *Use Case* A beschreibt die Basisfunktionalität, der *Use Case* B spezifiziert Erweiterungen. Der *Use Case* A kann alleine oder mit den Erweiterungen von B ausgeführt werden.

Fachkonzeptschicht *(application logic tier)*

Die Fachkonzeptschicht modelliert in einer Drei-Schichten-Architektur die fachliche Anwendung und die Zugriffe auf die Datenhaltungsschicht. Das OOA-Modell bildet die erste Version der Fachkonzeptschicht.

Fachliche Lösung

Die fachliche Lösung ist ein Modell der »idealen Welt«, das losgelöst von Implementierungstechniken beschrieben wird. In der objektorientierten Welt stellt das OOA-Modell die fachliche Lösung dar.

Framework

Ein *Framework* besteht aus einer Menge von zusammenarbeitenden Klassen, die einen wiederverwendbaren Entwurf für einen bestimmten Anwendungsbereich implementieren. Es besteht aus konkreten und insbesondere aus abstrakten Klassen. Im Allgemeinen wird vom Anwender (= Programmierer) des *Frameworks* erwartet, dass er Unterklassen definiert, um das *Framework* zu verwenden und anzupassen.

Gabelung *(fork)*

Bei einer Gabelung verzweigt der Kontrollfluss im Aktivitätsdiagramm in mehrere – aus fachlicher Sicht – parallele Pfade. Sie hat immer einen Eingangs- und zwei oder mehr Ausgangspfeile. Gabelung und Zusammenführung treten immer paarweise auf.

Geheimnisprinzip *(information hiding)*

Die Einhaltung des Geheimnisprinzips bedeutet, dass die Attribute und die Implementierung der Operationen außerhalb der Klasse *nicht* sichtbar sind.

Generalisierung

Die Generalisierung ist eine Vorgehensweise zum Entwickeln von Vererbungsstrukturen. Für zwei oder mehrere Klassen wird geprüft, ob sie genügend Gemeinsamkeiten besitzen, damit sich eine neue Oberklasse bilden lässt.

Geschäftsprozess *(workflow, business use case)*

Ein Geschäftsprozess besteht aus mehreren zusammenhängenden Aufgaben, die durchgeführt werden, um ein Ziel zu erreichen bzw. ein gewünschtes Ergebnis zu erstellen.

Geschäftsprozess-Schablone *(business use case template)*

Die Geschäftsprozess-Schablone ermöglicht eine semiformale Spezifikation von Geschäftsprozessen. Sie enthält folgende Informationen: Name, Ziel, Kategorie, Vorbedingung, Nachbedingung im Erfolgsfall, Nachbedingung bei einem Fehlschlag, Beteiligte, auslösendes Ereignis, Beschreibung des Standardfalls sowie Erweiterungen und Alternativen zum Standardfall.

GUI-Schicht *(presentation tier)*

Die GUI-Schicht ist in einer Drei-Schichten-Architektur sowohl für die Dialogführung und die Präsentation der fachlichen Daten (z.B. in Fenstern) als auch für die Kommunikation mit der Fachkonzeptschicht und ggf. mit der Datenhaltungsschicht zuständig.

HTML *(Hyper Text Markup Language)*

Mit HTML wird der Aufbau und die Struktur von Web-Dokumenten beschrieben.

HTTP *(Hyper Text Transfer Protocol)*

HTTP ist ein Protokoll, das für die Kommunikation zwischen Web-Klienten und Web-Servern verwendet wird. Der *Browser* baut für jede Anfrage eine TCP-Verbindung auf. Sobald der Server die verlangte Website übertragen hat, schließt er die Verbindung wieder. Bei HTTP1.1 wird die Verbindung über mehrere Anfragen hinweg aufrecht erhalten.

include-Beziehung *(include relationship)*

Die gemeinsame Funktionalität von *Use Cases* A und B kann durch einen *Use Case* C beschrieben werden. Der *Use Case* C kann niemals allein ausgeführt werden, sondern immer nur als Bestandteil von A oder B.

Indirekte Kommunikation

Die indirekte Kommunikation wird mit Hilfe des Beobachter-Musters realisiert. Das Fachkonzeptobjekt besitzt eine Liste aller seiner Beobachter. Bei Änderungen benachrichtigt es alle Beobachter. Die Beobachter holen sich daraufhin selbständig die notwendigen Daten.

Interaktionselement *(control)*

Ein Interaktionselement dient zur Ein- und/oder zur Ausgabe von Informationen. Das sind beispielsweise Textfelder, Schaltflächen und Listenfelder.

Java Bean

Java Beans sind unabhängige, wiederverwendbare Java-Komponenten. Ein *Bean* ist eine Java-Klasse mit bestimmten Eigenschaften.

Java RMI

RMI ermöglicht es dem Programmierer, verteilte Java-Architekturen zu realisieren und entfernte Objekte wie »normale« Java-Objekte zu verwenden.

Java Server Pages (JSP)

Java Server Pages bestehen aus HTML und JSP *tags.* Während die HTML-Befehle zur Gestaltung der Websites dienen, sind die JSP *tags* für die dynamische Komponente der Seite verantwortlich. In *Java Server Pages* können *Java Beans* als Komponenten eingebunden werden. Mittels verschiedener JSP *tags* kann die JSP-Seite auf die *Beans* zugreifen.

JavaScript

JavaScript ist eine Skriptsprache, die für die Programmierung auf Klienten eingesetzt wird. Sie ermöglicht es, HTML-Dokumente dynamisch zu verändern. JavaScript wird als Quellcode direkt in HTML-Seiten integriert.

JSP

→*Java Server Pages*

JVM

→Virtuelle Maschine von Java.

Kardinalität *(multiplicity)*

Die Kardinalität bezeichnet die Wertigkeit einer Assoziation, d.h. sie spezifiziert die Anzahl der an der Assoziation beteiligten Objekte.

Kernprozess *(core process workflow)*

Ein Kernprozess besteht aus einer Sequenz von Aktionen, die in einem Softwareentwicklungsprozess durchgeführt werden, um ein definiertes Projektergebnis zu erzielen.

Klasse *(class)*

Eine Klasse definiert für eine Kollektion von Objekten deren Struktur (Attribute), Verhalten (Operationen) und Beziehungen (Assoziationen, Vererbungsstrukturen). Klassen besitzen einen Mechanismus, um neue Objekte zu erzeugen.

Klassenattribut *(class attribute)*

Ein Klassenattribut liegt vor, wenn nur ein Attributwert für alle Objekte einer Klasse existiert. Klassenattribute existieren auch dann, wenn es zu einer Klasse – noch – keine Objekte gibt.

Klassendiagramm *(class diagram)*

Das Klassendiagramm stellt die Klassen, die Vererbung und die Assoziationen zwischen Klassen dar. Zusätzlich können Pakete modelliert werden.

Klassenextension *(extent)*

Unter der Klassenextension ist die Menge aller Objekte einer Klasse zu verstehen. Ein neu erzeugtes Objekt wird automatisch eingefügt, beim Löschen wieder entfernt. Das Konzept der Klassenextension ermöglicht die Durchführung von Operationen (z.B. Selektionen) auf der Menge aller Objekte einer Klasse.

Klient *(client)*

Der Klient ist eine Softwareeinheit, die eine Operation eines Objekts auf einem entfernten Server benutzen möchte.

Komposition *(composition)*

Die Komposition ist eine besondere Form der Aggregation. Die Lebensdauer der Teile ist an die Lebensdauer des Ganzen gebunden. Jedes Teil kann – zu einem Zeitpunkt – nur zu einem Ganzen gehören. Es kann jedoch einem anderen Ganzen zugeordnet werden. Die dynamische Semantik des Ganzen gilt auch für seine Teile.

Konstruktionsphase *(construction)*

Ziele der Konstruktionsphase sind, die Anforderungen und die Basis-Architektur der Spezifikationsphase zu erweitern und zu verfeinern. Am Ende dieser Phase sollen alle Anforderungen analysiert, entworfen, programmiert und getestet sein.

Konzeptphase *(inception)*

Das Ziel der Konzeptphase ist es, in einer ersten Niederschrift die »Vision« des zu erstellenden Softwaresystems festzuhalten. Außerdem werden die Grundlagen für die Projektkalkulation erstellt. Am Ende der Konzeptphase steht die *Stop or go*-Entscheidung für das Projekt an.

Mehr-Schichten-Architektur *(multi tier architecture)*

Eine Mehr-Schichten-Architektur entsteht, wenn die Drei-Schichten-Architektur um weitere Schichten erweitert wird bzw. die vorhandenen Schichten feiner zerlegt werden.

message

→Botschaft

Methode

→Operation

Nachricht

→Botschaft

Navigation *(navigability)*

Die Navigation legt fest, ob eine Assoziation uni- oder bidirektional realisiert wird.

Notation *(notation)*

Darstellung von Konzepten durch eine festgelegte Menge von grafischen und/oder textuellen Symbolen, zu denen eine Syntax und Semantik definiert ist.

Oberklasse *(super class)*

In einer Vererbungsstruktur heißt jede Klasse, von der eine andere Klasse Eigenschaften und Verhalten erbt, Oberklasse dieser Klasse. Mit anderen Worten: Eine Oberklasse ist eine Klasse, die mindestens eine Unterklasse besitzt.

Objekt *(object)*

Ein Objekt besitzt einen Zustand (Attributwerte und Verbindungen zu anderen Objekten), reagiert mit einem definierten Verhalten (Operationen) auf seine Umgebung und besitzt eine Objektidentität, die es von allen anderen Objekten unterscheidet. Jedes Objekt ist Exemplar einer Klasse.

Objektdiagramm *(object diagram)*

Das Objektdiagramm stellt Objekte und ihre Verbindungen untereinander dar. Objektdiagramme werden im Allgemeinen verwendet, um einen Ausschnitt des Systems zu einem bestimmten Zeitpunkt zu modellieren. Objekte können einen – im jeweiligen Objektdiagramm – eindeutigen Namen besitzen oder können anonyme Objekte sein. In verschiedenen Objektdiagrammen kann der gleiche Name unterschiedliche Objekte kennzeichnen.

Objektidentität *(object identity)*

Jedes Objekt besitzt eine Identität, die es von allen anderen Objekten unterscheidet. Selbst wenn zwei Objekte zufällig dieselben Attributwerte besitzen, haben sie eine unterschiedliche Identität. Im Speicher wird die Identität durch unterschiedliche Adressen realisiert.

Objektorientierte Analyse *(object oriented analysis)*

Ermittlung und Beschreibung der Anforderungen an ein Softwaresystem mittels objektorientierter Konzepte und Notationen. Das Ergebnis ist ein OOA-Modell.

Objektorientierte Softwareentwicklung *(object oriented software development)*

Bei einer objektorientierten Softwareentwicklung werden die Ergebnisse der Phasen Analyse, Entwurf und Implementierung objektorientiert erstellt. Für letztere werden objektorientierte Programmiersprachen verwendet. Auch die Verteilung auf einem Netz kann objektorientiert erfolgen.

Objektorientierter Entwurf *(object oriented design)*

Aufbauend auf dem OOA-Modell erfolgt die Erstellung der Softwarearchitektur und die Spezifikation der Klassen aus Sicht der Realisierung. Das Ergebnis ist das OOD-Modell, das ein Spiegelbild der

objektorientierten Programme auf einem höheren Abstraktionsniveau bildet.

OID-Attribut

Ein OID-Attribut ist ein Schlüsselattribut in der Tabelle einer relationalen Datenbank, das keinerlei fachliche Bedeutung besitzt.

OOA

→Objektorientierte Analyse

OOA-Modell

Das OOA-Modell ist eine fachliche Lösung des zu realisierenden Systems, die in einer objektorientierten Notation modelliert wird. Das
OOA-Modell ist das wichtigste Ergebnis der Analyse.

OOD-Modell

Das OOD-Modell ist die technische Lösung des zu realisierenden
Systems, die in einer objektorientierten Notation modelliert wird.
Das OOD-Modell ist ein Abbild des späteren objektorientierten Pro-
gramms.

Operation *(operation)*

Eine Operation ist eine Dienstleistung, die von einer Klasse zur Verfügung gestellt wird. Alle Objekte einer Klasse verwenden dieselben
Operationen. Jede Operation kann auf alle Attribute eines Objekts
dieser Klasse direkt zugreifen.

Paket *(package)*

Ein Paket fasst Modellelemente (z.B. Klassen) zusammen. Ein Paket
kann selbst Pakete enthalten. Es wird benötigt, um die Systemstruktur auf einer hohen Abstraktionsebene auszudrücken. Pakete können im Paketdiagramm dargestellt werden.

Paketdiagramm *(package diagram)*

Ein Paketdiagramm modelliert Pakete und die darin enthaltenen
Klassen. Es handelt sich um ein Klassendiagramm, das nur Pakete
enthält.

Perl *(Practical Extraction and Report Language)*

Perl ist eine interpretierte Sprache, die auf fast allen Betriebssystemen zur Verfügung steht. Von der Syntax her besitzt sie Ähnlichkeit
mit der Programmiersprache C.

Phase *(phase)*

Zusammenfassung von Aktivitäten der Software-Entwicklung nach
zeitlichen, begrifflichen, technischen und/oder organisatorischen
Kriterien.

Pilotsystem

Ein Pilotsystem ist ein Softwaresystem, das eine komplette Anwendung realisiert, also einschließlich Benutzungsoberfläche und
Datenhaltung. Es bietet jedoch nicht die volle Funktionalität, sondern nur die elementaren Verwaltungsfunktionen. Im Gegensatz
zum Prototypen kann das Pilotsystem zu einer einsatzfähigen
Anwendung weiterentwickelt werden.

Prototyp
Ein Prototyp ist ein Softwaresystem, das bestimmte Aspekte eines – später zu entwickelnden Systems – vorweg nimmt. Häufig werden Prototypen der Benutzungsoberfläche eingesetzt, die nur aus Fenstern, Dialogen, Menüs etc. bestehen. Andere Prototypen dienen beispielsweise zur Evaluierung der technischen Datenbankanbindung. Prototypen werden im Gegensatz zu Pilotsystemen im Allgemeinen »weggeworfen«.

Prozessmodell *(process)*
Allgemeiner Entwicklungsplan, der das generelle Vorgehen beim Entwickeln eines Software-Produkts festlegt. Das Prozessmodell wird auch Vorgehensmodell genannt.

Reflexive Assoziation
Eine reflexive Assoziation besteht zwischen Objekten derselben Klasse. Sie wird auch als rekursive Assoziation bezeichnet.

Release
Das Ergebnis einer jeden Iteration ist ein neues *Release*. Ein *Release* kann intern oder extern sein. Ein internes *Release* wird nur als Meilenstein oder zur Demonstration beim Auftraggeber oder zukünftigen Benutzer verwendet. Ein externes *Release* wird immer an den End-Kunden ausgeliefert.

Restriktion *(constraint)*
Eine Restriktion wird auch als Invariante bezeichnet. Es ist eine Zusicherung, die immer wahr sein muss. Restriktionen können verwendet werden, um die Ableitungsformeln von abgeleiteten Attributen zu spezifizieren oder um Anfangswerte von Attributen abzuleiten.

RMI
→Java RMI

Rolle *(worker)*
Die Rolle beschreibt die notwendigen Erfahrungen, Kenntnisse und Fähigkeiten, über die ein Mitarbeiter verfügen muss, um eine bestimmte Aktivität durchzuführen.

Rollenname *(role name)*
Der Rollenname beschreibt, welche Bedeutung ein Objekt in einer Assoziation wahrnimmt. Eine binäre Assoziation besitzt maximal zwei Rollennamen.

RUP
→ *Unified Process*

Schwimmbahn *(swimlane)*
Eine Schwimmbahn gruppiert in einem Aktivitätsdiagramm alle Verarbeitungsschritte, für die eine bestimmte organisatorische Einheit verantwortlich ist. Jeder Verarbeitungsschritt gehört zu exakt einer Schwimmbahn.

Sequenzdiagramm *(sequence diagram)*

Das Sequenzdiagramm zeigt, wie Objekte miteinander kommunizieren, um eine bestimmte Aufgabe zu erfüllen. Alle beteiligten Objekte werden in beliebiger Reihenfolge auf der Horizontalen angetragen. Die Vertikale definiert die zeitliche Reihenfolge, in der die Teilaufgaben ausgeführt werden.

Server

Der Server ist eine Softwareeinheit, die Dienstleistungen zur Verfügung stellt.

Servlet

Ein *Servlet* ist ein Java-Programm, das auf einem Web-Server läuft und dazu dient, Anfragen von Klienten zu bearbeiten. *Servlets* erstellen HTML-Seiten, die dann im *Browser* ausgeführt werden.

Spezialisierung

Die Spezialisierung ist eine Vorgehensweise zum Entwickeln von Vererbungsstrukturen. Man geht von der allgemeineren Klasse aus und sucht nach spezialisierten Klassen.

Spezifikationsphase *(elaboration)*

Aufgaben der Spezifikationsphase sind die Analyse des Problembereichs, die Modellierung der grundlegenden Architektur und die Präzisierung des Projektplans.

Stereotyp *(stereotype)*

Der Stereotyp wird in der UML verwendet, um Elemente (z.B. Klassen) eines Modells zu klassifizieren. Die UML enthält einige vordefinierte Stereotypen, und es können weitere Stereotypen definiert werden. Stereotypen werden in französischen Anführungszeichen *(guillemets)* mit Spitzen nach außen angegeben, z.B. «Stereotype».

Steuerelement *(control)*

→Interaktionselement

Szenario *(scenario)*

Ein Szenario ist eine Sequenz von Verarbeitungsschritten, die unter bestimmten Bedingungen auszuführen sind. Ein *Use Case* wird durch eine Kollektion von Szenarios dokumentiert.

Technische Lösung

Die technische Lösung realisiert die fachliche Lösung für konkrete Computer-Umgebungen.

Typ *(type)*

Jedes Attribut ist von einem bestimmten Typ. Er kann ein Standardtyp, ein Aufzählungstyp oder eine Struktur sein.

UML *(Unified Modeling Language)*

Die UML wurde von Booch, Rumbaugh und Jacobson bei der *Rational Software Corporation* entwickelt und 1997 von der OMG *(Object Management Group)* als Standard akzeptiert.

Unidirektionale Assoziation
Die Objektverbindungen *(links)* können nur in einer Richtung durchlaufen werden.

Unified Process
Softwareentwicklungsprozess, der als Ergänzung zur UML entwickelt wurde und die objektorientierte Entwicklung optimal unterstützt. Der *Unified Process* unterscheidet zwischen Phasen und Kernprozessen.

Unterklasse *(sub class)*
Jede Klasse, die in einer Vererbungshierarchie Eigenschaften und Verhalten von anderen Klassen erbt, ist eine Unterklasse dieser Klassen. Mit anderen Worten: Eine Unterklasse besitzt immer Oberklassen.

Use Case
Ein *Use Case* beschreibt die Funktionalität des Softwaresystems, die ein Akteur ausführen muss, um ein gewünschtes Ergebnis zu erhalten oder um ein Ziel zu erreichen. *Use Cases* sollen es Ihnen ermöglichen, mit dem zukünftigen Benutzer über die Funktionalität des Softwaresystems zu sprechen, ohne sich gleich in Details zu verlieren.

Use Case-Diagramm *(use case diagram)*
Ein *Use Case*-Diagramm beschreibt Beziehungen zwischen Akteuren und *Use Cases* in einem Softwaresystem. Auch Beziehungen zwischen *Use Cases* («extend» und «include») können eingetragen werden.

Use Case-Modell *(use case model)*
Ein *Use Case*-Modell enthält die Menge aller *Use Cases* in einem Softwaresystem, d.h. die komplette Funktionalität. Das *Use Case*-Modell ersetzt die traditionelle funktionale Beschreibung.

Vererbung *(generalization)*
Die Vererbung beschreibt die Beziehung zwischen einer allgemeineren Klasse (Basisklasse) und einer spezialisierten Klasse. Die spezialisierte Klasse erweitert die Liste der Attribute und Assoziationen der Basisklasse. Es entsteht eine Klassenhierarchie oder Vererbungsstruktur.

Virtuelle Maschine
Die virtuelle Maschine ist ein Interpreter, der den Bytecode, der vom Java-Compiler erstellt wurde, analysiert und auf dem jeweiligen Prozessor direkt ausführt.

Vorgehensmodell →Prozessmodell

Wasserfallmodell *(waterfall)*
Dieses Vorgehensmodell orientiert sich ausschließlich am Faktor Zeit. Das bedeutet, dass für das komplette Softwaresystem zuerst die Geschäftsprozesse modelliert werden. Dann werden die Anfor-

derungen für das komplette Softwaresystem spezifiziert usw. Im Gegensatz zum *Unified Process* fallen beim Wasserfallmodell Phasen und Kernprozesse zusammen.

Web-Anwendung *(web application)*

Anwendungen, bei denen die Klienten einen Web-*Browser* benutzen.

Web-*Browser*

→*Browser*

Web-Server

Der Web-Server ermöglicht es, mit Hilfe von HTML Informationen im Internet bereitzustellen. Web-Server akzeptieren Anfragen von den Web-*Browsern* und geben den *Browsern* entsprechende HTML-Dokumente zurück.

Website *(web site)*

Eine Website besteht aus einer oder mehreren Seiten, die Text, Grafik, Bilder, Ton usw. enthalten und in einer sinnvollen Weise über *Hyperlinks* miteinander verbunden sind.

Werkzeug-Mentor *(tool mentor)*

Ein Werkzeug-Mentor unterstützt die Projektmitarbeiter bei der effektiven Benutzung eines Werkzeugs.

workflow

→Geschäftsprozess

World Wide Web

Das *World Wide Web* (WWW) ist ein verteiltes *Hypermedia*-Informationssystem. Das WWW basiert auf der *Hypertext*-Technik.

XML *(eXtension Markup Language)*

In XML besteht – im Gegensatz zu HTML – die Möglichkeit eigene *tags* zu definieren. XML unterscheidet drei Arten von Dateien. Die XML-Datei enthält den Inhalt des Dokuments. Sie benötigt dazu die DTD-Datei *(Document Type Definition),* in der die Struktur des Inhalts definiert ist. In welcher Form der Inhalt präsentiert wird, bestimmt die XSL-Datei *(eXtensible Stylesheet Language).*

Zusammenführung *(join)*

Eine Zusammenführung vereinigt die Kontrollflüsse in einem Aktivitätsdiagramm. Dementsprechend besitzt sie mehrere Eingangspfeile und einen Ausgangspfeil. Gabelung und Zusammenführung treten immer paarweise auf.

Zwei-Schichten-Architektur *(two-tier architecture)*

Bei einer Zwei-Schichten-Architektur sind die Benutzungsoberfläche und das Fachkonzept fest in einer Schicht verzahnt. Die zweite Schicht realisiert die Datenhaltung.

Weiterführende Literatur

Für Leser, die nach dem erfolgreichen Durcharbeiten der 7 Tage die angesprochenen Themen vertiefen wollen, habe ich folgende Literaturhinweise zusammengestellt.

Balzert Heide
Lehrbuch der Objektmodellierung, Analyse und Entwurf
Spektrum Akademischer Verlag, Heidelberg, 1999
    Ein Lehrbuch für alle, die sich nach den 7 Tagen vertieft mit objektorientierter Analyse und Entwurf beschäftigen wollen. Viele Techniken, die hier nur kurz angeschnitten werden, sind in diesem Buch detaillierter beschrieben.

Booch G., Rumbaugh J., Jacobson I.
The Unified Modeling Language User Guide
Addison-Wesley, Reading Massachusetts, 1999
    Ein gutes Arbeitsbuch für die praktische Arbeit mit der UML von den »Erfindern« der UML geschrieben. Grundkenntnisse in der Objektorientierung sollten vorhanden sein. Es gibt auch eine deutsche Übersetzung.

Rumbaugh J., Jacobson I., Booch G.
The Unified Language Reference Manual
Addison-Wesley, Reading Massachusetts, 1999
    Ein Buch zum Nachschlagen für die Notationselemente der UML. Ideal für alle, die an den Details der UML interessiert sind.

Kruchten P.
The Rational Unified Process, An Introduction
Addison-Wesley, Reading Massachusetts, 1998
    Eine Einführung in den *Unified Process.* Das Buch ist ideal für alle, die sich nach dem Durcharbeiten des 7. Tag einen ersten Überblick über den RUP verschaffen wollen. Es gibt auch eine deutsche Übersetzung.

Versteegen G.
Projektmanagement mit dem Rational Unified Process
Springer-Verlag, Berlin, 2000
    Dieses Buch ist nicht nur eine Einführung in den *Unified Process.* Es vergleicht ihn auch mit anderen bekannten Prozessmodellen und gibt wertvolle Informationen zum Projektmanagement in der Praxis.

Jacobson I., Booch G., Rumbaugh J.

The Unified Software Development Process

Addison-Wesley, Reading Massachusetts, 1999

Ein Buch zum *Unified Process* von den »Erfindern« der UML geschrieben. Es ist ideal für alle, die sich detailliert mit dem RUP auseinandersetzen wollen.

Balzert Helmut

Lehrbuch Grundlagen der Informatik

Konzepte und Notationen in UML, Java und C++, Algorithmik und Software-Technik, Anwendungen

Spektrum Akademischer Verlag, Heidelberg, 1999

Anders als der Titel es vielleicht erwarten lässt, ist dieses Lehrbuch eine optimale Einführung in die Programmiersprache Java. Dabei wird nicht nur die Sprache vermittelt, sondern alle wichtigen Grundkonzepte, die für ein wirkliches Verstehen einer Programmiersprache notwendig sind.

Balzert Helmut

Lehrbuch der Softwaretechnik, Software-Entwicklung

Spektrum Akademischer Verlag, Heidelberg, 2. Auflage, 2001

Wer ein Lehrbuch sucht, in dem die – klassische und objektorientierte – Software-Entwicklung sowohl umfassend als auch auf dem neuesten Stand beschrieben ist, der findet es hier. Es umfasst mehr als 1000 Seiten und ist auch als Nachschlagewerk bestens geeignet.

Balzert Helmut

Lehrbuch der Softwaretechnik

Software-Management, Software-Qualitätssicherung, Unternehmensmodellierung

Spektrum Akademischer Verlag, Heidelberg 1998

Dieses Lehrbuch ergänzt das zuvor aufgeführte Buch. Es befasst sich auf über 700 Seiten mit dem Management-Aspekt in der Softwaretechnik.

Rossbach P., Schreiber H.

Java Server und Servlets, Portierbare Web-Applikationen effizient entwickeln

Addison-Wesley, München 1999

Ein Buch für alle, die eigene *Servlets* für Web-Anwendungen schreiben wollen.

Verwendete Literatur

In diesem Lehrbuch habe ich größtenteils auf Literaturreferenzen verzichtet, um den Lesefluss nicht zu stören. Im Folgenden ist die verwendete Literatur aufgeführt.

/Ambler 99/
  Ambler S.W.
  Mapping Objects to Relational Databases
  An AmbySoft Inc. White Paper,
  Version vom Februar 1999
  http://www.AmbySoft.com

/Balzert 96/
  Balzert Heide
  Methoden der objektorientierten Systemanalyse, 2. Auflage
  Spektrum Akademischer Verlag, Heidelberg, 1996

/Balzert 98/
  Balzert Helmut
  Lehrbuch der Softwaretechnik
  Software-Management, Software-Qualitätssicherung, Unternehmensmodellierung
  Spektrum Akademischer Verlag, Heidelberg, 1998

/Balzert 99/
  Balzert Heide
  Lehrbuch der Objektmodellierung, Analyse und Entwurf
  Spektrum Akademischer Verlag, Heidelberg, 1999

/Balzert 99a/
  Balzert Helmut
  Lehrbuch Grundlagen der Informatik
  Konzepte und Notationen in UML, Java und C++, Algorithmik und Software Technik, Anwendungen
  Spektrum Akademischer Verlag, Heidelberg, 1999

/Balzert 01/
  Balzert Helmut
  Lehrbuch der Softwaretechnik, Software-Entwicklung, 2. Auflage
  Spektrum Akademischer Verlag, Heidelberg, 2001

/Bergsten 99/
  Bergsten H.
  An Introduction to Java Servlets
  http://webdevelopersjournal.com/articles/
  intro_to_servlets.html

/Booch 91/
  Booch G.
  Object-Oriented Design with Applications
  The Benjamin/Cummings Publishing Company, Redwood City,
  1991

/Booch 94/
  Booch G.
  Object-Oriented Analysis and Design with Applications
  Second Edition
  The Benjamin/Cummings Publishing Company, Redwood City,
  1994

/Booch 94a/
  Booch G.
  Objektorientierte Analyse und Design: Mit praktischen Anwen-
  dungsbeispielen
  Addison-Wesley, Bonn, 1994
  deutsche Übersetzung von /Booch 94/

/Booch, Rumbaugh 95/
  Booch G., Rumbaugh J.
  Unified Method, Version 0.8
  Rational Software Corporation, Santa Clara, 1995
  http://www.rational.com

/Booch et al. 99/
  Booch G., Rumbaugh J, Jacobson I.
  The Unified Modeling Language User Guide
  Addison-Wesley, Reading, Massachusetts, 1999

/Booch et al. 99a/
  Booch G., Rumbaugh J, Jacobson I.
  Das UML-Benutzerhandbuch, Von den Designern der UML
  Addison-Wesley, 1999
  Übersetzung von /Booch et al. 99/

/Bradenbaugh 99/
   Bradenbaugh J.
   JavaScript Kochbuch für Web-Anwendungen
   O'Reilly-Verlag, 1999

/Brown, Craig 99/
   Brown K., Craig G.
   Using Java Server Pages, Servlets Made Simple
   Java Report, August 1999

/Brown et al. 99/
   Brown K., Craig G., Hester G., Jakab P.
   Using Server-Side Java Successfully
   Java Report, June 1999

/Coad, Yourdon 91/
   Coad P., Yourdon E.
   Object-Oriented Analysis
   2. Auflage
   Yourdon Press, Prentice Hall, Englewood Cliffs, 1991

/Coad, Yourdon 91a/
   Coad P., Yourdon E.
   Object-Oriented Design
   Yourdon Press, Prentice Hall, Englewood Cliffs, 1991

/Coad, Yourdon 94/
   Coad P., Yourdon E.
   OOA, Objektorientierte Analyse
   Prentice Hall Verlag, München, 1994
   deutsche Übersetzung von /Coad, Yourdon 91/

/Coad, Yourdon 94a/
   Coad P., Yourdon E.
   OOD, Objektorientiertes Desgin
   Prentice Hall Verlag, München, 1994
   deutsche Übersetzung von /Coad, Yourdon 91a/

/Cockburn 97/
   Cockburn A.
   Structuring Use Cases with Goals
   http://members.aol.com/acockburn/papers/usecases.htm, 1997

/Conallen 00/
  Conallen J.
  Building Web Applications with UML
  Addison-Wesley, Reading, Massachusetts, 2000

/Eckstein 00/
  Eckstein R.
  XML, kurz & gut
  O'Reilly-Verlag, 2000

/Gamma et al. 95/
  Gamma E., Helm R., Johnson R., Vlissides J.
  Design Patterns
  Elements of Reusable Object-Oriented Software
  Addison-Wesley, Reading, Massachusetts, 1995

/Gamma et al. 96/
  Gamma E., Helm R., Johnson R., Vlissides J.
  Entwurfsmuster
  Elemente wiederverwendbarer objektorientierter Software
  Addison-Wesley, Bonn, 1995
  Übersetzung von /Gamma et al. 95/

/Hall 99/
  Hall M.
  Tutorial on Servlets and JSP, 1999
  http://www.apl.jhu.edu/~hall/java/Servlet-Tutorial

/Hofmann 98/
  Hofmann F.
  Grafische Benutzungsoberflächen, Generierung aus OOA-Model-
  len
  Spektrum Akademischer Verlag, Heidelberg, 1998

/Jacobson 92/
  Jacobson I., Christerson M., Jonsson P., Övergaard G.
  Object-Oriented Software Engineering, A Use Case Driven
  Approach
  Addison-Wesley, Wokingham, 1992

/Jacobson 94/
  Jacobson I., Ericson M., Jacobson A.
  The Object Advantage
  Business Process Reengineering with Object Technology
  Addison-Wesley, Wokingham, 1994

/Jacobson 99/
Jacobson I., Booch G., Rumbaugh J.
The Unified Software Development Process
Addison-Wesley, Reading Massachusetts, 1999

/JSP/
Comparing JavaServer Pages and Microsoft Active Server Pages
Technologies
http://java.sun.com/products/jsp/jsp-asp.html

/Kruchten 99/
Kruchten P.
The Rational Unified Process, An Introduction
Addison-Wesley, Reading, Massachusetts, 1999

/Kruchten 99a/
Kruchten P.
Der Rational Unified Process, Eine Einführung
Addison-Wesley 1999
Übersetzung von /Kruchten 99/

/Kruschinski 99/
Kruschinski V.
Layoutgestaltung grafischer Benutzungsoberflächen
Spektrum Akademischer Verlag, 1999

/Lam, Skonnad 99/
Lam J, Skonnad A.
Architecting Your Web Applications, 1999
http://www.microsoft.com/mind/0999/webapp/webapp.htm

/Larman 98/
Larman C.
Applying UML and Patterns
An Indroduction to Object-Oriented Analysis and Design
Prentice Hall, Upper Saddle River, 1998

/McMenamin, Palmer 88/
McMenamin S., Palmer J.
Strukturierte Systemanalyse
Coedition von Hanser und Prentice Hall, London, 1988

/Niederst 00/
Niederst J.
HTML, kurz & gut
O'Reilly-Verlag, 2000

/Niemann 00/
  Niemann C.
  Datenbankfähige Client/Server-Anwendungen
  Spektrum Akademischer Verlag, Heidelberg, 2000

/ODMG/
  http://www.odmg.org

/OMG/
  http://www.omg.org

/Pekowsky 00/
  Pekowsky L.
  Java Server Pages
  Addison-Wesley, Reading Massachusetts, 2000

/Rechenberg, Pomberger 97/
  Rechenberg P., Pomberger G. (Hrsg)
  Informatik-Handbuch
  Carl Hanser Verlag, München, 1997

/Redlich 96/
  Redlich J.-P.
  Corba 2.0
  Praktische Einführung für C++ und Java
  Addison-Wesley, Bonn, 1996

/Rossbach, Schreiber 99/
  Rossbach P., Schreiber H.
  Java Server und Servlets
  Portierbare Web-Applikationen effizient entwickeln
  Addison-Wesley, München, 1999

/Rumbaugh et al. 91/
  Rumbaugh J., Blaha M., Premerlani W., Eddy F., Lorensen W.
  Object-Oriented Modeling and Design
  Prentice Hall, Englewood Cliffs, 1991

/Rumbaugh et al. 93/
  Rumbaugh J., Blaha M., Premerlani W., Eddy F., Lorensen W.
  Objektorientiertes Modellieren und Entwerfen
  Coedition von Hanser-Verlag und Prentice Hall, 1993
  Übersetzung von /Rumbaugh et al. 91/

/Rumbaugh et al. 99/
   Rumbaugh J., Jacobson I., Booch G.
   The Unified Language Reference Manual
   Addison-Wesley, Reading Massachusetts, 1999

/Shlaer, Mellor 88/
   Shlaer S., Mellor S.
   Object-Oriented Systems Analysis
   Modeling the World in Data
   Yourdon Press, Prentice Hall, Englewood Cliffs, 1988

/Shlaer, Mellor 92/
   Shlaer S., Mellor S.
   Object Lifecycles
   Modeling the World in States
   Yourdon Press, Prentice Hall, Englewood Cliffs, 1992

/Turau 00/
   Turau V.
   Java Server Pages, Dynamische Generierung von Web-Dokumenten
   dpunkt-Verlag, Heidelberg, 2000

/UML 96/
   Booch G., Rumbaugh J., Jacobson J.
   The Unified Modeling Language for Object-Oriented Develop-
   ment, Version 0.91
   Rational Software Corporation, Santa Clara, 1996
   http://www.rational.com

/UML 97/
   Unified Modeling Language 1.1
   UML Summary
   Notation Guide
   UML Semantics
   Object Constraint Language Specification
   Rational Software Corporation, Santa Clara, September, 1997
   http://www.rational.com/uml

/UML 97a/
   Unified Modeling Language 1.0
   Notation Guide
   UML Semantics
   Object Constraint Language Specification
   Rational Software Corporation, Santa Clara, Januar 1997
   http://www.rational.com/uml

/UML 99/
Unified Modeling Language 1.3
OMG Unified Modeling Language Specification, Version 1,3
June 1999
http://www.rational.com/uml

/Versteegen 00/
Versteegen Gerhard
Projektmanagement mit dem Rational Unified Process
Springer-Verlag, Berlin 2000

/Wenz et al. 99/
Wenz C., Trennhaus C., Kordwig A.
Jetzt lerne ich ASP, Active Server Pages
Dynamische Web-Seiten einfach programmiert
Markt&Technik Verlag, 1999

Index

Index

Index

Die diesem Buch beiliegenden zwei CD-ROMs (für Windows 98/ NT/2000) enthalten begrenzte Vollversionen (B) · Vollversionen (V) · Shareware (S) zur Objektorientierung.

CD-ROM 1:

Für die UML-Modellierung
- Rational Rose 2000e Enterprise Edition (B), 4 Wochen gültig, beliebig oft verlängerbar. Hinweis: Das Werkzeug muss per E-Mail freigeschaltet werden. Planen Sie dafür 1 Tag ein.

Für die Generierung von Pilotsystemen
- oTRIs JANUS-Generatorsystem (B). Beschränkung auf 15 Klassen.

Für die Web-Anwendungen
- Sun Java2 SDK 1.2.2 (V)
- Sun JSWDK 1.0.1 (V)

Für die Arbeit mit Prozessmodellen
- Rational RUP *(Rational Unified Process)* **(V)**

Für das Durcharbeiten der Praxisteile
- UML-Modelle *(Rose)* für alle Praxisteile
- HTML-Dateien aller Praxisteile mit Bildschirmabzügen von UML-Modellen *(Rose)* und Pilotsystemen (Janus)
- Beispiele zu allen vorgestellten Web-Techniken
- *Servlets* für den *Online-Shop*

Für das Bearbeiten der Aufgaben
- UML-Modelle *(Rose)* für alle Lösungen (auch für einzelne Lösungsschritte)
- HTML-Dateien aller Lösungen mit Bildschirmabzügen von UML-Modellen *(Rose)* und Pilotsystemen (Janus)

Als Zugabe
- Tek-Tools Kawa 4.10a (B). Beschränkung auf 30 Tage.
- Bea WebLogic Server (B)
- XML-Spy (B). Beschränkung auf 30 Tage.
- *Unified Modeling Language* 1.3 (Dokumentation der OMG)
- *burning my sunny garden* (Kunstwerk von Gerd Struwe)

Hilfsmittel
- Adobe Acrobat Viewer 4.0 (V)
- Winzip 8.0 englisch (S)

CD-ROM 2:

Für die Generierung von Pilotsystemen
- Microsoft Visual C++ 6.0 Autoren Edition (B)

Eine aktuelle Liste mit Korrekturen und Informationen zum Buch und zu den CD-ROMs sowie neue oder aktualisierte Werkzeuge finden Sie unter

http://www.software-technik.de und
http://www.otris.de/007Tage